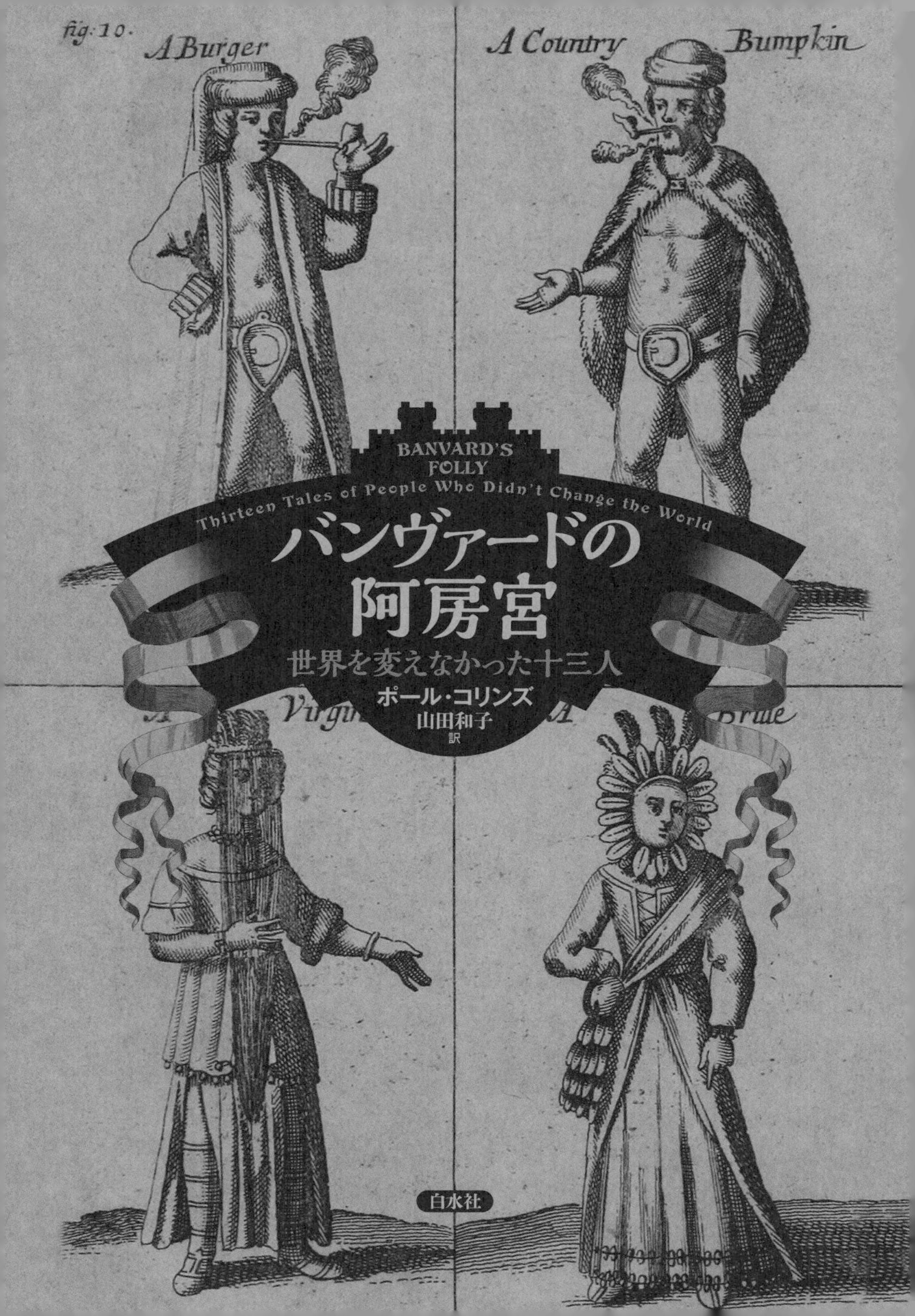

BANVARD'S FOLLY

Thirteen Tales of People Who Didn't Change the World

バンヴァードの阿房宮

世界を変えなかった十三人

ポール・コリンズ
山田和子 訳

白水社

バンヴァードの阿房宮

本書を先達たち

ヴァン・ウィック・ブルックス
アイザック・ディズレーリ
スチュアート・ホルブルック
エドマンド・ピアソンに

そして、彼らの著作を復刊してくれる出版社に
捧げる

【前頁】

ヴァン・ウィック・ブルックス（Van Wyck Brooks, 1886-1963）　アメリカ文学研究家・伝記作家。『ニューイングランドの開花』（1936）で全米図書賞・ピューリッツァー賞受賞。邦訳に『アメリカ文学史 1800-1915　造る者と見出す者』1〜3（名著普及会、石川欣一訳）。

アイザック・ディズレーリ（Isaac D'Israeli, 1766-1848）　イギリスの作家・評論家。歴史上の人物や事件、稀覯本、書物収集家の生態などをめぐる逸話を綴った軽妙なエッセイ集『文学的珍品録』（1791-1823）で知られる。英国首相ベンジャミン・ディズレーリの父。

スチュアート・ホルブルック（Stewart Holbrook, 1893-1964）　木材切り出し人、のちジャーナリスト。アメリカ北西部の人々や歴史をユーモアあふれる筆致で書き、マーク・トウェインにも比肩される有名人となった。邦訳に『世界の事業王』（角川文庫、常盤新平訳）。

エドマンド・ピアソン（Edmund Pearson, 1880-1937）　アメリカの司書・著作家。議会図書館の司書を勤め、本をめぐるエッセイを新聞などに寄稿、現実の犯罪を題材とする著作でも知られる。映画『フランケンシュタインの花嫁』『倫敦の人狼』（1935）の脚本作成にも参加。

バンヴァードの阿房宮　目次

企画・編集＝藤原編集室
装丁＝山田英春

まえがき

仕事柄、様々な時代の文書を調べることが多い。通常、新聞であれ、売買証書や遺書であれ、昔の文書に登場する名前はどれも聞いたことのないものばかりだ。そんな中に有名な名前を見つけると、電気ショックを受けたような感覚に襲われる。無数の誰でもない人々と〝かつて何者かであった人々〟の間に忽然と、顔と業績を付与できる人物が現われるのだ。収集家・歴史研究者として、そうした希少な文書を発見するのはうれしいことだが、しかし、その一方で、僕はいつも〝そのほかの〟人々に思いをめぐらせている自分がいることに気づかされる。

歴史の脚注の奥に埋もれた人々。傑出した才能を持ちながら致命的な失敗を犯し、目のくらむような知の高みと名声の頂点へと昇りつめたのちに破滅と嘲笑のただ中へ、あるいはまったき忘却の淵へと転げ落ちた人々。そんな忘れ去られた偉人たちに、僕はずっと惹かれつづけてきた。

こうした志向性を共有する人はほかにもいる。たとえば「テクノロジーの発展の有刺鉄線上で死んだ、おびただしい実験の数々。エジソンのキネトフォン。ゴーモンのクロノフォン。シンクロスコープ。ムーヴィートーン。フォノフィルム。グラフォフォノスコープ。ヴァイタフォン……（いずれも、映画史においてトーキーが確立するまでに試みられた音声と映像を同期させる方式）」に捧げられたサイトがある。エドマンド・ピアソンやヴァン・ウィック・ブルックスのような著作家がいる。彼らの本を開く時、僕は〈忘れられた人々を拾い上げるユニヴアーサル・コレクター協会〉の一員として、ひそかに握手の手を差し出さずにはいられない。そして、大学時代のルームメイトで、今はサンフランシスコのエクスプロラトリウム（子供と、こういうものが大好きな大人たち向けの体験型科学博物館）の展示企画を担当しているシニア学芸員ショーン・ラニー——彼は古い人物写真の収集マニアだ。ガレージセールや昔の通信社の写真配信サービスのアーカイブから彼が入手するモノクロ写真の多くは、撮影者も日付も写っている人の名前もわからないが、そんな中に思いがけない人物が見つかることがある。

思うに、僕たちは〝忘れられた人々や事物〟のキュレーターなのだろう。こうした人々や事物に目を向ける余裕のある人間が誰もいなかったらどうしよう——そんな思いに駆られて、僕たちは、失われた人々や事物を追いつづけているのだ。

世の中には、どうしてそんな人たちのことを書いたりするのかと問う人がいるかもしれない。少なくとも、本書が刊行されたら絶対に誰かがそう言うだろう。輝かしい将来があると思われながら、その時代が終わる頃には弁解と後悔以外の何も示せなかった人たち——そんな者は軽蔑にしか値しない。わざわざ目を向けたりするまでもなく、ただ無視しておけばいいではないか。

そのとおり、何と言ってもアメリカ合衆国は成功者の国なのだから——と、煽動家や広告業界の人々や弁舌巧みなペテン師は声高に言う。アメリカ人は、自分たちが善良な国民だと信じたがっている。意欲を持つ人なら誰にでも成功のチャンスがあると信じたがっている。だが、現実に僕たちが褒め称えているのは、大金を稼ぐ以外には何の能力もない人物、騙《だま》され侮られた人々を踏みつけにして成功した連中ばかりだ。それでも、彼らの成功には単なる強欲や幸運以上の何かがあると、アメリカ人は信じたがっている。敗者はもちろんだが、それ以上に、モラルのない成功などという考えは、アメリカ人には耐えられない。

もちろん、モラルある成功もないわけではない。だが、勝利したイノベーション、その栄誉を勝ち得たひとりひとりの背後には必ず、同じ夢を追求して敗れた者がいるのだということ――僕が言いたいのはそういうことだ。この敗者たちはタイミングが悪かったのか。歴史上の勝利者たちの推進力である〝非情なパーソナリティ〟が欠けていたのか。あるいは、彼らが最終的に敗北に至ったのは、そのアイデア・思索そのものの素晴らしさとはほとんど関係のない、当人の性格的な弱さによってであったのかもしれない……。

というわけで、僕はこの本を書きはじめた。その夢の追求において敗れた十三人の男女の物語――実のところ、このひとりひとりの人生を十全に伝えるには、それぞれ一冊の本を必要とするだろう。それがいつか実現できればと願いつつ、とりあえずは、このポートレート集で、彼らの夢と営為の一端を知っていただければと思う。

ポール・コリンズ

バンヴァードの阿房宮

世界を変えなかった十三人

みな、勝つのはいいことだと聞かされてきた。
だが、僕は言いたい、敗けるのもいいことなのだと。敗けた闘いも勝った闘いも、
そのスピリットは同じなのだと。

……

敗けた者たちに称賛《ビバ》を！
海底《みなそこ》に沈んだ軍艦の乗員たちに！
みずからが海に沈んだ者たちに！
すべての敗軍の将、打ち倒されたすべての英雄に！
名を残した偉大なる英雄たちと同等の無数の知られざる英雄たちに！

――ウォルト・ホイットマン「僕自身の歌」より（『草の葉』所収）

1

バンヴァードの阿《あ》房《ぼう》宮《きゅう》

ジョン・バンヴァード

John Banvard (1815-1891)

BANVARD;

OR THE

ADVENTURES OF AN ARTIST;

A Biographical Sketch.

LONDON:

PRINTED BY REED AND PARDON

PATERNOSTER ROW.

ジョン・バンヴァード（ニューヨーク歴史協会所蔵）

バンヴァード氏は、芸術とはおよそ縁のなかった人たちの絵画への関心を、絵というものが生まれて以来、誰にもなしえなかったレベルへと引き上げた。これは大いに称賛されてしかるべき業績である。

――ロンドン《タイムズ》

ひとりの人間の生涯で、ジョン・バンヴァードほどの高みまで昇りつめ、なおかつ完璧な失墜をとげた例は、ほかにには思いつかない。一八五〇年代のバンヴァードは世界一有名な画家であり、おそらくは絵画史上初の億万長者の画家だった。ディケンズ、ロングフェロー、ヴィクトリア女王など、バンヴァードに大喝采を送った同時代人は数知れず、その才能も財産も偉業も、何もかもが永遠不滅のものと思われた。それから三十五年後、彼はダコタ準州のわびしいフロンティアの町の貧窮者墓地にひっそりと葬られた。世界中に知れわたっていた彼の作品はことごとく廃棄され、様々な参考図書を調べても、彼の名に言及しているページは見つからない。当時、世界で最も偉大な画家だったジョン・バンヴァードは歴史から完全に消えてしまったのだ。

いったい何が起こったのだろう？

一八三〇年、十五歳の少年が、クラスメートたちに、こんな手書きのチラシを配った。子供らしく、五番目の演《だ》し物が抜けている。

バンヴァードの驚異のショー

（場所：センター通り六八番地／ホワイトさんとウォーカーさんの間）

内容

一　日光顕微鏡
二　カメラ・オブスキュラ
三　パンチ&ジュディ
四　海の風景
六　幻灯機

入場料（全部見る場合）：六セント
上演日：毎週月曜、木曜、土曜／午後三時三十分上演開始
興行主：**ジョン・バンヴァード**

クラスメートは知るよしもなかったが、これは、以後二万回以上に及ぶジョン・バンヴァードのショーマンシップが発揮された、その最初の事例にすぎなかった。マンハッタンのバンヴァード家の博物館とジオラマを訪れた子供たちは、きっとジョンの父のダニエルにも会ったことだろう。ダニエルは羽振りのよい建築請負業者で、自身、日曜画家だった。冒険心に富む息子ジョンも父の遺伝子を受け継いで、スケッチと物を書くことと科学に熱中していたが、ほどなく、科学の実験中に水素が顔の前で爆発し、両目に大怪我をしてしまった。

さらに悲惨な出来事が襲いかかった。一八三一年、ダニエルは脳卒中に見舞われ、共同経営者が会社の資産を持ち逃げした。ダニエルはそのまま帰らぬ人となり、一家は破産状態で取り残された。わずかに残された所持品が競売にかけられ、売り払われるのを見届けると、ジョンはひとり辺境の地(少なくともケンタッキー)を目指した。ルイヴィルでドラッグストアの店員になったジョンは、店の裏の壁にチョークで客たちのカリカチュアを描いて画家の腕を磨いた。思春期の若者のパトロンになるつもりなどなかった店主は彼をくびにし、ジョンは波止場で看板や似顔絵を描く仕事を探した。

ここで、ジョンは、アメリカ初のショーボート(演芸船)のオーナー、ウィリアム・チャップマンに出会った。チャップマンはジョンに背景画を描く仕事を与えた。チャップマンの船は、のちのショーボートの標準から見れば、規模も内容もおそまつなものでしかなかった。

船はそれほど大きくはなく、客が一方に集まると、そちらの船べりが下がって上演室に川の水が流れ込んだ。おかげで一座のメンバーは、船が沈まないように交替で水を汲み出すという、およそアーティストらしからぬ作業に追われっぱなしとなった。折々に、間近を通りすぎていく蒸気船のうねりを受けて、羽目板の割れ目から水が勢いよく入り込み、観客にシャワーを浴びせるといった事態も起こった。……この特別のパフォーマンスに割り増し料金は要らなかった。

給料の額も、船を襲う波と同様に予測不可能であることが判明した。それでも、チャップマンのショーボートは、バンヴァードに、短時間でのスケッチと巨大な風景画を描く練習をたっぷりと積ませてくれた。このスキルは、やがて、彼にとって計りしれないほど貴重なものであることが明らかになる。

どうせひもじい思いをするのなら、人から給料をもらうより自分で稼いだほうがよほどいい。そう判断したバンヴァードは、次のシーズンに、オハイオ州ニューハーモニーでチャップマンの船を降り、自前のショーボート一座を旗揚げした。バンヴァード自身が役者・背景画家・演出家を務め、時には、舞台に走り出て手品をやってみせることもあった。このヴェンチャーの創業資金は、ある人物をうまく丸め込み、後援者に仕立て上げることでまかなったのだが、後年、彼はこのパターンの資金繰りを頻繁に繰り返すようになる。

当時の大河は、まだ自然の趣きをそのままにとどめていた。つまり、安全ではなかった。それでも、一座は二シーズン持ちこたえ、シェイクスピアをはじめとする人気の演目を上演しながら、港から港へとめぐっていった。自前の劇場を持てるほどに豊かな町はほとんどなかったものの、さすらいの演劇集団が波止場に停泊している間に、それに金を出すだけの余裕のある住人は充分にいた。時には、入場料の代わりに、鶏や袋入りのジャガイモを持参する客もいて、これは、ほぼ真っ白に等しかった一座の賄《まかな》いメニューを埋めるのに大いに役立った。だが、ついに、食料と資金と気力の蓄えが底をつき、バンヴァードは、マラリアで心身ともに消耗しきった状態で、ケンタッキー州パデューカの波止場で物乞いをしてまわるはめになった。すでに数年の経験を積んだタフなショーマンになっていたとはいえ、依然として、豊かな才能と知性と感性を持つ十代の若者であることに変わりなかった彼を、地元のある興行主が不憫《ふびん》に思い、背景画家として雇ってくれることになった。安堵したバンヴァードは、そこでショーボートの一座と別れた。

これはいい判断だった。というのも、もう少し川を下ったところで、やけっぱちになった役者たちの間でナイフによる流血騒ぎが起こり、官憲が介入する事態になったからだ。だが、船に乗り込んだ警官は、運の悪いことに、そのまま舞台の揚蓋《あげぶた》から転げ落ち、首の骨を折って死んでしまった。死体を前にした一同はパニックとなり、ボートを捨てて遁走した。以後、バンヴァードが彼らの消息を耳にすることはなかった。

バンヴァードが〝動くパノラマ〟を最初に手がけたのは、ここパデューカでのことだ。パノラマとは、円筒状の周面に描いた風景画などを内部から見るようにしたもので、透視図法を巧みに利用したこの絵画手法は一八世紀後半という比較新しい時代に登場し、一九世紀に入って、フランス学士院がパノラマを正式な絵画様式と認める宣言をした。写真の発明者L・J・ダゲールは、これを一歩進めた〝ジオラマ〟の先駆者となった。ここで言うジオラマとは、キャンバス地のパネルに描いたパノラマを動かし、空気や照明の効果を使って、まさに動いているように見せるものである。バンヴァードは、マンハッタンで暮らしていた時期に、こうしたジオラマ——各地の港の風景や「ナイアガラ瀑布への旅」と題された連続ロールを見て驚嘆した経験があった。

十代も終わり近く、重い病《やまい》や空腹に悩まされた日々も過去の記憶となりはじめたパデューカでのこの時期、バンヴァードは仕事以外の時間を使って風景画を描き、ヴェネツィアとエルサレムに題材をとった自作の動くパノラマを製作した。キャンバス地の絵を張った二つのローラーの一方をクランクで回すと、観客が、眼前に次々と展開していくエキゾチックな風景を鑑賞できるという仕掛けである。しかし、バンヴァードは川から長く離れていることができず、やがて、雑貨商兼旅の画家として、再び、ミシシッピ川、オハイオ川、ミズーリ川を精力的にめぐりはじめた。バンヴァードは、さらに大きなプロジェクトをあたためていた。以前、「驚異の辺境地域」というジオラマがフロンティアの町々を巡回興行して大好評を博していたのだが、バンヴァードは、自分ならもっとすごいものを作れると考えていたのだ。ルイヴィルで働きながら、彼は「三十メートルに及ぶ〝驚異の辺境地域〟」と題した動くパノラマの製作を開始した。一八四一年に完成したこのパノラマは、先のヴェネツィアおよびエルサレムのパノラマをはるかに上まわる高い値段で売れ、大成功をおさめた。

こうしたパノラマが当時の観客にどのような影響を与えたのか、想像するのは容易ではない。これは映画の誕生であり、視覚のリアリティと物理的な動きのリアリティとが初めて真に一体化されたものだった。人々はこれに魅了され、バンヴァードもまた動くパノラマの虜《とりこ》になって、この新しいメディアの台頭期に猛然とパノラマ製作に取り組んだのだった。そして、これまでの作品の成功に自信を得た二十六歳の青年は、それ以前・以後のいかなる試みをも顔色なからしめてしまうほどに巨大で、信じがたいほどに野心的なパノラマに着手した。それは、ミシシッピ川〝全域〟の光景だった。

今日、アメリカのフロンティアに関する記述を読む私たちは、フロンティアというと、カリフォルニアやネヴァダを思い浮かべてしまうが、バンヴァードの時代、〝フロンティア〟はまだミシシッピ川を意味していた。ミシシッピ川流域の未開地、数々の支流地域に分け入る者が、あたたかく迎えてくれる住人のいる町で休息のひとときを過ごすなど、ほんの時たまのことでしかなく、それ以外の時はずっと、強烈な太陽と雨風にさらされ、蚊の大群に襲われ、岸に上がると熊に対面する日々を送らねばならなかった。だが、バンヴァードはすでに何度もミシシッピ川を往復していたし、巡回セールスマンをやっていた時に、少なくとも一度、ひとり旅も経験していた。川で過ごす時間は限りない魅力と危険にあふれていた。

しかし、長く危険に満ちた旅の苦難、難所、激しい風雨、移動中の事故……このいっさいは、住人たちの知るところではない。彼らが目にするのは、居住区にやってくる船であり、美しい春の朝だ。この季節、森はまぶしい新緑に包まれ、頭上には喜びあふれる紺碧の空が広がる。一方に美しい淵を、一方にロマンティックな断崖をそびえ立たせて、広く穏やかな流れは静かに森の間を流れていく。船はゆるやかに、漂うように進み、眺める者の頭には、楽しい想像と連想しか浮かばない。このひととき、目に見える危険や、つらい労苦を強いるものは存在しない。船は何の操作も必要とせずに楽々と進んでいく。三十分後に立ち現われる光景が、これとどれほど異なったものであるか、見ている者にはいっさい想像できない。しばしの間、ある者はヴァイオリンを奏で、ある者はダンスをする。船に乗っている者と岸に並んで見物している者との間で、挨拶や荒っぽい言葉、陸にいる若い娘たちへの愛の言葉や少々露骨なメッセージが交わされる。

バンヴァードは、みずからが直面することになる厳しい自然の状況については充分に理解していたし、それに対する心構えもできていた。だが、パノラマというアートにとってどんな問題が待ち構えているかとなると、ほとんど想像を絶していると言うしかなかった。一八四二年の春、ひとり用の小型船《スキッフ》と食料や備品を購入したバンヴァードは、旅行鞄に大量の鉛筆とスケッチブックを詰め込んで、ミシシッピ川を下る旅へと出立した。ミズーリ州のセントルイスから河口のニューオーリンズまで、全行程の川沿いの光景をスケッチするのが目的だった。

それからの二年間、バンヴァードは、夜は旅行鞄を枕に眠り、昼は流れにまかせて川を下りながら、スケッチブックを川の光景で埋めていった。折々に河岸の町に立ち寄っては、住人たちに、葉巻や肉や家庭用品やその他売れるものは何でも売った。この商売は繁盛し、バンヴァードは途中で、もっとたくさんの商品を運べるようにと、少し大型の船に買い替えた。何年かのち、彼は、パノラマを見に集まった大勢の観客の前で当時を振り返り、川でひとり過ごした苦闘の日々を、こんなふうに回顧している（自分のことを三人称で語っているのは、もちろん芝居がかったことが好きな彼の性向によるものだ）。

絶えずオールを漕ぎつづけたおかげで、すっかり堅くなった両の手、照りつける陽光と移り変わる天気のおかげでインディアンのように褐色になった皮膚。何週間も誰とも言葉を交わさないなど当たり前のことだった。仲間と呼べるのはライフルだけ――ライフルは、森の獣や川に集まってくる鳥の肉を手に入れるためだ。……夏も終わり近くなった頃、彼はニューオーリンズに到着した。ニューオーリンズでは黄熱病が猛威をふるっていたが、そんなことにはいっさい頓着せず、彼は町の光景を描いた。太陽の熱はすさまじく、皮膚は焼け焦げて、手の甲からも顔からもボロボロと皮がはがれ落ちた。こうしたとてつもない作業を続けたおかげで、彼の目は炎症を起こし、今日まで完治することのない厄介な状況をもたらすに至った。

未完の自伝では、この旅はもう少し穏やかな調子で書かれている。

［川の流れは］平均して時速六～十キロ。この流れに乗って船が進むようにしておいてから、画帳を河岸の風景のスケッチで埋める作業にかかる。当初は、小さな船で一日中漂っているのがさびしく感じられてならなかったが、やがて、それにも慣れてしまった。

一八四四年にルイヴィルに戻ったバンヴァードの手には、大量のスケッチと驚異の物語、そして、二年間旅を続けた川を題材にパノラマを作るというファンタスティックなヴィジョンを現実のものとするのに充分な金があった。このパノラマは、いまだかつてない世界最大の絵画となるはずだった。

バンヴァードは、全長四千八百キロに及ぶミシシッピ川を、ミズーリ州とオハイオ州の源流から描こうと目論んでいた。彼の計画がかつてない壮大なものであったとして、しかし、それはこの時代そのものの熱烈な願望でもあった。ラルフ・ウォルドー・エマソンは何年も前に、一般市民を対象にした巡回講演で「わが国の漁業、黒人たち、インディアン、数々の船……北部の交易、南部の植民、西部の開拓、オレゴン、テキサス――これらはいまだに歌われていない。それでも、アメリカは、我々の目にとって、詩以外の何ものでもない。想像力を激しく揺さぶる壮大なアメリカの大地よ……」と慨嘆していたものだ。こうした感覚は、エマソン以前にはフェニモア・クーパーを筆頭とする作家たち、エマソン以後にはウォルト・ホイットマンのような詩人たちも表明している。一八四四年、ルイヴィルの町の端に、特注した何本もの巨大なキャンバス布のロールを格納しておく納屋を建てた時、バンヴァードもまた、こうしたアメリカの芸術の壮大なヴィジョンを共有していたのだった。

バンヴァードは手始めに、巨大なパノラマを描くキャンバス布がたわまないよう、ハトメ金具を使った無限軌道方式の装置を考案した。これは実に有用なもので、数年後には特許を取得し、《サイエンティフィック・アメリカン》誌で大きく紹介された。準備が整うと、バンヴァードはそれからの数カ月をパノラマ製作に没頭して過ごした。舞台の背景を描く修練を積んでいたバンヴァードは、広大な風景の印象を伝えるすべを心得ていた。間近で見た場合、伝統的な細部描写や透視図法に慣れている専門家にはほとんどわけがわからない絵だが、いったんこれが動きはじめるや、まるで魔法のように、荒削りの丸太小屋が、ぬかるんだ河岸が、満開のハコヤナギの木々が、フロンティアの町々が、客寄せショーをしながら薬を売ってまわる平底船が現われるのだ。

この時期、バンヴァードは町で片手間仕事もやっていて、誰かにこの大事業の話をしていたことも考えられるが、そうした記録はいっさい見つからない。しかし、幸運なことに、バンヴァードの納屋を訪れた思いがけない訪問者、セリン・ウッドワース大尉の手紙が残っている。ウッドワースはマンハッタンでバンヴァード家からほんの数軒離れた家に住み、ともに子供時代を過ごした幼馴染みだった。二人が顔を合わせなくなってから十六年の歳月が流れていたが、フロンティアの地でたまたま近くにやってきたウッドワースは、素通りしてしまうことができなかった。ウッドワースは、事前の連絡もせずにバンヴァードの納屋を訪れ、そして、かつての友達が立派な大人になっていることに驚いた。

私はアトリエを訪問しました。とてつもなく大きい木造の建物でした。……作業帽と作業服を着た画家本人が、鉛筆とパレットを持ったまま、入口までやって来て私たちを迎えてくれました。アトリエの中は混沌の極みとしか見えませんでしたが、一方の壁に、巨大な作品の一部がありました。まだ仕上げはしていないものの、まるで本物としか思えない自然の風景が描かれています。この製作中のキャンバスは、アトリエの端に縦に置かれたローラーないしドラムに巻きつけられていて、このように、一枚を描いてはドラムで巻き取っていくという方法で全体を完成させるのです。

この途方もない作品が、完成した暁にいったいどのようなものになるのか……今、いくら説明をしたところで、ほとんど何も伝わらないでしょう。川の岸辺に続く小さな物のひとつひとつが驚嘆すべきリアリティを備えています。熟達した腕を持つ画家の芸術的な作品というのは当然のこととして、しかし、それとは無関係に、ここに描かれた驚異の真実性によって、この作品は世界で最も価値ある歴史的な絵となるに違いありません。ここまで巨大で、ここまで多彩なテーマを描いた作品は、絵画芸術というものが発見されて以来、誰も聞いたことがないはずです。
これこそ、バンヴァードがまもなく世界に向けて、そのヴェールを上げてみせることになる当のパノラマだった。

高まる期待のもと、バンヴァードは初上演の日を待ち受けた。ルイヴィル市民は、一八四六年六月二十九日の《ルイヴィル・モーニング・クーリエ》紙で、同市在住の画家がホールを借り、作品を発表することになったという告知文を目にした。「一八四六年六月二十九日月曜夜〝バンヴァードのミシシッピ川の動く大パノラマ〟がアポロ・ホールにて上演される。七月四日土曜まで、毎晩連続上演の予定」。同じページに載った先行レヴューでは、「この三マイル（約五キロ）に及ぶ壮大なパノラマは、当代きっての有名な絵のひとつとなることが約束されている」と高らかに述べられていた。このレヴューを書いた記者は、この第一印象がいかに真実をついていたか知るよしもなかった。確かにミシシッピ・パノラマは「当代きっての有名な絵」になった。しかし、当代を超えて有名でありつづける運命にはなかったのだ。

初日の結果は惨憺たるものだった。バンヴァードは、大勢の観客と五十セントの入場料が流れ込んでくるのを待ち受けながら、会場を行きつ戻りつしていた。夜の帳《とばり》が降りてくるとともに雨が降りはじめた。ライトを浴びたステージには、いっぱいに巻かれたパノラマが屹立し、クランクの最初の回転を待ち受けている。完全に日が暮れて、雨がホールの屋根を激しく打つ中、バンヴァードは待ちつづけた。

客はひとりも姿を見せなかった。

この屈辱的なデビューに、バンヴァードがさっさと荷物をまとめて町をあとにしていても、まったくおかしくはなかったはずだ。だが、翌日、ジョン・バンヴァードは天才画家から天才興行師に変貌した。六月三十日の朝、ルイヴィルの波止場の仕事をしながら、バンヴァードは、みずから何度もミシシッピ川を航行した者の悠揚迫らぬ物腰で蒸気船の乗組員たちとおしゃべりをし、船から船へと足を運んで、その日の午後の特別上演の無料チケットを配ってまわった。

船員たちがまのあたりにしたのは、正規の料金を払ったとしても充分それに見合ったものだった。巨大な絵の光景がすべるように動いていく前で、バンヴァードは熱を込めて、みずからの川の旅の話を語った。盗賊たちのおよそありそうもない話、色彩あふれるフロンティアの町の風変わりな住人たち、危機一髪の脱出劇、息をのむ光景……どれもが少なからず誇張されてはいただろうが、それでも、ホールを埋めた船乗りたち（内容がいい加減なものであれば、一度の指笛で上演を終わらせるだけの知識と経験を持った強者《つわもの》ばかりだ）を充分満足させるに足るものだった。晩の上演には、船員に勧められた客たちがやってきた。この日の入場料のうち、バンヴァードの取り分は十ドル——一八四六年のひと晩の稼ぎとしては悪いものではない。以後、上演ごとに観客は増え、数日とたたないうちに、ホールは連日満員の大盛況を呈するに至った。

たっぷりの金と大成功のデビューに頬を染めてアトリエに戻ったバンヴァードは、新たにいくつかのセクションを描き加えた上で、おもむろに、もう少し大きい会場での上演に臨んだ。観客が雪崩《なだれ》を打って押し寄せ、近隣のいくつもの町から蒸気船をチャーターしてやってくる者さえいた。新たに加えられたセクションのおかげで、ショーは二時間を超える長さになり、観客の反応に応じて、クランクを回す手は速くなったり遅くなったりした。一回ごとの公演がユニークなものだった。二度続けて見る者も違うパフォーマンスを楽しめた。一度の上演が終わってもキャンバスは巻き戻されず、一回ごとに川の上りと下りの旅の上演が行なわれたのだ。

四カ月あまりの試運転ショーが大成功のうちに幕を降ろし、いよいよ〝三マイルの絵〟を大都市に持っていく準備が整った。十月三十一日にルイヴィルでの最後の上演を終えると、バンヴァードは、アメリカのあらゆる文化と話題の中心地ボストンへと向かった。

クリスマス・シーズンの上演を目指して、バンヴァードはボストンのアーモリー・ホールでの準備にかかった。ルイヴィルの公演で、バンヴァードの語りは、生き生きとした即興と回顧譚と悪名高きフロンティアの盗賊たちのおよそありそうもない話が見事に融合した、達人の域に達していた。今回、クランクなどの機械類は観客の目に入らないように巧みに隠され、また、ナレーションに合わせて流すピアノワルツのシリーズを、プロの作曲家トマス・ブリッチャーに依頼してあった。独創的な照明のもと、彼の背後に次々と流れていくアメリカの壮大な風景……バンヴァードは完璧と言っていい多様なメディアの一体化をなしとげていた。

観客は大満足した。バンヴァードが計算したところでは、六カ月間で延べ二十五万千七百二人のボストン市民が、このパノラマショーを見たという。ひとり五十セントとして、収益は十万ドルを優に超える。わずか一年で、彼は、フロンティアの一介の看板描きから高名な大富豪に、おそらくは全国一の金持ちの画家になったのだった。翌年には自伝的小冊子『バンヴァードのミシシッピ川大パノラマをめぐって』と、ショーに使った『ミシシッピ・ワルツ集』が出され、さらなる収益が舞い込んだ。だが、舞台にピアノ音楽を持ち込んだことで、もうひとつ、もっと幸せな結果がもたらされた。ショーでの演奏に雇った若い女性ピアニスト、エリザベス・グッドマンがほどなくバンヴァードと婚約し、妻となったのである。

称賛の嵐はとどまるところを知らず、ボストンでの公演の最終日には、知事、州議会議長、州代表の議員連も観客席に居並んで、バンヴァードを称える満場一致の大喝采に加わった。バンヴァードの成功はボストンの知的エリートたちの間でも大きな話題となった。当時のアメリカを代表する〝炉辺の詩人〟のひとり、ジョン・グリーンリーフ・ホイッティアは一八五六年に、バンヴァードのショーにちなんだタイトルの詩集『パノラマ、その他の詩』を刊行し、ヘンリー・ワズワース・ロングフェローは、ボストンでの最初の公演を見たあとで、叙事詩『エヴァンジェリン』(一八四七)でミシシッピ川のことを書いた。ロングフェロー自身はミシシッピ川を見たことはなかったが、彼にとって、バンヴァードのパノラマはそれだけで充分リアルなものだった。実際、ロングフェローは小説『カヴァナー』(一八四九)で再度、バンヴァードを引き合いに出し、未来のアメリカ文学が規範とすべき人物像として言及している。「我々は、この国の壮大さに呼応する国民的な叙事詩を必要としている。他のすべての絵画に対するバンヴァードのミシシッピ川のパノラマのように、あらゆる叙事詩をしのぐ世界最大の詩を」

バンヴァードのミシシッピ・パノラマが史上最長の絵であったことはまず間違いない。ただ、〝三マイルの絵〟という呼称には誤解を招きかねない点がある。ジョン・ハナーズ(ほとんど誰の手も借りず、バンヴァードの記憶を私たちの時代まで保ちつづけてくれた研究者)はこう指摘している。「バンヴァード自身は慎重に、三マイルのキャンバスと呼んだのは〝ほかの人たち〟だと述べている。……実際には、オリジナルの絵の〝面積〟が一万五千八百四十平方フィートで、全長が三マイルだったわけではない」*

とはいえ、バンヴァードが誇張された観衆の認識を積極的に正そうとしなかったのも事実だろう。今や、名声が彼を引っ張っていた。一八四七年、パノラマはニューヨーク市へ、より多くの観衆とより大きな富のもとへと持ち込まれ、「天賦の才を持つアメリカの天才が生んだ一大モニュメント」として熱狂的に迎えられた。毎晩の収入は銀行に運ばれ、鍵をかけた金庫に収められた。銀行では大量の硬貨を数えるのではなく、シンプルに重さを量った。

こうした大評判と巨額の収益をまのあたりにして、同業者の中には不徳の輩《やから》も現われはじめた。最も早く登場したのはジョン・ローソン・スミスで、彼は〝四マイルの絵〟を描いたとされているが、バンヴァードにいくら誇張癖があったとはいえ、ライバルたちが本当にバンヴァードよりも大きなパノラマを製作したと信ずべき論拠・証拠はいっさいない。ただ、これはいささか厄介な流れだった。バンヴァードは、複数の悪徳興行師がバンヴァードのパノラマを模写し、その剽窃作品を〝真正のバンヴァードのパノラマ〟としてヨーロッパで上演する計画を立てているという話を耳にした。合衆国での大成功に絶対の自信を得たバンヴァードは、ニューヨークでの公演を終了し、リヴァプール行きの乗船券を予約した。

一八四八年の夏、バンヴァードは、ウォーミングアップとして、リヴァプールやマンチェスターなど、いくつかの街で短期間の興行を行なったのち、勇躍、ロンドンに乗り込んだ。巨大なエジプシャン・ホールが予約され、まずはフリート街の新聞関係者たちに太鼓判を押してもらうための特別公演が開催された。《モーニング・アドバタイザー》紙は「これほどまでの壮大さを的確に伝えるのは不可能である」と絶賛し、《ロンドン・オブザーバー》紙も一八四八年十一月二十七日の紙面で「まさしく想像を絶した作品。これほどのものはいまだかつて目にしたことがない。……そのすべてにおい

*――正しくは、キャンバスの幅が十二フィート（三・六メートル）で、全長は千三百フィート（三百六十九メートル）。その後、追加が行なわれて、最終的に全長半マイル（八百メートル）に至った。

て、あまりにも壮大である」と褒めちぎった。バンヴァードはあっという間に、メディア界における芸術の聖人の列に加わることになった。

いま一度、大観衆と巨額の収益が流れ込んできた。ただ、イギリス都市部の中流階級（チャタリング・クラス）の人々に真に受け入れられるには、合衆国には存在しないあるもの、すなわち王室の認証が必要だった。様々な工作を弄した結果、バンヴァードはついにウィンザー城に召し出され、一八四九年四月十一日に、ヴィクトリア女王とロイヤル・ファミリーの前で特別公演を行なうことになった。すでに大金持ちとなっていたバンヴァードではあったが、王室の認証を得ることは、単なるショーマンか、公式に敬意を払われる画家かという大きな違いを生む。ウィンザー城で、バンヴァードは一世一代の公演を行ない、ピアノ演奏をする妻との完璧なコンビネーションのもと、見事な弁舌を披露した。公演が終わり、セント・ジョージ・ホールに集ったロイヤル・ファミリーの前で深々と礼をした時、バンヴァードは自分が芸術家としてのパフォーマンスをやりとげたことを実感した。以後、彼は終生にわたって、この時を人生で最上の時間だったと思い起こしつづけることになる。

バンヴァードのパノラマショーはセンセーションとなった。ロンドンでの公演は丸々二十カ月続き、観客数は延べ六十万人を超えた。『バンヴァード、ある画家の冒険』（一八四九）のタイトルのもと、大判の美しい装丁で復刊された自伝的小冊子もロンドン市民に大好評をもって迎えられた。レストランやカフェなどいたるところでショーのワルツが演奏され、チャールズ・ディケンズは「貴下の絵には、これ以上ないほどに感動し、楽しませていただいた」と絶賛の手紙を寄こした。航海経験と言えば、嵐の海でのそれがほとんどだったこの島国の住人たちに、バンヴァードは、甘美で牧歌的な川船での生活にフロンティアの危険というスパイスを振りかけて差し出したのだった。

こうした蒸気船に乗ってシンシナティからニューオーリンズまで航行する旅の快適さと、海での航海とが比べようもないものであることは疑いを容れません。荒涼たる果てしない水の広がりは、船乗り以外の人の目にはすぐにうんざりしてしまうものです。そして、海には嵐があります。テーブルは固定しておかなければならず、寝る時も何かにつかまっていなければなりません。どうしようもない船酔いもあれば、危険もあります。しかし、川では常に岸の間近を航行し、常に緑の大地を見ていられます。食事をしたり物を書いたり本を読んだりするのも、いつでも何にも邪魔されずにできます。クリームも家禽も野菜も果物も新鮮な肉も、季節によっては野生の獣の肉も、すべて岸から手に入れることができるのです。

ロンドンでの公演が終わりに近づいた頃、バンヴァードは、追随者の数が恐ろしい勢いで増えていることに気がついた。一八四九年から五〇年のシーズンだけで、五十もの競合するパノラマが出現した。ジョン・ローソン・スミスの挑発は相変わらず続き、悩みの種となっていたが、そこに、ロンドン在住のアメリカ人肖像画家ジョージ・ケイトリンの告訴が加わった。ケイトリンは金を借りるためにバンヴァードの〝友人〟を装っていたのだが、嫉妬深い性格で、あろうことか、バンヴァードを剽窃のかどで告訴したのだった。さらに、自分のショーにライバルたちからスパイが送り込まれていることもわかった。ライバルたちに雇われた画学生が観客に紛れて、ショーの間、パノラマをスケッチしていたのである。

あるアートフォームがひとつの文化のうちに浸透すると、安手のイミテーションが登場し、さらにはそのイミテーションのパロディまでもが出現する――これは今日の私たちにもお馴染みの状況だが、今、私の手もとに、アーテマス・ワードというアメリカのユーモア作家が書いた、ミシシッピ・パノラマをめぐる当時のこうした状況を伝えてくれる本がある。『アーテマス・ワード、そのパノラマ』（一八六九）のタイトルで死後出版され、そのまま長く忘れられていた一冊だが、ワードは死を迎えるまでの数年間、ロンドンで活動しており、その間《かん》に、バンヴァードの航跡に殺到した無数のパノラマ旅行譚やパロディ・パフォーマンスのいくつかに実際に手を染めていたらしい。ステージとおぼしきもの（多かれ少なかれ、細部は幕で曖昧にぼかされている）のイラストが添えられたワードのパノラマは、サンフランシスコとソルトレイクシティに関する話で構成されており、本題とは関係のないつぶやきがそここに小さな活字で差しはさまれている。

今宵、この公演の一部でもお気に召さないところがあったら、ニュージーランドでの公演では入場無料ということにいたしましょう――ニュージーランドの公演に来てくださるなら。

もちろん、この話は私の〝エンタテイメント〟とは何の関係もありません――ですが、私の〝エンタテイメント〟の特徴のひとつは、実に様々な内容が詰め込まれているということなのです。そのほとんどは本題とは何の関係もありません。

ワードは観衆に向けて鷹揚に、このホールには〝新しいドアノブ〟を贅沢に設置しましたと語る。要するに、本にドアノブの広告を掲載するからだった。

だが、バンヴァードにとって問題となるライバルたちは、ワードのような無能の輩ではなかった。対抗策を打つべく、バンヴァードは即刻行動に出た。再びアトリエにこもって、新しいミシシッピ・パノラマを製作したのだ。最初のパノラマは東岸から見た光景だったが、新作パノラマは、反対側、西岸からの風景を描いたものだった。これが完成すると、ロンドンのショーは別の弁士に委ね、みずからは新作を引っさげて英国全土のツアーに出発、二年間で、さらに十万人を超える観客を動員するに至った。

バンヴァードがこの二つのパノラマを同時にステージに出していたらどうだっただろう? それぞれを舞台の両袖から演壇の真後ろまで斜めに配置し、同じ速度で動かせば、ミシシッピ川の中央を船で下っていくような、いわば視覚のステレオ効果が生まれたのではないだろうか。これが実現していれば、史上初の〝サラウンド・マルチメディア〟となったのは間違いないところだ。しかし、あらゆるイノベーションを実践したバンヴァードではあったが、そのような実験的な試みがなされたという記録はない。

ロンドンでのバンヴァードは、自身の絵画製作とショーだけに専心していたわけではなかった。時間ができるたびに大英博物館を訪れ、膨大なエジプトの品々に魅了された。ほどなく、ロンドン在住の何人かのエジプト学者に弟子入りし、彼らの指導のもとでヒエログリフ(神聖文字)の解読を学びはじめた。複数の文献が示すところでは、この時代、神聖文字解読のスキルを習得したアメリカ人はバンヴァードただひとりである。その後数十年にわたって、バンヴァードは神聖文字をテーマにした講演も行ない、少なからぬ数の聴衆を集めた。

バンヴァードはショーをパリに持っていった。ここでも成功は続き、二年間、人気は衰えることを知らなかった。ロンドンで長女のガートルードが、パリで長男のジョン・ジュニアが誕生し、バンヴァードは一家の長となった。しかし、子供ができたことで彼のツアーがスローダウンすることはなかった。それどころか、長男誕生の翌年には、家族をパリに置いたまま、一年間、画家として聖地パレスチナをめぐり、また、アメリカとの間を何度も往復する中でナイル川を旅して、画帳をスケッチでいっぱいにしていった。もう、こうした画帳を枕代わりにする必要はなかった。バンヴァードは今では快適な旅をする充分な余裕があり、行く先々で大量の古代の遺物を買い込んだ。神聖文字を翻訳する尋常ならざる才能が、こうした品の購入を大いに助けてくれた。

これらの旅がベースとなって、さらに二つ、パレスチナとナイル川のパノラマが生まれた。市場は今や無数のイミテーションであふれ返っており、人々はそろそろパノラマ公演に飽きはじめていたが、そんな状況にあっても、バンヴァードの才能は以前にも増して大きく発現された。一八五四年のボストンの雑誌《バルーの絵入り客間の友》に、あるアメリカ人の批評家がこんなコメントを寄せている。

バンヴァード氏はミシシッピ川を描いた三マイルのパノラマで名を上げ、財をなした。これは、同時代の正当な評価が真に価値あるものに向けられた事例のひとつである。……彼の絵画における唯一の教師は自然であり、そのスタイルに型にはまったところはほとんど見られない。このたびの新作は、芸術的な価値においてミシシッピ・パノラマをはるかにしのぐものである。表現力はさらなる進展を見せ、極めて高いレベルに達したその表現力が、作品の効果をいっそう強めている。

ミシシッピ川の最初の旅からわずか八年、バンヴァードは世界一有名な現役の画家となり、史上最も裕福な画家となった。

一八五二年春、バンヴァードは家族とともにアメリカに戻った。財産はとんでもなく大きくふくらんでいた。これだけの資産があれば、大邸宅に隠居し、折々に楽しく絵を描いて一生を過ごせるはずだった。そして、帰国当初、バンヴァードが実践したのは、まさにそのとおりのことだった。

　世界一有名な画家には、それにふさわしい堂々たる住居が要る――そう考えたバンヴァードはロングアイランドに六十エーカーの土地を購入し、ウィンザー城を模した大邸宅の建築を始めた。地元の道がこの城の必要に見合っていないことが判明すると、城専用の道路を作った。彼は、娘のアダの名をとって、この城をグレナダと命名したが、この建設に投入されたいまだかつて聞いたことのない費用に仰天した地元住人は、シンプルに〝バンヴァードの阿房宮《あぼうきゅう》〟（秦の始皇帝が建てた大宮殿。転じて、大金をかけた、ばかげた大建築の意）と呼んだ。

　この城を見学した雑誌記者は、地元の人々よりもう少し寛容な姿勢を示している。

> その壮麗な外観に、見た者は否応なくスコットランドの古い谷間のあちこちに点在する、趣きある古城を想起することだろう。……一階には九つのオフィスがあり、遊歩道から城内に入ると、応接間、複数の客間、サンルーム、控えの間、使用人室、いくつもの小部屋が続いている。二階には子供部屋、学習室、客間、浴室、図書室、書斎などなど。塔屋部分にも使用人の部屋があり、地下はオフィスと倉庫で占められている。正面部分は現時点ですでに四十五メートルほどの幅があるにもかかわらず、バンヴァード氏は、まだ完成していないと語る。氏は、大天守とも言うべきものを加えて、そこに、アトリエと作業室、および、これまで世界中で収集してきた珍しい品々の膨大なコレクションを収納する部屋ないし博物館を置くつもりだという。……この土地の名前「コールド・スプリング・ハーバー」を改称して、〝バンヴァード〟と呼ぶようにしてはどうかという提案もなされている。

当然のことながら、この最後の提案は、町の住人たちにはとうてい魅力的だとは思えなかったようだ。

城が完成してからも、バンヴァードは隠居生活に入ることはなかった。それからの十年間、彼はかなりの数の作品を製作し、成功を収めつづけた。実のところ、彼の芸術の地平は一年ごとに広がっていった。一八六一年には独自のミシシッピ川の水路図を北部諸州軍に提供し、フレモント将軍がみずから、専門家の助力に感謝するという書簡を寄こしている。同じ年には、アメリカで初めて成功した着色石版画のための原画を製作――この着色石版画のプロセスはかつてないユニークなもので、バンヴァードが「神への敬虔な祈り」とタイトルをつけたオリジナルの絵のキャンバスの風合いと色彩を見事に表現していた。「神への敬虔な祈り」は爆発的に売れ、革新的なテクニックを持つ画家としてのバンヴァードの名声をさらに広く知らしめる一助となった。

次いで、バンヴァードの関心は、彼が最初に熱中した芝居へと移った。壮大な〝聖書‐歴史〟ドラマ、『アマシス、あるいは最後のファラオ』は一八六四年にボストンで初演され、バンヴァードは台本とともに巨大な背景画を描いた。この芝居は批評家たちの間でも好評を博し、バンヴァードは大いに満足した。自分の手になるもので、成功しないものは何ひとつない――彼にはそうとしか思えなかった。

バンヴァードがグレナダ城の客相手にエジプトの品々を展示していた頃、アメリカでは美術館・博物館の役割が急速に変わりつつあった。富裕階級の好事家たちが所有していた〈珍品キャビネット〉が進化して、一七八〇年に、画家・博物学者のチャールズ・ピールがフィラデルフィアにアメリカで最初の博物館と見なされる施設を設立。このピールの博物館はやがて、ニューヨークの〈ジョン・スカダーのアメリカ博物館〉と合併するが、こうした初期の博物館はもっぱら教育を眼目とした講演と、数々の珍しい自然物や図版、記念品などの展示を中心にしていた。

だが、一八四一年、興行師P・T・バーナムがスカダーのアメリカ博物館を買い取ると、この状況は一変した。一八三五年に、百六十歳という触れ込みの〝ジョージ・ワシントンの元乳母〟の見世物で大当たりをとっていたバーナムは、博物館に、スペクタクルショーと詐欺まがいの見世物を並べたカーニバルの要素を持ち込んだ。フリークショー、ジオラマ、マジック、怪しい化石や骨格標本、〝親指トム〟のパフォーマンスといった見世物のごった煮は強烈な磁力を発揮し、博物館は大盛況となった。起業家としては数々の失敗も重ねてきた人物だが、バーナムがアメリカが生んだ史上最強の辣腕《らつわん》興行師であったことに疑う余地はない。バーナムの大成功に飛びついた追随者たちはすぐに、バーナムの人を出し抜く才能と、とんでもない誇大広告を際限なく繰り出す圧倒的な力の前に、次々とつぶされていった。

一八六六年には、バーナムの博物館の入場券の総売り上げ枚数は、三千五百万という当時のアメリカの全人口をはるかに上まわるまでに至っていた。ほんの数マイル離れたところにいるバンヴァードが、これ以上黙って見ていられるはずもなかった。自分は城いっぱいの本物の古代の遺物を所有しているというのに、バーナムは、いかがわしいどころではない展示品やペテン以外の何ものでもない見世物で巨万の富を築いているのだ。こう思いはじめると、バンヴァードはいても立ってもいられなくなり、昔の旅の連れであるウィリアム・リリエンソールのもとを訪れた。バンヴァードとリリエンソールがナイル川を旅して、現在のバンヴァードのコレクションの中核をなす品々を買い集めた時から、十五年以上の歳月が流れていた。

リリエンソールの協力と投資家たちから多額の資金を得て、バンヴァードはP・T・バーナムとの勝負に打って出ることにした。しかし、彼らのヴェンチャーは最初から危ういものだった。アメリカ最強の興行師に立ち向かうというたいへんな難題は別にして、バンヴァードはみずからの経験のなさに足をすくわれることになる。長年にわたるパノラマツアーと芝居の成功とで、博物館の運営にも絶対の自信を持っていたバンヴァードだったが、大勢のスタッフのもとで建物を維持運営していくという昔ながらの事業をやった経験は一度もなかった。ショーマンとしての活動を続けていた間に信じがたい大金を稼ぎ出したとはいえ、それは、たったひとりのアシスタント兼秘書の補佐のもとでなされたものであり、しかも、最終的には、わずか数ドルの金をくすねたという理由で、彼をくびにしてしまっていた。

とにもかくにも、リリエンソールとバンヴァードは〈バンヴァードの博物館〉の資金調達のために会社を興し、総額三十万ドルに及ぶ株券を発行した。建設業者や職人たちには、現金の代わりにこの株券で支払いをし、残った分は、マンハッタンの複数の大富豪が購入した。ただ、ここにはひとつ問題があった。バンヴァードは、自分の会社をニューヨーク州に登記していなかったのである。資金提供者たちもバンヴァード本人も気づいていなかったが、公式には会社は存在しておらず、したがってこの株券はまったく価値のないものだったのだ。

不用意な金持ちの金をたんまり手にしたバンヴァードの博物館は、凄まじい勢いで建築が進められていった。

一八六七年六月十七日、四万平方フィートの堂々たる建物が完成し、オープンした。それはまぎれもなくマンハッタン随一の博物館だった。名高いミシシッピ・パノラマのショーが行なわれる二千人収容のメインホールを中心に、もう少し小さな多数のレクチャー室と、バンヴァード・コレクションのよりすぐりの品々を展示するいくつもの部屋が並んでいた。レクチャー室は重要だった。バンヴァードは、学生の団体を無料招待して、この博物館の教育的側面、家族で訪れやすいという特徴を強調し、バーナムのセンセーショナリズムとは対極にあることを明確に打ち出すことにしていた。バンヴァード博物館にはまた、大勢の入館者にとって何よりも有用な設備である通気口が多数、備えつけられていた。ホールの換気の悪さはパノラマショーにつきものの問題であり、今回の建設に当たっては、バンヴァード自身の指示のもと、メインホール全体を取り巻く形でルーバーと窓が設置された。

P・T・バーナムは、ジョン・バンヴァードを本物のチャレンジャーと認め、即座に戦いを開始した。バンヴァード博物館オープンの一週間後には《ニューヨーク・タイムズ》に広告を打ち、バーナム博物館は「**通気完備！　クール！**　快適!!　クーーール!!!　エレガントにして広々とした風通し抜群のホール！」と叫んだ。言うまでもなく、これは事実ではなく、バンヴァード博物館の建物の設備のほうがはるかにすぐれていることはバーナムにもわかっていた。ただ、彼は広告というものを充分に心得ていて、こればかりはバンヴァードにも太刀打ちできないものだった。こうして、その夏いっぱい、アメリカ最大のショーマンにしてアメリカ初のエンタテイメント億万長者の二人はがっぷりと四つに組み合い、死闘を繰り広げることになった。

バンヴァードがイノベーションによって繰り出す鋭いひと突きひと突きを、バーナムは安手の模倣と卓越した宣伝で受け流した。バンヴァードのミシシッピ・パノラマに対しては、ナイル・パノラマ（おそらくバンヴァードのパノラマを模写したもの）を、バンヴァードの本物のカーディフ人の骨に対しては、作り物の骨で対抗した。二人のショーマンは、夏じゅう、ステージと新聞上でそれぞれの得意とする武器を手に戦いつづけた。

この戦いはあっけなく終わりを告げた。資金繰りがバンヴァードの処理能力をはるかに超えてしまったのだ。債権者の大群が支払いを求めて殺到し、株主たちは、持ち株が最初から無価値なものだったことを知って怒り狂った。九月一日、オープニングからわずか十週間足らずで、バンヴァード博物館は閉鎖に追い込まれた。

バンヴァードは急場しのぎに奔走した。一カ月後、博物館は〈バンヴァード・グランド・オペラハウス&ミュージアム〉として再オープン、続く六カ月あまりの期間、いくつかの演《だ》し物が上演された。まず、いかがわしいダンスショー、次いでディケンズの『我らが共通の友』とストウ夫人の『アンクル・トムの小屋』の舞台。どれもうまくいかなかった。事態を変えることはできず、バンヴァードはついに、建物を興行師のグループに貸し出すという道を選ばざるをえなくなった。バンヴァードにとって無念の極みだったことに、このグループにはＰ・Ｔ・バーナムも含まれていた。

それからの十年間、バンヴァードはひたすら借金の返済に追われて過ごし、蓄えが底をつくと、あとは、株主をはじめとする債権者のもとに行くべき博物館のリース代をこっそり流用して暮らしていくしかなかった。六十エーカーの敷地に住んでいる者は、事実上、バンヴァードと妻だけだった。二人は、この広大な土地のいわば管理人の身に落ちぶれてしまっていた。博物館の資金提供者たちが直面したとんでもない事実が発覚してのちは、もはや、バンヴァードの事業に投資するニューヨーカーはおらず、さらに数本の芝居を書いたものの、上演しようというプロデューサーは現われなかった。

バンヴァードの資産運用倫理が完璧なダメージをこうむったのは当然のこととして、しかし、それ以上に地に落ちたのが芸術家としての清廉さだった。かつての芸術の革新者は剽窃者に成り下がった。一八七五年に出された歴史書『英国王ジョージ四世の時代と宮廷』は、一八三一年に刊行された本の盗用であることが判明。翌年には、何とか新しい芝居を書き上げ、今はニュー・ブロードウェイ劇場と名前を変えたかつての博物館で上演される運びとなったのだが、この『コリーナ、シチリアの物語』は単なる剽窃というだけでなく、現役の、しかもまったく評判の悪い劇作家の剽窃だった。

債権者の列は依然として引きも切らず、進退きわまったバンヴァードは、劇場を買い取ってくれる者を探しまわった。かつてのライバルであるＰ・Ｔ・バーナムにもアプローチした。バーナムは言下に、「とんでもない!!　あのブロードウェイ劇場を運営しなければならないとすれば、ただでももらうつもりはない」と言い放った。この老いぼれ劇場は、一八七九年にようやく譲り渡すことができたのだが、その後、バンヴァードは、新しいオーナーたちが、自分が失敗したその場所で見事な再生を果たすのをまのあたりにしなければならなかった。この劇場は、一九二〇年に取り壊されるまで、デーリー劇場として何十年間も大盛況を誇ったのだった。

〈バンヴァードの阿房宮〉は劇場ほど長く生きながらえることはなかった。夫妻は可能な限り長くグレナダ城にしがみついていたものの、破産の深淵はあまりに深く、結局、売りに出さざるをえない状況となった。債権者たちの要請のもと、最終的に城は解体され、その他の所持品もすべて競売に付された。ただ、ミシシッピ・パノラマだけは競売台には載せられなかった。四十年間にわたって使われつづけた結果、ミシシッピ・パノラマはボロボロになってしまっていた。世の中からほとんど忘れ去られた今となっては、どのみち値がつくわけもないと判定されたのだろう。

齢《よわい》六十をとうに越した夫妻は、手もとに残ったごくわずかな金と身のまわりの品を詰めた鞄を手に、ニューヨークをあとにした。彼らにとって残された場所は、バンヴァードが遠い昔に去った土地、はるかなフロンティアしかなかった。旅立った時と同様に、ヴァンバードは一文無しの忘れられた画家として、辺境の地に戻っていった。

貧しく老いたバンヴァードは、今日のサウスダコタにある町ウォータータウンにたどりついた。ついい先頃まで城の所有者だったバンヴァードと妻は、息子の家の一室で暮らす身となった。息子のユージーン・バンヴァードは事務弁護士で、地元の公益事業と建設プロジェクトにも関与しており、老バンヴァードは時々、往時のエネルギーを取り戻したように、息子とともにそうしたプロジェクトに力を貸した。

しかし、大半の時間は部屋にこもって、著作、とりわけ詩作に没頭した。この地で、亡くなるまでの十年ほどの間に彼が書いた詩はおよそ千七百篇――これはエミリー・ディキンソンに匹敵する数であり、また、ディキンソン同様、そのほとんどは世に出ることはなかった。これらの詩は、それまでにバンヴァードが〝書いた〟とする多くの怪しい芝居や歴史書とは違い、間違いなくバンヴァードのオリジナルであると思われる。特別に革新的だとは言えないとしても、誠実な作品ではあることは間違いない。ウォータータウンで過ごした間に、バンヴァードはピーター・パレットの筆名で数百篇の詩を書き、ダコタ準州で最初に詩集を刊行した詩人となった。生前に刊行された数少ない詩集の一冊、一八八〇年にボストンで出版された『ソロモンの神殿建設の起源』は、聖書に登場するオルナンとアラウナの兄弟を主人公にしたもので、詩神の降臨を祈るスタンダードなロマン派ふうのフレーズから始まる。

伝説を語ってきかせよう、美しい伝説を
我が親族であるひとりのアラブ人の伝説
我らは高い峰のふもとにある泉のかたわらに座していた
シリアの海辺にそびえる峰

実りの季節の満月が銀の輝きをいっぱいにあふれさせ
アラブ人のテーマを招き寄せた

終結部は、英国の教会建築やエジプトのオベリスク、そして、著者にとってつきせぬ関心の対象であったらしいフリーメーソンの誓いをめぐる熱狂的な考察のごった煮となっている。

もっと実用的な著作もある。ポケットサイズの『バンヴァード速記法』（一八八六）で、これはダコタ準州で最初期に発行された本の一冊である。この速記法は一週間で習得でき、自身、長年にわたって使っていて、今もバスやフェリー内の会話をこっそり書き留めつづけていると、バンヴァードは述べている。「著者は、この方式の速記の知識をごく若い頃に身につけた。……書き留めたノートは大量に及び、時代時代の日常生活の記録として大きな価値を持つに至っている」

速記の練習文には、自身の詩や、「痛みを知らない者だけが人の傷をからかう」といった簡潔な格言が含まれている。バンヴァード自身は、晩年になっていくつかの痛みを知った。そして、波乱万丈の人生が終わりを迎えるまでに、さらにいくつかの傷を負うことになるのだが、しかし、この小さな本が出された年、すでに七十代に入っていたバンヴァードは、いま一度アトリエにこもり、最後の傑作の製作に取りかかった。

一八八六年には、ジオラマもパノラマももはや目新しいものではなくなっていた。エジソンの驚異の発明である映画が地平線から姿を現わしつつあった。パノラマというアートフォームが時代を乗り超えられなかったとすれば、その最大の実践者もまた同様だった。破綻した財政と、誰にとっても当然の身体の衰えに加えて、バンヴァードの視力は歳を重ねるとともに悪化の一途をたどっていった。子供時代の事故以来、彼の視力が良化したことは一度もなかった。そんな状況にありながら、彼はこの歳になってなお、芸術への意欲を奮い立たせることができたのだった。ある同時代人によれば——「がっしりした体型、いかつい顔、ふさふさした黒い髪、丸く刈り込んだ顎鬚——高齢になっても、彼の外観は、ミシシッピ川の操船者そのものだった」

当然ながら、新たなパノラマを携えて最後のツアーに出ようというバンヴァードの考えに、家族は不安を抑えることができなかった。娘はのちに、こんなふうに語っている。「母も年配の親族たちも、父がショーをやることには反対でした。とてもそんなことができる体ではないと考えていたからです」。ただ、たとえ年配の親族たちが反対していたとしても、バンヴァードが孫たちに勇気づけられたことは想像にかたくない。一家の長である祖父が、かつて（自分たちが生まれるずっと以前のこと）とてつもない財と名声をもたらしたパノラマを製作するのを眺めているのは、今では唯一、孫たちだけだった。

新たなパノラマのテーマにバンヴァードが選んだのは〝コロンビア炎上〟だった。当時もなお、多くのアメリカ人の記憶に鮮明に残っていた大災厄——一八六五年二月十七日、シャーマン将軍麾下《きか》の北部軍の猛攻を受けて炎上し、丸一日燃えつづけて灰燼に帰した、サウスカロライナの州都コロンビアの惨劇である。バンヴァードの〝コロンビア炎上〟公演は、どの点から見ても壮大の極みだった。さらに、見る者を驚かせたのは、パノラマの操作と語りと次々に繰り出される特殊な効果音を、バンヴァードがたったひとりで（まるで、最初の貧しかった頃のショーを思い起こさせるように）やってのけたことだった。半世紀後に、当時、実際にこのショーを見た観客が回顧している文章がある。

絵が描かれたキャンバス、ロープ、巻き上げ機、灯油缶、シダ植物、スクリーン、シャッター、回転ドラム――これが彼の道具だった。これだけで、進軍する大部隊や突撃する騎兵隊、轟く大砲と燃え上がる建物とマスケット銃の響き、激烈な戦闘の光景が、驚異的な緊迫感のもとに再現され、想像を絶するクライマックスへと導いていった。これが、たったひとりの人間によるワンマンショーだったとは、とうてい信じられないと言うほかない。

以前読んだ記事によると、昨今の映画は一本作るだけで何百万ドルという金がかかるという。だが、五十年以上も前にダコタ準州のウォータータウンで、ジョン・バンヴァードがわずか十ドルの費用でやってのけたこと、あのめくるめくイリュージョンをなしとげたことを考えると、今の私には、ハリウッドがどうしようもなく恥ずかしく思えてならない。

これほどまでに素晴らしいスペクタクルではあったが、しかし、バンヴァードの時代はとうに過ぎ去っていた。ダコタは小さな町が散在する準州にすぎず、ツアーを支えるだけの余裕はとうていなかった。この一度限りの公演のあと、アーティストは背景幕とドラムとスクリーンをしまい込み、二度と使うことはなかった。

ウォータータウンでのショーから数年たった一八八九年、妻のエリザベスが他界した。二人の結婚生活は四十年以上に及んでいた。寄り添って暮らす時期が長かった夫婦の場合にしばしば見られるように、夫もその後二年足らずであとを追った。バンヴァードの墓は実に簡素なもので、この人物がかつて世界一裕福な画家であったと思う者はいないだろう。

ジョン・バンヴァード

Nov. 15, 1815
誕生

May 16, 1891
死去

バンヴァード死去の知らせが届くと、東海岸とヨーロッパの新聞社の編集者やコラムニストたちは一様に驚いた。あの億万長者が一文無しで辺境の地で死んだ？　どうしてそんなことがありうるのだ？　だが、家族から答えを得ようとしたとしても、彼らは肩すかしをくらっていたはずである。バンヴァード一家は借金の支払いができなくなり、葬儀の後に夜逃げしてしまったのだ。

大急ぎで逃げ出した結果、ウォータータウン二番通りノースウェスト五一三番地の家には、家財のほとんどが残されたままになっていた。これらは債権者たちによって競売に付された。ジョン・バンヴァードの所持品の中に、一八三一年の自身の父親の未払いの葬儀代、十五・五一ドルと記された黄ばんだ紙片があった。若きジョンは、父の孤独な死と屈辱にまみれた破産の記憶に終生つきまとわれて生きてきた。そして六十年後、その屈辱の葬儀代の請求書を握りしめたまま、彼もまた同じ運命をたどったのだった。

バンヴァードの作品は今どこにあるのか？

初期のパノラマ――インフェルノ、ヴェネツィア、エルサレムの三作は一八四〇年代の蒸気船の沈没で川の藻屑と消えた。小さなパネルがいくつか、サウスダコタの数カ所に残されている。ピエールのロビンソン美術館に三点。ウォータータウンには二点――カンペスカ・ヘリテッジ美術館に「グレナダ城からの川の光景」があり、また、メレット記念協会が〝三マイルの絵〟を想起させる「霧の中の川船」を所蔵している。

それでは、バンヴァードに莫大な富と名声をもたらした、革新的なミシシッピ・パノラマの絵はどうなったのか？　孫のひとりであるイーディス・バンヴァードが、長い年月がたってのち、一九四八年のインタビューで、幼い頃に巨大なロールで遊んだことを憶えていると語っている。だが、バンヴァードが亡くなってのち、いっさいは競売者の手に委ねられた。「一部は……ウォータータウンのオペラハウスの背景に使われたと聞いています」。ロールの絵は一枚ずつ切り離され、劇場の背景幕として売られた可能性が高いと、彼女は推測している。何十年にもわたるツアーで傷み、当初の動く絵としての意義も失ったパノラマ絵画の断片は、古い敷物くらいにしか思えなかったことだろう。劇場がそれらの背景幕をどう始末したか、いっさい記録が残っていないのも驚くには当たらない。

だが一方で、バンヴァードの傑作は一度もウォータータウンから離れたことはないという話も、今なお根強く語り継がれている。パノラマの絵は細かく切り刻まれて、地元の家々の断熱材に使われ、そして、壁の中に封じ込められたまま、今日もなおそこにありつづけているという。

2

贋作は永遠に

ウィリアム・ヘンリー・アイアランド

William Henry Ireland (1775-1835)

ウィリアム・ヘンリー・アイアランド（シェイクスピア生誕地トラスト）

ウィリアム・ヘンリー・アイアランドは薄のろだった。少なくとも、誰もに薄のろだと言われていた。一七七五年、ロンドンの銅版画家・古書収集家サミュエル・アイアランドの二人目の男子（ただし長男は夭折）として生まれたウィリアムは、いつもぼんやりとしていて、何事にも対応することのできない少年だった。最初に送られた寄宿学校から休暇で戻ってきた時、携えてきた父親宛ての手紙には、ウィリアムには何を教えても無駄で、これ以上学費を払ってもらうのは「アイアランド氏の財産を盗むに等しい」と書かれていた。

ウィリアムは外の世界にはほとんど関心を向けようとしなかった。要するに、自分の頭の中の世界のほうがずっと面白かったのだ。ひとかどの人物になるようにという家族や教師の期待から逃れるため、少年はロンドンの街を歩きまわり、劇場の楽屋口の前で俳優たちが出入りするのを眺めて時間を過ごした。そして、家に戻ると、自分の部屋で、このうえない集中力を発揮して、ボール紙で精巧な劇場の模型を作った。

やがて、少年は中世の紋章の虜《とりこ》になった。ロンドンの片隅の小さな店のそこここに、埃《ほこり》をかぶった古い兜や胸甲が転がっていた。あちこちが凹《へこ》み、錆だらけで、火薬の時代となった今では無用の長物以外の何ものでもなかったが、ウィリアムは、壊れた武具の断片を幸せそうにつつきまわした。そうして新たに見つけた宝物を家に持って帰ると、錆を落とし、ピカピカに磨いたのち、自分の部屋に座り込んで、古い断片の山からひとそろいの甲冑を組み立てるのに熱中した。必要な部品が見つからない時には、ボール紙を切り貼りして華麗な装飾を施したパーツを作った。ほどなく、彼の部屋は模型の甲冑兵士の連隊でいっぱいになった。夜になると、ウィリアムはベッドに腰を降ろし、月明かりに照らされた連隊を見つめながら、みずから輝く甲冑をまとい、馬にうちまたがって暗い禁断の城へ駆け登っていくところをうっとりと想像するのだった。

その間《かん》も、ウィリアムは、退学・転校を繰り返していた。少年は頭だけでなく、体も弱かった。父親はついに、病弱で見込みのない子供の親たちの最後の選択肢である、大陸の由緒ある学校に息子を送った。フランスですばらしい四年間を過ごしたウィリアムだったが、十七歳でロンドンに戻ってきた時には、相変わらず無能だっただけでなく、どうしようもないフランス語なまりの英語をしゃべるようになってしまっていた。ひとかどの人物として名を上げてもらいたいという望みはあきらめて、サミュエルは友人の弁護士に頼み込み、十代の息子を下っ端の事務員として雇ってもらった。

当時、サミュエルは、銅版画家および英国の田園地方の挿絵入り旅行記の著者として、まずまずの地位を築いていた。一七九四年、ウィリアムが十八歳の時に、父と息子は、サミュエルが企画していた本『ウォリックシャー州、エイヴォン川の麗しき風景』の素材を求めて、エイヴォン川をさかのぼるスケッチ旅行に出かけた。当然のように、二人は、シェイクスピアの生誕地であるストラトフォード・アポン・エイヴォンに引き寄せられた。若きウィリアムはシェイクスピア作品の一部を諳《そら》んじていた。毎晩、夕食後に父が家族の前で、この不滅の劇聖《バード》の作品の抜粋を読んできかせていたのだ。

ストラトフォードの商売人たちにとって、サミュエルは手足と頭がついた金袋に見えたに違いない。ツーリスト・トラップ（観光客に怪しげなものを売りつける悪徳店）を最初に発明したのがカトリック教会だとすれば（巡礼地では、キリストの磔刑に使われたとされる〝聖十字架〟の無数の木片や、不運な豚の骨を〝聖者の骨〟と称して売りつける土産物屋に事欠かない）、ストラトフォードは俗世間最初のツーリスト・トラップだった。シェイクスピアの死後、彼に特別の関心を向ける住民などひとりとしていなかったストラトフォードだったが、この地を訪れる熱狂的なシェイクスピア崇拝者は着実に増加していき、一七六九年には、名高きシェイクスピア俳優デイヴィッド・ギャリックが、ストラトフォードで最初のシェイクスピア・フェスティバルを開催するに至った。こうした状況を眺めているうちに、やがて、地元の店々は、かつてシェイクスピアが住んでいた家の裏庭に生えていたという古い桑の木で作った〝シェイクスピアの聖遺物〟を観光客に提供しはじめ、こうして、一年間でひとつの町の全部の家に行きわたるほどの量の〝シェイクスピアの使った家具〟が、毎年毎年、売られるようになっていった。

サミュエルとウィリアムがふらふらと入り込んだのも、そうした安手のまがいものでいっぱいの店だった。サミュエルは興奮し、劇聖がのちに妻となるアン・ハサウェイに求婚した時に座っていたという椅子と、「偉大なる詩人の家の豊かに生い繁った桑の木」から作ったゴブレットを大喜びで購入した。これは絶好のカモだと見て取った地元の〝歴史家〟が、二人に、シェイクスピアの手稿が見つかるかもしれないと言われているストラトフォード近郊の屋敷に行ってみてはどうかと言った。興奮の極に達した古書収集家は息子とともに、その屋敷に駆けつけた。借地人である農夫のウィリアムズ氏が二人を暗い小部屋に招き入れた。サミュエルははやる気持ちを抑えきれず、ウィリアムズ氏に問いかけた。この家のどこかでシェイクスピアの原稿を見たことはありませんか？

あれまあ——という表情が農夫の顔に浮かんだ。

そして、叫んだ。「惜しかったね！　もうちょっと早く来ていればよかったのに！　まだ二週間もたっていないんだよ、いくつかの籠いっぱいの手紙やら紙やらを捨ててしまってから。ヤマウズラを育てたいと思って、雛鳥用に部屋を片づける必要があったものでね。そう、シェイクスピアと言えば、その名前が書いてある紙の束がいっぱいあったなあ」

　ウィリアムズ氏はここで言葉を切って、客の顔から血の気が引いていくのを観察したことだろう。次いで、部屋の暖炉を指差して言った。

「そうとも、まさにその暖炉なんだよ、紙束を燃やしてしまったのは。なあ、おまえ」と妻に声をかける。「ウズラの部屋から紙を入れた籠を持ってきたのを憶えているだろう？　あの時、シェイクスピアのもいくつかあるって言ったよな」

——だから、あれは燃やしちゃいけないって言ったでしょう、と妻が応じる。

　サミュエルは言いようのない苦悶の色を見せて椅子から立ち上がると、何ということを、と喘《あえ》ぎ、ウズラ部屋に連れていくよう要求した。そして、それからストラトフォード滞在時間のすべてを費やして、屋敷中の垂木《たるき》の上や床板の下を探しまわった。サミュエル親子が必死の探索を続けている間、ウィリアムズ氏は階下の暖炉のかたわらでのんびりとブランデーを飲みながら大笑いしていたのではないかと推察される。

　ロンドンに戻ってから、ウィリアムはようやく、自分たちがいっぱい食わされたのだと気づいた。ところが、サミュエルは自分だけの幻想に執着しつづけた。シェイクスピアの求愛の椅子を自室の一段と高い場所に置き、わざわざ招いた客たちをその椅子に腰かけさせては、かの〝不滅のお尻〟がまさにその場所に載っていたのだと誇らしげに語った。こうした父の姿を見て、ウィリアムは、父がいかにだまされやすい人間だったかということをつくづくと思い知らされた。思春期の若者にとって、父親も誤りを犯すことがあるのだという事実を突きつけられるのは衝撃的な体験である。父親が自分よりもはるかに賢いと、世間の多くの人々が考えている場合には、なおさらのことだ。しかし、ウィリアムは溜飲を下げるだけでは満足しなかった。この出来事は、ウィリアムに、ある可能性を——もしかしたら、父からこれまで一度として得られなかった評価を引き出し、作家としての自分の知性と才能を認めさせることができるかもしれない、そんな可能性を提示したのだった。

弁護士ビングレー氏の事務所は忙しくなかった。雇い主は、ウィリアムを残してしょっちゅう旅行に出かけていたので、彼には古書店を探索したり、事務所にこもって誰にも邪魔されずに詩作にふけることのできる時間が充分にあった。一般の人々にとってペンとインクがまだかなり高価だった時代、膨大な事務用品が手近にある中で、ウィリアムは、仕事をしているはずの時間に文学的な思いつきが浮かぶと、いつでも好きなだけ、それを追いつづけることができた。彼は、先日来考えていた魅惑的な作業に着手した。シェイクスピアの戯曲のいくつかを手書きで――厳密に言うと、シェイクスピアの筆跡で書き写すというものだ。このプロジェクトはそれほど長続きはしなかったものの、ひとつのアイデアを与えてくれた。

一七九四年も終わり近いある日の午後、街角の店で古書を漁《あさ》っていたウィリアムは、子牛皮で装丁された美しい小さな祈禱書を見つけた。表紙にはエリザベス女王の紋章が金で押印されている。おそらく、著者が女王に献呈したものなのだろう。だが、実際にそのことを証明する文書がないと、古書としての価値はゼロに等しい。ウィリアムは祈禱書を安価で買い、事務所に持ち帰った。事務所には、古くは数百年前にさかのぼる法定文書が保管されていて、エリザベス朝時代の文書がどのようなものかを正確に教えてくれた。ファイルから何も書かれていない古い紙を一枚抜き取ると、ウィリアムは机の前に座り、インク壺に水を少し垂らした。古い紙に薄めたインクで書くと、いかにも時代を経たように見える文字が書ける。ウィリアムはペンをインクに浸して、祈禱書の著者から女王に宛てた献呈の辞（この本を収集に値するものとするのに必要な証拠）を書き上げた。そして、インクが乾くと同時に、紙を表紙裏に挿《はさ》み込んで事務所を出た。

最初に向かったのは、ニュー・イン通りを少し入ったところにある製本師ローリー氏の店だった。これまで何度か、修復が必要な自身の本と父の本を持って訪れていたので、ローリー氏と二人の職人とは顔馴染みになっていた。ウィリアムは書状を見せて、みなにどう思うかとたずねた。

——確かに古く見える、とローリー氏は言った。

だが、子細に調べた職人のひとりは、これよりもっといい古いインクを作ってやってもいい、と言った。ウィリアムが見ていると、職人はガラス瓶に三種類の液体を入れて振った。通常は、本の表紙にマーブル模様を施すために使うものだ。混合液は一瞬ブクブクと泡立ったのち、静まって、茶褐色のインクになった。職人は、このインクでいくつかの言葉を書いてみせた。

——すごく薄いね、とウィリアムは意見を述べた。

職人は、文字を書いた紙を火にかざした。紙があたたまり、上昇流の中でサワサワと音を立てるうちに、インクはちゃんと読めるだけの濃さになった。酸化した茶褐色の文字は完璧に二百年前の古いインクの風合いを表わしていた。

——一シリング、と職人は言った。

ウィリアムは一シリングを支払った。

ビングレーの事務所に戻ったウィリアムは、羽ペンをとり、入手したばかりのインクで、エリザベス女王宛ての新たな献呈の辞を書いた。夜、この贋造文書を挿み込んだ小さな祈禱書を家に持ち帰ると、ウィリアムは父の賞賛を浴びた。この発見に大喜びした父は、息子に、これからも古書店をしっかり探索しつづけるようにと激励した。自分がいまだ発見できていないもののひとつ、ウィリアム・

シェイクスピアの自筆文書に遭遇するかもしれないではないか。「シェイクスピアの自筆文書が手に入るのであれば、喜んで蔵書の半分をくれてやろう」とサミュエルは夢見るようにつぶやいた。

ウィリアムは、雇い主の不在時に、土地の権利書や譲渡証書の古いファイルを漁りまわった。シェイクスピアの名が記された文書がないかと考えたのだ。だが、何も見つからなかった。古文書や古い羊皮紙文書を売っている書店の探索も実を結ばなかった。それでも、不思議な茶褐色のインクはたっぷりあった。十二月の朝、誰もやってこない事務所で、ウィリアムは古い地代帳簿の最後の部分を切り取り、それを使って、ジョン・ヘミングなる人物に宛てた抵当証書を作った。シェイクスピア自身が書いた芝居の原稿を書き写す場合とは違い、法定文書は形式が決まっているので信憑性は充分にある。偽造した証書の最後に、ウィリアムは、当時刊行されていた本に復刻されていたものを真似て、シェイクスピアの署名を記した。

法定文書には蠟《ろう》の認証印がいる。ウィリアムは事務所のファイルから、単に保管されているだけの一七世紀の契約書の束を抜き出し、机に置くと、折りたたみナイフを開いた。刃の平らな部分を蠟印部分に差し込んで滑らせ、羊皮紙からはぎ取っていく。ほどなく、本物の昔の蠟印がひと山、偽造したばかりの文書に使える状態になった。ひとつ問題があった。はがした蠟印はどれも、二百年の時を経て、すっかり乾いていたのだ。ウィリアムは暖炉の灰をかき出すシャベルを持ってきて、数個の蠟印を載せ、火にかざした。蠟印の裏が融けて、もう一度貼りつけられる状態になるのではと思ったのだが、乾ききった蜜蠟は縮んだだけだった。そこで新しい蠟を融かし、それを古い印の裏に貼りつけた。古い蠟と新しい蠟の色の違いを隠すために、全体に灰を塗りつけて黒ずませた。

二週間の作業ののち、十二月十六日に、最新の発見を告げる準備が整った。

「すごいものを見つけました」父の書斎に入っていくと、ウィリアムは言った。

——何だね？　とサミュエル。

ウィリアムはコートの胸ポケットから抵当証書を取り出してサミュエルに渡した。

「これです！　どう思います？」

サミュエルは羊皮紙を広げ、丁寧に読んだ。それから蠟印を調べた。不安がつのってくるのを感じながらウィリアムが見つめる中、父は注意深く証書をたたみ直し、ウィリアムに返した。

「間違いなく本物だと思う」

ウィリアムは文書を父の手に押し戻す。

「そう思われるのなら、どうか受け取ってください」

この文書（シェイクスピアの署名）は、父があれほどまでに欲しがっていたもの、そのためなら蔵書の半分を与えてもいいと言っていたものなのだ。サミュエルは明らかに感動した面持ちでポケットから鍵束を取り出し、息子に渡した。

「私の書棚の鍵だ。欲しい本は何でも取るがいい。私はいっさい拒否しない」

ウィリアムは鍵束を返す。

「心から感謝しますが、でも、私は何もいただくつもりはありません」

父は椅子から立ち上がり、書棚の鍵をあけて薄い本を一冊取り出した。一六五二年刊のウィル・ストークスの『アーチ天井の巨匠あるいはアーチ天井建築の技術』だった。本の半分は銅版の図版で占められていて、それがこの書物の希少さと価値を示すものであることをウィリアムは察知した。父にももちろんそれはわかっている。

——さあ、お前のものだ。遠慮せずに。

ウィリアムはついに父を本当に喜ばせることができたのだった。

それからの数日間、アイアランド・ジュニアは孝行息子として、父のための文書贋作を続けた。どうやって見つけたと問われた場合の答えもちゃんと考えた。自分が古書や古文書に並々ならぬ関心を持っていることを知った、とある年配の紳士が、自宅に招待してくれた。邸宅には膨大な量の古い書物が保管されていて、そこにいくばくかの――おそらくは大量の、とウィリアムはほのめかす――シェイクスピアの署名があるのが見て取れた。紳士は自身に注目が集まるのを望んでいないので、H氏ということしかわからない。この紳士はこのうえなく気前のよい人物であることが判明した。十二月十八日、ウィリアムは、「グローブ座での諸般の労に対して」と記したジョン・ヘミング宛ての約束手形を、二十日には、シェイクスピアのパトロンであるサウサンプトン卿に宛てた手紙の下書きを、家に持ち帰った。両方とも、父は、にわかには信じがたいといった面持ちながら欣喜雀躍の体《てい》で受け取った。

この策謀に、ウィリアムは信憑性をさらに高めることになるものを付け加えた。ある日、仕事をしているはずの時間に、ウィリアムはぶらぶらと議会まで行き、上院の傍聴席に座って議事の進行を見学していた。下方で鬘《かつら》をつけた貴族議員たちがだらだらとしゃべっているのを聞いているうちに、後ろの壁に古いすりきれたタペストリーがかかっているのに気づいた。壁際の席に移動したウィリアムは、こっそりと織物の一部を裂き取り、ポケットに入れると、そのまま何食わぬ顔で下方の議論を眺めつづけた。これで、巻いた偽古文書をくくる本物の古いひもが手に入ったというわけだ。

次の発見物を何にするか、ウィリアムはじっくりと考えた。シェイクスピアがカトリック教徒かもしれないという可能性が読者たちを悩ませていることを、ウィリアムは知っていた。たとえば、ハムレットの父王の亡霊が煉獄について語っている疑わしげな台詞がある。反カトリック法が大方の賛同を得ている時代にあって、こうしたカトリック的フレーズは、国民的な文学の英雄にはふさわしくない。というわけで、一七九四年のクリスマスの日、ウィリアムは英国国民に素敵なプレゼントを贈ったのだった。シェイクスピアの〝信仰告白〟である。この信仰告白で、劇聖は、カトリックへのいかなるシンパシーも持っていないことを明らかにしていた。サミュエルは、この文書のあまりの重要性に恐れおののき、もはやこれらの発見を隠しておくことができなくなった。祝日の浮かれた気分はいっさい脇に追いやられた。

――信頼できる人間に、これらの文書を精査してもらう必要がある、と父は言った。

ウィリアム青年は青ざめた。父をだますのはともかくとして、学者の目をごまかせるわけがない。水はどんどん嵩《かさ》を増し、いつ何時《なんどき》、頭を超えてしまうかもしれないという状況になってしまったのだ。

パー博士とウォートン博士がアイアランド家に到着した。サミュエルは書斎で二人を待っていた。ウィリアムは別室にとどまったままだった。これから起こるであろうことをまのあたりにしたいという気持ちなどいっさいなかった。だが、とうとう呼び出しがやってきた。ウィリアムは全身が麻痺してしまった思いで書斎に入っていった。二人の博士は、手稿の出所についていくつか型どおりの質問をしたのち、あたたかい口調で発見を賞賛した。ウィリアムは頭を垂れた。慎み深くというより、恐怖のあまり、というほうが当たっている。続いて、サミュエルが信仰告白を朗読しはじめた。

I beynge nowe ofe sounde Mynde doe hope thatte thys mye wyshe wille atte mye deathe bee acceeded toe as I nowe lyve in Londonne ande as mye soule maye perchance soone quitte thys poore Bodye it is mye desire thatte inne such case I maye bee carryed toe mye native place ande thatte mye Bodye bee there quietlye interred wythe as little pompe as canne bee, ande I doe nowe inne these mye seyriouse moments make thys mye professione of fayth . . .

ロンドンに住まい、この哀れなる肉体から魂が去りゆく時も遠からぬこの今、健全なる心を持てる者として、死の時が至りし時に、我が願いの受け入れられんことを願う。我が望みは、亡骸《なきがら》が故郷の地に運ばれ、虚飾のいっさいをあたう限り排除して、密《ひそ》やかにかの地に埋葬されんことなり。しかして、重大なる今この時にありてなすべきと思い至りしは信仰告白にてあれば……

読み上げられる一音節ごとにウィリアムは心中で身もだえした。朗読が終わり、パー博士が口を開いた。

「アイアランド殿、我らが教会の礼拝ではこのうえなく素晴らしい章句、崇高な美しさにあふれる連禱が唱えられているが、しかし、ここには――この告白には、それらすべてをはるかにしのぐ書き手がおりますぞ！」

ウィリアムは呆然として書斎から辞去すると、何も目に入らぬままに食堂に入っていった。そして、ぐったりと窓に身をもたせかけて、冷たいガラスに額《ひたい》を押し当てた。頭の中は混沌の海と化していた。

彼はこの国で〝最も偉大な書き手〟となったのだった。

ウィリアムは今や、誰ひとりとして彼にそんなものがあろうとは思わないものを手にしていた。文学の才能である。続く数週間、彼はやけっぱちとも言える熱情にまかせて〝作品〟を作りつづけた。法定文書、劇場の受領証、エリザベス女王とシェイクスピアの交換書簡。果ては、シェイクスピアからアン・ハサウェイに宛てた恋文――これには、ご丁寧に、ひと束の髪の毛とソネットまでが添えられていた。

貴女《あなた》は麗しのエイヴォンの可憐なる精霊
貴女ほどに輝かしい人は天上にはいない
ウィリー・シェイクスピアは貴女の奴隷
彼ほどに誠《まこと》を尽くす男は地上にはいない……

貴重このうえない髪の毛のほうは即刻、流行の先端をいくロンドン人のために小分けされて指輪に入れられた。これら〝新発見〟の噂はあっという間に広がり、ノーフォーク通りには続々と訪問者がやってきて、サミュエルは入場券を印刷せねばならないほどだった。彼は世の注目を一身に集めていた。平凡な銅版画家・古書収集家にすぎなかったサミュエルが、今や今世紀最大の発見物の所有者になったのである。富裕階級の人々や権威ある人々が次々とアイアランド家の扉を叩いた。王太子殿下も、ウィリアム・ピット首相も、桂冠詩人ヘンリー・パイもやってきた。サミュエル・ジョンソンの伝記を書いたジェイムズ・ボズウェルは、数々のシェイクスピア文書を見て感動のあまり気が遠くなりかけ、ホットブランデーと水の助けを得て何とか回復したほどだった。実際には、感動に打ちのめされていなくともブランデーを所望していた可能性は大いにあるが、それはともかく、ブランデーを飲み干すと、ボズウェルはすっくと立ち上がり、「この日、この目でこれを見るまで生きてこられたのだから、もういつ死んでも悔いはない」と高らかに言った。律儀なことに、それから数カ月たって、ボズウェルはこの宣言どおりに世を去った。

この英国のエリートの大絶賛は、ウィリアムの想像力に火をつけた。サミュエルがシェイクスピア文書の栄光を一身に浴びている中、ウィリアムは書斎の外で、そのさまを見ていたが、真の才能の持ち主が誰なのかを知っているのはただ彼ひとりだった。ほどなく、ウィリアムの父に対する約束はどんどんエスカレートしていった。それはほとんど暴走と言ってよかった。

──『リア王』の手書き原稿を発見しました。ある日、ウィリアムは言った。

それまで、かなりの時間をかけて、ウィリアムは『リア王』の手書き原稿の作成に専念していた。それは単に刊行本を写しただけのものではなかった。ウィリアムは原作を大幅に改訂していたのである。こうした改訂は、この時代に特徴的なもので、一八世紀の演劇界は、シェイクスピアの悲劇から卑近なユーモアを削除したり、喜劇から悲劇的な要素を取り除いたりということを平気でやっていた。ジョージ朝の人々が、彼らの大詩人がもう少し上品であったらどんなによかったかと心から願っていたこともあって、ウィリアムは、改訂版『リア王』で、原作の俗っぽいユーモアを完璧に排除したのだった。

サミュエルと専門家集団は大いに喜んだ。ウィリアムはさらに、シェイクスピアが所蔵していた本を何冊か発見して花を添えた。はたして気づいた者がいたかどうか、これらの本はつい先週、チャリング・クロスで売りに出されたものと恐ろしいほどよく似ていたのだが、しかし、今ではその余白に偉大なる詩人のコメントが記されていた。

嵐のごとく偽文書を量産する中で、ウィリアムは着実に、自然にさらさらと書いても間違いなくシェイクスピアの筆跡と納得させられるだけの偽造テクニックを磨いていった。しかし、次なる発見物──『ハムレット（Hamlet）』、ないし『ハンブレット（Hamblette）』（古いスペルで書くという試みを実践するうちに、彼はタイトルまで変えてしまっていた）に取り組んでいる時に、ウィリアムは次第に落ち着かないものを感じはじめていた。単に法定文書を捏造したり、有名な芝居を書き換えたりするだけでは飽きたらなかった。もっと別なことをやりたくなった。

ある日、著名人と単なる興味本位の訪問客の波の合間に、ウィリアムはひとり、ノーフォーク通りの家の父の書斎で展示ケースを眺めていた。ケースには、どんどん増えていくシェイクスピア文書の山がある。だが、そのどれひとつして、ウィリアム自身の文学的才能を発揮する機会を与えてくれるものではなかった。あれこれ考えながら部屋を見まわしているうちに、暖炉の上の壁にかけられた絵が目に止まった。ヴォーティガン、残忍非道で知られる五世紀のブリテン王の絵だ。これだ——とウィリアムは思った。これこそシェイクスピア劇にふさわしいテーマだ。彼は書棚からラファエル・ホリンシェッドの『年代記』(一五七七)を取り出した。『年代記』は、シェイクスピアが史劇を書く際の種本にしたものでもある。

　ホリンシェッドは、ヴォーティガン王をかなり悪質な事例として記述している。ヴォーティガンは最初から王位を求めることはせず、まずは狡猾な参謀として能なしの王位継承者に仕えるのだ。

> コンスタンシャスが、その父王の在世中に修道士にさせられた経緯は誰もが聞き及んでいるところだった。コンスタンシャスは軟弱で子供の頭しか持っていないと考えられており、いかなる公的な統治権もその手に委ねるわけにはいかなかったからである。だが、まさにこれが、ヴォーティガンをしてコンスタンシャスを王位につけるべく画策させるに至った理由だった。ひとりで統治することのできない王であれば、自分が最高権力を握り、王の名のもとで、あらゆるものを意のままに支配することができるのである。

正統的な王位継承者の陰に隠れ、ヴォーティガンは敵と競争者の間に不和の種を蒔き、大勢の無実の者たちを絞首台に送る。そして、コンスタンシャスがそれ以上何の役にも立たなくなった時点で、直ちに彼を暗殺させ、王位を奪う。結婚している身でありながら、二番目の妻をめとると宣言。この二番目の妻は即座に彼を毒殺しようとする。やがて、この残忍な王位簒奪者の放埓さに辟易した市民とコンスタンシャスの正統な継承者が蜂起して、ヴォーティガンは打ち倒されるに至る。

ホリンシェッドの記述を読んだのち、ウィリアムは父に、シェイクスピアの手になる完全なオリジナルの史劇『ヴォーティガン』を発見したと誇らしげに告げた。父は大喜びし、毎日のように、早く見せろとウィリアムをせっついた。ウィリアムはできるかぎり速く『ヴォーティガン』を書き上げようとしたのだが、仕事場は安全な保護区ではなく（ある朝など、ウィリアムが捏造に専念している最中に、いきなり掃除婦が入ってきた）、言いわけを繰り返さなければならない状況が続いた。H氏は、手稿を屋敷外に持ち出すことを認めるに当たって、自分用の写本を作っているのだとウィリアムは説明した。

しかし父は催促を繰り返し、結局、ウィリアムは『ヴォーティガン』の原稿をさみだれ式に父のもとに運ぶことになった。最初の原稿を持っていったのは一七九五年三月の後半。だが、父はそれまでとは異なり、ほかの誰にもその手稿を見せようとしなかった。この芝居が本物の黄金であることがサミュエルにはわかっていた。彼は、ロンドンの大劇場のいくつかにこっそりと、シェイクスピアの失われた芝居の上演に関心はないかと打診した。

プロデューサーたちの多くが現物を見ないままに『ヴォーティガン』上演の契約を申し出た。餌に食いついた中で最大の大物はドゥルリー・レーン王認劇場のリチャード・ブリンズレー・シェリダン――ロンドン随一のプロデューサーにして劇作家、加えて国会議員でもある人物だった。だが、サミユエルが見つめる中、最初の数葉を読むと、シェリダンの興奮は少し冷めた。「確かに、随所になかなか大胆なアイデアがあるが、しかし、全体としては粗雑で未消化だと言わざるをえない。どうも妙だが……きっと、ごく若い頃に書いたものなのだろう」と言ったのち、サミュエルに警戒心を抱かせないように、こう続けた。「これがシェイクスピアの作品かどうかという点はさておいて、いずれにしても、この手稿を見て、これが古いものではないと思う者がいるわけはない」

サミュエルは五百ポンドを要求した。サミュエルがもはやこの取引を引っ込めるわけにはいかないことを見て取ったシェリダンは、二百五十ポンドまで値切った。シェリダンとしては、単に凡庸なシェイクスピア作品だと思ったまでのことで、実際、手稿が本物かどうかについて疑問を呈した者はほとんどいなかった。そもそも疑問を抱く理由もなかった。使われている紙は本当に古いものだったし、蠟印も問題ない。さらに言うなら、ウィリアム・アイアランドが薄のろであることは周知の事実だった。現在使われている言葉ですらちゃんと書けるだけの知能を持っていない者が、エリザベス朝時代の英語でシェイクスピアの戯曲を偽造するなど、ありえないことではないか——この点では、彼らの見解は正しかった。彼ら自身が見る目を持ってさえいれば、即座にそれと指摘できたはずなのだ。ウィリアムには事実、エリザベス朝の英語で文書を偽造することはできなかった。たとえば、アン・ハサウェイ宛ての恋文。

O Anna doe I love doe I cheryshe thee inne mye hearte forre thou arte as a talle Cedarre strechynge forthe its branches ande succourynge smaller Plants fromme nyppynge Winneterre orr the boysterouse Wyndes Farewelle toe Morrowe bye tymes I wille see thee tille thenne Adewe sweete Love

おお、アンナよ、私は心から貴女《あなた》を愛し、貴女を愛《いと》おしむ、貴女は、その枝を広げ、身を切るような冬と吹きすさぶ風から小さな草木を守る、丈高いヒマラヤスギの樹、さようなら、明日また会う時まで、アデュー、その時まで、愛しい人よ

これは、野心こそあれ経験を積んでいない若者が古文を真似たものにすぎない。気まぐれに子音を重ね、iをyに置き換え、単語の最後にeを付けているだけであって、エリザベス朝の英語ではない。そう、これはいかなる時代の英語でもないのだ。

美術館の学芸員たちの間で自明の理とされていることがある。最高の贋作は今も美術館の壁にかかっている——というのがそれだ。贋作の例として出されるものはすべて〝不完全な贋作〟でしかない。要するに、不完全だからこそ、贋作であることがわかってしまうのである。最高の贋作は、本物であるという点においては一片の疑問も差しはさむ余地のないレベルにある。それらは、その作家の作品系列のうちにあまりにも見事に入り込んでいて、永遠に作品史の一端を占めつづける。〝ビロードうさぎ〟（マージェリィ・ウィリアムズの童話）のように、偽物でも心から好きになれば本物になるということはある。だが、ほとんどの贋作は、その域に達することはなく、通常、贋作は一世代かそこらしか持ちこたえられない。それは、それらの贋作が、みずから詐称しているところの〝本物〟にではなく、私たちがそうであってほしいと思っているものに似ているからなのだ。贋作は、時代の美学的偏見のカリカチュアである。その時代が過ぎてしまうと、否応なく、その輪郭がくっきりと見えてくる。

　ウィリアムには、自分の捏造が露見する時が日一日と近づきつつあるとしか思えなかった。インクがなくなるたびにウィリアムはローリー氏の製本所を訪れており、職人たちは当然、疑念を抱いてい

た。雇い主の法律事務所からは古い文書をごっそり抜き取っていたし、セント・マーティンズ・レーンのとある書店では、五シリングの賄賂を渡して、古書の前後の白ページを切り取らせてもらっていた。やがて、最初からウィリアムを疑っていたトールボットという名の友人が、ある日、法律事務所に忍び込んでウィリアムの捏造の現場を捕まえた。ただし、告発者となる可能性のある者たちはみな、これまでのところ、表沙汰にしようとはしなかった。

その一方で、新たなシェイクスピア文書を持ってこいというサミュエルの絶え間ない要求に、ウィリアムの焦りはどんどんつのっていった。加えて、父はH氏に会わせてくれと執拗に繰り返した。H氏は父にこれほどまでの影響力を持っているのだ。それならと、ウィリアムは、H氏からサミュエルに宛てた形で手紙を書くようになった。どの手紙も、ウィリアムの素晴らしい詩的才能への賛辞と、何ともアイロニックなことに、シェイクスピアと比較する言辞とで埋めつくされていた。

……貴下のご子息ほどに素晴らしい才能を持った息子が私にあれば、年二千ポンドを与えるのに、いささかのためらいもありませぬ。二十歳であれほどのものが書けるのであれば、将来はいかばかりかと、会うたびに驚嘆はいやますばかり。ご子息が第二のシェイクスピアでないと言うのは、私が人間ではないと言うに等しく……ご子息はその傑出した才能において、まさにシェイクスピアの弟であり、シェイクスピアと手に手を取ってともに歩く唯一の人間なのであります。

父が手紙を読むたびに、同意の色は見られないかと、ウィリアムは常に注意深く父の顔をうかがっていた。だが、サミュエルは、H氏の「ご子息にもっと注目せよ」とか「もう少し多額の手当てを支給してあげるように」といった言葉に耳を貸す気はいっさいなさそうで、ただただシェイクスピアの文書はないかと言うばかりだった。ウィリアムは苛立ち、それならばと、新たな企てを立てた。H氏の屋敷で、シェイクスピア文書がぎっしり詰まった第二のトランクを発見したという話である。ウィリアムは猛然と、この第二のトランクの中身のリストを作成した。『リチャード二世』と『ヘンリー五世』の完全な自筆原稿、ほかに六つの戯曲の部分的な手稿、『ヘンリー二世』と題された新発見の戯曲、そして（信じがたいことながら）シェイクスピアの自伝だ。

ウィリアムは、今後とも長きにわたってシェイクスピア文書が次々と〝降ってくる〟状況を確実にする算段をあれこれと考えていた。ストラトフォード・アポン・エイヴォンのシェイクスピアの生家に住んでいる肉屋が家を売りに出したという話を聞きつけると、購入を試みた。これに成功していれば、彼は、無限の新発見の可能性を手にしていたことになる。床板一枚一枚の下、暖炉の煉瓦一個一個の奥、垂木の一本一本の上から、新たなソネットや秘密の恋文や未発見の戯曲がいくらでも見つかったことにできたはずなのだ。

当然のように、シェイクスピアの生家を手に入れることはできなかった。もっと簡単な方法はと考えたウィリアムは、シェイクスピアの贈与証書なるものをでっち上げた。この贈与証書には、ひとりの若者の英雄的な行動が詳細に述べられている。若者は、テムズ川で溺れかかったシェイクスピアを見るや、即座に川に飛び込んで彼を助け出し、これに深く感謝したシェイクスピアが、自作のいくつかの戯曲を、若者とその子孫に贈与することにした――という次第だ。この若者の名はウィリアム・ヘンリー・アイアランド（シェイクスピアの時代のロンドンに、ウィリアム・アイアランドという人物がいたのは事実だが、この証書をでっち上げた時のウィリアムは、そんなことは知らなかった）。

ウィリアムはきっと、聞いてくれる者がいれば誰にでも、このもうひとりのアイアランドは自分の直接の先祖だという含みを持たせて話をしたことだろう。これこそ、H氏がシェイクスピア文書の受け取り手として自分を選んだ理由なのだ、と。本当の母親が誰なのか一度としてはっきり教えてもらえなかった薄のろの若者、ウィリアム・ヘンリー・アイアランドが今や、ウィリアム・シェイクスピアの命の恩人の何ともラッキーな子孫ということになったのだった。

一七九五年、サミュエルは、『ウィリアム・シェイクスピアの署名と印章のある証書および種々の文書集』と題した本の刊行準備を進めていた。署名や印章のほか、ウィリアムが描いた絵までが複製掲載された大著だった。ウィリアムは、刊行はやめてくれと懇願しつづけたが、サミュエルは聞く耳を持たなかった。なぜだ、シェイクスピアの文書なんだぞ！　刊行していけないわけがどこにある？　こうしてウィリアムはつのる恐怖とともに、刊行の時を待つことになった。まもなく、自分の作り出したものが英国中の学者の前にさらされることになる。もはや、父の書斎の展示ケースに収められたものをちらりと眺めるというだけの話ではなくなるのだ。

試練の時は以前にもあった。ある日のこと、午後の休憩時間にビングレーの事務所から家に戻ってきたウィリアムは、うろたえきった父に出くわした。

——何事です？　ウィリアムは言った。

たった今、オルバニー・ウォリスがきていたのだ、と父は言った。ウォリスは同じノーフォーク通りに住むサミュエルの友人の弁護士で、かねてシェイクスピア文書に疑いを持っていた。そして、ジョン・ヘミングの署名のある本物の譲渡書を見つけたとサミュエルに知らせにきたのだった。ウォリスは持参した証書を取り出し、サミュエルは展示ケースにしまってある証書（ウィリアムがヘミングの名前と署名を付け加えた最初の偽造シェイクスピア文書）を引っ張り出した。二つの文書の署名は似ても似つかないものだった。ウィリアムは恐怖に襲われた。彼がヘミングの名を使ったのは、ヘミングの署名など残っているはずがないと考えてのことだったからだ。彼は一世一代のはったりをかます必要に迫られた。

――とりあえず、ウォリスさんの事務所に行って見せてもらいましょう。ウィリアムは父に言った。事務所で、ウォリスは改めて譲渡証書を出してみせた。ウィリアムは証書の署名を子細に眺め、文字のひとつひとつ、線の曲がり具合を記憶にとどめた。そして、ちょっと失礼してH氏からすぐに説明を聞いてきますと告げ、静かに事務所をあとにした。建物を出るや、一目散にビングレーの事務所に走り、大急ぎでヘミングの署名のある受領書を書いた。署名は、ウォリスの証書にあったものを思い出せる限り忠実に真似し、それから火にかざして、インクの色を古びさせた。そして再び、新たな受領書を手に、ウォリスの事務所に駆け戻った。

ばかばかしい誤解だったんですよ、とウィリアムは言った。H氏がすべてを説明してくれました。ジョン・ヘミングという人物は二人いたんです。ひとりはグローブ座、もうひとりはカーテン座の仕事をしていました。シェイクスピアはその両方と関係がありました。だから、それぞれの署名がある受領書があったというわけです。ほら――と、ウィリアムは新しい受領書を出して――、あなたのヘミング氏の署名がある受領書もちゃんとあります！

ウォリスはウィリアムが持ってきた受領書を見て、これで疑問は氷解したと認めるとともに、これまで文書を疑っていて申しわけなかったと述べた。そこで、ウィリアムは再度ビングレーの事務所に取って返し、超特急で、ウォリスの書類にあったヘミングの署名にさらに近づけた受領書を新たに作成したのち、ウォリスの事務所に戻り、もっと丁寧に見てほしいと言った。イリュージョンは完璧で、ウォリスは、自分が今見ているものが、数分前に見た受領書とは違うものであることにまったく気づかなかった。

ウィリアムはこの一連の偽造をわずか一時間あまりでやってのけた。ここには、二つの事務所の間を往復する時間も含まれている。午後四時半には危機は回避され、ウォリスは完全に納得した。この早業は、ウィリアムに大いに有利に働いた。こんなに短時間で持ってこられるとしたら、その文書は当然本物だということになる。これほど素早くやすやすと偽造できる者がいるなど、とうてい考えられないことだった。

シェリダンは『ヴォーティガン』の初演を引き伸ばしつづけていた。まるでいっさいをなかったことにしたいと思っているかのようだった。これが舞台にのぼる頃にはシェイクスピア文書本が刊行されていて、当然ながら批判と攻撃の嵐が沸き起こっているだろう。サミュエルはシェリダンに初演を早めるよう何度もせっついたが、効果はなかった。

一七九五年のクリスマスイブの日、ロンドンの《タイムズ》紙に、『ウィリアム・シェイクスピアの署名と印章のある証書および種々の文書集』(以下『文書』)がサミュエルの家で購入できるようになったとの告知が掲載された。その日、ロンドン中の知識人がノーフォーク通りに立ち寄って本を求め、クリスマスの丸太をくべた暖炉のそばで嬉々として劇聖の個人的な手紙に読みふけった。一方、別の理由で喜んでいる購入者たちもいた。彼らはナイフの刃を研ぎすましていた。

数日後、最初のアタックが《トマホーク》紙に登場した。

アイアランド、アイアランド、教えておくれ
「シェイクスピア文書を書いたのはだあれ?」――それはおまえ!

それからの数週間、心休まる時はひとときとしてなかった。からかいの第一のターゲットとなったのはウィリアムのスペリングだった。一月十四日の《テレグラフ》紙では、ある記者が意気揚々と、シェイクスピアの新たな手紙を〝発見した〟と報告した。

Tooo Missteerree Beenjaamminnee Joohnnssoonn

Deeree Sirree,

Wille youe doee meee theee favvourree too dinnee wythee meee onnn Friddaye nextte att twoo off theee clockee too eatee sommee muttonne andd somme poottaattooeese

I amm deerree sirree

Yourre goodde friendde

William Shaekspare

ベンジャーミーーン・ジョーーンソーーンどのー

はーいけーーい

こーんどの金よーうのごごー二じにーー、わたーーくしとお食事はいかがーでしょーーか。マートーンを少々とポーテーートを少々。

けいぐーー

よーきーともーーの

ウィリアメ・シャエクスペア

複数の他紙がシェイクスピアの手紙のパロディでこれに続き、《マンスリー・ミラー》誌の一月号は「**いっさいが恥知らずの純然たるペテンであり、我らが不滅の詩人の本性への侮辱、全国民の感性と知性に対する侮蔑である!!**」と太字で絶叫した。《マンスリー・ミラー》の編集者ジェイムズ・ボーデンは『文書』の生皮を一枚一枚はぎ、微に入り細をうがって、ウィリアムの偽チューダー朝スペルが「悪意に満ちたとんでもない綴り法」であることを読者に提示してみせた。もちろん、これだけではすまなかった。一月二十日には、喧嘩っ早い法律家にしてシェイクスピア学者のエドマンド・マローンが『文書』を焼き串に刺して火炙《ひあぶ》りにする準備を進めているという噂がいっせいに広まった。マローンは法廷での容赦ない質問で被告を完膚なきまでに叩きのめすことで知られており、サミュエルとウィリアムは冬の間中、マローンの猛攻撃の時を惨めな思いで待ちつづけた。

サミュエルのドゥルリー・レーン通いが再び始まった。シェリダンは『ヴォーティガン』上演に向けて最大限の努力を払っているとはとうてい言いがたかった。シェリダンが古い大道具や衣装をできるだけリサイクルして使おうとしている一方で、主演男優のジョン・ケンブルは稽古の間中、『ヴォーティガン』の台詞をこきおろしつづけ、ほかの役者たちを煽り立てた。大勢が同調した。次いで、シェリダンはこれ以上はないほどに底意地の悪い決定をした。初演の日を一七九六年四月一日——エイプリル・フールの日にすることにしたのだ。サミュエルが抗議し、シェリダンに軟化の気配はほとんどなかったのだが、ともあれ、初演は翌四月二日、土曜日の夜ということになった。

『ヴォーティガン』はひどい芝居ではない。ウィリアムは不得手な〝古いスペリング〟をなるべく控えるようにしたので、台本は充分シェイクスピアふうに見えたし、全編これ壮大な戦闘と流血シーン(読者・観客の多くが、シェイクスピアの初期の悲劇にあってほしいと願っているもの)で埋めつくされている。しかし、サブプロットは皆無、観客の予想を裏切る展開も皆無、アイロニーなし、本来なら劇全体を大きくふくらませるはずのユーモアはかけらもない。道化が登場するにもかかわらず、『ヴォーティガン』はユーモアとは無縁なのだ。シェイクスピアの場合は、その最も陰鬱な芝居の中でさえ、辛辣な笑いで観客の心を衝くという業《わざ》を披露しているのだが……。しかし、それでもなお、ヴォーティガンから王位を取り戻すべくブリテンに到着したばかりのオーレリアスの悲痛な独白には、若きウィリアムの天賦の才が現われていると言っていい。

ああ、神よ！　何ゆえに地上の染みにすぎぬ私が
何千もの男たちを、妻から、子供から、故郷から引き離さねばならぬのか！
ああ！　何ゆえに束《つか》の間の眠りから目覚めさせ
その心の内なる思いを盗み取り
冷たく暗い死の淵に送らねばならぬのか？
そう、私は王だ、だが、それに何ほどの意味がある？
彼らにとって、命は、私と同様、愛《いとお》しいものではないのか？
ああ！　農夫よ、王族の運命を羨むことなかれ
汝らの命の偉大な書物の頁は泥にまみれたものではない
我らが頁と同様、死にゆく息が塗られているのみ
ああ！　私自身が答えを出せるだけのいくつもの命を持っていれば！
腹を空かせた貪欲な死の顎《あぎと》が
我が友に、我が兵士らに食らいつき

荒れ狂う惨劇を、血みどろの狂宴を繰り広げようとしている
慈悲深き父よ、偉大なる神よ、この血を流したまうな！
そして、私ひとりが、紫の血糊にまみれた王冠を
戴くことになるというのであれば
私はここで王位を辞退しよう

いい詞章だ。しかし、ウィリアムの最も輝いているこれらの詩句も、もはや彼を救うことはできなかった。

三月三十一日、ついにサミュエルの『文書』を切り刻む刃《やいば》が振りおろされた。『文書』が刊行されて三カ月、この間《かん》、エドマンド・マローンはさぼっていたわけではなかった。『種々のシェイクスピア文書および法的書類の真正性に関する調査報告書』（以下『報告書』）は、シェイクスピア文書を完膚なきまでに叩きのめす証拠をひとつひとつ並べていった結果、当初予定の小冊子から四百二十四ページの大著にふくれ上がってしまったのだ。『報告書』は法廷ドラマの形をとっていた。裁定を下す読者の前に、二百もの膨大な脚注でがっちり固められた証拠が次から次へと提示されていく。攻撃の的となったのは、スペル、シェイクスピアの時代には存在していなかった単語や語句、そして、既知の署名とウィリアムが偽造した署名との非同一性などなど。マローンは労をいとわず、『文書』に収録されたシェイクスピア文書をすべて取り上げて、ひとつまたひとつと粉々に打ち砕いていった。経費のかかる折り込みの大型図版や挿画を大量に載せ、本物の署名と偽造署名を並べて比較提示した。マローンは怒りと侮蔑を抑えることができず、アン・ハサウェイに捧げたシェイクスピアの愛の詩を

引用した際には、吐き捨てるように「それゆえに、このような女々しい代物で裁判官を不快にさせるような真似を、私は断じて許さない」と断じている。

実のところ、マローンが挙げた証拠の多くは間違っていた。シェイクスピアの時代には使われていなかったとされたいくつかの言葉に対するマローンの主張の大半は、のちに誤っていることが判明した。それでも、そんなことは問題ではなかった。たとえ、『報告書』の指摘のすべてが間違っていたとしても（実際にはそうではないが）、これによって、シェイクスピア文書に熱狂するロンドンの人々が幻想から覚めたことは間違いない。と同時に、マローンは『報告書』によって、ロンドンで最も才能ある若き文筆家の将来を粉砕した。ただし、マローン自身はそのことに気づいていなかった。ここに至ってもなお、偽造文書の本当の書き手がウィリアムだと考える者はひとりもいなかったのだ。

四月二日、ドゥルリー・レーン王認劇場の前には、幕開きまでまだ何時間もある頃から大勢の人が集まっていた。季節は春、土曜の午後ともなれば、みなすでにたっぷりアルコールをきこしめし、扉が開いたら一刻も早く入場せんものと猛烈な押し合いを繰り返して、劇場スタッフはバリケードを作らねばならなかったほどだった。群集の間を、サミュエルに雇われた十人余りの少年が、大声を上げてチラシを配ってまわった。チラシには、マローンの「悪意に満ちた非力なる攻撃」を非難し、『ヴォーティガン』は、これまで〝英国の観劇家〟を一頭地を抜く存在となさしめてきた、かの公平無私の姿勢をもってご鑑賞いただきたい」と乞うサミュエルの文章が印刷されていた。

入場ゲートが開かれると、一頭地を抜く英国の観劇家たちは地を揺るがして劇場内へと走り、常連たちは観客席へ、また床へと、頭から飛び込んでいった。ドア押さえ係は脇に押しのけられ、入場券を持たない群集が天井桟敷になだれ込んで、野次を飛ばす準備を整えた。混沌のただ中、サミュエルはどうにか劇場内に入ると中央のボックス席に着いた。劇場の一方からサポーターの喝采が送られ、もう一方からバッシング軍団の嘲りの声が飛んだ。

若きウィリアムは、何千人もの酔っ払いの間に座っているだけの神経は持ち合わせていなかったので、そっと席を離れて舞台裏に向かい、楽屋に行った。彼が席を立ったことに注目するものは誰もいなかった。カーテンコールの時間になると、俳優たちは忙しく出たり入ったりを繰り返した。そんな中で、若者に話しかける気配りを見せたのはただひとり、ファニー・ジョーダンだけだった。ファニーは以前からウィリアムのお気に入りの女優で、彼女はあずかり知らぬことだったが、この〝シェイクスピア〟は、実際、『ヴォーティガン』の台詞と歌のいくつかを彼女のために書いたのだった。ファニーは、ウィリアムが惨めな思いと苛立ちでいっぱいになっているのを察知し、出番がない場面の間はずっと、できるだけウィリアムの気持ちをやわらげようとしてくれた。

——順調に進んでいるわよ。三幕に入ったところで、彼女は言った。

ウィリアムはファニーの言葉を信じた。だが、『ヴォーティガン』そのものにはもはや希望を抱いていなかった。

「二度目の上演は絶対にないだろう」とウィリアムは予測した。

ファニーの言葉は嘘ではなかった。前口上を述べた俳優が終始突っかえて、観衆は苦悶のあまり野次を飛ばしまくり（ジョージ朝の劇場では標準的な〝しごき〟だ）、あやうく劇をめちゃくちゃにしかねないところではあったものの、以後、最初の二幕はたいそうスムーズに進行し、一幕二幕ともいったん幕が降ろされて、観客の拍手を受ける時間が取られた。これがシェイクスピアの劇だと観客の全員が思っていたわけではないが、しかし、誰もが少なくとも二シリングの入場料に見合ういい芝居だとは感じていた。サミュエルも劇場内を見まわす余裕ができ、ロンドン社会の断面図とも言うべき雑多な観衆が、国会議員もスリも等しく、自分が発見した芝居を楽しんでいるのを知った。

続いてチャールズ・ディグナムが舞台に登場した。ディグナムは一頭地を抜いた俳優ではなかった。細い甲高い声の持ち主で、地方の盟主という役どころにはまったく向いていなかった。彼が客席に向かって語りはじめると、忍び笑いが始まった。くすくす笑いは次第に高まっていき、ディグナムは台詞を叫ばなければならないはめになった。そして、彼が身もだえしながら、震えるテノールで、

きゃつらにはいくらでも吠えさせておくがいい！

と絶叫すると、客席は爆笑の渦に包まれた。涙を拭う者あり、この滑稽な所作に数分間にわたって喝采を送りつづける者ありで、芝居は完璧に中断してしまった。主演俳優のジョン・ケンブルが舞台に出てきて、どうか芝居を続けさせてほしいと訴え、はなはだしく酔ったサポーターのひとり、下院議員のチャールズ・スタートが、観客席に向かって、黙れ！と一喝した。笑いはようやく静まったものの、それもほんのいっときのことでしかなかった。こうして第三幕はよろよろと進んでいった。

第四幕は『ヴォーティガン』のクライマックス、サクソンとスコットランド軍の戦闘シーンだった。シェリダンは何とも底意地の悪いことに、サクソンの将軍役にフィリモアという団子鼻の喜劇役者を起用していた。闘いに倒れたフィリモアは舞台上に仰向けに横たわったが、生憎《あいにく》なことに、そこは稽古中に指示されたのとは別の場所だった。場面が終わって降りてきた重い幕は見事にフィリモアの突き出た腹の真ん中に着地し、結果、上半身が幕の前に、下半身が後ろにという事態となった。

おおおおおおおおううううう……とフィリモアはうめいた。

これでは我慢しろというほうが無理だった。フィリモアがうめき声と裏声を発しながら体を引きつらせるたびに、観客の笑いとブーイングはどんどん大きくなっていった。スタートは激怒のあまりボックス席から飛び出して舞台に上がり、フィリモアの衣装をつかんで、千鳥足《ちどり》で幕の裏に引きずり込んだ。観客は身をよじって笑い転げた。第五幕に入ると、ボックス席のサポーターが喝采を送る一方で、別の一角を占める観客たちが、酔っ払った勢いでサポーターたちにオレンジを投げはじめた。サポーターではあったものの、俳優たちが芝居を台無しにしているのにうんざりしていたスタートは、やおら席の周囲に転がったオレンジをつかみ上げ、ポケットナイフを取り出して皮をむくと、台詞を語っている俳優たち目がけてオレンジの皮をはじきとばした。

事はこれだけでは終わらなかった。

第五幕のさなか、反サポーター軍は前もって取り決めた合図を待ち受けていた。ある台詞に来たら、騒ぎを起こすという取り決めが前もってなされていたのだ。それは第二場の次の台詞だった。

そして、その大仰な物真似が終わると……

突如——とウィリアムはのちに回顧している——「ひどく耳障りな喚声が後方のピット席から湧いてきて、聴覚器官に襲いかかった」。喚声は十分あまりも続き、ついに、主演俳優であるケンブルは先の台詞を最初の部分から改めて繰り返しはじめた。そして、再度「そして、その大仰な物真似が終わると」に至ると、劇場中に改めて大喚声が湧き起こった。スタートは一介の下院議員でしかなかったものの、今や王侯貴族さながらに酔っ払っており、ボックス席ですっくと立ち上がると、吠えたける群集に向けて尻を突き出してみせた。返礼として、スタートは再度オレンジの一斉攻撃を受けた。

芝居は果てしなくよろめきながらも何とか最後まで行き着いた。最後の幕がおりたところで、不運なひとりの俳優が舞台に出てきて、次の月曜に『ヴォーティガン』の再演を行なうと発表した。観衆は怒り狂って手がつけられない状態となった。十五分かかってスタッフが何とか秩序を回復し、そこでようやくケンブルが、来週はシェリダンの『悪口学校』も上演されると告げた。

ケンブルにも果物が飛んだ。今度はリンゴだった。

期待を持たせる舞台発表ではあったが、実際にはウィリアムの推測どおりになった。終演後、シェリダンは、『ヴォーティガン』の初演は最終公演となったと知らせてよこしたのである。

翌日、サミュエルとウィリアムは、上演日の純益を折半した百二ポンドの取り分を受け取った。初日のひと晩だけにしてはたいへんな収入だったが、一回限りの公演で終わっていなかった場合に稼げたはずの金額を考えると何ほどのものでもなかった。サミュエルはウィリアムに三十ポンドを分け与えた。それから当分の間、ウィリアムが新たな金を手にすることはなかった。

マローンの徹底攻撃と『ヴォーティガン』公演の大騒動にもかかわらず、シェイクスピア文書にはまだそれなりの信奉者がいた。その筆頭は、ほかならぬサミュエルである。だが、サミュエルの名は捏造者としてロンドン中に浸透しつつあり、彼は「世の人たちは、私を追及して破滅させることに決めたようだ」と言って、この濡れ衣を晴らすには信頼できる真の出所を世に示すしかない、H氏の正体を明らかにせよとウィリアムに迫った。ウィリアムはいったん断わり、悩んだ挙句、再度断わった。一週間後、気持ちも落ち着いて父が不憫になったウィリアムは、こう言った。

——弁護士のウォリスさんにH氏の正体を伝えて、宣誓供述書を作ってもらいます。H氏も宣誓の場に来てもらいます。ただ、ウォリスさんからも、父上にはH氏の正体を知らせないようにしてもらいます。

これはフェアな妥協案に思えた。こうすれば、偽造行為がすべて白日のもとにさらされた時も、サミュエルはずっと真相を知らされずにいたことを、オルバニー・ウォリスが証言でき、サミュエルの名誉も保たれるはずだからだ。会談の日は五月十九日に設定された。場所は地元のイン。だが、ウィリアムはあずかり知らぬことだったが、サミュエルはH氏がインに入っていくところを見ようと、通りの向かいに隠れて様子をうかがっていたのだった。心から落胆したことに、サミュエルは誰の姿も目にしなかった。

しかし、ウォリスはすべてを聞いた。完全な告白を。

シェイクスピア文書の信奉者のひとりが後日、好奇心を抑えきれなくなって、ウィリアムに、せめてこれだけは教えてほしいと言ったことがある。自分がH氏に会ったとしたら、それがH氏だとわかるだろうか？（H氏は私の知っている人間だろうか？）

もちろんです、とウィリアムは答えた。

「ひと目見ただけでわかりますよ」


ウォリスに告白しても、ウィリアムの気持ちが安らぐことはなかった。あらゆる方面から回答を求められ、追い詰められたウィリアムは、虚言と虚飾の暮らし――夢のような浪費生活に逃避した。彼にはもう、何が本当で何が本当でないのか、ほとんど区別できなくなっていた。あちこちでH氏の気前の良さを語り、友人や俳優たちに、H氏からだと言って現金や高価な贈り物を配ってまわった。この裕福な紳士が馬と厩舎を買ってくれることになったという話をしてほどなく、新しい馬と馬車で町を駆けめぐるウィリアムの姿が見かけられるようになった。馬車庫の建造も始まった。ウィリアムによれば、これもまたH氏の好意によるものである。ついに、ウォリス（いっさいが、急速に小さくなっていくウィリアムのポケットから出たものであることを知っている人物）が口をはさみ、少しは考えるようにと忠告した。

問題はない。何しろH氏が年三百ポンドを約束してくれたのだから！ それに、コヴェント・ガーデンの支配人が『ヘンリー二世』の草稿を読んで、七百ポンドの前払い金を約束してくれたのだから！ さらに、ウィリアムは誇らしげに、ハーレー通りの裕福な家庭の令嬢ミス・ショーと婚約したと報告し、家族を大喜びさせた。サミュエルは結婚式の準備を始め、この新婚カップルには何人の召使と何枚のリネンとどれくらいの金が必要になるかを計算した。

しかし、サミュエルがハーレー通りに行ってみたところ、そこにショー家は存在していなかった。コヴェント・ガーデンに行ってみると、支配人は『ヘンリー二世』の話など聞いたこともないと言った。

そして、この時点でウィリアムの三十ポンドは底をついていた。

六月になって、サミュエルはついに忍耐の限界に達した。数週間の予定でロンドンを留守にしたサミュエルは、旅先から息子に苦渋に満ちた手紙を書いた。

夜も昼も、私には心休まる時がない。お前の側がもう少し率直に何ごとも包み隠すことなく接してくれれば、私の気持ちもずいぶん楽になることだろう。そう、お前が今一瞬でも心を寄せるべき人間がいるとすれば、それは父以外には——お前がこの世に生を受けた瞬間から、安らぎや気配りを与えるのをいっときも忘れたことがない父以外には、ありえないではないか。お前は一度、想像力の鏡に将来の自分の姿を映してみる必要がある。息子を持ち、現在私があるような苦境に陥った自分の姿を思ってみる必要がある。そうすれば、〝自分の心のありよう〟がいかなるものか、〝今の私の心のありよう〟がいかなるものかがわかるに違いない。

しかし時すでに遅し。ウィリアムがこの手紙を読むことはなかった。サミュエルが手紙を書く前日、父の不在中に、ウィリアムはひそかに結婚していた。相手は、裕福な家庭の令嬢ミス・ショーではなく、アリス・クラッジという名の素性の知れない〝プレーガール〟だった。それから二日後の午後、サミュエルの手紙がまだ配送途上にある時に、ウィリアムは、夜に荷物を取りに戻ってくるとメイドに言い残し、家を出て、二度とノーフォーク通りに戻ることはなかった。

新婚夫婦は独立独歩の道に踏み出した。アリスには財産と言えるものはなく、ウィリアムは一文無しどころか、その後父を悩ませることになるかなりの借金を残しての出奔だった。それでも、父を安堵させるために、ウィリアムは決定的なことを行なった。家を出て一週間後、父に手紙を書き、シェイクスピア文書の作者が誰であるかを告白したのだ。ところが、ひとつだけ問題があった。サミュエルにとって、作者がウィリアムである可能性は最初から論外であり、あの文書が偽造されたものであるとしたら、それはほかの誰かが偽造したのだ、ウィリアムにはあのような文書を書く能力はない

――サミュエルはそう考えていた。

手紙には、ウィリアムの嘆願の気持ちがあふれている。

私が天才である何者かの単なる道具でしかないというふうに、それほどまでに私を低く見ることが、父上にはできるのでしょうか？　……『ヴォーティガン』は私が書きました。誰かを模倣し

たと言うのであれば、それは劇聖その人です。どの文書も、どの羊皮紙一枚も、生きている誰かの言葉を使って仕上げたものなどひとつもありません。あれらの文章に魂や想像力があるとすれば、それは〝私自身〟のです。

愛する父上、私に会いたいなどとは思わないでください。私にはまだそれに耐えられるだけの心構えができていません。私はこのままウェールズに引きこもって、心からやりたいと思っている研究に専念します。

あれらの文書の書き手が、つまり、文書全体に息づいている精神が、わずかでも才能の輝きを示していて賞賛に値するものであるなら、父上、あなたの息子たる私こそが、その人物なのです。

手紙は無益だった。サミュエルは頑なにウィリアムが作者であることを受け入れず、文書が偽造であることとさえ認めなかった。そして数カ月たって、ウィリアムが『シェイクスピア手稿の真相の説明』(以下『真相の説明』)と題した告白書を刊行した時には、英国市民たちもまた同様に、ウィリアムの言葉を信じなかった。ウィリアムの告白本は、父に着せられた汚名を軽減するどころか、事態をさらに悪化させた。新聞各紙はこぞって、彼が加担しているのがこれほどまでに明らかな犯罪行為を息子に告白させるとは、いったいどこまで恥知らずなのかと書き立てた。

シェイクスピア文書にはまだ擁護者がいた。だが、その大半は、ジョージ・チャーマーズの『シェイクスピア文書信奉者のための補遺的弁明』のように、文書そのものを擁護するというより、マローンのような尊大な饒舌家たちをやっつけることのほうに関心があるようだった。チャーマーズは、シェイクスピア文書の〝ある批判者〟に対して、以下の証拠をいくらでも挙げてみせようと確言している。

1　貴下が『文芸の追求*』の著者であることの証拠
2　貴下が出しゃばりであることの証拠
3　貴下の悪意の証拠
4　貴下がジャコバン派であることの証拠
5　貴下の無知の証拠
6　貴下のたわごとの証拠
7　貴下の詩作能力のなさの証拠
8　貴下が〝何も〟書けないことの証拠

真の信奉者として残されたのはサミュエル・アイアランドただひとりのようだった。一九世紀に入って数年後、サミュエルは失意のままにこの世を去った。死の床にあってもなお、自己の潔白とシェイクスピア文書の真正性を訴えつづけていた。息を引き取るその時まで、サミュエルには、薄のろの息子があの文書を書いたと考えることはできなかったのだ。

誰もが忘れているように思えることがひとつある。ウィリアムが偉大な史劇を書いたということだ。『ヴォーティガン』ではない。続く『ヘンリー二世』――これは、ウィリアム・アイアランドの最高傑作と言うに値する作品である。一七九五年の後半、『ヴォーティガン』がまだ公にされていなかった時期に、ウィリアムは二作目の史劇に取り組んだ。『ヴォーティガン』を書き上げた経験のもとにウィリアムは全力を傾けて、これをわずか二カ月で完成させた。幕や場に分ける時間すらなかった。

しかし、『ヘンリー二世』には『ヴォーティガン』に欠けていたすべてが投入されている。蛇のようにからみ合った複数のサブプロット、リアリティを備えたキャラクター、サスペンス、通常の流れを逆転させたドラマティックな時間構成、軽いユーモア。殉教したカンタベリー大司教トマス・ベケットという人物の内に、ウィリアムは初めて、見る者の心に真に響くキャラクターを創出した。『ヘンリー二世』のベケットは、教会への忠誠心と自己の強い野望の両方に駆り立てられ、死に追いやられる真の悲劇的存在となりえている。

赤子《あかご》は充分に食べたのちも、さらなる食物を求めて泣く
揺籠の時代からはるか遠くまで来た我らもまた同じこと
黄金の野望の樹を必死によじ登るその目には
天辺の枝以外何も映っていない
枝が曲がり、折れるかもしれないことを
立ち止まって考えることもない
ひたすら登りつづけ、自己を貫き通すのみ
さもなくば、再び真っ逆さまに転げ落ちるのみ

だが、もはや独白を語っている時ではなかった。英国中の批評家と観客が、自分たちを馬鹿にした恥知らずの若者に激怒していた。怒っていない者は単に、ウィリアムにはあれだけの偽造文書が

＊――英国の風刺作家トマス・ジェイムズ・マティアス（一七五四?―一八三五）が同時代の作家・批評家たちを容赦なく風刺したベストセラー本。マローンに対する言及もある。

書けるわけがないと思い、最初から最後までサミュエルがやったことだと信じていた。いずれにせよ、ウィリアム・ヘンリー・アイアランドが書いた新しい芝居に関心を持つ者などひとりとしておらず、『ヘンリー二世』が上演されることはなかった。『ヘンリー二世』の美しい詩句が舞台で語られたことは、今日に至るまで一度もない。

言うまでもなく、こうした状況はウィリアムの知るところではなかった。家を出てから、新婚のカップルはハッピーに新たな傑作に取りかかる計画を立てていた。二人がまずたどりついたのはブリストルだった。ここでは、ウィリアムはだらだらと過ごしていただけで、たいした分量は書いていない。ある日、顔見知りの親族が偶然、ウィリアムがブリストルに接するグロスターシャーの道を歩いているところに行き合わせた。ウィリアムはもう自分の馬を持っている身ではなかった。それでも、物を書いていること、もう一度古書をたくさん買いたいと思っているといったことを楽しげに語り、そののち、その親族に、何ギニーか貸してほしいと頼んだ。

この時点では、夫婦が生活していくには金を借りるしかなかった。親族にも友人にも、父の新しい銅版画集の援助をするため（もちろん真っ赤な嘘）と言っては金を借り、大勢に返済を迫られることになった。ある手紙で、ウィリアムは父親にこんなふうに無心している。「この手紙を書いたのは、著作ができる環境を整えたい、飢えずにいられる生活を送りたいという私の願望をお伝えするためです」

結局のところ、ウィリアムにできることと言えば、物を書くことしかなかった。一七九七年には『真相の説明』、一七九九年には『ヴォーティガン』と『ヘンリー二世』が本になり、同年には初めての小説『女子修道院長』も刊行されている。そして、以後三十年ほどの間は、借金を返すために大量の三文小説や風刺物を書いて過ごした。初期の仕事が約束してくれていたように思えた豪勢な暮らしなど夢のまた夢だった。正直な生活を送るのに飽き飽きしていたウィリアムは、一八二一年にナポレオンの遺書を、一八二四年にはフランスのアンリ四世とジャンヌ・ダルクの手になる回顧録および複数の手紙を〝奇跡的に発見〟する。が、これらは誰もだませなかった。もうウィリアムのトリックに引っかかるものはいない。誰もがそう考えた。

シェイクスピアの筆跡で素早く文章を書くウィリアムの腕が衰えることはなかった。文書偽造が明らかになってから長い年月がたったのち、《モーニング・ポスト》紙の編集者ジョン・テイラーが、ある晩、たまたま劇場でウィリアムと言葉を交わしたことがある。テイラーはウィリアムに、偽造者は本当にあなただったのかとたずねた。これに対して、ウィリアムは即座にシェイクスピアの署名を二つ書いてみせた。テイラーは家に戻ってから、シェイクスピアの本を引っ張り出し、そこに載っていた署名と比べてみた。気味が悪いほどにそっくりだった。このアイアランドの驚異的な記憶力は、しかし、驚くべきことでも何でもない。実のところ、ウィリアムが偽造をやめたことは一度としてなかったのである。

世の人々は、シェイクスピア文書を信用することはやめたかもしれない。だが、この偽文書をめぐる出来事全体の魅力が消えることはなかった。一七九七年に刊行された一冊一シリングの小冊子『真相の説明』はあっという間に売り切れ、その後何年もたってから競売で一ギニー、すなわち当初の二十一倍の値がついたこともあった。手もとに『真相の説明』がなくなって、古本を買いにいくはめになったウィリアムは、自著の古書価格を知って大いに悔しがった。「今、私が持っている本は一葉が欠けている。こんなもののために十八シリングも払わされるはめになるとは……ただ、聞かされたところでは、この値段で売ってもらえたのは特別で、私がそもそもの著者だからということらしい」

一八〇一年、父サミュエルが亡くなった翌年に、その財産がクリスティーズの競売にかけられ、彼が所有していた古書と古文書が本物も贋作もともに出品されて、たいへんな関心を集めた。敗残の身で亡くなった古書収集家の現世の財産に入札する人々の中に、誰もが知っている顔があった。エドマンド・マローンだった。サミュエルと彼の文書を破滅させた当の人物が、それらを購入しようとやっきになっていたのだった。

シェイクスピア贋作に対する世の関心が高まる中、一八〇五年に、ウィリアムは『真相の説明』を大幅に加筆した『ウィリアム・ヘンリー・アイアランドの告白』を出版した。この時点ではすでに、ウィリアムが一連の偽造の裏にいたという考えは一般に受け入れられており、しばらくの間、彼は、興味津々の収集家たちから様々な質問を受けた。ほかにもシェイクスピアの贋作があるのではないか？　それらを売りたいと考えているのでは？　たとえば『ヴォーティガン』の原稿は？　まだ手もとにあるのではないか？

ウィリアムはいつもこう答えた。ええ、たまたま今、手もとにあります。

ウィリアムは常に〝たまたま〟『ヴォーティガン』の原稿を所有していた。偽造が発覚し、病的な文学的関心の的となって以来、ウィリアムはひそかに、驚異的なポストモダン的作業を実践していた。これはまさに天才的な考えだった。

彼は贋作の贋作を作っていたのだ。

ウィリアムの死後、発見された『ヴォーティガン』の〝オリジナル〟原稿は少なくとも七つ。さらに、その他のシェイクスピア文書をもとにした大量の偽文書の山。そのどれもが完全に本物らしく見え、どれがオリジナルでどれがコピーかを判別するのは不可能だった。要するに、収集家たちはそれらをウィリアムから直接、続々と入手していったのである。いったいこの世のどこに、贋作の贋作などということを考える者がいるというのか。

ただ、ウィリアムは、買い手たちのために、ささやかなヒントをひとつ残しておくという誘惑に勝てなかった。ウィリアムの多くの著作のひとつに、一八〇七年に刊行された『現代の愚者の船』という小さな風刺詩集がある。ありとあらゆる愚者を満載した船をめぐる寓意的な詩のコレクションだが、表紙の裏にカラーの折り込み図版がついていて、その中に、ひときわ目立つ〝格段に不運な愚者〟の姿がある。

本の収集家だ。

一九九七年に復元されたグローブ座には、ウィリアム・アイアランドの偽造の偽造文書のひとつが展示されている。例のヘミングの署名がある受領書――かつてオルバニー・ウォリスの法律事務所で危うく化けの皮がはがされそうになり、汗とパニックに見舞われた際にでっち上げた文書だ。これは単に展示されているのではなく、バーナード・クオリッチ書店（ピカデリー・サーカスのすぐ近くに二世紀以上にわたって店を構えている古書専門店）が売りに出している商品である。ウィリアムの死後、時期を置かずに、彼の贋作文書はビジネスになった。そして、以来今日までの間ずっと、遺品整理やそれに類するものがあると、折々にウィリアムの贋作の束が市場に出てくるようになった。これはおそらく、その家の祖先が数ポンドの金を出し、ひとまとまりの〝オリジナルの贋作〟をウィリアムから直接購入した、その結果であると思われる。

今、グローブ座に展示されているヘミングの偽造文書を手に入れるには二千七百五十ポンドを出さなければならない。

クオリッチ書店の古書鑑定の専門家セオドア・ホフマンによれば――アイアランドの手になる偽造品を見つけるのは年々難しくなっている。文書そのものの状態は非常によい。古い褐色の色合いを出すために、たぶん薄めた紅茶かレモン溶液を使い、その後、火にかざしたと考えられる。この溶液はどちらも、紙の質をさほど劣化させることはない。かくして、文書を古く希少なものに見せるために手間を惜しまなかったウィリアム・ヘンリー・アイアランドに、何とも詩的な裁定が下されるに至った。今や、ウィリアムの文書そのものが古く希少なものとなっているのだ。

今日、ウィリアムの〝メタ贋作〟の新たなひとそろいを見つけるのは、一部の人にとって、少なからぬ儲けを意味するものとなっている。さらに言うならば、ウィリアムは、それほど丁寧な仕事をしたわけでも高度なテクニックを使ったわけでもない。だとすれば……いや、誰もが当然抱くであろうこの疑問はホフマン氏にぶつけてみなければなるまい。もしかして、贋作の贋作の贋作を作っている者が今もそこらにいるのでは？

「いやいや」間髪を容れずにホフマン氏は言う。「そんなことはないと、私は思っています……」

3

空洞地球と極地の穴

ジョン・クリーヴズ・シムズ

John Cleves Symmes, Jr. (1779-1829)

ジョン・クリーヴズ・シムズ。ジョン・ジェイムズ・オーデュボンによるスケッチ
（ニューヨーク歴史協会所蔵）

オハイオ州ハミルトンは、何かの拍子にその名前が目に止まったとしても、わざわざ行ってみる気になる人はまずいないであろう、そんな平々凡々たる地方都市である。一九八〇年代に、この街はエクスクラメーションマークのついた「ハミルトン!」にその名を変えた。これは、地元のとある実業家の提案によるものだったのだが、期待された街の活性化(元気で軒昂で活気ある街に!)は実現せず、市名に付された〝!〟の熱意も薄れていって、やがて単調で退屈なただのハミルトンに戻った。だが、ハミルトン(もしくはハミルトン!)には今も不思議なものがひとつ残されている。

草ぼうぼうの公園の古いオークの木陰に建つ、簡素な、しかし謎めいた墓碑——天辺に御影石の球を載せた石のオベリスクだ。球には中心を貫く大きな穴があけられていて、その下、つぎはぎだらけのコンクリートの間に、ボルトで留めつけられたブロンズの銘板が何枚かある。石に直接刻まれた銘文のほうは、一世紀以上にわたる雨風にさらされ、補修する者もないままに、今ではもうほとんど読むことができない。

ジョン・クリーヴズ・シムズは、一八〇二年、少尉として合衆国陸軍に入隊し、その後、大尉に昇進。のちに〈ランディーズ・レーンの戦い〉と〈エリー砦からの突撃〉において数々の目覚ましい戦功を挙げた。ジョン・クリーヴズ・シムズは科学者にして、「同心球体および極地の穴に関するシムズ理論」の提唱者である。彼は、地球は空洞になっていて、そこは居住可能だと主張した。

この墓碑は、一八四〇年代にシムズの息子によって建てられた。古い墓地によく見られる錬鉄の柵で囲われていて、隣はバスケットボールのコートになっている。暑い夏の日、バスケットをする地元の人たちで、目の前の古いオベリスクに目を向けようとする人はいない。この状況は、その下に眠る人物の人生を、墓碑以上に的確に反映していると言っていいかもしれない。

シムズは間違いなく勇敢な人物だった。ただし、その勇敢さは、最初のうちはもっぱらフィジカルな形でのみ発現された。一七七九年、ニュージャージー州のサセックス郡で生まれ、ノースウェスト準州の開拓を進めた有名な叔父の名前をもらったシムズは、公立の学校で短期間ながら充実した教育を受けた。学校では、読み書きはさほど上達しなかったものの、学ぶことの楽しさを知り、その後は足繁く公立図書館に通った。学校教育をほとんど受けていないというのは、当時としては珍しいことではない。一八世紀後半には、聖職者や法律家や医者になろうとする場合を除いて、カレッジで教育を受けるのは贅沢以外の何ものでもなかった。

一八〇二年、シムズは陸軍に入った。最初の実戦は、同僚のマーシャルという、弱い者いじめの中尉相手の決闘だった。決闘が始まった途端、マーシャルは脚の骨を折って地面に転がり、一方のシムズは手首に銃弾を受けて血を流していた。すぐあとで、シムズは上官に「彼がもう一発、撃つかどうかを知りたいと思ったところ、そのつもりはないことがわかったので……手首にハンカチを巻いて帰宅し、朝食をたっぷり食べました」と報告している。大尉に昇進したシムズは、一八一二年に始まった米英戦争でも同様に恐れを知らなかった。シムズの部隊は、ブリッジウォーターの戦いで敵の三度にわたる銃剣突撃を撃退し、エリー砦ではイギリス軍の砲兵部隊の陣地を攻略して大砲を破壊した。英雄となって退役したシムズは、かつての雇用主への物資調達者になるという月並みな道を選び、ミシシッピ川の上流地域に店を構えて、軍需物資の供給と先住民相手の交易を始めた。この商売でかなりの金を蓄えたのち、ある未亡人と結婚し、ほどなくミズーリ州のセントルイスに移って十人の子供をもうけた。そのまま、堅実な軍事ビジネスを続けて、立派な家長としてののんびりした生活を送ることもできたはずだったが、しかし、ジョン・クリーヴズ・シムズの頭は次第に、ある考えで占拠されていった。

彼は、我々の足の下に、秘められた一大世界が広がっていることを発見していたのだ。その世界を見つけ出す方法を知っているのはシムズだけだった。

退役後のシムズは、思索にふけり、渡り鳥のパターンを観察し、地元の図書館で地質学や海洋探検の本を読みあさる日々を過ごしていた。空洞の地球という考えがいつ頃から彼の頭を占拠するようになったのかはわからない。だが、その考えにすっかり取り憑かれてしまったシムズは、簡潔な告知文を書き上げ、地元の印刷所に行って、国内のカレッジ、行政機関、上院議員、著名な科学者の全員に送付できるだけの枚数を注文し、その後、海外の主要な大学にも送れるよう刷り増しを頼んだ。タイトルは「回報第一号」――以後、多数の号が続くことになる。シムズが初めて世界に向けて持論を提示したこのチラシが出されたのは一八一八年四月十日、シムズ三十八歳の時のことだった。

私はここに、地球は空洞であり、内部は居住可能であることを公表する。地球内部は何層にも重なる多数の同心球体で構成されており、南北両方の極地帯、緯度一二度から一六度の範囲に開口部がある。世の人々が私の事業を支援し援助してくれるならば、私は生涯をこの研究に捧げ、地球内部の空洞を探査する覚悟ができている。

百人の勇敢な仲間を募りたい。充分な装備のもと、シベリアからトナカイと橇《そり》で凍った海を渡る旅を秋に開始したい。北緯八二度から一度ほど先の地点に到達すれば、暖かく豊かな土地――人間はいないとしても、豊かな草木と動物のあふれる大地が見出せることを、私は約束する。帰還は翌年の春となる。

シムズは思慮深く、精神に異常がないことを証明する鑑定書を添えて送付した。

当然ながら、回報が好評をもって迎えられることはなかった。国内の学者や著名な政治家はみなすげなく断わり、フランスの科学アカデミーは〝考慮に値しない考え〟に分類した。《ロンドン・モーニング・クロニクル》紙は、無礼千万なことに、精神鑑定書の出所に疑義を表明しさえした。

細部に関してははっきりしない部分もあったとはいえ、理論そのものは比較的シンプルだった。シムズはこう指摘する。同心球体は自然の構造物として最も効率的な配置である。骨、植物の茎、樹木、溶岩トンネル、昆虫の肢――どれもが中空の管ないし同心円構造という生態デザインを示している。

植物学者に質問すれば、自然の法則に即して生長していく植物は中空の筒だと教えてくれるだろう。……解剖学者に質問すれば、あらゆる動物の大型の骨は中空であると……私たちの頭の最も細い髪の毛でさえ中空だと教えてくれるだろう。鉱物学者のもとに行けば、石質隕石（エアロライト）と呼ばれる石をはじめ多くの鉱物が中空の同心円で構成されていると言うだろう。

シムズは、この原則をそのまま地球レベルの構造に当てはめた。地球は回転しているから、遠心力が回転軸を中心にして物質を外側に追いやり、結果、極地に穴が生じる。そこから、シムズのような勇敢な精神の持ち主が中に入り、地中世界を探検できるというわけだ。内部は多重球体になっているとシムズは考えた。どの球体部にも、一連の極地の穴から入っていくことができる。穴からは太陽光がそそぎ込み、内部の濃密な大気、すなわち〝伸縮性に富む空気流体〟内を屈折しながら透過していく。この結果、地中世界には、生命を維持していくのに充分な光と熱がもたらされる。

シムズは、この理論であらゆる現象が説明できると考えていた。磁場の変動、ガンやカリブーやニシンの神秘的な渡り・移動・回遊。海流でさえも、ギリシア神話に登場する海の怪物カリュブディスさながら、地球上の各地の海が一方の極地の穴になだれ込み、もう一方から奔出してくるからだとして説明される。さらに、近年の北極圏探検によって、全面、凍ったツンドラしかないと思われていたところに、凍結していない海が存在することが明らかになった。これは——とシムズは述べる——地中世界から暖かい空気が噴出しているためである。〝氷の環〟、つまり北極から二三度二七分の北極線を越えれば、探検者たちは、極を取り囲む凍っていない部分、それも、おそらくはぬるま湯の海を発見することになるだろう。かくして、探検隊は船で内部領域（シムズが名づけたところでは〝中央面空間〟）に、いとも簡単に入っていくことができるのである。

ところで、シムズは、地球空洞説を提唱した最初の人物ではない。学識ある評論家の面々は、この事実を持ち出してシムズを批判した。一六一八年、ヨハネス・ケプラーは『コペルニクス天文学大要』で、地球およびその他の惑星が同心状の複数の外殻によって構成されているという考えを提起し、様々な考察をめぐらせた。一八一三年にエイブラハム・リースによって刊行された『サイクロペディア』の一巻には、「ケプラーの説が正しければ、土星の環が、以前の外殻の断片ないし残骸であり、その他の部分は粉々になって土星本体に落下したと考えることもできる」とある。

ケプラーの死後も、地球空洞説は支持を集めつづけた。一六九二年、ハレー彗星で知られる天文学者エドマンド・ハレーは、磁場の変動を示す複数のデータ・セットを前に頭を悩ませていた。そして、これを説明する見事な理論を編み出した。地球内部には三つの別個の球体があって、それぞれ異なった速度で回転しており、それが異なる磁場データとして現われているというものだ。ハレーの推測によれば、これらの球体の殻の間には輝くガスがあって、生命を維持するのに充分な光と熱を放出しているという。一七一六年の論文では、オーロラも、漏出したこのガスによって引き起こされているのかもしれないとまで述べている。

五年後には、アメリカの聖職者・著作家のコットン・メイザーが『キリスト教哲学者』でハレーの説を引用し、一八世紀半ばには、スイスの数学者にして、プロイセンのフリードリヒ大王の宮廷数学者であったレオンハルト・オイラーもまたハレーの説を支持した。ただ、その後、シムズの時代までの約一世紀の間は、この考えはほとんど注目されることはなく、いずれにしても、一般に流布するというレベルにはまったく至らなかった。

シムズが、こうした世に知られているとは言いがたい著作を読んでいたとは考えにくい。つまり、彼の説は彼独自の発見であって、そのささやかな学歴を考えれば驚くべき成果だと言っていい。加えて、シムズの理論には、のちに〝シムズの穴〟として広く知られることになる極地の開口部が含まれていた。これが意味するところは、すなわち、地中世界とのコンタクトが可能だということである。ハレーの説では、地球の外殻は約八百キロの厚さがあって、開口部はないということになっていた。これが、読者に、ハレーの説をさらに追求する動因を与えなかった理由なのだが、シムズは人々に新世界へのゲートウェイを提示したのだった。

翌一八一九年、シムズは回報を七回出し、地球空洞説を、カリブーの大移動、同心球体の幾何学原理、アメリカ東部アレゲーニー山脈の形成といった、まったく異質の様々な現象に適用した。ケンタッキーに移ってから、八月に出した回報「球体間の光」が《ナショナル・インテリジェンサー》に転載され、広範な読者の目にとまることになる。こうしてシムズの名は次第に広く知られるようになっていったが、しかし、ほとんどの場合は嘲笑を介してのことだった。シンシナティでは、地元の数学者トマス・マシューズが、〝頭の中だけのたわごとの山〟を書いたと言ってシムズを笑いものにした。回報を書けば書くほど、シムズは愚弄された。そして、愚弄されればされるほど、シムズは怒りを深め、決意を新たにして書きつづけた。

最初から、シムズの説を、わずかな教育しか受けていない退役軍人の酔狂なたわごとと見なしていたジャーナリズムや科学機関が、本気で相手にするつもりのないことは歴然としていた。シムズに残された道は、一般の人々に直接、自分の説を判断してもらうことだった。だが、彼にとって、これは簡単な決断ではなかった。戦火のもとであれほどの勇猛果敢さを発揮したシムズだったが、実のところ、大勢の人の前に出るのは極端に苦手で、加えて、シムズには、人を惹きつける力はもとより、公衆の面前で話をするのに必要な基本的な資質がまったく欠けていた。

その頭の内で進行している機密作戦をうかがわせるものは、外見的には皆無に等しいと言っていい。わずかな例外は輝く青い目で、その視線はしばしば、周囲の事物をはるかに超えた何ものかに向けられているように見える。頭は丸く、顔はかなり小ぶりで卵形をしている。いくぶん鼻にかかった声、言葉はなめらかに出てこず、苦労しながら話していることがはっきりと見て取れる。話し方も平板で、生来の純朴な人柄がそのままに現われている。……シムズ大尉には古典教育や哲学的な学識が欠けており、あるいはこのあたりに、彼が講演者として適任ではない最大の要因があるのかもしれない。

こう述べるジェイムズ・マクブライドは、シムズの最大の支援者のひとりだ。したがって、これは、シムズが講演者には向いていないことを示す客観的にして妥当な記述だと言える。

それでも、必要とあればということで、シムズは、以後の人生を、自説に対する不当な非難を払拭するのに専心して過ごすことになった。彼は両極の穴と内部の複数の殻を見せられるようにした木製の地球儀を作り、一八二〇年、アメリカのフロンティアの町々をめぐる講演ツアーに出発した。コネティカットに始まり、次いでケンタッキー、そしてゼインズヴィルやハミルトンといったオハイオの小さな町々で、彼は、耳を傾けてくれる聴衆ならばどんな人々の前でも講演を行なった。時には、学童のグループが相手のことさえあったが、子供たちは、批判のまなざしを向けるどころか、うっとりと彼の話に聞き入った。

そのつたない話しぶりにもかかわらず、この控え目な人物が部屋いっぱいの聴衆に向けて、横断面を見せた地球儀をくるくる回しながら、重層的に連なるあまたの地中世界について語る時には、部屋中が静まり返った。講演が終わると、シムズは聴衆に、それぞれの行政府の長に、この探査行の支援を要請する手紙を書いてほしいと丁重に述べた。聴衆の中には、その場で少額の寄付をしたり、探査船が出立する際にはぜひとも同行させてほしいと申し出る者もいた。講演ツアーではたいした収入は得られず、実際、次の町まで行く旅費が出るかどうかという程度だったのだが、それでも彼は賛同者を得ることには成功したのだった。彼自身も驚いたことだろうが、シムズの名が高まりはじめ、一八二〇年の夏には、かの博物画家ジョン・オーデュボンが、シンシナティのウェスタン美術館に展示するためにシムズの肖像画を描いた。

作家たちがシムズの説の小説的価値に気づくのにたいした時間はかからなかった。シムズが講演ツアーを始めたのと同じ年、最初の回報を配布してからちょうど二年後に、キャプテン・アダム・シーボーンというペンネームの作家の手になる『シムゾニア——発見の航海』（一八二〇）というSF長編が出版された。天才シムズの理論を信奉するアザラシ猟船の船長シーボーンが、乗員たちの反対を押し切って南極圏に船を進め、地球の内側深くに入っていくという物語だ。

地中世界への穴の周囲をブロックしている〝氷の環〟（南極線）に接近していくとともに、船のコンパスが激しく揺動しはじめ、船上では激しい議論となる。『シムゾニア』は世にほとんど知られていない作品で、入手するのはたいへん難しく、実際に読むチャンスがある読者はまずいないと思われる。以下、この部分を少し引用して、この作品の雰囲気を味わっていただくことにしよう。


「とんでもない状況に追いやられますよ、シーボーン船長、〝氷の環〟を突破したあとで退路が閉ざされてしまったら！」とスリムが応じた。「我々があなたとともに航行しているのは、アザラシ猟のためです、船長。発見の航海ではありません」

「思い出してほしいのだが、スリム君、私は契約条項に基づいて明白な権利を与えられている。アザラシを求めて、私が妥当かつ適切だと判断したところならどこへでも船を進められること、そして、私の決定に反対すれば、君の取り分を没収する権利も私にはあること——これを思い起こしてくれたまえ、スリム君」

「肝《きも》に銘じておきましょう。ですが、あなたには我々の生命を危険にさらす権利はないことも、私は承知しています、シーボーン船長。いつものやり方でアザラシを発見すべく努めて関係者全員の利益を追求するのではなく、あなた個人の発見への狂的な情熱を満足させるために、いまだかつて人間が経験したことのないようなたいへんな危険のうちへと突入するような権利は、あなたにはない。氷の環を通過することを果たしたとして、帰還時にそれが閉ざされていることがわかったら——そして、我々が、妻や子供や社会にとって永遠に失われた存在になるとしたら、あなたはどうやって、世間に、我々の家族に、そしてあなたの良心に自分の行為を正当化するというのですか？　氷の環が閉ざされるような状況では、全員が死ぬのは間違いありません。そして、我々を殺したのは、あなただということになるのです」

まったくもって何と厄介な航海士だろうと私は思った。事の本質とはまったく関係のないこうした問いに、いったいどう答えたらいいというのか。極地に開口部があって地中世界への確実な通路を提供してくれているという私の信念を、この男に伝えるわけにはいかない。内部には快適な冬営地が見つかるという私の確信に満ちた予想を伝えるわけにもいかない。そんなことを言えば、彼はそれを私の狂気の証拠と取るだろうし、それを論拠に、船員たちを説得して私の司令権を剝奪し、以後の航海の間ずっと私を船室に監禁してしまうに決まっている。

眉をひそめたのち、私はこう応じた。「スリム君、君は極めて有能な航海士だ。自分がそうしたいと思う時には十二分に職務を果たすことができる。だが、君にすべてがわかっているわけではない。君の頭はいろいろなものでいっぱいになっていて、知性の光が射し入るすきがないのだ。改めて言っておこう、この船を指揮しているのは私だ。そして、私が誰かに邪魔されたり指図されたりするいわれはいっさいない。君の反抗精神にはすでに気づいていた。私の言うことをはっきりと頭に焼きつけておきたまえ。私の意向に対して、これ以上反対することは許さない。君のどうでもいいおしゃべりをこれ以上聞くつもりもない。今後、ほかの航海士や船員が聞いているところで意気をくじくようなことをひとことでも口にしたのがわかったら、即座に収監して、鉄格子の中に入れたままで国まで連れていく。そして、船上で反乱を起こす謀議を企てたかどで裁判にかける。法律によれば、反乱は死罪だ。これを忘れずに任務に戻れ」

こうして、部下たちを規律下に置き、シーボーンはそのまま航行を続けて〝地中世界〟に到達する。彼らがそこに見出したのは不思議なユートピアだった。シーボーンはそれをシムゾニアと名づける。そこに住んでいるのは、簡素な白い服を着た高い知性を持つ青白い肌の人々――彼らは、欲望や羨望や悪徳といったものとは縁がない。この地中世界には黄金や真珠があふれていたが、あまりにたくさんありすぎて、実用性を第一義とする住人たちにとっては、無用の長物以外の何ものでもないのだ。彼らは飛行機で移動し、防衛用として、核破壊兵器に近い巨大な可動火炎投擲機を開発・保持している。長い議論を重ねた末、彼らは〝外世界人〟(シーボーンと船員)が道徳的に堕落しすぎていて信頼できないという裁定を下し、自分たちの領域から追放する。シーボーンはすっかり落胆し、ガリヴァーさながらにボストンに戻ると、そこで全財産をだまし取られ、結局、出版社からのわずかな金と引き替えにみずからの冒険譚を語るまでに身を落としてしまった――という次第である。

こうした物語やシムズの講演によって、極地探検を求める市民感情に火がついた。議員たちが気づいた時には、大勢の市民の請願書が押し寄せてきており、その数は、一八二二年には、行動に出るのを余儀なくさせられるまでにふくれ上がった。アメリカの議会史上、風変わりな議案のひとつに数えられる極地探査行実施の請願を提出したのは、ケンタッキー州選出上院議員リチャード・ジョンソンだった。

ケンタッキーのR・M・ジョンソン氏が、オハイオ州シンシナティのジョン・クリーヴズ・シムズの請願を提示したのち、自分は地球の内部に居住可能な空間が存在することを信じており、どちらかの極地に向けて発見の旅が実施されることを願っている……と述べ、議会に、探査行のための二百五十トンないし三百トンの船舶のほか、この計画を実施するのに必要だと政府が考える援助を与えるよう求めた。この請願を外交委員会にまわす動議が出されたが、これは却下され、その後、二、三のやりとりを経たのち、審議はとりあえず先送りされることになった。賛成二十五。（アメリカ議会議事録、上院記録、一八二二年三月七日木曜）

ジョンソンの請願を、まず外交委員会にまわすという最初の案は理にかなったものと言える。探査行によって内部世界に居住者が発見されれば、彼らとの間に交易関係を確立することになるのは間違いないからだ。だが、多数の支持議員がいたにもかかわらず、請願本体の審議は無期限延期ということになって、その日の議会は終わってしまった。

議員たちのもとには、さらに多くの請願や手紙が届いた。翌年の二月には、再度――今度は下院で審議にかけられたが、採決はまたしても先送りにされた。支持者たちは活発なロビー活動を行ない、二月中に下院で七つの議案が出された。オハイオから五つ、ペンシルヴァニアとサウスカロライナからひとつずつ。すべてが次々と、先送りないし却下となった。

こうした政治工作が続けられる中、シムズには様々な場で揶揄や嘲笑が浴びせられた。たとえば、一八二二年八月二十七日にウェストヴァージニア州チャールストンで発行された《クーリエ》紙の「二二五〇年の世界予測」と題された匿名の風刺家による記事では――未来世界で、シムズは史上最大の偉人として絶賛されている。それは何よりも、犯罪者と精神異常者および精神異常犯罪者の収容所として、地中世界ほど有用なものはないという理由によるものである、云々。どれもがみなこんな調子だった。

シムズはあきらめなかった。一八二三年の終わり近く、上下両院でのさらなる試みが不調に終わると、彼は相続したばかりのオハイオ州ハミルトン（！）の農場に居を移して、この新たな居住州に直接アタックを試み、オハイオ州議会に自分の理論を支援する議案を通してほしいという請願を提出した。これも失敗に終わった。落胆の念と徒労感は頂点に達し、ついに健康が損なわれはじめて、シムズは一八二四年と二五年の大半を病床で送ることを余儀なくされた。こんな八方塞《ふさ》がりの状態にあったシムズだったが、しかし、彼の誠実さと情熱に感動し、強く心動かされた人は常にいた。彼らは、シムズの説を信じるか信じないかは関係なく、彼が活動を続けられるだけの金を講演会場で渡し、手紙で送りつづけた。一八二四年三月二十四日、シンシナティ劇場でシムズを支援する募金集会が開かれた時には、地元の詩人モージズ・ブルックスが善意あふれる詩をシムズに贈っている。

アメリカの女神コロンビアの、志高き息子よ
永遠の栄光の冠を勝ち取ることになる息子よ
そうとも！　いずれ歴史のペンはその名を記す
シムズの名を、未来の栄誉の巻物に記す

シムズに惹きつけられた人々の中に、やがて彼に大きな恩恵と同時に決定的な打撃をもたらすことが明らかになる人物、ジェレマイア・レイノルズがいた。《ウィルミントン・スペクテイター》紙の野心に燃える若き編集者だったレイノルズはシムズ理論の熱烈な信奉者となり、ある計画を手にして、

シムズ本人に直接アプローチした。レイノルズはこう説いた。フロンティアの愚かな大衆だけを相手にしていて、何の益があるでしょう。あなたが行くべき場所は北東部の大都市、工業の中心地です。周辺地帯を少しずつ回っていても意味はありません。即刻、我が国の富と知の核心部に向かうべきです。

シムズは青ざめた。純朴な入植者たちの前に立つだけでもひたすら緊張することなのに、まして、大都会の知識人相手に講演をするなど、考えるだに恐ろしいことだった。だが、レイノルズは引かなかった。僕が同行します！　これを聞いて、いくぶん気分が楽になった。レイノルズは、シムズにはない、人を惹きつける能力と若さあふれるエネルギーを持っていた。一八二五年、何とか起き上がれるまでに回復したシムズは、大いにためらいながらも、二十六歳の弟子とともに東部に向けて旅立った。

これはいいタイミングだった。前年、シムズが病床にあった時期から、もうひとりのシムズの信奉者であるジェイムズ・マクブライド（おそらく、レイノルズよりもう少し本気でシムズ理論に関心を寄せていた人物）が、それまでシムズ自身が回報や講演で行なってきたよりもはるかに明快で説得力ある解説書を書く作業を続けていたのだが、その『シムズの同心球理論』が、講演ツアーが始まってほんの二カ月ほどあとに刊行されたのである。これ以後の地球空洞説をめぐる書籍に載っている解説や例はほぼすべて、この『シムズの同心球理論』に依拠していると言って過言ではない。マクブライドは、シムズ理論の難解な部分――たとえば、地球内部を循環している、一種の反重力として作用する〝伸縮性のある液体〟といったものも臆せず解説していたが、多くの読者を引きつけたのは、身近なわかりやすい例を多く盛り込んでいたところにあった。これなら、どんな読者でも、即座にシムズ理論の真髄をつかむことができるはずだった。

大きな石でできた機械式研磨機をじっくり観察してみてください。石の面は平らで、高速回転します。石が回転している時に一定量の水を注ぐと、水は流れ落ちることなく、また、クランクや軸の周囲に集まることもなく、石面上に、同心円に似た形を形成することがわかるはずです。私の理解するところ、地球の表面は、いかなる砥石よりもはるかに速い速度で回転しています。そして、地球内部の複数の球体を構成しているのは、水よりもはるかに堅固な物質なのです。

注意深い観察者（ないし、少なくとも鋭敏なシムズ理論信奉者）が見れば、自然界のいたるところに同心円が存在するのを見て取ることができる。池の水面に広がっていく波しかり、天然磁石の周囲に形作られる鉄粉の神秘的な模様しかり。

シムズとレイノルズは講演ツアーで、様々な道具を使い、五十セントの入場料を払った満員の聴衆の前で、同心円がどのように形作られるかを示してみせた。磁石や砂の詰まった箱、回転する砥石、シムズの使い古した木製の地球の模型などによって、聴衆は、空洞地球の存在にダイレクトに結びつく自然の法則を十二分に得心した。一八二六年一月、ペンシルヴァニア州チェンバーズバーグでの講演の様子を、地元紙の記者はこんなふうに報告している。講演会に来ていた多くの懐疑論者たちも二人のパフォーマンスに圧倒され、押し黙って演壇を見つめつづけた（「ホールには、しわぶきひとつ聞こえない静寂が広がっていた」）。そして、講演が終わるや、満場の拍手が湧き上がった。実のところ、この記者は以前にシムズを正気でない人物として一蹴する記事を書いていたのだが、翌日の新聞にはシムズ理論を認める記事が掲載された。

疑問の余地のない事実の数々と、そこから引き出される結論は極めて自然であり……ほぼ反論不可能な形で、これは間違いないものだという確信を与える。……実験［探査行］の費用はさしたるものではなく、たとえ、シムズが誤っていることが判明するにしても、探査行によってこのうえなく重要な発見がなされる可能性は極めて高い。

この空気の変化は結局はシムズに仇《あだ》となる。続いて、シムズとレイノルズはハリスバーグに行き、ペンシルヴァニア州議会で講演を行なった。講演後、二人のもとには、「世間の笑いものになる恐れが大であったにもかかわらず」引き下がることをよしとしなかったこの人物を議会は支持したいという熱意あふれる文書が届いた。しかし、シムズの体調はもはや限界近くに達していた。そして、今回のツアーの最大の都市であるフィラデルフィアでの講演を終えると、その後の講演はほとんどレイノルズがひとりでこなさなければならなくなった。レイノルズは以前から、聴衆が熱狂しているのは極地探検であって、空洞地球の理論の真実性には無頓着であることに気づいており、ひとりになってからは、シムズ理論をすっぱり省略するようになった。二人はほどなく袂《たもと》を分かった。

一八二六年から二七年にかけての冬の間、シムズはひとり、息も絶え絶えの状態で、みずからの壮大な考えを伝える講演を続け、ニューヨークとニューイングランドの全域からカナダにまで足を伸ばした。しかし、ステージでのストレスは、もともと万全ではなかったシムズの体にはあまりに大きすぎた。ついに彼は残りのツアーをキャンセルし、それから二年間、ニュージャージーの旧友の家で、オハイオの家に戻る体力が回復することだけを願いながら過ごした。その後ようやく、長い道のりをへて家に戻った時のシムズは、息子がのちに回顧しているところによると——「ひどく弱っていて、バネつきの荷車にベッドを載せ、そこに寝かせたままで、ハミルトン近くの家まで運ばなければなりませんでした」

病の床にあってなお、シムズは探査行を実現させるための回報を送り出しつづけていたが、しかし、それは、つらい事実を知った上でのことだった。あれほどまで熱烈にシムズを支援していたレイノルズが、今ではワシントンで、南極探査行の、それも捕鯨とアザラシ猟のための、ロビー活動をしていたのだった。

一八二九年、シムズは、人類史上最大の発見がみずからの手からこぼれ落ちてしまったという思いを嚙みしめながら、この世を去った。

壮大な夢を描いた人物はこの世を去ったが、しかし、夢そのものは死ななかった。レイノルズは、アダムズ大統領から探査行の承認を得たものの、次の大統領アンドリュー・ジャクソンが計画を中止し、それから十年近くの間、公的な南極探査の話はお蔵入りとなった。だが、レイノルズはワトソン博士というニューヨークの富裕な人物をパトロンに得ていた。二人は準備を整えて、一八二九年十月、汽船アナワン号でニューヨーク港から出立した。南極大陸が視界に入るようになった頃、〝氷の環〟を突破する水路が、そそり立つ氷山と、すさまじい音を立てて衝突し合う流氷の大氷原によって塞《ふさ》がれていることがわかった。

いくつもの氷山の縁に沿って、周囲に広がる流氷原の間を縫うように進んだのち、我々は長大な岩礁の近くにやってきた。……南から押し寄せる巨大な波が打ちつけ、激しく砕けては、大量の流氷を岩礁に浴びせかける。その氷は恐ろしい勢いで、すでにたまっている浮氷群の上になだれ落ち、全体が粉々に砕け散るとともに、猛烈な霧が、火口から噴出する噴煙さながらに立ち昇る。

……そそり立つ氷の断崖が、次々と押し寄せる波に根もとを削られて本体から崩落することも珍しくない。剝離した氷塊が海に落下する時のすさまじい轟音、落下した個所に沸き起こる、泡と飛沫《しぶき》の巨大な渦巻。この壮絶な光景を頭の中に思い描いてみてほしい。だが、読者諸氏が頭の中に描く光景がいかにリアルなものであろうとも、南極圏のとてつもない現実を正しくとらえることは決してないだろう。

そこは通過不能であり、一行は退却を余儀なくされた。帰路、乗組員が反乱を起こした。彼らは、レイノルズとワトソンをチリに置き去りにし、極地の探査などよりもっと儲けの大きい商売である海賊に転向した。レイノルズは岩しかないチリの海岸地域を放浪し、いっとき地元の部族の反乱軍に加わって戦ったのち、運よく通りかかったアメリカのフリゲート艦ポトマック号に事務員として乗り込むことができた。そして、一八三一年から三四年の間、地球周航の旅をして過ごした。

アメリカに帰還したレイノルズは直ちにポトマック号での旅のことを書いた一般向けの本を出し、引きつづいて、生計を得るために、極地探検と空洞地球の講演を再開した。そのボルティモアでの講演の際、聴衆の一員として熱心に聞き入っていたひとりに、エドガー・アラン・ポーの親しい友人がいたと考えられている。彼は講演で聞いたすべてを事こまかにポーに語ってきかせた。こうして、シムズ理論の最大の帰依者が誕生することになった。

空洞地球はポーの強迫観念となった。精神に問題を抱え、アルコール中毒となり、街なかの狭苦しい部屋で肺を病んだ十代の妻とともにパンと糖蜜を常食にする生活を送っていた彼が、足の下に壮大な未開拓の地が広がっているという考えに取り憑かれたのは充分に理解できるところだ。ポーの最初に活字となった短編「壜の中の手記」は、極地の穴のひとつに近づいていった船が恐ろしい結末を迎えるというストーリーだった。また、唯一の長編である『アーサー・ゴードン・ピムの物語』では、語り手は、シムゾニアから追放された野蛮人たちが住む南極の島を発見する。そして、地中世界に飛び込んだところで、物語は唐突に終わる。

そして今、我々が大瀑布の抱擁のうちに身を投じると、突如として割れ目が開き、我々を迎え入れた。だが、その通路の行く手に、屍衣をまとった人の姿が立ち現われた。それは、我々が知るいかなる人間よりもはるかに大きく、その肌は完璧な雪の白さを放っていた。

自身が編集を行なっていた《サザン・リテラリー・メッセンジャー》誌の一八三七年一月号に『ピム』の第一回を掲載した際、ポーはさりげなくレイノルズの極地探検の講演録の書評も載せている。

一九世紀の半ば、ポー、レイノルズ、シムズの著作に熱中していたジュール・ヴェルヌは、空洞地球をテーマにした作品を三作書いた。ポーの『ピム』の続編として書かれた『氷のスフィンクス』(一八九七)、『ハテラス船長の冒険』(一八六六)、そして名高い『地底旅行』(一八六四)である。今日的な観点から見て、これらの作品を単なる空想の物語と言うのは妥当でない。当時はまだ、シムズの説を完全に否定できるほど極に近いところまで探検した者はなく、加えて、一八四八年にシベリアのツンドラ地帯で凍ったマンモスが発見され、これが、シムズの主張(北極圏に多数の動物が生息する世界がある)を裏づけるものだと思われたのだった。

そして、当時、シムズの考えがまだ忘れ去られていなかったとすれば、それは家族の努力に負うところが大きい。安定した地位を捨て、十年余の貧困と病苦と嘲笑の的にされる生活に直面してきたシムズを、家族はみな心からの愛情を込めて回顧しているが、これこそ何よりもシムズのよき人柄を示す証しだと言っていいだろう。息子のアメリカス・ヴェスプッチ・シムズは、ハミルトンに父の記念碑を建てたのち、続けて、父の書いたものを改訂して小冊子としてまとめた『シムズの同心球理論』（一八七八）を出版した。彼がこれを出した一因は、地球空洞説がたいへんポピュラーなものとなり、多くの作家・著述家がシムズの考えをあたかも自分自身の理論であるかのように披瀝しているところにあった。

亡き父のために、新聞や雑誌に熱心に働きかけたアメリカスは、自身もまた嘲笑の的となった。たとえば、地元の有料道路の穴を補修しようとしない企業を訴えた際のこと、審理中に、企業の弁護士は判事に向かって、ふざけ半分でこう言ったものだった。「シムズ氏は、ほかの誰にも見えないところに穴を見ることができるのです。かの父上がそうであったように。これは一族の欠陥ではなかろうかと思われます」

シムズの子孫たちが、不可能なものを追い求める父の性向を受け継いでいないわけがなく、もうひとりの息子は、父の足跡そのままに、大尉として軍を退役したのち、ドイツに渡って〝飛行機械〟の製造に取り組んだ。この飛行機は、残念なことに、飛ぶには至らなかった。

一九世紀の後半には、極点にアプローチする探検が始まっていた。期待された穴はなく、こうして地球空洞説は、魅力あふれる科学的な思弁の領域から、無知な変人や知識だけはあるペテン師の妄想の領域へと落ちていった。そんなひとりに、南北戦争の退役軍人で、サイラス・リード・ティードという響きのいい通称を持つ似非《えせ》治療師がいる。この人物は一八七〇年に『コレシュの光明――ニューヨーク州ユーティカでの偉大なる錬金術師の奇跡の体験』という神の幻視をめぐる本を出し、地球は空洞で、人間はその内側、つまり凹面球体に住んでいるという論を提唱した。凹面球体の中心方向に向かう空間には無数の小さな惑星や恒星があり、中心には半面が明るく半面が暗い太陽があって、昼と夜の効果を生み出している。

ハンサムでカリスマ性を持った三十一歳のティードは信者を集め、その数は一時四千人に達したが、そのほとんどは女性だった。多くの予言者と同様、彼もまた自身を救世主であると宣言し、その名をサイラスからヘブライ語のコレシュに変えた。続いて、信者たちに、フロリダ州フォートマイヤーズ近くのコミューンへの移住を促した。彼が自称するところの〝世界の首都〟たるコミューンには八百万人の信者がやってくるものとして準備をしていたのだが、実際にやってきたのは二百人だった。

ティードは『細胞状宇宙』（一八九八）などの主要な著作を世界中の図書館に送っていた。これらの著作とおびただしい数の小冊子・雑誌がのちに、こともあろうに、ナチス支配下のドイツで発見された。ナチズムの反知性主義的偏向のもとで、帝国は疑似科学に影響されやすくなっており、したがって、ドイツ空軍のパイロット、ペーター・ベンダーがティードの教義を説いてまわりはじめた時、ドイツ海軍省で彼の理論が一定の支持を集めたというのはそれほど驚くことではないのだが、しかし、この流れもベンダー自身にはさしたる益にはならなかった。彼は強制収容所で死んだ。

一九〇八年、ティードが死ぬと、信者たちは一堂に会し、彼がみずからを復活させるのを待った。だが、数日たつと、救世主の死体はまぎれもない悪臭を放ちはじめた。ついに地元の保健局がやってきて、群集を押しのけながら死体のもとに行き、儀式も何もないままにシャベルで不滅の予言者を待機していた荷車に積み込む事態となった。信者たちは師を別の場所に運び、墓を建てたのだが、おそらく、彼の名目上の雇い主たる神はこれをよしとしなかったのだろう、二年後にハリケーンが襲い、遺骸は墓もろとも海に流されてしまった。

今では完全に否定されてしまったとはいえ、科学的な観点から我々の足の下に生命あふれる未踏の世界が広がっていると考える人はいつの時代にもいた。地球空洞説は、科学史的に見ても、きわめて長い期間続いた、魅力的な考えだったのである。エドガー・アラン・ポーは終生、科学に強い関心を寄せ、その最後の日々のほとんどを費やして、かの神秘的なエッセイ「ユリイカ」で、いわば宇宙の統一場理論を構築しようと挑みつづけた。そんな彼が、最後の最後までシムズの壮大なヴィジョンとその継承者たちに固執していたとしても、何ら不思議ではないと言っていいだろう。

　ポーは狂犬病にかかり（敵対者たちはのちに、アルコール中毒だと主張した）、ボルティモアの街なかで意識不明の状態で発見された。狂犬病が最終的な段階に至り、高熱と恐水症状による激しい喉の痙攣発作で錯乱状態となったポーは、苦悶に体を引きつらせながら病院のベッドをのたうちまわった。そして、大声でうわごとを言いはじめたが、看護婦たちには彼が何を言っているのかまったく理解できなかった。自分を待ち受けている地下世界への不可視の案内人の姿を探し求めて、ポーは繰り返し繰り返し叫びつづけた。

「レイノルズ、レイノルズ……レイノルズ！」

4

N線の目を持つ男

ルネ・ブロンロ

Prosper-René Blondlot (1849-1930)

ルネ・ブロンロ（ジャン-ルー・シャルメ撮影）

一九〇三年は〝放射線の年〟だった。

一八九五年にヴィルヘルム・レントゲンがX線を発見すると、それからは毎年のように、ドイツ、アメリカ、イギリス、フランスから、新しい放射線――アルファ線、ベータ線、電磁波、ガンマ線発見のニュースが届いた。各国の研究施設は即刻、真空管とルームコルフ誘導コイルを備え、机の上にはラジウム鉱石やウラニウムの粉末が無造作に置かれているという状況になった。赤外線や紫外線が研究室の遊び道具となり、二重波や放射線の粒子性について白熱した議論が闘わされた。こうした議論に決着をつけたのが、アインシュタインの相対性理論および光量子仮説だった。

人々はこれらの放射線の長期にわたる影響には思いも及ばなかったが、放射線が新奇でエキサイティングなものであることは間違いなかった。広告業界が跳びつき、世紀の変わり目の一時期、トレンディな消費者はこぞってラジウム石鹸やラジウム粉やラジウム靴磨きを購入した。とりわけ大きなブームとなったのがラドンソーダとラドン消化薬だったが、当然ながら、放射性物質の大量摂取によって体に異変が生じ、上流階級の面々がばたばたと倒れはじめるに至って、ブームは一気に終息した。

放射線をめぐる研究の先頭に立っていたひとりが、フランス北東部、ナンシー大学物理学部の学部長ルネ・ブロンロ教授である。ブロンロは優秀な科学者で、導体中を移動する電気の速度が光速に近いことを見出したことで知られていた。ブロンロはまた、電波とX線の速度と偏向性を精密に調べる巧みな実験方法を考案した。

一九〇三年の初頭にブロンロが取り組んでいたのは後者の実験だった。当時、X線が、アルファ線のような粒子の流れであるのか、可視光線や電波のような波であるのか、確信を持って断定できる者は誰もいなかった。これを確かめるため、ブロンロは電場にX線を射出し、X線の経路の横に検知器を置いた。X線が波であれば、電場がX線を偏向させる——つまり、X線の経路を曲げ、曲がったX線が検知器に入って、検知器内の電気スパークを明るくさせるはずである。結果はブロンロの考えたとおりになった。ブロンロは、X線が波であることを正しく立証したのだった。

続いてブロンロはもうひとつ、陰極管を使ってX線を水晶のプリズムに透過させる実験を行なった。実のところ、これはあえてやってみる必要のない実験だった。プリズムがX線を偏向させないことはすでに別の実験で示されていたからだ。ところが、X線がプリズムに当たった時、ブロンロは目の隅で検知器のスパークが光度を増したのをとらえた。

こんなことが起こるはずはない。ブロンロは再度、同じことをやってみた。検知器のスパークは再度、光度を増した。ほとんど感知できないほどではあったものの、間違いなく明るくなった。これを引き起こしたのがX線でないことは明らかである。ということは、何かほかのものでなければならない。ブロンロの頭に、こんな考えが浮かんだ。

これは新しい放射線だ。

ブロンロは、フランス科学アカデミーの紀要（*Comptes Rendus*）（以下《アカデミー紀要》）一九〇三年三月二十三日号に「新種の光について」と題する論文を寄せ、新しい放射線を発見したことを全世界に向けて発表した。ブロンロの新発見のニュースはまたたく間に世界中の物理学界と医学界に広まった。

この新しい放射線は、ブロンロの生地であるナンシーにちなんでN線と名づけられた。続いて同年三月と四月に行なった実験で、ブロンロは、N線がいくつかの極めて興味深い特性を持っていることを示した。N線は、可視光線を通さない木やアルミニウムや黒い紙などを透過する一方で、可視光線が透過する水や岩塩などは透過しない。さらに、プリズム形状のアルミニウムは、ガラスのプリズムが可視光線を曲げるのとまったく同様に、N線を屈折・拡散させる。

ブロンロの研究室には様々な実験装置があふれ返った。ブロンロが設置した硫化カルシウムのスクリーンは、暗くした室内でN線が当たると、かすかな燐光を発した。ブロンロはまた、光を通さないボール紙製の箱で写真乾板を覆った装置を作った。N線が透過すると、箱の中の電気スパークないしガスの炎の変化が写真乾板上に定着され、可視化された。一方、水で濡らしたボール紙の箱はN線を通さないはずで、実際、こちらの乾板を現像してみると、まさにそのとおりの結果が得られた。

その後も、ブロンロと助手たちは、ナンシー大学で次から次へと新しい発見をなしとげていった。太陽がN線を放射していること——ただし「太陽の前を薄い雲が通過している時には、この放射現象は著しく弱められる」。様々なタイプの電気灯もまたN線を発している。ブンゼンバーナーはN線を放射しない。ガラスのレンズを陽光にかざすと、地面から一定の距離のところに強く輝くスポットを作り出すが、それと同様に、レンズ形状にしたアルミニウムや水晶もN線を収束することができる——などなど。

N線を作り出すのに高価な陰極管や白金のフィラメントは必要ない——と、ブロンロは、《アカデミー紀要》一九〇三年十一月九日号掲載の論文でフランスの研究者たちに伝えた。あたりに転がっているありきたりの物質も、太陽のもとで温められて陽光を吸収すると、N線を放射するようになるからだ。

一日中、太陽に照らされていた庭の小石を、午後四時頃に拾ってくると、N線を放射するようになっていることがわかる。小さな燐光性硫化物のそばに持っていくだけで、光度が増すことがわかる。同じ庭にあった石灰石や煉瓦などでも同じ結果が得られた。

この論文が掲載された二週間後、ブロンロは、塩水にもN線を蓄える特性があることを明らかにした。これが意味するところはすなわち、大半が塩水の海に覆われ、間近の恒星である太陽の強烈な放射にさらされている地球の全体が巨大なN線バッテリーとして機能し、太陽が放射するN線を蓄えたのち、再放射するということだ。

さらに言えば、天気のよい日である必要もなかった。構成分子が圧縮されている状態の物質なら何でも（ナイフや鑿《のみ》の焼き戻し鋼、巻き上げた時の懐中時計の発条《ぜんまい》、しならせた時の竹製のステッキなども）N線を放射する。この放射が時間とともに減衰することはほとんどない。ブロンロは買ってきたばかりのナイフと、地元のローマ時代の遺跡から発掘されたナイフで実験してみたが、両者が発するN線の強さは同じだった。

ブロンロの矢継ぎばやの発見に拍車をかけられて、フランス中の科学者が、陰極管と硫化カルシウムのスクリーンを設置してN線の実験に熱中した。ロンドンの物理学者たちは、チャリングクロスの電気会社で、N線のよい発生源とされているネルンスト電球を買い求めた。ところで、N線の実験の際には留意すべき点があった。ブロンロは、自分の指示に忠実に従って実験を行なうよう求めていた。たとえば――目を順応させ、かすかな燐光を発するスクリーン上でN線を確認するためには、観測者は実験前に少なくとも半時間、暗くした部屋にいる必要がある。いずれにせよ、N線の効果は常に即座に現われるとは限らず、目に見えるようになるのに数分かかることもある。
だが、最も重要なのは、スクリーンをまっすぐに見るのではなく、周辺視野で見るようにしなければならないということだった。そして、たとえそのようにして観測しても、N線を確認できるだけの視力を持っていない者はいるだろうと、ブロンロは述べる。

微細な光度の変化をとらえられる能力は、各人で大きく異なっている。最初から、何の苦労もせずに見られる者もいる一方、この現象が、その人の認知能力の限界に近いところにあるという者もいて、そうした人が、変化をとらえ、充分な確信を持って観察できるようになるには、かなりの修練を積む必要がある。

要するに、ブロンロは、観察の際には視覚の限界近くまでトライしてみるよう求めていたのだ。当然ながら、多くの物理学者たち、とりわけケルヴィン卿やロバート・クルックら高齢の科学者たちはフラストレーションに見舞われることになった。だが、その他の多くの科学者は観察できるだけの視力を持っていたようで、一九〇四年に入ると、おびただしい実験結果が科学雑誌を埋めはじめた。

一九〇四年一月、驚くべき発見が報告された。フランスの医学物理学の権威であるオーギュスタン・シャルパンティエ教授が、人体がN線を放射していることを発見したのである。特に、筋肉が収縮している個所や、特定の神経組織が存在している個所がN線を強く発するという。暗くした室内で、充分な大きさのあるスクリーンの後ろに立ち、両腕を曲げると、スクリーン上にほのかに現われる全身像のうち、上腕二頭筋と脳のブローカ野の周辺に、ほかよりもほんの少し明るいスポットが出現するのだ。

シャルパンティエの実験結果は直ちに、イギリスではヒュー・ウォルシャム博士とレスリー・ミラー博士によって確認された。両博士は医学雑誌《ランセット》の編集者たちを招き、親指を動かすとスクリーン上のその部分が明るくなることを示してみせた。当然のように編集者たちは強い印象を受け、一九〇四年二月二十日号には「活動中の筋肉と神経によってこの放射線が発せられることに、もはや疑いの余地はない」という記事が掲載された。もっとも、《ランセット》の編集者の全員がN線に夢中になったというわけではなく、N線記事の隣には「北米の先住民の間には精神異常がほとんど見られない。……それは、彼らがのどかな野外生活を送っていて、将来に対する心配や不安がなく、したがって、精神的なストレスから解放されているからである」という、ホワイト博士という筆名のライターによる、のんびりとしたコラムも載っている。

シャルパンティエ教授の実験結果によって、医学界には早くも大きな期待が生まれはじめていた。人間の神経系という目に見えない世界の全体が、N線テクノロジーによって可視化されるかもしれないのだ。《ネイチャー》誌は「これは、神経系において、いまだかつてない重要なものとなることが明らかになるだろう」という最大限の期待を表明した。折しも、X線が人体の器官や骨の観察に利用されるようになったばかりのことだった。N線は脳や筋肉に対してX線と同じように使うことができ、しかも、診断の一助になりうることが判明した。一九〇四年三月、フランス科学アカデミーのジルベール・バレが、痙性対麻痺のような特定の疾患が独自のN線パターンを生むことを発見し、また、エディンバラのある神経学者は、脳が作り出すN線のパターンを介して脳腫瘍を探知する方法に関する論文を発表した。脳スキャンという、それまではまったく考えられなかったコンセプトに基づく驚異的な診断ツールが、この技術を扱える者すべての前に差し出されたのである。

N線発見のニュースに最大の関心を寄せたのが医学系の研究者だったのも当然だった。世紀の変わり目のこの時期、医師たちは、利用できるありとあらゆる種類の放射線を不運な患者たちに浴びせかけていた。新しい波長の放射線が発見されるや、医師たちは即座に、その放射線を発生するランプを導入し、痛風の関節に、結核の肺に、梅毒に冒された脳組織に、その他、それぞれの診療所にたまたまやってきてしまったあらゆる患者の病変部位に、嬉々として放射線攻撃をかけた。紫外線は天然痘の膿疱を除去する。赤外線は筋肉の損傷を回復させることができ、ガンマ線は腫瘍を縮小させる可能性がある。とすれば、N線を使ってみない手はないではないか！

イギリスの科学者はフランスの同業者に大きく遅れをとっていた。《ネイチャー》誌には、一九〇四年に入ると、どれほど頑張って目を細くしてみても硫化カルシウムのスクリーンにN線が見えないという科学者たちからのレターや論文が大量に寄せられるようになった。中には、少数ながら、人体からN線はまったく放出されていない、スクリーンを明るくするのは体から発せられる熱だと、憤懣やるかたない調子で述べているものもあった。たとえば、《ネイチャー》一月二十八日号に載った、ロンドンのS・G・ブラウンのレターは――

三カ月ほど前、私は、かすかな蛍光を発する硫化亜鉛のスクリーンを人体の近くに持っていくと光度が増すことを、独自に発見した。……この現象の原因は［おそらく］熱である。続く何度もの追試が、これが事実だということを示している。湯を満たした広口瓶をスクリーンの後ろに押し当てた時も、硫化亜鉛は光度を増したのである。

一カ月後には、ロンドンの物理学者A・A・スウィントンが、《ネイチャー》に長文のレターを送った。彼は、温めたコインでも同じ効果がもたらされることを発見したのだった。足をスクリーンの近くに置くとスクリーンがN線で輝くというが、靴から足を抜き、まだ暖かい靴だけをその場に残しておいても、スクリーンは依然として輝いている。つまり、フランス人たちがスクリーン上で見ているものはただの熱にすぎない。N線がスクリーン上に徐々にしか現われないという事実はとりわけ噴飯物で、熱的効果のほとんどが現われるまでに少々時間がかかるのはわかりきっている——と、スウィントンは言う。

しかし、彼らはいずれも、N線そのものの存在を言下に否定することは慎重に避け、スウィントンはわざわざ「ブロンロ氏のような実績を積んだ第一線の科学者が、誤認を犯すなどということはとうてい考えられない」とまで述べている。ほどなく、ヒュー・ウォルシャムとレスリー・ミラーが改めて、熱は実際にスクリーンに影響を及ぼすが、熱を遮断するような操作を行なったのちも、筋肉収縮と神経活動のもとでスクリーンは光度を増すという内容の論文を《ランセット》に投稿した。それでも、このN線＝熱論争はおさまる気配を見せなかった。

この問題に決着をつけようと、二月のある日、《ランセット》の編集者がオフィス内で実験を行なった。そして、こうレポートした。「分厚い本、たとえば医学名鑑のような本の上に、励起したばかりの硫化カルシウムの粒を置くだけで充分である。その下で手や足の筋肉を収縮させれば、明らかに光度が増すことがわかる」

片や、フランスでのブロンロの研究生活はN線一色となった。彼は驚異的なペースで論文を発表しつづけ、一九〇四年を通じて、《アカデミー紀要》には毎月、表と写真をきっちり備えた新論文が掲載された。それはブロンロひとりにとどまらなかった。一九〇四年前半に《アカデミー紀要》に掲載されたN線関連の論文は実に五十四本。一方、同じ時期のX線関連論文はわずか三本しかない。N線関連論文の内容は、もはやN線そのものをめぐるものではなかった。N線の存在とその基本的な性質はすでに確定されたものとして、研究者たちの関心は人体への影響という局面に移っていた。ブロンロにとってもまた、N線の人体への影響は何より優先して取り組むべきテーマとなった。

まだ寒いある日、ブロンロは鎧戸を閉ざした暗い研究室で、目が闇に慣れるのを待っていた。目が慣れても、眼前にある手や壁にかかった時計はほとんど見えない状態だった。

彼はN線を放射する物質の前に顔を持っていき、N線が目に当たるようにした。

驚いたことに、ゆっくりと眼前の手が見えはじめた。壁の時計も鮮明になっていった。最初は、時計全体が白っぽくなっていくように見えただけだった。だが、時計は優に四メートルは離れたところにあって、そもそも今の場所からは見えないはずである。続いて、ブロンロは、時計の丸い輪郭が闇の中から浮かび上がってくるのを見た。そして、この真っ暗闇と言っていい中で、何と時計の針までもが見えるようになったのだった。

大勢の研究者が先を争って、N線の知覚への影響を調べる実験を行ない、続々とブロンロの結論が正しいことを示す論文を発表した。N線の放射を受けて鋭敏化される知覚は視覚にとどまらなかった。ありとあらゆる知覚の感度が高まったのだ。シャルパンティエ教授は春が深まる頃まで実験を続け、人間と、不運なイヌおよびカエルにN線を照射しつづけた。彼は、舌と鼻粘膜と内耳をN線放射物質に曝露すると、感度が著しく上がることを見出した。脳の前頭葉部位への投射も同様の効果を示し、たとえば、眉間や前項（ブレグマ：頭蓋骨の冠状縫合と矢状縫合が結合する部分）にダイレクトにN線を照射すると、被験者は突然、それまで感知できなかった匂いがわかるようになり、第七頸椎に照射すると、瞳孔を収縮させられるようになった。

ノーベル賞を受賞した高名なアンリ・ベクレルの息子で、同じく物理学者のジャン・ベクレルは、強心剤のジギタリスがN線を放射することを発見した。ただし、これは拍動する心臓がある場合に限られており、心臓の何かがジギタリス溶液にN線を放射させるようにしていると思われた。一方で、クロロフォルムのような麻酔剤は、有機物質・非有機物質のN線放射を止めることがあった。エーテルの一滴で、金属の塊に麻酔をかけ、N線放射をストップさせられるのである。ということは、薬物の効果は、その化学成分とはほとんど関係なく、人体の特定の部分に蓄積してその部分の組織にN線を放射させるようにしたり、またその組織がN線を放射するのを止めたりするところにあるのだ——というふうに考える者も現われた。

言うまでもなく、みながみなそんなふうに思ったわけではない。端的に、これらの報告を信用しない研究者も大勢いた。マギル大学のカナダ人物理学者C・C・シェンクは、《ネイチャー》誌に、「この放射はあまりに弱すぎて、フランス以外の国では誰も検知することができない」と、極めて難しい波長計測をやってのけるブロンロの能力を揶揄するコメントを寄せた。フランスは自己催眠の呪文にかけられているのではないかと、あからさまな懸念を表明する者もいた。さらに言うなら、ブロンロの支持者の全員が立派な研究者というわけではなかった。一九〇四年には、ブロンロをはじめとするN線研究者たちのもとに、得体の知れない様々な人物から、自分はもう何年も前にN線を発見しているという手紙が送りつけられていたし、生きている人間や動物たちを相手にした、正気の沙汰とは思えない実験も多々行なわれていた。

実のところ、N線が見出せないほぼ唯一と言っていいものは死体だった。ブロンロは、解体された牛の眼球にも数日程度ならN線が蓄積されていることを見出したのだが、シャルパンティエの実験では、死後長時間たった組織がN線を蓄積していることはなく、放射することもないのが明らかにされていた。

ところが、これを実地にやってみた（死んだ患者にN線を投射してみた）《ランセット》の投稿者のひとり、ダーラムのJ・ステットソン・フッカー医師はまったく逆の結果を得た。これが事実だとすれば、N線効果を引き起こすのは人体の熱以外にはないとする説をくつがえすことになる。

何カ月か前のこと、死亡した患者の自然のぬくもりが完全に消失してかなりの時間がたった時点で、その上腕に様々な放射線を投射してみるという機会があった。……すぐに、スクリーン上の光度が増大したのが認められた。これは私自身だけでなく、ほかに二人が目撃している事実である。完璧に冷たくなった人体においては、熱線はいかなるものであっても、間違いなく発生していないはずである。

事の真偽はともかく、とりあえずここまではよしとしておこう。しかし、これに続いて、フッカー医師は、人体から放射される種々の熱線に関して、とんでもない実験結果を開陳する。

過去三年間、暇を見ては、人間の発する熱線についての実験を三百回ほど行なってきたが、その結果は驚くべきものだった。……情熱的な人間の発する熱線は濃い赤の色合いを持ち……野心的な人間はオレンジ色、深い思索を行なうものは濃い青色、芸術や洗練された環境を愛好するものは黄色、不安で鬱状態にある者は灰色、堕落した生活を送っている者は泥のような茶色の熱線を放射しているのである。

フッカー医師が本当に、患者たちから発せられている光線を見たのかどうかは神のみぞ知るというところだが、好意的に解釈すれば、彼は、気分によって色が変わると言われる〝ムードリング〟（実際には、体温によって色が変わる指輪）の原理を発見したというふうには言えるかもしれない。

このように、有象無象の自称科学者と、学界で揺るぎない地位を築いている研究者の双方から押し寄せる〝証拠〟の波に直面して、キャヴェンディッシュ研究所のジョン・バトラー・ベイカーは〝お手上げ〟の体《てい》で、「ブロンロ氏の実験結果に関して説明を求められても、私には、氏がたまたま、ある者には見えて、ある者には見えない放射線に行き合わせたという以上のことは何も言えない」と、途方に暮れた言を述べている。

問題の根源は、ブロンロ自身が繰り返し研究者たちに念押ししているように、観察者の目が暗闇に順応し、鋭敏になっていなければならないこと、そして〝それ以外にはない〟正しい角度で観察しなければならないということだった。放射線の偏向面からはずれたところに立っていると、N線はまったくとらえられないこともあるのだ。

これらの放射線の効果を確認できるのは、唯一、スクリーン近くの正しい位置に立った者だけである。これはまた、大勢の人に実験を見てもらう場合、どうしても錯覚が生まれてしまう可能性が大きいということを示してもいる。ひとりひとりが知覚する放射線の効果は、スクリーンに対してどの位置に立っているかによって異なり、観察者によって正反対の結果になったり、まったく見えないということになったりもする。

よその国に少々不賛成の者がいたとしても、少なくともフランスでは、ブロンロの発見の重要性に対する疑義は、一九〇四年八月二十六日付けの科学アカデミーのレターによって完全に払拭されることになった。ブロンロはルコント賞を授与され、五万フランの賞金とフランスで最も偉大な物理学者たる栄誉を受けるに至ったのだ。残るはノーベル賞のみ——放射線の発見者たち、ヴィルヘルム・レントゲン、アンリ・ベクレル、キュリー夫妻にノーベル賞が授与されて三年がたったこの年、フランス科学アカデミーの誰もが、いよいよブロンロの番だと考えた。

海の向こうのイギリスは憂鬱な空気に包まれていた。九月のある日、ケンブリッジで開催された〈科学振興のための英国協会〉の会合で、会場の一角に一群の物理学者が集まっていた。追試実験でN線を見ることができなかった研究者たちだった。ブロンロのルコント賞受賞のニュースが各人に重くのしかかっており、中でも、ベルリンから来たルーベンス教授は苛立ちを隠せない様子だった。教授はヴィルヘルム皇帝からN線の御前実験を命じられたのだが、二週間後、何とも面目ないことに、自分にはN線の再現ができないと告げなければならなかったのだ。

ルーベンスの目が、会合に参加していたもうひとりの異国の研究者に落ちた。アメリカ、ジョンズ・ホプキンス大学物理学部の学部長の地位にあるロバート・W・ウッドである。ウッドは、夏季休暇を利用して、イギリスのこの会合に参加していた。冒険家気質の人物で、当時まだ建設途上だったシベリア横断鉄道に嬉々として乗り込み、安全というには程遠いグライダーでの飛行をやってのけ、『花と鳥を見分ける方法』と題した自然ガイドのパロディを書いていた。もちろん、ウッドは傑出した物理学者でもあった。

「ウッド教授」とルーベンスはうれしげに話しかけた。「今すぐナンシーに行って、かの地で進められている実験を検証してみるおつもりはありませんか？」

ウッドは返事をしぶった。Ｎ線の発見でいちばん悩まされているのはルーベンスだったから、本来は当然ルーベンスが行くべきだった。だが、ルーベンスはこう言って譲らなかった——先に書状で問い合わせたところ、ブロンロ氏から実に丁重な返事をいただいた。そんな私が出向いていったら、冷水を浴びせるようなもので、あまりに失礼というものだ。あなたのような何のしがらみのない異国の方であれば、失うものは何もない。

「しかも、あなたはアメリカ人です」と、ルーベンスは有益な所見を付け加えた。「アメリカ人はど、い、い、い、んなことだってできますからねえ」

ウッドは九月二十一日の夜にブロンロの研究室に着いた。ウッドの来訪をブロンロは喜んだ。パリから何百キロも旅をしてナンシー大学まで来てくれる外国人はそう多くはない。そして、この善良なナンシー大学教授はいつも喜んで最新のＮ線実験の結果を披露してみせた。

ブロンロは英語を話せなかったので、会話は物理学の公用語であるドイツ語ですることになった。秘密にしておきたい情報はフランス語で助手に伝えればよかった。ただし、ウッドは黙っていたものの、彼らの会話の要点を把握できる程度にはフランス語に通じていた。

実験はシンプルなものから始まった。ブロンロは、一枚のカードに蛍光塗料でいくつかの円を描き、室内のガス灯の下に置いた。闇の中で円がほのかに光る中、ブロンロはカードにＮ線を照射した。光度が変化したのがわかりますか？　闇の中でブロンロがたずねた。

ウッドにはわからなかった。

ロバート・W・ウッド（ジョンズ・ホプキンス大学、
ファーディナンド・ハンバーガー・ジュニア・アーカイブ）

これだけでは何とも言えません。ブロンロはきっぱりした口調で言う。あなたの目がまだ充分に暗所に適応していないのです。

結局、この最初の実験は袋小路というしかなかった。ウッドは、たとえ自分の目がN線の存在を確認できるほどよくないとしても、ブロンロ教授の目には間違いなく見えているのだろうということにした。闇の中で、二人は別の実験に移った。


私は彼に、N線の経路に鉛のスクリーンを置いたりはずしたりしてみるので、その都度《つど》、光度の変動を伝えてもらえるだろうかと言った。結果はほぼ百パーセント間違っていて、私がまったく何もしない時にも、彼は変動があると言った。これはたいへんなことを立証していたが、私は口をつぐんでいた。

次いで、彼はかすかな照明を当てた時計を示し、目のすぐ上に大きな金属やすりをかざすと時計の針が見えるようになるのだということを納得させようとした。私は、自分がやすりをかざしてもいいだろうかとたずねた。先刻、デスクの上に木製の定規があるのに気づき、木はN線を放射しないわずかな物質のひとつということを思い出したからだった。闇の中で手探りで定規を見つけると、彼の顔の前にかざした。そう、それでも、彼には完璧に時計の針が見えたのだった。

これもまた、あることを立証していた。


研究室の赤い暗室灯が点灯され、二人と助手はブロンロの分光器が置かれている部屋に移動した。その途上、おどおどした感じの助手（「高級研究所の管理人といったところ」とウッドは軽くあしらっている）は何度もアメリカ人の来訪者に剣呑な視線を送った。助手は何かが進行していることを察知していたが、〝何が〟ということまではわからなかった。ブロンロは幸せなことに何も気づいておらず、ウッドを分光器の前に案内して、N線を屈折するアルミニウムのプリズムを得意気に見せた。N線分光器の最も重要なパーツは（実際、どの分光器でも同じなのだが）プリズムである。可視光線を赤・橙・黄……といった波長帯に分けるのに必要なのがプリズムで、ブロンロの分光器のアルミニウムのプリズムも同じ働きをするが、こちらはN線を分波して発光目盛つきのビューアーで見るようになっている点が通常の分光器と異なっていた。ウッドが見つめる中、ブロンロはこのビューアーを使って、一連のN線の波長の正確な数値を読み上げた。

その数値はどれも決定的な響きを持っていた。これまで来訪した研究者たちには、まさにこれが揺るぎない証拠だと思えたのだろう。だが、自分でビューアーを覗いて波長を確認することができない状態で、どうやってブロンロの読み上げる数値を確かめればいいのか。

ウッドは汚い手段に出た。

それはまったくのところ、興趣のかけらもない方法だった。ウッドは、手をひと振りするだけで、フランス最大の科学者を破滅に追いやったのだ。

> 私はもう一度計測をやってみてくれと頼むと、暗闇の中、分光器に忍び寄って、アルミニウムのプリズムをはずした。彼は再びつまみを回し、先ほどと同じ数値を読み上げた。部屋の明かりがつけられる前に、私はプリズムを元に戻した。

プリズムがなければ、ブロンロには何も見えなかったはずである。にもかかわらず、彼はN線を見て、分波された波長の数値を読み上げたのだった。

明かりがつくと、ブロンロは、今日はもう終わりにしようと言った。目が疲れはじめていた。しかし、助手は、なおも不審のまなざしをアメリカ人に投げつつ、強く、もう一度だけやりましょうと言った。ウッドの準備はできていた。

明かりが落とされるや、私はわざと足音を高くしてプリズムのほうに動いた。だが、プ、リ、ズ、ム、に、は、手、を、触、れ、な、か、っ、た。つまみを回しはじめた助手が突然、早口のフランス語でブロンロに言った。「何も見えません。スペクトルがありません。思うに、あのアメリカ人が何かおかしなことをやったんです」。そして即座にガス灯をつけ、分光器の前に戻ると、プリズムを注意深く調べた。

助手はウッドをにらみつけたが、ウッドは静かに助手を見つめ返しただけだった。ウッドの前にいるのは、たいしたコンビだった。プリズムがあるのにスペクトルを見なかった人物と、プリズムがないのにスペクトルを見た人物。

ウッドは夜行列車でパリに戻った。これからやらねばならないことを考えると気分が重かった。翌朝、彼は一通の封書を郵便局に持っていった。宛先には《ネイチャー》の住所が記されていた。

ウッドは非情な人間ではなかった。彼の《ネイチャー》へのレターは即刻、九月二十九日号に掲載されたが、そこにはブロンロの名はいっさい記されていなかった。「この極めてとらえがたい放射線が存在すると宣言するのに必要な特別の装置・条件を備えた研究室のひとつを訪問」とあるだけで、どの国を訪れたのかさえ、ウッドは述べていなかった。

もちろん、その必要もなかった。

ウッドが誰のことを言っているのかは誰の目にも明らかだった。ウッドのレターに記されていた証拠は決定的で、その結論（「N線の存在に関してポジティヴな結果を得た実験は、何らかの形での錯覚に基づくものである」）を疑う者があろうはずもなかった。ウッドの真相曝露を受けて安堵した大勢の研究者たちから、自分たちもこれまでN線を見るのに失敗していたと認める告白の大合唱が上がった。それまで彼らが沈黙していたのは、多数の研究者がポジティヴな結果を得ている中で、自分だけが何も見えないことを公に認めるのはあまりに恥ずかしいことだったからだ。

まるで魔法のように、一夜のうちに、世界中の科学雑誌からN線関連の論文が消えた。N線爆発の爆心地だったフランスの《アカデミー紀要》には、以後、二本だけN線論文が掲載されたが、これは単にすでに印刷にまわっていたからだろうと、ウッドは推測している。

ただ、科学アカデミーは、即座にきっぱりといっさいを撤回したわけではなかった。何と言っても、ブロンロは最大の重鎮にして最大の影響力を持つメンバーだった。しかし、その年の十二月、ルコント賞の授賞セレモニーが開かれた際、鋭敏な観察者なら、メダルとともに送られる献辞文に何かおかしいことがあるのに気づいたはずだ。献辞文は「彼の生涯にわたる業績に対して」となっていた。N線への言及はいっさいなかった。

N線は、出現した時と同様、あっという間に世界中の研究室の硫化カルシウムのスクリーンから消え去った。きっと、天国のどこか、その亡霊のような輝きにもっとふさわしい場所に行ってしまったのだろう。しかし、地上にはひとりだけ、N線の存在を絶対的に確信している人物が残っていた。ほかならぬ発見者のブロンロである。ブロンロには、自分が何かを見たことに確信があったし、この点だけは、どんな証拠に照らしても撤回するわけにはいかなかった。研究者たちのスクリーンからN

線が消え去っても、ブロンロはあきらめず、N線に関する論文をまとめた英語版をロンドンで刊行するに至った。タイトルはシンプルに『N線』。論文のほかに、蛍光スクリーンの組み立て方と使い方についての一章が加えられていた。要は、読者が自分でやってみてほしいということだ。『N線』は一九〇五年の春に出版された。しかし、反応は皆無に等しかった。わずかに、《ネイチャー》誌に〝遺憾ながら〟というトーンの紹介文が載っただけだった。

ブロンロ教授の諸実験は周到に計画されたもので、その手順のひとつひとつが、これなら厳密なデータが得られるに違いないという印象を与える。しかし、いずれの場合も、かすかな蛍光を発するスクリーン表面の一点が以前より輝度を増したのかそうでないのかについての最終的な結果は、観測者の頭の中で作り出された主観的なものだと言うしかない……。

N線照射によって明るさを増したというスパークと炎の写真——ブロンロが論争の余地のない証拠と見なし、今回の本にも掲載することにした写真も、今となっては意味のないものとしか思えなかった。批評家たちはこう指摘した。一瞬一瞬、まったく同じサイズのスパークや炎というのはありえず、したがって、複数の写真の間に見られる微妙な違いは何ものも証明しない。それは、スパークや炎を何度かにわたって撮影する場合、ごく当たり前に見られる差異にすぎない。さらに、研究員がN線の写真乾板の露出時間を無意識に、ほんの少し長くすることも考えられる。この場合は当然ながら、実際よりも強調された効果が現われることになる。

そんな状況下で、最後の希望の綱と言うべきものが差し出された。《ルヴュー・シアンティフィク》誌という公の場で、フランスの科学者チームが古くからの同僚であるブロンロに、N線の実在を立証するチャンスを提供したのである。彼らが提案したのは、まったく同じ二つの箱を使ったテストだった。箱は電気的にも化学的にも中性で、N線を透過する。この一方に焼き戻し鋼でできたツールを、もう一方に不活性の鉛片を入れる。ブロンロには、どちらの箱にどちらの物体が入っているのかわからない。そののち、N線計測器を用いて、どちらの箱にN線を放射している物質、すなわち焼き戻し鋼が入っているのかを判定する。

ブロンロからは長い間、返答がなかった。一九〇六年になってようやく、《ルヴュー・シアンティフィク》誌に次のような手紙が届いた。

今回のような過度に単純化した実験への協力はお断わりいたしたく、どうかご了承いただきたく存じます。N線は極めてデリケートな現象なので、こうしたテストで判定するのは無理だと申さざるをえません。N線に関しては、各自が、ご自身による実験ないし信頼されている方の実験に基づいて、それぞれに見解をまとめていただければと考える次第です。

かくして、N線は科学の世界から完璧に消え去った。テストを提案した物理学者たちは、ブロンロが真の結果を知ることを、そして、N線が存在しないことを最終的に認めなければならないという屈辱的な事態に至ることを恐れたのだと推測するほかはなかった。

しかし……この時点でもなお、ブロンロにはN線が見えていたのである。

三年後の一九〇九年、ブロンロは大学を去った。取り立ててどうということもない熱力学の本を一冊出し、それで研究生活を終えた。この最後の著書では、もちろん、N線についてはひとことも触れられていない。それでも、彼は以後の人生を、二年間のN線の大嵐に翻弄され破滅した人間として過ごさなければならなかった。ずっと人目を避けた生活を送ったブロンロだったが、昔の仲間である物理学者たちの間では、彼が正常な精神を失いつつあるという噂がささやかれていた。そして、一九三〇年、ブロンロはこの世を去った。

ブロンロとN線の記憶が忘却の淵から引き上げられたのは、彼の死後二十年あまりたってから——何人かの科学者の間で、自己幻惑の危険性をいましめる訓話としてブロンロの事例が話題になった時のことだった。アメリカの化学者でノーベル賞（まさにブロンロの手から滑り落ちた賞だ）受賞者のアーヴィング・ラングミュアは折あるごとに、〝病的科学〟の好例としてブロンロの失墜を取り上げた。一九五三年に行なわれた講演で、ラングミュアはこう述べている——多くの人にはそもそも見えないような微妙な現象を極めて精密に計測したとブロンロは主張したわけだが、これは科学の歴史全体を通じて見られる思い違いのありふれたパターンである。さらに言えば、このN線なるものは累積することがなく、常に、知覚できるかできないかという感度限界、つまり〝閾値域〟にある。

彼はこんな実験をやっていたのだと考えてみてください。十個の煉瓦を使ったら、一個の煉瓦を使った時より強い効果が得られるかどうかを観測する実験です。いいえ、強い効果が得られることは絶対にありません。……というのも、これは閾値域の現象だからです。閾値域の現象とは、自分が本当にそれを見ているのかいないのかわからないということを意味します。事実、見えているかいないのか、まったくわからないのです。

ラングミュアのこの発言が活字化されたのは、講演から三十五年以上たった一九八九年——《フィジックス・トゥデイ》が、大昔の磁気録音による講演録を書き起こし、一九八九年十月号に掲載したのだった。この時期にこの講演録が掲載されたのは〝たまたま〟というわけではない。それはまさに、常温核融合への疑念が噴出しつつあった渦中の時期だった。ロバート・ウッドが《ネイチャー》誌の記事でブロンロの名を出さなかったのと同様に、《フィジックス・トゥデイ》の記事にも、常温核融合を発見したと発表したポンズとフライシュマンへの言及はなかった。だが、誰の目にもそれは明らかだった。

ブロンロの自己幻惑の物語の奥には、しかし、もうひとつ、もう少しややこしいストーリーがひそんでいる。ブロンロが、後年、狂気と言える状態に陥ったのは事実だ。ウッドがアルミニウムのプリズムをはずしてもブロンロにはスペクトルの波長が見えていたというのも、そこ、つまり、精神の異常というところに要因を見出す以外にはないのだろうか？　だとすると、発見に次ぐ発見と名声が押し寄せる以前、N線がまだ名前すら持っていなかった、一九〇三年の冬のあのごく普通の日……ブロンロに、スパーク検知装置内の、あの運命的な最初のフリッカーを見させたのは、いったい何だったのか？　あの時、ブロンロは新しい放射線を探していたわけではなかった。単にX線を使った実験をやっていただけなのだ。

あれほどに優れた科学者を見誤らせるに至った要因は何だったのだろう？

これに対する答えは、すべてを別の角度から眺めることによって初めて見出せると言っていいだろう。ブロンロの失墜の要因を示す最大の手がかりは、このテーマをめぐる彼自身の著書『N線』の最後のページに示されている。

これらの実験においては、目にいっさいストレスをかけないこと、視覚を調節したり目を順応させたりする場合も、いっさい努力をせずに行なうことが不可欠である。同時に、決して、自分が明るさの変異を確認しようとしている発光スクリーンに視線を固定させようとしてはならない。観察者は、言ってみれば光源を〝見つめずに眺める〟必要があり、その際も、視線は光源の周辺に〝ぼんやりと〟向けなければならないのである。

要するに、N線を見るには、光源からわずかにずれたところに視線を向けなければならないということだ。ブロンロは常に、信頼できる機器を用いて実験を行なう注意深い経験主義者だった。実際、彼はこのようにして初めて、実験装置上にN線を見たのだった。

ひとつだけ問題があった。人間の目は信頼できる器官ではないということである。周辺視野が知覚にきわめて不思議な影響を及ぼすことは、天文学者たちの間ではつとに知られている事実だった。スコットランドの科学者デイヴィッド・ブリュースターは『自然のマジックについての書簡』(一八三二)でこう書いている。

奇妙な現象がある。とても遠い星、たとえば土星の衛星のひとつを見たいと思った時、対象から少しずれたところに目を向けると、いちばんはっきりした像が得られる。そして、その鮮明な像は、対象にまっすぐに目を向けると直ちに消えてしまうのだ。

目の構造に起因するこの興味深い現象は、おそらく、ブロンロやシャルパンティエのような物理学者の間ではそれほど広く知られていなかったのだろう。要するに、違う研究分野の知見だったからだ。

だが、世界がN線発見の知らせに沸き返った一九〇四年、科学雑誌にあふれた何百ものN線論文の山に埋もれてしまったとはいえ、《ネイチャー》誌にひとつだけ、視覚とN線に関する文章が掲載されていた。ドイツの物理学者オットー・ルンメルの講演の翻訳である。この内容に、物理学者たちはほとんど反応を示さなかったが、みな、もう少し注意深く科学雑誌を読んでいるべきだった。《ネイチャー》二月十八日号に掲載されたその講演録で、ルンメルは、ほかの誰にも先んじて、N線を理解するに当たってのキーポイントは、真正面から見ては見えないという事実にあると結論づけていたのである。

ブロンロの一連の実験によってもたらされる効果は、いかなる光源も使わずに、ほぼ正確に再現することができます。そして……光度の変化については……暗いところで物を見る際の、網膜上の桿体細胞と錐体細胞の優位性の差ということで説明できるでしょう。

ヒトの目において、桿体細胞は色覚がなく、錐体細胞は色彩を感知します。一方、光刺激に対しては桿体細胞のほうが感度が高く、弱光下では錐体細胞はほとんど働かなくなります。夜、世界が色を失ったように見えるのはこのためです。

錐体細胞は網膜の中心部に集中して存在し、桿体細胞は周辺視野に多く分布している。真正面から見ると色彩が明確に識別できるが、光度の微妙な変化に対しては、周辺視野の桿体細胞のほうが敏感に反応する。これは進化の過程で確立されてきたもので、たとえば、夜、サーベルタイガーが背後から忍び寄ってくるといった状況下では、色を見分けるより、敵の動きが生み出す光と影の変化を察知するほうがはるかに役に立つというわけである。この目の巧妙な構造はまた、ずいぶん以前にブリュースターをはじめとする天文学者たちが観察した奇妙な現象の原因でもある——とルンメルは言う。

光を送り出している対象（星）を見ようと、光線が来る方向に目を向けても、錐体細胞はまだ活性化されていないために……そのスポットは見えません。錐体細胞が感知できるだけの光度がないという場合もあるでしょう。かくして、私たちは驚くべき事実に直面します。実際には見つめていない何かが見える一方で、その対象にまっすぐ目を向けた時には、それが見えなくなってしまうのです。

かすかなスパークや蛍光スクリーンといった、かろうじて見える程度の光が、周辺視野で見るとわずかに明るくなったように見えるのも同じ理由による。実際の光源の光度が増したわけではなく、周辺視野の桿体細胞が刺激されて、目の内部での知覚感度が上がっただけでしかない。ルネ・ブロンロの悲劇は、一九〇三年の運命の日、目の隅で、すなわち周辺視野で、スパークと蛍光スクリーンを見たところにあった。彼は、外部の現実を反映した光度変化を目撃したのではなく、光度の増大は、彼自身の視神経を走った、文字どおり幻影のごとき電気インパルスとして存在したにすぎなかった。ある意味で、ブロンロの批判者たちが言っていたことは最初から正しかった。

すべては、彼の頭の中だけで起こっていたのだ。

5

音で世界を語る

ジャン・フランソワ・シュドル

Jean-François Sudre (1787-1862)

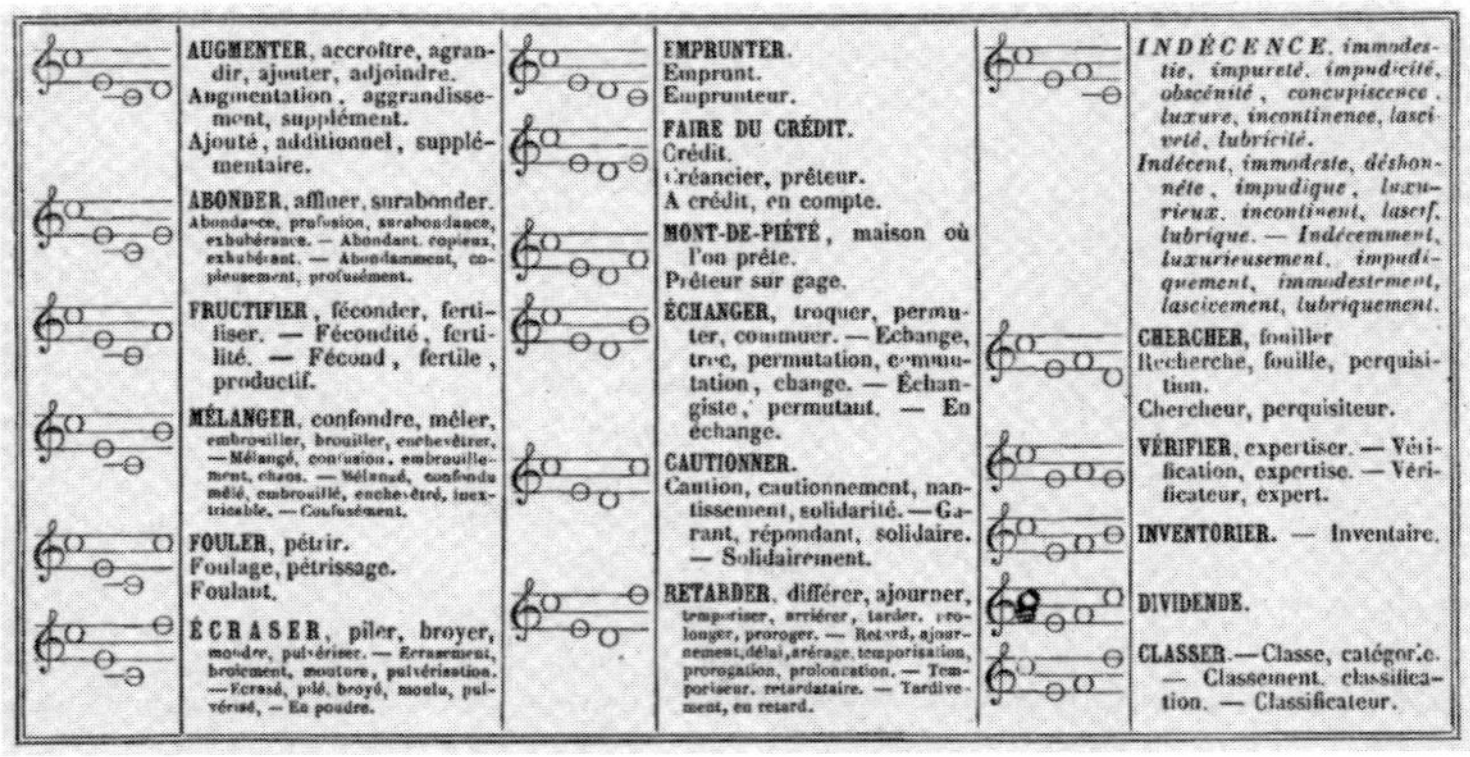

AUGMENTER, accroître, agrandir, ajouter, adjoindre.
Augmentation, aggrandissement, supplément.
Ajouté, additionnel, supplémentaire.

ABONDER, affluer, surabonder.
Abondance, profusion, surabondance, exhubérance. — Abondant, copieux, exhubérant. — Abondamment, copieusement, profusément.

FRUCTIFIER, féconder, fertiliser. — Fécondité, fertilité. — Fécond, fertile, productif.

MÉLANGER, confondre, mêler, embrouiller, brouiller, enchevêtrer. — Mélangé, confusion, embrouillement, chaos. — Mélangé, confondu mêlé, embrouillé, enchevêtré, inextricable. — Confusément.

FOULER, pétrir.
Foulage, pétrissage.
Foulant.

ÉCRASER, piler, broyer, moudre, pulvériser. — Ecrasement, broiement, mouture, pulvérisation. — Ecrasé, pilé, broyé, moulu, pulvérisé, — En poudre.

EMPRUNTER.
Emprunt.
Emprunteur.

FAIRE DU CRÉDIT.
Crédit.
Créancier, prêteur.
A crédit, en compte.

MONT-DE-PIÉTÉ, maison où l'on prête.
Prêteur sur gage.

ÉCHANGER, troquer, permuter, commuer. — Echange, troc, permutation, commutation, change. — Échangiste, permutant. — En échange.

CAUTIONNER.
Caution, cautionnement, nantissement, solidarité. — Garant, répondant, solidaire. — Solidairement.

RETARDER, différer, ajourner, temporiser, arriérer, tarder, prolonger, proroger. — Retard, ajournement, délai, arérage, temporisation, prorogation, prolongation. — Temporiseur, retardataire. — Tardivement, en retard.

INDÉCENCE, *immodestie, impureté, impudicité, obscénité, concupiscence, luxure, incontinence, lascivité, lubricité.*
Indécent, immodeste, déshonnête, impudique, luxurieux, incontinent, lascif, lubrique. — Indécemment, luxurieusement, impudiquement, immodestement, lascivement, lubriquement.

CHERCHER, fouiller
Recherche, fouille, perquisition.
Chercheur, perquisiteur.

VÉRIFIER, expertiser. — Vérification, expertise. — Vérificateur, expert.

INVENTORIER. — Inventaire.

DIVIDENDE.

CLASSER. — Classe, catégorie. — Classement, classification. — Classificateur.

『普遍音楽言語』の１ページ。手書きの修正は、おそらくシュドル夫人によるもの
（アメリカ合衆国議会図書館）

まずは、ひとつの言語をイメージするところから始めよう。音や色、手信号、数字など様々な形に置き換えることができ、筆談はもちろん、相手の手に触って伝えることも可能な、そんな〝普遍言語〟だ。これを世界中の人に、第二の母語として（第一の母語は何であってもかまわない）教えたら、いったいどうなるだろう。世界は隠された意味であふれ返る。音楽が言葉に変容し、舞台上で演じられているオペラと同時並行して、オーケストラのすべての楽器が対話をする。チェロが重々しく登場人物たちについてメランコリックなコメントを述べ、およそありそうにない筋書きにフレンチホルンが驚嘆の言葉を発し、オーボエが聴衆にこれからの進行に関する情報を伝える。バルコニー席の聴衆は演奏が続いている間も手信号で会話を続け、声に出さずに、できの悪いアルト歌手に辛辣な批評の言葉を向ける。

会話の音声の高低で別の内容を伝えるというのも考えられる。言葉で表現された内容とは正反対の、あるいはその裏に秘められた感情を表わす、内なるメロディによるサブテキスト。これに熟達した話者は、一種の対位法を用いて、それぞれの言葉にパラレルな意味や対照的な意味を与え、自分がしゃべっている時に、同時にコメントを加えるということまでやってのける。

織物《テキスタイル》や布が意匠を凝らした文書になることもある。カーテンや敷物や衣服の多彩な色の帯が、よく見ると、文字どおりの〝テキスト〟として、色で綴《つづ》られた文章を浮かび上がらせる。数字は、電信の打音に見られるように、それ自体が言語となりうるが、それにとどまらず、床板の釘や天井のリベットの数と並び方、電話番号の配列など、ありきたりの日常のありきたりの数字が、それぞれ確固とした意味を持つようになる……。

言語を根底から変えようという試みは、いわば〝内部の者による犯行〟であることが多い。たとえば、ウェブスター大辞典――これを使っている時に、自分がプロパガンダの書を手にしていると気づく人はまずいないだろう。今日では、言葉の意味を調べる以上のものではないウェブスターだが、最初からそうだったわけではなく、編纂者ノア・ウェブスターには明白な神学的な意図があった。彼は、現代の人間たちが使っている言語がこれほど複雑でややこしいものになっている原因は、間違いなくバベルの時代にあると考えていた。この大辞典を作った根底には、単に、現在使用されている言葉を記録するのではなく、言語を、本来あるべき形に――より平明な、人間と動物が思いのままに話し合っていたエデンの園の普遍言語に戻すという壮大な企図があったのである。

アメリカ最大のこの辞書編纂者の努力は、しかし、ある程度の成功しかおさめなかった。確かに、"theatre" をもっと理にかなった "theater" に変えさせることはできたが、アメリカの大衆を説きつけて、"bread" を "bred"、"give" を "giv" と綴るようにさせるまでには至らなかった。これは彼の努力が足りなかったからではなく、ウェブスターは、ある時点で、発音どおりのスペルを使った聖書まで刊行している。だが、この聖書も、今日の黒人英語で書かれた聖書程度にしか受け入れられなかった。世の人々は、自分たちが生まれついて使ってきた非論理的で複雑な言語を捨て去るだけの準備はできていなかった。既存の言語に修正を重ねていく方法が無理だとすれば、あとはもう、まったく新しい普遍言語体系を創出するしか道はない。しかし、それはとてつもなく巨大な企てであり、普通に考えれば、ひとりの人間が一生をかけてもなしとげることはまず不可能なものだと言っていいだろう。

しかし、一八二〇年代の初め、ウェブスターがまだ大辞典の編纂中だった頃に、大西洋の向こうで、この一大プロジェクトに取り組んだ人物がいた。フランスの音楽教師ジャン-フランソワ・シュドルである。

一七八七年に南仏のアルビ村で生まれ、パリ音楽院で音楽を学んだのち、アルビと同じ県にあるソレーズの町で音楽教師になったシュドルは、教師になってほどなく、「音楽を教える同時メソッド」なるものを開発した。今日では痕跡すら残っていないが、一八一九年の新聞に、このメソッドの素晴らしさを伝える記事が載っている。これを開発した頃、シュドルは、ソレーズの町なかを歩いていた時に、五歳くらいの男の子が給水車の横に立って、見事な音程でヴァイオリンを弾いているところに行き合わせた。

「そのヴァイオリンを貸しなさい」シュドルは言った。

子供は素直にヴァイオリンを渡した。シュドルはペグを次々にゆるめ、すべての音を完全にはずしてから、男の子に返した。男の子は慣れた手つきでペグをひとつまたひとつと回し、音叉のような調音器具はいっさいなしで、完璧な音程に戻した。シュドルは、どうやってヴァイオリンの調弦を学んだのかとたずねた。

「自分で」と男の子は答えた。

シュドルは、すぐ近くに立っていた母親に向き直った。「マダム、この子が私の子だったら、五、六年で大演奏家にしてみせますよ！」

この天才少年エルネスト・デルデヴェスと音楽教師シュドルが再会するのは、いま少し先のことになる。

一八二一年、三十代半ばになったシュドルはパリに移った。彼の関心が音楽教育から、音楽による普遍言語の開発という野心的な考えに向けられたのは、パリ移住の少なくとも五年くらい前からだったが、最初のブレークスルーが訪れたのはパリでのことだった。ある日、シュドルは、異なる音に文字を割り当てるシステムをまとめ上げた。それは独自の音楽言語というより、既存の言語を音という符号で伝えるだけのものでしかなかったが、それでも、音楽による普遍言語への第一歩を踏み出したシュドルは、一気にシステムの大要を作り上げたのだった。

このシステムがうまく機能するかどうかは何とも言えなかった。そこで、学生のひとりをドーファン通りのアパルトマンに呼んでレッスンをしてみた。ものの十五分もたつと、二人は音楽で会話を交わしていた。シュドルがヴァイオリンで寝室から質問をすると、生徒が居間のピアノで答えるという具合だ。近隣の人たちは、シュドルのアパルトマンで何時間も続く無調の音のやりとりに首をかしげるばかりだった。

シュドルはこのシステムを、彼のもとを訪れる友人たちに披露した。その中に何人かのジャーナリストがいた。こうして、一八二三年の終わり近くなると、この奇妙な音楽教師と本人以上に奇妙な創作物、ラング・ミュジカル（音楽言語）の話は、パリジャンたちの知るところとなりはじめた。翌年、シュドルは、この音楽言語を広めるのに最適だと考えていた人物をパリに呼び寄せた。それは、実のところ〝人物〟と言うにも若すぎる八歳の少年——シュドルが三年前にソレーズの町なかでヴァイオリン演奏を聞いたエルネスト・デルデヴェスだった。

一八二四年いっぱい、シュドルはデルデヴェスともうひとりの天才少年シャルル・ラソンニュールを自分のアパルトマンに住まわせ、音楽アルファベットの読み書き（聞き取ることと演奏すること）をみっちり叩き込んだ。そして翌年、三人組はフランス中をまわる演奏旅行に出発した。二人の少年は競い合ってステージに上がり、シュドルのヴァイオリンの問いにヴァイオリンで答えた。

この演奏旅行用に、シュドルは自費で、六フランの小冊子『ラング・ミュジカル――あらゆる楽器で会話ができる音楽言語』を作った。彼は、この言語が速記の新たなスタンダードとなる未来社会を思い描き、また、この言語は長距離通信にも有用になるだろう、なぜなら「ホルン、オーボエ、フルート、クラリネットなどを使えば、信号を二百メートル以上」送ることができるからだ、と述べている。この小冊子にはさらに、シュドルが以後、様々な考案・工夫を加えていくアイデアの最初のひとつ――それぞれの音を手信号にすれば、耳の聞こえない者も会話ができるようになるという考えが含まれていた。音の言語として始めたものが、この時点ですでに、無音の言語にまでその可能性を広げていたのである。真に普遍的な記号による言語体系の構築という夢に向けて、シュドルは長い旅路をたどりはじめていた。

一八二七年になって、この新しい発明の前に現実的なハードルが出現した。フランス学士院に招かれて、ラング・ミュジカルを披露することになったシュドルとデルデヴェスは、二年にわたる演奏旅行とたゆまぬ練習で磨き上げられたテクニックのもと、フランス語、ラテン語、ギリシア語の文章を次々とヴァイオリンでやりとりし、並み居る学者たちを驚嘆させた。それから一年たたないうちに、学士院に任命された委員会がラング・ミュジカルを絶賛する報告書をまとめた。ただ、委員会の見解では、ラング・ミュジカルの最大の可能性は、同胞同士のコミュニケーションよりも、敵を殲滅するところにこそあり、「軍事技術の観点から見た場合、この言語は夜間の通信手段として極めて有用である」とされていた。シュドルは、この委員会の見解のコピーを戦争大臣に送り、今度は軍の高官たちの前で披露するチャンスをつかんだ。

ここでひとつ問題が浮上した。ラング・ミュジカルが十二音を使用しているのに対し、軍隊ラッパは四つの音しか出ないのだ。シュドルはそれから二年をかけて、ラング・ミュジカルを刈り込み、わずか四音での交信が可能な形に整え上げた。これには〝テレフォニ〟という新しい名前が与えられた。一八二九年十二月、二つの丘を使ってテレフォニのデモンストレーションが行なわれた。軍隊ラッパは「午前六時に橋梁を破壊せよ」といった心浮き立つメッセージを正確に送信した。将官たちは、二年をかけた作成者の粘り強さには感心したものの、しかし、引き続いて出された報告書の結論は、テレフォニが「実際の現場で役に立つことはほとんどないに等しいであろう」というものだった。それでも、シュドルは音楽アルファベットの改良と別ヴァージョンの作成に専心し、それからさらに数年をかけて、目が見えない者・耳が聞こえない者・口がきけない者が使うためのヴァリエーションを作り上げると、改めて学士院に売り込んだ。新たな委員会が召集され、シュドルは丁重な奨励の言葉を受けた。だが、報奨金の話が持ち出されることはなく、そして、ここでもまた委員会は、知覚障害者のためのこの素晴らしい贈り物を使う最適の場は戦場だと結論づけたのだった。

シュドルは頑張りつづけた。わずか四十五分でこの言語の基本を教えることができるということを示してもみた。しかし、報告書が繰り返し強調するところでは、問題は、あらゆる天候のもと、距離を置いたところにいる聞き手がひとつひとつの音を明確に聞き分けられるだけの音量を出せる楽器はないというところにあった。そこで、シュドルは、大音量を出せるよう、楽器を空気圧搾機に接続することでこの問題を解決し、今度はフランス海軍の前でデモンストレーションを行なった。これは賛辞をもって迎えられ、委員会は、シュドルに五万フランの報奨金を与えるべきであると勧告した。

だが、この勧告が実施されることはなく、シュドルが報奨金を手にすることはなかった。

この時点ですでに、シュドルはテレフォニに相当の歳月と三万二千フランの大金をつぎ込んでいた。彼は必死の思いで、音程を調整した複数の大砲を使い、大地を揺るがす大音量でメッセージを伝えるようにしたシステムを、陸軍の前で披露した。それでもなお、彼のシステムを採用しようという者は現われず、ここに至ってようやく、シュドルは、自分の音楽言語システムにとって軍隊は本当に最善の場なのだろうかと思いはじめた。「陸軍であれ海軍であれ、これを使ってもらえるよう改良を重ねている間も、私の頭は、ひとつの博愛主義的な考えに占められていた」。シュドルは後年、こう回顧している。「それは、このコミュニケーションの方法を一般化して、ヨーロッパ中のすべての人に使ってもらおうという考えだった」

同時に、シュドルは、この音楽言語の基本を見直しはじめた。そもそもテレフォニは、半音階の十二音（ピアノで言うと、黒鍵と白鍵を合わせたもの）のうち、軍隊ラッパの四音だけしか使っておらず、その間の音は手つかずのままに残されている。そう、全音階という実にシンプルでわかりやすいものがあるではないか。ピアノなら七つの白鍵だけの〝自然な〟音、誰もが即座に受け入れられる音——ド・レ・ミ・ファ・ソ・ラ・シの七音だ。（現在、英語圏では、シは、si ではなく ti と表記されるが、非英語圏の国の多くでは、今も七番目の音は si ＝シである）

シュドルは、これら七つの音を基本アルファベットとして、〈普遍音楽言語〉を作りはじめた。この新システムは、既存の言語を音楽記号に置き換えただけのテレフォニとは異なって、独自の文法と語彙とシンタックス（統語論：文を構成する語や形態素を結びつけ、配列する規則）を持つ、まったく独自の言語体系だった。音階のそれぞれの音は言語の基本単位として機能する。基本単位となる三つの音、たとえばソとレとソを結びつけると「ソレソ」という語ができるが、普遍音楽言語ではたまたま〝言語〟を意味する単語が「ソレソ」だったので、やがて、この野心的な発明そのものが「ソレソ」の名で呼ばれることになった。

シュドルは単語の音節を五つまでとした。それ以上にすると扱いにくくなると考えたからだ。五音節で可能な総単語数は一万一千七百三十二――大方の言語の持つ単語数よりははるかに少ないが、それでもこれで、ほとんどの必要性は満たされる。効率を最大限にするため、普遍音楽言語では同義語が排除され、各語はそれぞれ明確に異なる意味・概念を表わすことになった。また、音節の並びを逆転させると、意味も逆になるように配慮されていて、たとえば「善」を意味するミソを逆にしたソミは「悪」となる。

ソレソ語の単語は一音節から五音節の語まで五つのクラスに分けられる。一音節の語（もちろん七つしかない）は、当然ながら、最もよく使われる語に当てられている。

ド：ノー、～ではない（no, not）
レ：そして（and）
ミ：あるいは（or）
ファ：～において、～に対して（at, to）
ソ：もし（if）
ラ：定冠詞（the）
シ：イエス（yes）

二音節の組み合わせは四十九。ここには、「私」（ドレ）のような代名詞と、「これ」（ファミ）のような小詞（副詞の一部・冠詞・前置詞・接続詞・間投詞など語尾変化のない品詞）の大半をカバーする語とともに、「おやすみなさい（グッドナイト／ボンニュイ）」（ミシ）といったよく使われるフレーズの一部が含まれる（ソレソ語はリバーシブルだから、「こんにちは（グッドデイ／ボンジュール）」

はシミだろうと推測された方は正解)。三百三十六の三音節語はすべて、「雨」(シシド)、「夫」(ミシファ)、「欲する」(ファシファ)といった、会話によく使われる語である。

三音節までの三百九十二語をマスターすれば、旅行者が必要最低限のことを伝えるには充分だろう。少なくとも幼い子供が母語で話せる程度に、そして、子供が歌を歌う時のような楽しいメロディで表現することができる。だが、選ぶ数字が四つか五つになると組み合わせが劇的に増加するのは、ナンバーズやロトの運営者なら誰もが知っているとおりだ。四音節の語数(二千二百六十八)と五音節の語数(九千七十二)は、三音節以下とは比べものにならない。実際、三十年余り、ソレソ語に多大な努力を傾注したシュドルだったが、結局、五音節語まで行き着くことはできなかった。

四音節語の膨大な数を考えると、どうしても、何らかの法則が必要だった。音楽に基づいた言語という点を念頭に置いて、シュドルは、四音節語の最初の音を、その内容を示す調(キー)の主音にするというシステムを作り上げた。つまり、ドレドファ(頭)は、別のキーの主音で始まる語、たとえばファシレド(鉄道)よりも、意味的に、ドレドシ(髪)に近いというわけだ。だが、一個の主音だけでも、そこに含まれる語数は数百になるわけで、各主音が対象とする意味範囲は当然、広いものにならざるをえない。

ド:人間の身体的・道徳的な側面
レ:家族、家庭関連、衣服
ミ:人間の活動
ファ:農業、戦争、旅行
ソ:芸術、科学

ラ：工業、商業

シ：政治、法律、社会

音楽家なら、これらは、異なる〝調（キー）〟ではなく、〝旋法（モード）〟が違うだけだと抗議するかもしれない。だが、シュドルは、ソレソ語を音楽家のために作っているわけではなく、実際、ソレソ語を学ぶのに音楽的なトレーニングはいっさい必要ないと常々強調していた。だから、厳密には正しくないとしても、〝キー〟と言ってもまったく問題はないだろう。

一方で、シュドルは、文法には徹底して論理的なルールを適用した。これによって、ソレソ語は、英語のような、いらいらさせられっぱなしの言語（英語の文法は、中世ドイツ語とラテン語とフランス語のごった煮だ）とは明確に一線を画するものとなった。ソレソ語の語順はいたってシンプルで、主語―動詞―目的語、名詞―形容詞の順。複数形は最終音節を伸ばすことで示され、たとえば、ドレミ（日：day）の複数形は「ドレミー」とするだけでいい。また、形容詞や副詞などは、どの音節にアクセントを置くかで区別される。

レドミド：中傷する（動詞：アクセントなし）

レドミド：中傷（名詞）

レ**ド**ミド：中傷する者（名詞）

レド**ミ**ド：中傷的な（形容詞）

レドミ**ド**：中傷的に（副詞）

動詞にはひとつの形（原形）しかなく、変化を憶える必要はいっさいない。過去・現在・未来、その他の時制を表わすには、動詞の前に、それに相当する語（通常、シシやレレなどの二重音節）を加える。これまで、動詞の活用形がびっしり記された暗記カードの海をよろめき歩いてこなければならなかった学生たちにとって、これほどうれしいことはないという革新的なルールである。

シュドルのシステムは合理的ではあるが、しかし、ひとつの言語体系をゼロから作り上げるなどということが、はたして本当に可能なのだろうか。眼前に広がる仕事の規模の大きさに思いをめぐらせながら、シュドルがしばしば引用したのは、ひとりの同僚のコメントだった。「神がこれを許容されるかどうかは私にはわからない。だが、少なくとも、人間の頭脳が試みてみることは禁じられてはいない」

何千もの言葉を紡ぎ出すという仕事のほかに、ソレソ語を実際に使ってもらうには、主要言語との対照辞書を作る必要があった。シュドルは誰の助けも得ず、フランス語、英語、ドイツ語、ポルトガル語、イタリア語、スペイン語、オランダ語、ロシア語、トルコ語、アラビア語、ペルシア語、中国語の十二カ国語に対応するソレソ語辞書を作ることにした。

一八三三年六月二十三日、シュドルは学士院の芸術アカデミーにジャーナリストを招き、フランス語‐ソレソ語の公開翻訳デモンストレーションを行なった。シュドルがヴァイオリンでソレソ語のフレーズを奏でると、生徒たちがそれを即座にフランス語に翻訳した。翌月、パリの《クォティディエンヌ》紙がプライベートなデモンストレーションを依頼した。シュドルは二人の生徒とともに《クォティディエンヌ》のオフィスにやってきて、ヴァイオリンケースの蓋を開けると、編集者たちに何か言葉を書いてくれるように言った。ひとりがペンを取り上げて、紙に「Victoire!（勝利！）」と書いた。

シュドルが数音を弾き、別室にいた生徒たちが、これを元のフランス語に訳して答えた。

続いて、シュドルは、英語、ドイツ語、スペイン語、イタリア語、アラビア語、中国語の言葉を示してくれと言った。この六カ国語はすでに辞書を完成させていた。《クォティディエンヌ》の面々は大いにまごついた。のちに、編集者のひとりは「生涯でこのわずか十五分だけのことだったが、私はアラビア語と中国語を知らないことを心の底から悔しく思った」と述べている。

新言語の公演ツアーが始まった。公演を行なうたびに、シュドルと新言語の評判は高まっていった。三カ月後のブリュッセルでの公演時には、地元の新聞雑誌が、本人の到着に先立って、〝音の預言者〟と新言語を褒め称える記事を掲載した。シュドルがステージで、いくつもの国の言葉をやすやすとソレソ語に翻訳するのをまのあたりにして、ブリュッセルの人々が改めて驚愕したのは言うまでもない。シュドルのデモンストレーションは堂々たるもので、公演を始めるに当たってはまず、この発明に対する政府の報告書を朗読し、アンコールとして、自身の作曲したオリジナル作品を披露してみせることもあった。

一行がパリに戻る頃には、シュドルの名は誰もが知るところとなっていて、新聞記事も風刺家のパロディ作品も、新言語の話題でもちきりだった。エクトル・ベルリオーズを筆頭に、シュドルの公演を聞いた作曲家たちが、フランス政府に、外国の政府に取られてしまわないうちに彼を登用するようにと請願書を出した。シュドルと彼の長年の努力が生み出したものは、音楽家という職業を新たな高みへと引き上げてくれる可能性が大いにある――そんなオプティミズムが音楽家たちの間に広まっていた。この気分が最もよく表われているのが、一八三五年二月五日発行の音楽雑誌《ピアニスト》に掲載された一文である。「次世代において（シュドル氏は音楽家として、すでに次世代の一員である）、氏が最大級の評価を受けているであろうことに疑いの余地はない。印刷術の発明者グーテンベルク

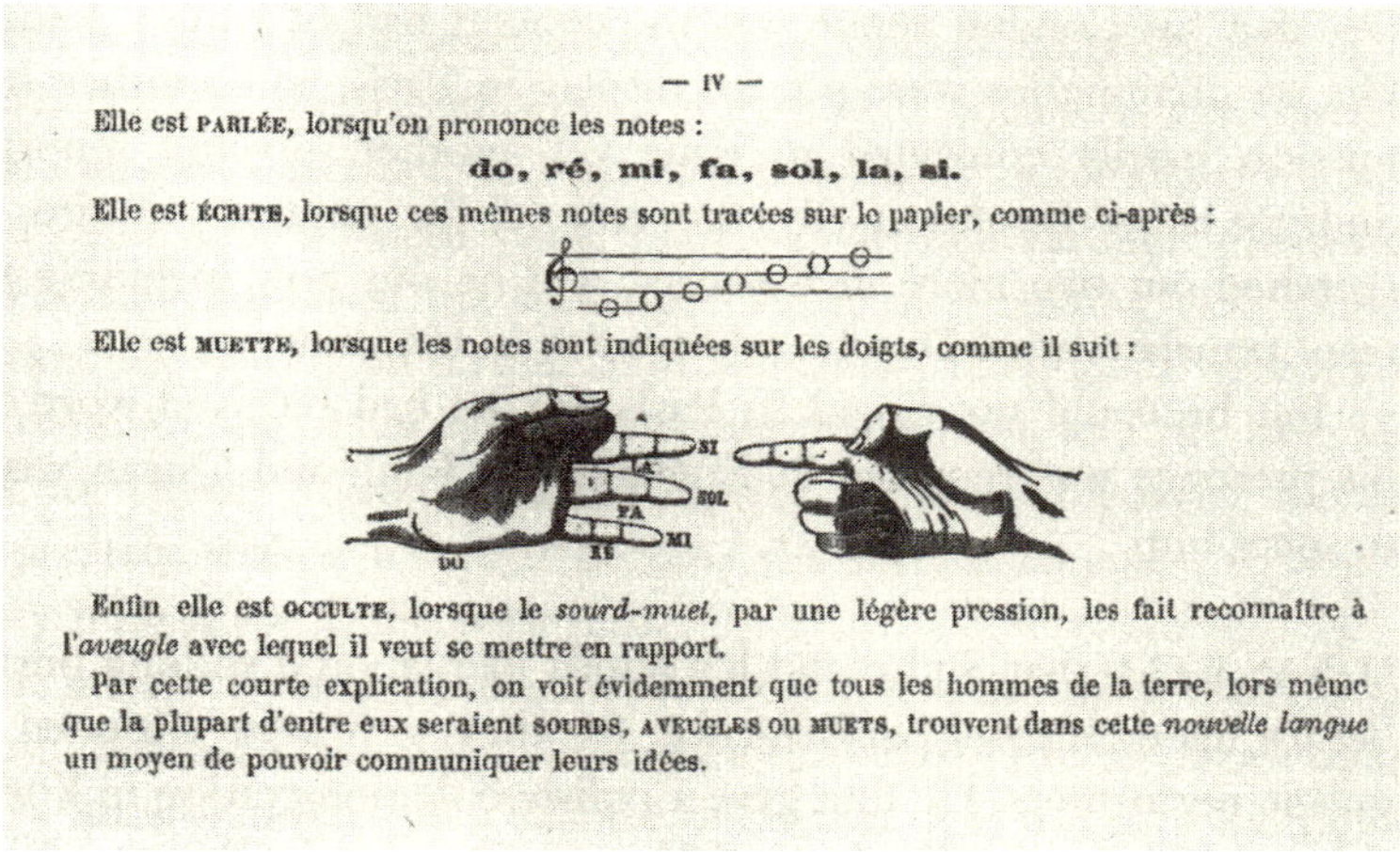

— IV —

Elle est PARLÉE, lorsqu'on prononce les notes :

do, ré, mi, fa, sol, la, si.

Elle est ÉCRITE, lorsque ces mêmes notes sont tracées sur le papier, comme ci-après :

Elle est MUETTE, lorsque les notes sont indiquées sur les doigts, comme il suit :

Enfin elle est OCCULTE, lorsque le *sourd-muet*, par une légère pression, les fait reconnaître à l'*aveugle* avec lequel il veut se mettre en rapport.

Par cette courte explication, on voit évidemment que tous les hommes de la terre, lors même que la plupart d'entre eux seraient SOURDS, AVEUGLES ou MUETS, trouvent dans cette *nouvelle langue* un moyen de pouvoir communiquer leurs idées.

シュドルの普遍音楽言語（アメリカ合衆国議会図書館）

の像が建てられたのと同じように、我々もほどなく、この音楽言語の発明者の像をまのあたりにすることになるであろう」

次世代のグーテンベルクとして称揚されたこの記事が出てからわずか二週間あまりのこと、シュドルは、新たな革新的アイデアを人々の前に披露した。様々な人工言語の創出者の誰ひとりとして、いまだかつて試みたことのないもの——聾啞者と視覚障害者のコミュニケーションである。二月二十二日の公演で、シュドルは目をハンカチで覆い、生徒のひとりに、翻訳すべきフレーズを無音で伝えるようにと言った。生徒が目隠しした師に歩み寄り、その手に指を走らせると、シュドルの口から、最初に提示されたフレーズが正確に発せられた。聴衆はみな信じられないという表情で、そのさまを見つめていた。

シュドルが行なったのは、音階の七つの音を、手の一定の位置に移すことだった（上図）。

相手の手を軽くたたくだけで、目の見えない人間が耳の聞こえない人間とコミュニケーションできる。

障害者は基本的に施設に閉じ込め、朽ち果てていくにまかせていた時代にあって、このアイデアは信じがたいほどに先進的なものだった。そして、ステージ上で進行していたのは、不思議な、そして不思議なまでに心打つ光景だった。ひとりの年配の男性と少年が手をたたき合い、沈黙のうちに熱のこもった会話を交わしていたのだ。

《ピアニスト》誌の〝グーテンベルクに比肩する〟という評価は、今やパリ中の新聞雑誌の共通認識となりつつあった。シュドルはパリでの最後の公演を市庁舎で行なったのち、イギリスに向かうことにしていたが、パリのある新聞は「我々としては、この発明が、我が国の聴衆の前ですでに十二分に披露されたとは考えていない。そして、この言語の発明者が、より多くの聴衆を得るにはこの国の外に出ざるをえないなどと考えるのも、断固として受け入れるつもりはない」と、シュドルのイギリス行きに不満の意を表した。この態度に、英国のジャーナリズムは唖然とした。一八三五年七月、シュドルがロンドンに到着すると、《メカニックス・マガジン》はこんな記事で迎えた。「我々はシュドル氏を賞賛する重要かつ真摯な報告を多数手にしている。にもかかわらず、彼自身の国はどうやら氏に充分な評価を与えていないようだ。我が国で、氏が自国よりはるかに大きな成功を収めることは間違いないところである」

結局、シュドルは、ロンドン公演を終えてすぐにパリに戻ることになった。ロンドンでの聴衆の数がどれほどのものであったかは、会場がキングズ劇場のコンサートホールだったという事実からうかがい知ることができる。パリでは六カ国語に対応するソレソ語の辞書が展示され、いま一度、委員会が急ぎ召集されて、シュドルの最新の発明に対する熱烈な報告書が出された。夏の終わりには、シュドルはさらに二つの辞書の素案を作り終え、ほどなく、公演にはオランダ語とスウェーデン語のソレソ語辞書も加わることになった。

しかし、シュドルは、そのままパリにとどまっているわけにはいかなかった。イギリスから、王と王妃が貴下に会いたいとのご所望ゆえ、再度、来英願いたしという要請が届いたのである。

これまで長くツアー公演を続けてきた成果が、御前演奏という形で発揮されることになった。シュドルと立派な青年に成長した弟子たちは、今や熟達の域に達した言語演奏家だった。彼らはまずヨークで、大主教とケント公爵夫人、そしてヴィクトリア公女という若い女性の前で（公女は、このわずか二年後、十八歳で王位を継承し、ヴィクトリア女王となる）、磨き抜かれた演奏を披露した。

次いで、一行は、ブライトンの離宮、ロイヤルパヴィリオンにやってきた。先王ジョージ四世が王室の客たちをもてなすために建てた、まるでカーニバルのように派手やかな中国式パヴィリオンである。シュドルと弟子たちは列を作って大理石の床を進み、漆塗りの家具と竜のシャンデリアと豪奢な紅い緞帳で飾られたサロンに入って、ウィリアム王とアデレード妃の前でうやうやしく頭を下げた。王と王妃が文章を書くためのブリッジテーブルが運び込まれ、シュドルはいくぶん緊張した震え声で自己紹介した。王妃がすぐに彼の気分をやわらげてくれた。アデレード妃が翻訳用に書いて渡した紙には「あなたの成功を願っています」と書かれてあった。以後のデモンストレーションはいっさい滞りなく進行した。

英国王室での大成功ののち、パリに凱旋したシュドルは、一八三六年のかなりの部分を費やして、政府の好意的な報告書の数々と新聞雑誌の記事を、『音楽言語に関する報告書』と題する本にまとめた。そこには、自分で翻訳した英国の新聞雑誌の記事も含め、入手できたすべての記事が（ほかの記事をそっくり盗用したものまで）収められていた。シュドルは、以後、数年間にわたるフランス国内とベルギーおよびオランダへの演奏ツアーの際にも、この本を携えていった。

だが、彼のマントの奥には、まだまだいろいろなものが隠されていた。それからの日々、シュドルは、ソレソ語を表現するいくつもの驚くべき方法を次々と開発していった。ソレソ語は数で表わすこともできる。ドを1、レを2というふうに――一連のノック音やそれに準ずるシャープな音でもいい。また、目で見る手信号やスペクトルの七色（赤・橙・黄・緑・青・藍・紫）で会話をすることもできる。電信ヴァージョン、速記文字ヴァージョン……来る年も来る年も、シュドルは憑かれたように改良を重ね、様々なソレソ語ヴァージョンを編み出していった。各国語に置き換わるとまでは期待していなかったとしても、ソレソ語が世界中の人が生まれながらに使う第二の言語となることを、シュドルはひたすらに願っていた。

こうした無数の意味が秘められている世界を思うと、ちょっとした眩暈《めまい》に襲われる。そんな世界で暮らしたいと思う人が大勢いるとは考えにくいし、実際、ソレソ語の基本に従っているわけではない混沌たる世界でソレソ語を感知してしまうことは、正常な関係性を狂わせたり、どこか恐怖をかき立てたりすることにもなりかねない。現代のソレソ語唱導者グレッグ・ベイカーは、ソレソ語を学習しはじめてまもなく、「ベートーヴェンの第五交響曲の出だしが、どうしても〝水曜日〟の話をしているようにしか思えなくなってしまった」と語っている。言うまでもなく、以前から音楽に隠されたメッセージを聞き取っているオブセッシブなファンが、ソレソ語を学んでわざわざ精神の安定をぶち壊すような真似をするわけもない。

ただ、その体験は、想像するほどに不快なものではないかもしれない。というのも、ソレソ語はハ長調の言語だからだ。ピアノの前に座って白鍵をランダムに叩いてみるところを想像してみよう。できるなら、子供部屋に行って、幼児用の木琴かおもちゃのピアノを叩いてみるほうがもっとわかりやすい。どれだけ頑張ってメチャクチャな演奏をしようとしても、ハ長調ならそれなりの調べになるはずだ。童謡が基本的にハ長調で作られているのも、この理由による。ハ長調なら、きっちりした構成を持った流れやメロディアスな調べにはならなくとも、不快に響くことはまずない。ソレソ語にも同じことが言える。

この点で言うと、フランス語は不協和音を奏でるのに向いた楽器である。

しかし、世のすべての人がシュドルに魅了されたわけではなかった。一八三九年になって、シュドルのもとに、エメ・パリという人物から厄介な手紙が届きはじめた。やがて、シュドルの最も激烈な批判者となる学者である。パリは自身、一八二一年に普遍言語の創出を試みていたのだが、この企ては、彼がすべてのノートを火中に投じることで終結するに至っていた。パリはシュドルの公演に行き、聴衆を喜ばせているパフォーマンスの非科学性にいたく憤慨した。そして、これはまさに「ペテン師」がやっている「大道芸だ」と切って捨てた。

パリの敵愾心は一八四六年の冬にピークに達し、シュドルを詐欺師として公然と非難する記事を新聞に寄稿した。二本目の寄稿も予定されていたが、これは掲載されずに終わった。おそらく、名誉毀損で訴えられることを恐れた編集者たちが握りつぶしたのだろう。しかし、パリはあきらめるどころか、自身の批判文と、シュドルとの間に交わされた手紙での激烈な罵詈雑言の数々を収録した小冊子を、一八四六年と四七年に一冊ずつ刊行した。

パリはまず、テレフォニ方式には限定的な有用性はあるかもしれないと述べた上で、「普遍的音楽言語なるもの」に激しい嘲りの言葉を浴びせかける。そして、名のある委員会がシュドルを認めたことに怒りを爆発させる。シュドルが作り出したものはすべて（パリの考えるところでは）ひとつのアルファベットを別のアルファベットに移し変えただけの子供じみた「唾棄すべき」ものでしかない。

あれは言語の体《てい》すらなしていない。

これは、世界の様相を変え国家の運命を決定づけるような、そんな重大きわまりない発見とは縁もゆかりもない代物である。しかし、多くの名高き面々がこれを有意義なものとして認証したとなると、そのように受け取る者はどこにもいなくなってしまう。私はこう言わざるをえない。遺憾の極みであるが、学士院のお歴々はみなシュドル氏にだまされてしまったのだ。……そして、フランス語から正しい綴り字法を取り去ったものを発見したというだけで、彼に偉人の太鼓判を押してしまったのだ。

パリは続けて、シュドルが、曲芸まがいの宣伝公演を続けることで、政府から法外な金をふんだくろうとしていると非難する。この言語の開発に数十年をかけたというシュドルの言を嘘だと切って捨て、シュドルがソレソ語を政府の試験的プログラムにするよう何度も要請したことに対しては、ほとんどふんぞり返るような口調で、こう言い放つ。「シュドルは、こんなシステムの開発に二年の歳月と巨額の経費を要求した。私なら六週間で充分だ。しかも、経費ゼロで」

実のところ、自身もほのめかしているように、パリにとっては六週間ですら不要だというのが本音であったに違いない。なんとなれば——とパリは断言する——、音楽言語はすでに、ブレーズ・ド・ヴィジュネルの『数字の取り決め——秘密の書記法について』（一五八七）と、グスタフス・セレヌスの『隠された意味——暗号とその理論』（一六二四）において完成されているからである。シュドルがソレソ語に手をつけてわずか一年後の一八三〇年、B・E・A・ヴァイリッヒの音楽言語に関する五十ページの小冊子『楽器による会話の技法』がライプツィヒで刊行された時、シュドルはさぞかし悔しく思ったことだろう。しかし、シュドルにとって大いに幸いだったことに、ヴァイリッヒの案はかなり単純化されたものだったため、すぐに世の人々の目から消え去ってしまった。シュドルはこうした先達たちの考えを拙劣きわまりない形で焼き直し、真の革新者たちの井戸に毒を投げ入れたのだ――とパリの言はエスカレートしていく。

こうした欺瞞によっていったん偏見が植えつけられてしまうと、真に新しい考えを受け入れられるようにするのはたいへん難しくなる。……普遍的音楽言語なるものの本性、有用性、力はすべてイリュージョンである。シュドルは、そのペテンによって、音楽言語が本来持っているはずの可能性を徹底的に破壊してしてしまった。シュドルの仕事は、イリュージョンとして、欺瞞として、絶対的に拒否されなければならない。……かくも多くの偉大なる企てが世に知られぬままにその姿を消す一方で、時流に乗っただけの他愛もない発明が大ブームとなっているのだ。このような壮大な企ては、ただ天才のみに許されるものでなければならない。

パリの数々の非難はどれも、厳密に見れば、ほとんど言いがかりといってよさそうだ。シュドルがとった宣伝方式には批判されてしかたのない面があるかもしれないが、そのことで音楽言語そのものが貶《おとし》められるいわれはないし、また、音楽言語がすでに発明されていたという主張は間違ってはいないものの、シュドルほどに広範に語彙と文法を整備した者は誰ひとりとしていないのだから、これを論拠に持ってくるのは的はずれ以外の何ものでもない。また、シュドルがソレソ語に費やした歳月に関してサバを読んでいるという批判が当たっていないのは、生涯をかけて編纂・刊行されたソレソ語の辞書・語彙集が明瞭に示している。

パリの激烈な攻撃にシュドルは当惑するしかなかった。「どうして、エメ・パリが私の発明をあれほど批判するのか、私にはよくわからない。パリは、あれに対する最終決定権が自分にあると考えているようだが、そもそも最初の発言権さえ彼は持っていない」と肩をすくめてやりすごしている。パリのシュドル攻撃はおそらく単なる羨望によるものだったのだろう。あるいは、自説に固執する頑固者が八つ当たりをした――他人が作った人工言語はすべてののしりまくるというところだったのか。

とはいえ、パリの批判の全部が全部、正当性を欠いているというわけではない。「貴下は、文字が読める者なら誰もが知っている符号のかわりに、楽音を無理やりに使わせようとしている。……その楽音による言葉たるや、千人のうち四人しか理解できない不便きわまりないものだ」とパリはこきおろす。「何と愚かな考えであることか。貴下が楽音でやっていることは、音楽家でない者にとっては音楽ですらない。……要するに、時間を浪費するばかりで決して習得のできないシステムを作っているのだ」

少なくとも、この点において、パリの言は間違っていなかった。語彙が限られていること、そして単語がどれも似かよっていて混乱することははなはだしいという事実が、やがて、ソレソ語唱導者たちにつきまとって離れない問題となる。

エメ・パリの攻撃をよそに、一八四〇年代と五〇年代、公演ツアーを重ねるたびに、シュドルへの称賛はどんどんふくれ上がっていった。ステージでのパートナーとしてシュドル夫人も参加するようになり、シュドル自身は、公演のほかに辞書の仕事を続けていた。彼が決定的な成功者になるのを妨げていたのはただひとつ――資金がまったくないことだった。

なぜだろう？　あれほどまでの称賛を浴びていながら、シュドルはなぜその営為に対する報奨を得られなかったのか。これはほとんど理解を絶しているように思える。だが、今日的観点から振り返ってみれば、その答えは驚くほどにシンプルなものだ。普遍言語には金がいっさい関与しないのである。普遍言語で運ばれる荷物は存在しない。普遍言語では粉挽きはできない。普遍言語では戦争は勝てないし、病気も治せない。ソレソ語は、その核心において、理想主義者の博愛心あふれる営為以外の何ものでもない。人類のための友愛団体が四半期ごとの配当小切手を振り出すことはないのだ。

この事実に思い至ったシュドルの支援者たちは、当然ながら顔色を失い、そして、一八五〇年六月、当時名声も影響力も頂点にあった作家ヴィクトル・ユゴーがパリの自宅から、こんな公開書簡を世に送った。

シュドル氏のために、私は全世界の人々に訴えたい。音楽言語とテレフォニを発明した名高き人物は、今日に至るまで、その多大なる労苦に見合うものをほとんど受け取ってこなかった。人類の知性と文明の平和的な進展に関心を持つすべての人に、この偉大なる人物への心からなる配慮を求めたい。

こうした多方面からの声に忸怩《じくじ》たる思いに包まれて、一八五五年のパリ万博の際、審査員団がシュドルのために一万フランの特別賞を設定した。結構な額ではあるものの、これが三十五年に及ぶシュドルの労苦にとうてい見合うものでないことは、むろん審査員団も承知していた。

一八六二年、ロンドン万博で展示するために八カ国語の完成版ソレソ語辞書を詰めたスーツケースを引きずってロンドンにおもむいたシュドルは、もはや完全な老人で、体力の衰えもはなはだしかった。そんなシュドルに心動かされた万博の審査員団は名誉勲章を授与したが、その表彰の辞のひとことひとことが墓碑に刻まれることになってもおかしくはなかった。「シュドル氏の驚嘆すべきプロジェクト……これほどに有益なものが広く利用されずにいるなどということがあるだろうか？　そして、すでに齢《よわい》を重ねたその発明者が、非営利の審査員団の満場一致の称賛のほかに何の報奨も受けないなどということがあってよいものだろうか？」

数カ月後、シュドルはこの世を去った。七十五歳だった。

生まれ故郷の村には記念碑が建てられた。だが、彼のライフワークである八カ国語のソレソ語辞書（死の直前にロンドン万博で展示して大喝采を浴びた労作）は、以来、誰も目にしていない。生涯をかけたシュドルの仕事は、歴史の闇の奥に完全に消えてしまったかに思われた。

ただ、一種類の辞書だけは生き延びた。夫の死後、夫人のジョゼフィーヌがソレソ語の普及活動を引き継ぎ、一八六六年に、フランス語によるソレソ語文法と辞書をまとめた『普遍音楽言語』を出版したのだ。もちろん、これはジャン-フランソワ・シュドルの畢生《ひっせい》の大作だったが、未亡人は夫の死後もソレソ語の改訂を続けた。現在、アメリカ議会図書館が所蔵する『普遍音楽言語』には、いたるところに、ジョゼフィーヌの手になるものと思われる修正がある。この本は、今日の小切手帳にそっくりの珍しい判型で、旅行用の上着のポケットにきれいに収まる形に作られている。シュドル夫妻はともに、世界中の旅行者がこのソレソ語ガイドを取り出し、メロディアスな会話を交わす日が来ることを夢想していたのだった。

シュドル夫人はまた、新時代の一大通信手段である電信の台頭をまのあたりにすることになった。パリでも新しい電信システムへの全面的な移行が決定され、一八六五年には標準となる方式の検討が始まった。何年も前、電信が初めて登場した時に、まだ存命中だった夫は果敢にも電信符号の方式としてテレフォニのヴァリエーションを提案していた。そして今、高齢となったその未亡人は、内務大臣へのプレゼンテーションの期日に間に合うよう、パリのアパルトマンに電信線をつなぎ、五日間の集中実験を行なって、あっという間にソレソ語の電信ヴァージョンを開発した。デモンストレーションは大成功をおさめた。が、夫人の案は採用されなかった。

『普遍音楽言語』の前書きには夫人の落胆と苛立ちが如実に表われている。「私は政府の方々にこう申しました。……知性あるみなさん、あなた方の影響力を行使して私をできるかぎり援助してくださ い。そうすれば、普遍的な存在である音楽があらゆる国を固く結びつける言語の絆となるのです！」

この叫びが無視されることはなかった。パリに〈普遍言語ソレソ語普及協会〉が設立された。現在、図書館にソレソ語に関する文献が残っていないため、この協会が実際にどれほどの影響力を発揮したかは推測の域を出ないが、ソレソ語の使用者は、シュドルの死後、二十年ほどの間に着実にその数を増やしていき、日常的にソレソ語を使う者はフランスだけで数千人にのぼった。

ソレソ語の絶頂期とも言えるこの時期、一九〇二年に、普及協会の会長ボレスラス・ガジェウスキが『ソレソ語の文法』を刊行した。この小冊子は、一八六六年のガイドで設定された文法のルールを拡張・整備したもので、出だしはごく普通に、ソレソ語が世界各国の旅行者にとってどれほど有用かというところから始まっている。キーポイントは以下の太字の部分だ。

このように、ソレソ語を使えば、目の見えない者も聾唖者も他国の視覚障害者・聾唖者と様々な考えをやり取りできるようになる。とどのつまり、あらゆる人が障害者の問いかけに答えることができ、障害者もあらゆる人の考えを理解できるようになるのだ。

ヨーロッパには現在、目の見えない者が二十五万人以上、聾唖者が二十一万人以上いる。ヨー

ロッパだけをとっても、四十六万もの人々が、現時点では、ほかのすべての人たちとコミュニケーションできる手段を持っていないに等しい状況にある。この人たちが、ソレソ語によって、ごく普通の生活に戻り、自分たちの障害がもたらしていた不便さが激減するのをまのあたりにすることになる。

ガジェウスキはたぶん、世界中の人々がソレソ語を使うようになってほしいと考えていたに違いない。そのためにも、ソレソ語をより受け入れやすいと思われる知覚障害を持つ人たちに、まず焦点を合わせたというところだろう。

ガジェウスキと普及協会は、世の中に少なくともある程度のインパクトを与えることに成功した。この結果、普遍言語の唱導者であるルイ・クーテュラとレオポール・リユーは、一九〇三年の大著『人工言語の歴史』で、ソレソ語に一章を割かざるをえなくなった。こんな言語にどうして大勢の人が関心を寄せるのかと、ただひたすらに不満をつのらせている一章だ。「この言語がなぜそこそこの成功をおさめているのかは、ほとんど説明がつかないと言っていい。あらゆる人工言語の内で最も出来が悪く、最も人工的で最も実際的でない言語だからだ。……そもそも、たった七つの音節であらゆる人間の考えを表現しようということ自体、無意味と言うしかない」。そして、ほかにもっと優れた人工言語がいくらでもあるのに、それらを犠牲にしてソレソ語が学習されているというエメ・パリの慨嘆をほぼそのまま、折あるごとに引用する。視覚障害者や聾唖者の間での使用に関しては、健常者がこの言語を学ぶ必要があるとは考えていないようで、「健常者と障害者向けに、どうして同じ自転車を作るのか」とまで言ってのけている。

だが、クーテュラが大著の一章を費やし、ガジェウスキが小冊子を刊行したのも、結局はインクと紙の無駄遣いに終わった。世には、新たな人工言語、ヴォラピュクとエスペラントが台頭しはじめていた。この二つの普遍言語は、ヨーロッパの人々にとって認知しやすい表記をベースにしていたために、急速に広まっていった。“認知のしやすさ”という点に関しては、ソレソ語は太刀打ちできようはずもなかった。新たなソレソ語運動の起爆剤として企図されたガジェウスキの『ソレソ語の文法』は、結局、ソレソ語の最後の喘ぎとなった。以後、ソレソ語に関する言及は影をひそめ、ほどなくソレソ語そのものの存在も忘れられてしまった。

しかし――。今日、ソレソ語はもはや絶対に死滅しない状況にある。世界中に十人余の情熱的なソレソ語唱導者がいる。最も有名なのはオーストラリアの二人の暗号作成者グレッグ・ベイカーとジェイソン・ハッチェンズで、彼らはそれぞれ独自にソレソ語を発見した。アラスカの研究者スティーヴン・ライス、カリフォルニアの音楽学研究家デイヴィッド・ホイットウェル、オレゴンの医師ジョン・シルク。この三人は、それぞれに、ほかにソレソ語使用者がいることにはまったく気づかないままに、この不思議な魅力を持つ言語の歴史を保存する作業を続けていた。世界のあちこちで、いわば同時多発的に、この普遍言語の再登場が起こったのは、実に似つかわしいことに、今日の最も普遍的な媒体においてであった。ウェブである。

ソレソ語で作曲を試みた者もいる。室内オペラの一部をソレソ語で書いた音楽家ブルース・ケストナーがその人だが、ケストナーはさらに、エアイエアと名づけられた、半音階（ピアノで言うと白鍵と黒鍵をすべて使う十二音による音階）の言語を作っている。一九九七年には、オランダのラジオ司会者ヨランダ・マンテがシュドルをめぐるソレソ語の寸劇を書き、放送した。

このソレソ語リバイバルは、さらに勢いを増しつつあるかのような様相を呈している。グレッグ・

ベイカーは、今後のオペレーションのベースとしてsolresol.org.auのドメインを登録し、ジェイソン・ハッチェンズは、ソレソ語で書いた文章を、世界中の音楽家‐話者の間で交換できるファイルに変換するコンピューターソフトを広めている。スティーヴン・ライスは、ソレソ語の改良に取り組んでいて、これが完成すれば、ガジェウスキの一九〇四年のテキスト以来の新たなソレソ語進化の第一歩となるはずだ。

一方で、エスペラントやインターリングアのような国際補助言語の使用者とは異なって、実際の生活の中でソレソ語を使っていた者は、その最後のひとりが、何十年か前、フランスの老人ホームで亡くなったと言われている。ソレソ語の日常使用には、一世紀前に盛況を呈した時と変わらず、単語と単語の間に休止を入れるのが難しいことと、語彙がすぐに混乱してしまうことが、どうしようもなくつきまとう。今日のソレソ語唱導者は、そのほとんどが、比較言語学のひとつの実践として、また、歴史の再構築という価値ある営為として、ソレソ語の追求に携わっている。

ウェブ上でのソレソ語リバイバルが起こる前、ひとつの謎めいた痕跡が発見された。コンピューター世界の誰かが、何年も前に、ユニコードのＵＴＦ‐16の文字セットに、ひそかにソレソ語のアルファベット七文字を組み込んでいたのだ。「文書として残された記録がほとんどない言語が、今、コンピューターの世界では、タイ語やタミル語、英語と同じように重要な国際言語としてとらえられようとしている」とグレッグ・ベイカーは述べている。

ソレソ　ドミファレ……（ソレソ語は生きている）

6

種を蒔いた人

イーフレイム・ウェールズ・ブル

Ephraim Wales Bull (1806-1895)

イーフレイム・ブル（コンコード公共図書館提供）

北米人にとって、グレープジェリー（Tシャツをべっとりと紫色に汚してしまうあれ）は、紙糊やカラー粘土やクレヨンと極めて近い位置にある。味や手触りや匂いで即座にそれとわかる、そういうもののひとつだ。グレープジェリーの匂いはイコール子供時代であり、口の中にあの甘さが感じられた瞬間、あまりにも当たり前すぎて気にもならないというのでない限り、テレビで「恐竜ランド」や「エレクトリック・カンパニー」を見ていた過去の日々が、プルーストのマドレーヌさながらに蘇ってくる。しかし、この香りと甘さを生み出しているブドウそのものの名前（コンコード）が思い出されることは、まずない。

　コンコードブドウは今でも、コンコードという名の町の近郊に生育している。これが今も毎年実をつけていると思うと、とても心安らぐ、どこか古風な趣きさえある気持ちに包まれる。だが、実際にコンコードブドウを買おうとスーパーに行くと、店員からいぶかしげな視線を向けられることになる。コンコードはそのまま食べるブドウではありませんと店員は言うだろう。それでも、ジャムとジェリーの棚を眺めると、ブドウと言えばコンコード以外には存在しないとしか思えない。ブドウを使ったアメリカの加工食品の世界には、厳然としてコンコードが君臨している。

　アメリカ人の多くは、アメリカ以外の地でコンコードブドウがほとんど知られていないことを知ると、びっくりする。さらに、自分たちが愛してやまない、あの白くて柔らかいワンダーブレッドに分厚く塗った脂肪分たっぷりのピーナツバターと甘いブドウジャムの組み合わせが、外国人にとっては、エルヴィス・プレスリーがお抱えコックに作らせていた料理と同様、身の毛のよだつものでしかないということを知ると、ショックを受ける。しかし、それ以上に驚くべき事実は……コンコードブドウは異国の地に存在しないというだけではなく、アメリカにも、ついこの間まで存在していなかったことだ。

アメリカはブドウの地だ。千年前、北米大陸の海岸沿いをゆっくりと探索していたヴァイキングは、いたるところにブドウの木が生い茂っているのに感銘し、この新世界をヴァインランドと名づけた。だが、よく観察すると、これらの蔓《つる》植物は、ブドウだとはわかるものの、見慣れないものであることが判明した。もちろん、アメリカ大陸自生のブドウもブドウには違いないのだが、ヨーロッパのブドウと同じものではなかった。長い年月がたってヨーロッパから移住者たちがやってきた時、彼らは自分たちにとって当然と思えることを実行した。自生しているブドウは無視し、旧世界から挿し木用の枝を輸入したのだ。

移住者たちにはもっともな理由があった。人間は、自分たちの知らないキノコやベリーを無闇に食べたりはしない。毒のあるキノコやベリーは激烈な肝障害や腎障害を引き起こすことがあり、アメリカの自生種かヨーロッパから持ってきたものかも区別できない移住者たちが、あえて野生のものを食べてみたりするわけがないのは当然のことだった。実はトマトもアメリカ原産の果菜で、今日では生産量の最も多い作物のひとつとなっているが、当時は、野生の蔓に実ったまま腐るにまかせられていた。トマトには毒があると誰もが信じていた。

だが、ブドウの場合、野生のブドウに目が向けられなかった最大の要因は経済的なものだった。マスカットやトカイといったヨーロッパの高級な食用・ワイン用のブドウは、多大な利益を産むことが実証された農産物だった。開拓と農業を介して土地を改良していくことを条件に土地を与えられることも多かった入植者たちは、労を惜しまず先住民から盗み取っていった所有地で生計を立てていくために、確かな収入を約束してくれるものを必要としていた。こうして、アメリカへの船荷には、白人の年季奉公人や大量の手紙とともに、それ以上に価値のある荷、ブドウの苗木が積み込まれることになった。

しかし、アメリカはブドウの生育には適していなかった。

少なくとも、ヨーロッパ産のブドウはまったくだめだった。ウィリアム・ブラッドフォードが最初にブドウの木を移植した一六三〇年代から一九世紀の半ばに至るまで、ブドウで食べていけるようになった農家は皆無に等しかった。ブドウの木は種々様々な病気に襲われ、ハダニやコナカイガラムシやアザミウマやバラコガネやブドウトラカミキリが、金切り鋏《ばさみ》さながらの強力な顎を揮《ふる》いまくった。病気と虫たちの攻撃を何とか切り抜けても、収穫期が来ると、今度は、根が乾腐病を起こしていたり、果実が濡れ腐れを起こしたりしている現実に直面させられることになった。アメリカの自生種は、自然選択の結果、こうした病害虫にそれなりの耐性を持っていたが、ヨーロッパ産のブドウは、園芸家のアンドリュー・フラーが簡潔に述べているとおり「この国では全滅した」のだった。

農家の人々は、この惨状を、土壌、水のやりすぎ、不適切な剪定、悪天候など、ありとあらゆるもののせいにしたが、ブドウそのものが問題だとは考えなかった。そして、安定してブドウを育てるには温室内で栽培するしかないと結論を出した。一九世紀にはガラスの大量生産が可能になっていたので、温室栽培というのもそれほど馬鹿げた考えとは受け取られなかった。つまるところ、当時最大の公共建築物となるロンドンの水晶宮も、実質的に巨大な温室だった。開発されたばかりの暖房システムが、こうした温室では一年中、果実が収穫できることを約束していた。裏庭にガラス張りの〝ブドウ畑〟を作るガイドブックが急増した。

だが、大規模生産にとって、温室は何とも非効率な方法である。アメリカの農地は、様々な形での土地の収奪を介して一挙に拡大していったが、ブドウの生産はごく限られた地域にとどまりつづけ、一九世紀の半ばまで、ロッキー山脈以東のアメリカ全土で、せいぜい五千六百エーカーというところだった。一八四〇年代に、ブドウ栽培家のエリア・フェイが大胆にも、生産したブドウを販売するべく、ベイカーという名のアシスタントとともにブドウをバッファローに送り出したところ、「バッファローの住人はブドウをまじまじと見つめ、ベイカーに、これはプラムの一種か、どうやって食べるのかとたずねた」と、ある歴史家が述べている。当時のアメリカ人のほとんどは、ブドウの何たるかさえ理解していなかった。こんな状況で、生産者はどうやって市場を見つければいいというのか。

しかし、作物の生産は必ずしも農家の専売特許だというわけではない。今日でこそ、農業はハイテクの最先端にあって、たいへんな利益をもたらすバイオサイエンスになっているが、同時に、人間の営為としては、古来、最もアプローチしやすいものでもある。種を一個取っておいて、適当な土壌に埋め、そのままやさしく見守る以上のことはいっさいしなくとも、たいていの場合は何かが芽を出して育っていく。これなら子供にもできるし、実際、学校での子供向け科学実験の定番は試験管での発芽の観察である。

一九世紀初頭は、剪定や接ぎ木や植栽のサイクルなどの細かい知識は必要だったとはいえ、まだ農芸科学の学位は不要な時代だった。売買の形態もシンプルで、わかりやすかった。たとえば、フラーの簡明な処方によれば、「ブドウの生育が思ったほど速くない時には、水を入れた桶に、新しい上質の堆肥をシャベルで何杯かすくい入れ、よくかき混ぜたのち、余分な水分を捨ててから、ブドウの木に与え」ればいい。こうして、ブドウは、液状堆肥を用意した熱心なアマチュア、園芸愛好家たちによって育てられることになった。言い換えると、生計を立てるために農業をやっている人間で、ブドウのようなリスキーで経費のかかる作物を育てようと考える者はまったくいなかったのだ。

こうしたアマチュアの果樹園のひとつが、ボストンのワシントン・ストリートに住む銀細工師エパフォス・ブルの家の裏庭にあった。息子のイーフレイムは、この庭に格別の関心を向けていた。一八〇六年三月四日、トマス・ジェファソンの二度目の大統領就任式の日に生まれたイーフレイムには、何か大きなことをやってのけそうな雰囲気があった。いつも本に没頭し、わずか十一歳で学会のメダルをもらったほどだった。しかし、エパフォスには息子を学校に通わせつづけるだけの余裕はなく、イーフレイムは十五歳の時に、金箔師の徒弟に出された。仕事以外の時間はいつも裏庭で、自分が植えたカトーバやイザベラ、スイートウォーターといったアメリカ原産のブドウの様子を丹念に調べている若きイーフレイムの姿が見られた。

イーフレイムは、通常よりもずっと短い期間で金箔製造の技術を習得し、やがて、自分の工房を持って、製本師やメッキ職人向けの金箔を作るようになった。だが、仕事場の熱や塵埃に加え、人口の密集した市街地の環境が彼の肺の状態を悪化させていった。この状態は、一八三六年には本人にも医師にも明白なものとなって、田舎に移る必要が生じた。イーフレイムは妻とともに、ボストンから二十キロ離れたコンコードに居を移した。六十年近く前、アメリカ独立戦争が始まった静かな村で、この村のレキシントン・ロードに十七エーカーの農場を購入することができて、夫妻は大いに喜んだ。ひとつだけ、普通の田舎暮らしとは異なるところがあった。隣家の住人が、かなり変わった人物だったのである。

ブロンソン・オルコットはイーフレイム・ブルより七歳ほど年長で、ブル以上の読書家だった。オルコットもまた、正規の学校教育はほとんど受けていなかったが、独自の勉学に励み、やがてボストンに、まったく新しい教育理念に基づく私立学校を設立するに至った。旧来の機械的な暗記や教師による一方的な授業ではなく、プラトン的な対話と自己学習を推進するという実に革新的なカリキュラムのもと、生徒たちは継続して日記を書くことを奨励され、教室での対話は、宗教的な議論や、保健および性教育の原型とも言うべきところまで踏み込んでいた。これらはアメリカの教育の根底を形作ったパイオニア的営為と言えるものだったが、当然のように、多くの新聞から「不道徳きわまりない」と囂々《ごうごう》たる非難を浴びた。それでも、オルコットは断固として、みずからの啓蒙的かつ徹底的な現代的教育理論の実践に邁進しつづけた。そんなオルコットの最大の影響を受けたのが、最も優秀な生徒にして自身の娘だったルイーザ・メイ・オルコットである。

オルコットにとって、イーフレイム・ブルが隣に移ってきた一八三六年は、状況が好転し、先行きに期待が持てはじめた時期だった。親しい友人であるラルフ・ウォルドー・エマソンが『自然』と題された革新的な随筆集を出版したばかりで、オルコット自身も、子供たちと宗教について交わした議論をまとめた『福音をめぐる会話』（一八三七）の仕上げに専念しているところだった。だが、『福音をめぐる会話』が刊行されると、年端もいかない子供たちが神について意味のあることを語れるなどと考えること自体とんでもない話だとして、新聞紙上で再度、散々に叩かれた。売れないままに積み上げられた数百冊の本は結局、反故《ほご》紙として売られ、スーツケースの裏打ちに使われることになった。

オルコットは失敗に耐えた。耐えねばならなかった。旅まわりの販売員という最初の仕事についた時以来、オルコットが手をつけたことはことごとく失敗に終わっていると言って過言ではなかった。実際的な能力に徹底的に欠けていたオルコットは、しかし、同時に広大無辺のヴィジョンを持ち、気味の悪いほど先見の明あふれる様々なテーマを追いつづけていった。女性の権利、奴隷制度の廃止、健康の見地に基づいてのタバコ販売の禁止、そして、彼が名づけた〝ピュタゴラス学派の食事〟（今日で言うところの菜食主義）の実践。エマソンはオルコットの考えに心から賛同し、双方の家族ともども共同生活を送ろうと本気で提案したほどだった。

　そんなオルコットが強く関心を寄せていたもうひとつのテーマが遺伝学だった。遺伝学は当時大きな成果を上げつつあった新しい研究領域で、ブルもオルコットと一緒に多くの本を読みあさった。中でも二人を夢中にさせたのが、ベルギーの医師ジャン＝バティスト・ファン・モンスの研究だった。ナシの品種改良と異花受粉にかけて魔法としか思えない技倆を持つファン・モンスは、いくつもの系統の最も優れた形質を引き出して、四十に及ぶ素晴らしいナシの新品種を生み出していた。

　ファン・モンスの最新の仕事について、ブルとオルコットの間で熱狂的に交わされていた会話は、しかし、途中で打ち切られることになった。オルコットが、コンコードで始まった超越主義運動《トランセンデンタリズム》（一九世紀前半に、アメリカ、ニューイングランド地域で、エマソンらを中心に始まった理想主義・ロマン主義的な運動）の大半のメンバーとともに、ユートピア的な農業共同体フルートランドを作るべく、コンコードを去ることになったからだ。そうして、オルコットの家に新しい借り手がやってきた。ホーソンという無名の作家の一家だった。

長い年月がたってから、ジュリアン・ホーソンが、父ナサニエルと隣人イーフレイム・ブルが様々な話を交わしていた遠い昔の夏の長い日々のことを思い起こし、文章に残している。二人が話していたのは、政治、人間の本性、道徳性、そして、ブドウの栽培だった。土埃が舞う秋の日々、ブルは所有地の境界に長い柵を作る作業に従事していた。もちろん、近隣の人々を締め出してしまうためではない。ホーソン家の子供たちを見かけると、ブルはいつも、柵を乗り越えておいでと誘い、好きなだけブドウを摘んで食べられるだけ食べていいと言った。「僕たちがどれだけ大量のブドウを食べられるものか、彼にはわかっていないようだった」とジュリアン・ホーソンは記している。ジュリアン少年に、イーフレイム・ブルは鮮烈な印象を与えた。

彼は、その名前が示すように風変わりな人物だったが、正真正銘、独立独歩の人間で、父は彼をたいそう気に入っていた。それは彼の側も同じだった。背は低く、体はがっしりしていて腕が長かった。大きな頭はもじゃもじゃの髪とジャングルのような顎鬚で覆われ、そこから飛びぬけてキラキラした、こちらを見通すような目が見つめていた。深く物事を考える頭脳と強く熟達した手を併せ持った人物——彼はブドウ畑の仕事の四分の三をひとりでこなしており、一本一本の木にそれぞれ特別な世話がなされていた。

ブドウ畑でひとりで働いていることが多かったのは、彼にとって必要なことだったのだろう。ブルは、とても友好的な半面、ひどい癇癪を起こすこともあった。季節労働者がブドウ畑に入る時にはいつも彼らの手際の悪さに激怒し、その怒鳴り声は畑の反対側からホーソン家の裏庭にまで届いた。「まるで遠くで戦争が起こっているようだった」とジュリアンは回想している。

事実、ブルはたいへんな闘いのさなかにあった。彼は、原生種のブドウ（大半のブドウ栽培家にとって見向く価値もないもの）から、過酷な環境に耐えられる新品種を作ろうとしていたのだ。単に、ヨーロッパ産の最高級のブドウに対抗できる品質のものというにとどまらず、ニューイングランドの害虫や病害、秋に突然やってくる寒波を生き抜くのに必要な、アメリカ産独自の抵抗力と早い生育サイクルを兼ね備えた、まったく新しい品種。これに関しては、有望な意見がいくつかあって、たとえば、ジェイムズ・ミースは一八〇四年という早い時期に、『アメリカ国内百科事典』で、原生種をもとにした新品種の開発に肯定的な論を展開している。とはいえ、言うはやすく、実行は難しい。ブドウの品種改良はたいへんな忍耐を必要とする。ブドウ農家は一般に挿し木か接ぎ木で増やすが、これは品種改良という点では意味がない。挿し木、接ぎ木は遺伝的には不変で、要はクローンを増やしているにすぎないからだ。ただ、クローンは生育が早く、安定していて、したがって、生産農家にとっては大きな意味を持っている。一方、新しい品種を生み出すには変異が必要である。これを自然の状態で行なう方法はひとつしかない。種《たね》を蒔《ま》き、そして待つことだ。

ブドウの遺伝子は種のひとつひとつで違う。同じ両親から生まれた兄弟姉妹がひとりひとり違うように、同じ一房のブドウの一粒一粒も、その遺伝子は異なっている。一本のブドウの木でも、試してみるべき遺伝子の組み合わせとなると、有用な遺伝子・有用でない遺伝子をとりまぜて、とてつもない数になる。さらに、自分が作り出した新しい世代のブドウの質を判定するには、その世代が実をつけるまで待たねばならない。ここまでで最低二シーズンがかかる。そこから、今度は種子選択と異花授粉を繰り返し、何世代もかけて、自分の求める形質を発現する遺伝子を固定させていかなくてはならない。これには何年も何十年もかかる。一生かかっても成功しない場合もある。

品種改良は一本の木から始まる。ブルがその最初の一本となる木を見つけたのは、自分のブドウ畑でも種苗店でもなく、自宅の裏の台所の排水管の近くだった。それは、ラブルスカ種（*Vitis labrusca*）という北米の野生ブドウで、シーズンの早い時期に実をつけるのが特徴だった。ニューイングランドで栽培するなら、早い結実は決定的に重要な要素だ。そこで、ブルは、排水管のそばに生えていたそのブドウを生で食べてみるとともに、木全体を注意深くチェックした。「実はいっぱいついていて、野生のブドウにしては驚くほどいい味だった」と、のちにブルは述べている。「私はその種を一八四三年の秋に畑に蒔いた」

ブルの方法はシンプルだった。「十月の初め、実がすべて完全に熟しきってから、一粒一粒をまるごと、皮も実も種も一緒に、地中五センチのところに植えた。ここから生えた苗木を六年間育てた。その膨大な数の木のうちで、保存するに値するとわかったのは、たった一本だった」。ブルは、それをコンコードブドウと呼ぶことにした。苗木が実をつけるようになって三世代にわたり選抜を続けた結果だった。こうして、自分が作り出した新品種を披露する用意が整ったブルは、一八四九年九月十日、家を訪れた近所の農家の主人に、その木の一番熟した一房を切り取って差し出し、彼が味わうのをじっと見つめた。

「なんてこった」と彼は驚嘆の声を上げた。「イザベラよりうまいじゃないか！」

この感想はブルを奮い立たせた。この時点で、自分の新品種はすでに、原産種で一番おいしいとされているブドウを上まわっていたのだ。大いに自信を得たブルは、挿し木用の何本かの枝を、ボストン生産者協会の複数の支部に送り、コンコードの挿し木を、協会が保有しているブドウのサンプルのどれかと交換してほしいと頼んだ。ただ、協会がコンコードを育てて実を収穫したとしても、いっさい売ってはならないという条件をつけた。自分の生産物を一般にお披露目するには、あと数年をかけて、このブドウを増やす必要があった。

九月のある日、マサチューセッツ園芸協会からやってきた二人の男がブルのコテージのドアを叩いた。

「あなたが届けるといったブドウはどこにあるんです？」

ブルはあっけにとられた。

そして、「もう届けてあります。近所の人に頼んで」と、口ごもりながら言った。「体調が悪かったもので、自分で持っていけなかったんです。でも、今言ったように、人に頼んで届けてもらいました」

男たちは、協会ホールの展示台をもう一度調べてみると言った。すべては、彼らがブドウを見つけてくれることにかかっていた。ボストンでの園芸協会の一八五三年秋季品評会は、コンコードのデビューの場となるはずなのだ。しばしの時間がかかったものの、確かにブドウは、ブルの言うとおり、ホールに届いていた。ただし、間違って野菜のセクションに置かれ、しかもカボチャとカブの山の下に隠れてしまっていた。この間違いは、ある意味で理解できなくもなかった。コンコードはまるでブドウには見えなかったからだ。少なくともアメリカ人の目にとって、それはブドウではなかった。とんでもなく大きかったのだ。

品評会の審査員たちは眉を上げた。

「ブドウの木の皮をはいで水と栄養を送るようにしたに違いない」とひとりが言った。「いずれにしても、何か細工を弄したのではないか、確かめたほうがいい」

こうして審査員団の面々はコンコードにおもむき、グレープヴァイン・コテージに詣でた。ボストンの品評会に出品するというだけですっかり具合が悪くなっていたブルが、気がついてみると、ノートを手にした大勢の男たちに囲まれ、四方八方から質問を浴びせられていた。どうやってあのブドウを育てたのか？　本当に、この種のごく普通のブドウなのか？　それを証明できるか？

――畑にまだいくらでもあります。

ブルに案内されてブドウ畑に行った一行は、畑のブドウを丹念に調べた。ブルがボストンに送ったブドウは、正確には、標準的なものではなかった。畑のブドウはどれも、品評会に送られたブドウより大きく、もっと甘かったのだ。

自分が作り出したものについて、ブル自身が書いた文章は、事実を淡々と述べているだけだ。

このブドウは大きく、直径二センチ半のものも珍しくない。房はきれいな逆三角形で、中には五百グラム近いものもある。色は赤みを帯びた黒で、濃い青のブルーム（粉）で覆われ、皮はとても薄く、果汁がたっぷりで、甘く香味豊かな味がする。繊維質はほとんどない。木は丈夫で、葉は大きくて厚く、堅い葉脈があって、葉裏には柔毛が生え、べと病・さび病にかからない。九月の十日頃に熟する。

品評会のレポーターは、これよりはるかにアピール度の高い記事を書いた。「委員会は世界に向けて、ついにニューイングランドでも育つブドウが作られたことを発表した。しかも、これまでに栽培されたいかなるブドウよりも大きく、甘いブドウである」

ブルの畑のブドウは即刻売りに出された。取り扱い業社はボストンのC・M・ホーヴェイ商会。ブルとホーヴェイは金の鉱脈の上に座ることになった。史上最高のアメリカ産ブドウの唯一の売り手として、挿し木一本につき五ドルの値をつけることができ、あとは儲けが転がり込んでくるのを待っていればよかった。コンコードは信じがたいヒットとなり、全国のアマチュアのブドウ栽培家から注文が殺到して、一八五四年だけで、ブルの取り分は三千二百ドルにのぼった。コンコードは、国中の裏庭の格子垣にその蔓を這わせることになるのが確定したかに思われた。

しかし、やがて妙な事態が発生した。売り上げが減少しはじめたのだ。最初はほんの少し減っただけだった。翌年はもう少し。そのようにして、売り上げは最終的にほぼゼロになってしまった。ブルの頭に徐々に真相が染み通っていった。ホーヴェイに注文を寄こしたのはアマチュアだけではなかったのだ。

この間《かん》、競争相手たるプロの生産者たちもコンコードの挿し木を買っていたのである。

ブルには、この事態を予測するすべはなかった。合衆国では当時、ブドウは商業農産物ではなかった。だが、品評会のレポーターが伝えたとおり、審査委員会は、ブルのブドウがどれほどすばらしいものであるかを全国に、それも少しばかり明確すぎるほどに、知らしめてしまった。結果、それまでブドウにさしたる関心も寄せていなかった種苗業者たちが密かにコンコードを注文し、一大国内産業に育て上げる準備を整えていった。もちろん、ブルには一銭も支払うことなく。

一八五四年当時、合衆国の品種改良家はいかなる形でも保護されておらず、自分たちの作り出したものをコントロールする手段を持っていなかった。これはひとえにトマス・ジェファソンのおかげである。特許法を起草するに当たって、ジェファソンは意図的に生物を排除した。新しいものを作り出したことに対する権利を、生命そのものにまで広げるのは敬虔さを欠く——そんなふうに考えたのかもしれない。しかし、ジェファソンは分別のある理神論者であり、宗教的な心情によって合理的な思考をゆがめるようなことはしない人物だった。とすれば、彼が特許から生物を除いた本当の理由は、法廷を特許関連の訴訟で機能不全に陥るのを避けるためという単純なものだったとも考えられる。いずれにせよ、一九三〇年まで、議会が植物品種を特許の対象として認めることはなかった。

さらに言えば、特許が常に特許の保有者を守ってくれるわけではなく、まったく逆の場合もある。たとえば、ある製造過程の特許を申請する場合、申請書には、そのプロセスを細部に至るまで詳細に記述しなければならない。その気になれば、誰でも、特許の公的記録を読んで、その発明をそっくり盗用することができる。特許保有者が遠方に住んでいれば、盗用されたこと自体に気づかないかもしれないし、たとえ気づいたとしても、法廷闘争を起こすだけの資金的余裕がないかもしれない。そうなれば盗んだ者勝ち——特許そのものが盗用を可能にすることになるのだ。歴史上、傑出した、それゆえに多大の利益をもたらす発明のいくつかがいっさい特許登録されなかったのは、まさしくこの理由による。

一例を挙げよう。一八九九年、《サイエンティフィック・アメリカン》誌が、今世紀最大の発明は何かという読者アンケートを行なった。誌上には、膨大な発明のリストと、当時の〝最大〟と考えられる発明の要約も掲載されていた。選ばれたのはベルの電話ではなかった。エジソンの電球でも、ホイットニーの綿繰り機でも、フルトンの蒸気機関でも、写真やガス駆動自動車でもなかった。多種多彩なその他の大発明を差し置いて選ばれたのは、ベッセマーの鋼の精錬法だった。

サー・ヘンリー・ベッセマーの名が今日語られる機会はほとんどない。しかし、彼が開発した鋼精錬法は（彼がその製法の完成に勤しんでいたのは、折しも、ブルがホーヴェイ商会から受け取った最初の巨額の小切手をいそいそと換金していた時期だった）文字どおり、私たちが今日知っている近代世界そのものを築いた。今日もなお、車用であれ建築用であれ、実質的にすべての鋼（スティール）がベッセマー法の何らかのヴァリエーションによって製造されている。サー・ヘンリーはこの精錬法で特許を取得し、巨万の富を得た。しかし、彼が最初の財産を築いた時は、特許という方法はとられなかった。

ベッセマーに最初の財をもたらしたのは真鍮の粉末化である。若い頃、彼は、姉が花の画集の装飾をする手伝いをしていた。レタリングを仕上げるのに金のインクが必要で、それを作るために、地元の画材商のクラーク氏のもとに〝金粉〟を買いにいった。

その材料は〝金〟ではなく、〝真鍮〟の粉と呼ばれていた。私は、数種類の濃さの粉をそれぞれ一オンスずつ注文し、翌日、受け取りにくると言った。その言葉どおり翌日店に行った私は大いに驚かされた。一オンスにつき七シリングも払わねばならなかったからだ。

家に戻る途中、私は頭の中で繰り返し繰り返しこう問わずにはいられなかった。「この単純な金属の粉が、どうしてこんなすごい値段になるのだろう？　これには金などほとんど入っていないはずだ。この粉に美しく豊かな色彩を与えているのは、上質とはいえ、ただの真鍮なのだ。どんな加工がなされていようと、真鍮が一オンスにつき七シリングというのは、とんでもない値段だ……」

一オンスで七シリング、つまり、一ポンドあたり五ポンド十二シリングの小売価格の真鍮の粉末。粉末にする前の原材料は六ペンスもしないだろう。「要するに」と私は考えた。「加工の過程でたいへんな時間と手間がかかっているということだ。昔ながらの手作業でやっているに違いない。とすれば、動力を使って簡単に製造できる装置を開発すれば、そこには、たいへんなビジネスチャンスがあるということになる」

この粉末は、ドイツのニュルンベルクで秘密裏に製造されていることがわかった。ベッセマーは、大英博物館にあった古い書物に製造法が記されているのを発見した。推測したとおり、製造過程のひとつひとつが実に手間のかかるものだった。これを簡略化するには、現行のプロセスを一気に跳び越えて、真鍮粉末を作り出すまったく新しい方法を開発するしかない。ベッセマーは何度も何度も実験を繰り返し、ついに、現行のいかなる製法よりもはるかに速く真鍮を粉末にする装置を完成させた。ある輸入業者にその結果を示してみせたところ、男はその場で、この製法を使わせてもらえるなら年に五百ポンド出そうと言った。

まさにその時、この製法には五百ポンドをはるかに超える価値があることを、ベッセマーは確信した。

そして、特許申請をしてしまったらすぐに、五百ポンドすら得られなくなってしまうだろうということも、はっきりと理解した。この製法は絶対に秘密にしておかねばならない。だが、どうやって？

蒸気機関を使った一台何トンもの重さのある強力な機械を何台も作る必要があった。そのうちの何台かは当然ながら、とても複雑なもので、何のための機械であるか気づく者が出てくるのは必至だった。……そこで、まずひとつひとつの機械の全体の設計図を作ったのち、ばらばらの部分図にした。そして、厳密な寸法指定のもとに、複数の機械の複数の部分を、一部はマンチェスターで、一部はグラスゴーで、一部はリヴァプールで、一部はロンドンでというふうに、別々に作らせた。こうすれば、どんな技術者にも、それぞれの部分がいったい何に使われるのか、推測すらできないことになる。

機械とともに、ベッセマーはロンドン郊外に小さな工場を作った。入り口はひとつだけで、窓はいっさいないレンガ造りの工場だった。工場が稼働しはじめてからは、作業員はすべて、工場内のごく一部だけしか見ることを許されなかった。ニュルンベルクから何度も産業スパイが送り込まれたが、常に空手で戻っていった。

最後まで、この製造過程がいかなるものか、誰にも知られることはなかった。ただひとり、ヘンリー・ベッセマーだけを除いて。彼は大富豪になった。南北戦争後のいわゆる〝メッキ時代〟が始まるや、ベッセマーの工場は大量のメッキ材料を提供するようになった。もし特許を取っていたとしたら、この製法はわずか十四年で公有のものとなっていたはずである。十四年後と言えば一八七〇年頃――まさに大々的な需要期のまっただ中だ。しかし、特許が存在しない状況下、安価な真鍮粉末を手に入れるには、ベッセマーとその窓のない謎の工場を訪れるほかに方法はなかった。

ベッセマーはこの製法を四十年以上にわたって秘密のままにしつづけた。

ブルはどうしようもない難題に直面していた。コンコードブドウを生産する方法は秘密でも何でもない。結局のところ、ファン・モンス医師も何十年も前にベルギーで、ナシを使って同じことをやっていたのだ。秘密にしておかねばならなかったのは、その結果だった。そして、それはまさに難題以外の何ものでもなかった。ブドウ作りと真鍮粉末の製造の間には決定的な違いがあった。

ブドウには種《たね》がある。

さらに困ったことに、挿し木はそのまま生長する。クローン生産はやりたい放題なのだ。〝遺伝子発現のコントロール〟をめぐる特許に基づき、合衆国政府とデルタ&パインランド社が、かの悪評高い〝ターミネーター種子〟（遺伝子組み換え技術によって次世代の繁殖を不能にした種子）を作り出したのは一九九五年のこと――ブルの時代からははるかな未来だ。一九世紀にあって、種子が一般に広く普及しないようにするには、遺伝子工学ではなく、食品加工によるしかなかった。ブルがやれるとしたら、ブドウを売るのではなく、コンコードの甘さと風味だけを売る――つまり、ガチョウではなく金の卵だけを売るという手法だったが、しかし、一八五四年には、そんな加工方法もまったく存在していなかった。

ブルの人生はブドウ以外の様々な仕事で占められることになった。一八五五年、ブドウの収益が激減していった時期に、ブルは四十九歳でマサチューセッツ州代表の下院議員に選出された。コンコードブドウの名はすでに全米に知れ渡っており、議会は彼を当然のように農業委員会の議長に指名した。そして、時は過ぎ、ブルはコンコードの町の備品のような存在となった。学校の理事会メンバー、南北戦争の新兵募集担当員、そしてホーソンが外交官としてイギリスに行っている間、隣家の世話をする管理人。管理人としてはさほど熱心ではなかったブルだったが、ホーソン家とはずっと親しい付き合いを続け、ブルの娘メアリーはしばしば裏庭から隣家に入り込んで、ホーソン夫人に絵のレッスンをねだったりしていた。

だが、ブル自身は以前とは別人になっていた。ブドウの生育は生涯続けたものの、ほかの誰にも二度と自分のブドウを分け与えようとはしなかった。彼がブドウに注ぎ込んだ労力はとてつもなく大きく、過酷なものだった。彼自身が回顧しているところでは、「二万二千本を超える苗木の中で、価値があると思えたのは二十一本だった」。最初の一本がコンコードで、残る二十種類も、訪問者たちが述べるところでは、赤と白の申しぶんなく素晴らしい品種だったのだが、それらが市場に出されることはなかった。売る気はないのかとブルにたずねるのは賢明ではなかった。「正直な種苗業者などひとりもおらん」。ブルはいつも言下にそう返した。「だまされるに決まっている」

一方で、彼は、自分が作り出したコンコードブドウが国中に広がり、多大な利益を生んでいくのをまのあたりにすることになった。何百万エーカーもの土地がコンコード用に耕作され、一九世紀が終わる頃には、合衆国で生産されるコンコードの量は、そのほかのすべての品種を合わせたよりも多くなっていた。コンコードは、最高のグレープジェリーと最低のワインの代名詞として、誰もが知る存在となった。

コンコードからそれなりのワインを作るのは不可能ではない。アメリカ原産のブドウの大半にある〝狐臭〟と呼ばれる独特の土っぽい香りがコンコードにもあって、これがワインの繊細な風味を損ねてしまうのだが、この狐臭成分を除去する方法はいくつかある。しかし、安ワインの製造業者は、そんなことに手間ひまをかけたりはしなかった。長年ブドウ生産とワイン業に携わってきたジョージ・フスマンは、多くのワイン製造業者がコンコードを使ってやっていることは「恥ずべきことだ」と語り、「連中は、ゴミを消費者の前に差し出して、それをワインと呼ぶという、とんでもないことをやっている」と強く批判した。だが、コンコードはどんな環境にも耐えるブドウだったし、大ボトル入りの安ワインは莫大な利益をもたらしてくれる商品だったから、製造業者たちはいっこうに気にしなかった。のちのいわゆる〝禁酒法の時代〟には、酒飲み連中は、Vine-Go という名の、ほとんど偽装しているとも言えない発酵キット（高潔なるコンコード・グレープジュースを悲惨きわまりないワインに変えるキット）を買うことさえできた。

ブルは、みずからの創造物が惨憺たるものに変容させられ、大勢の人を金持ちにしていくさまを、サイドラインから眺めていた。彼にはただ、こう考えることしかできなかった――こんなふうになるはずではなかったのに。

そのとおりだった。


ブルはほんの少し生まれるのが早すぎた。種子を売らずにブドウのエッセンスを売るには、最新の殺菌技術と瓶詰め技術を使って、グレープジュースとグレープジェリーを大量生産すればよかったのだが、そうした技術が確立されたのは、もう少しあとのことだった。一八五四年に、ブルにこれができていれば、彼の人生はまったく異なったものになっていただろう。だが、実際にこの方法を実行し、大富豪になったのはほかの人間だった。

トマス・ブラムウェル・ウェルチは食品業界の帝王になるつもりなどまったくなかった。牧師だったウェルチは驚異的なまでに非実際的な人物で、ひとつの職業や地位に長くいつづけることができなかった。説教に飽きた彼は医学校に行って医者になった。胸やけを抑えるトニック、〝ウェルチ博士の中和シロップ〟を作った。次いで、新しい変身への準備が整うと、歯科学校に行って歯科医になった。歯科医は二十年続いたが、それでも、そのまま落ち着いていることはできなかった。亜鉛と金の詰め物の実験を行なったのち、〝ウェルチ博士の歯科用合金〟を製造する会社を創設し、続いて全国規模の部数の歯科雑誌を創刊した。さらには、ウェブスターの辞書からヒントを得て、発音に基づく独自の〝簡易綴りシステム（sistem）〟を発表したが、この〝sistem〟はヒットするには至らなかった。

ウェルチが本気で関心を抱いていた領域は二つ、宗教と科学である。ウェルチ家ではいつも、《サイエンティフィック・アメリカン》と、アフリカからの膨大な伝道報告書が熱心に読まれていた。彼がその莫大な富を築いたのは、まさに、宗教と科学という二つの世界の交差する場だった。ウェルチは絶対禁酒者だったが、パンとワインで神と霊的に交わる聖餐式の神聖性を深く信じていた。しかし、いったいどうすれば、酒を飲まない善きキリスト者が聖餐式でのワインを飲めるというのか？　この問題がいっそう深刻さを増したのは、よそから来た牧師を家に滞在させていた際に、その牧師が聖餐式のワインで泥酔してしまった時――一部の聖職者の間では珍しくない由々しき問題行為である。

ウェルチが考え出した方法は、ワインと同じように保存しておける、アルコールの入っていないグレープジュースを作ることだった。こうして、一八六九年、〝ウェルチ博士の未発酵ワイン〟が誕生した。ウェルチ自身が自宅の裏庭の格子垣のブドウを摘み、濾《こ》し取った果汁を密閉した瓶に入れて瓶ごと煮沸した。この革新的発明は、しかし、一家をあやうく破産させるところだった。ウェルチの息子が語っているところでは――「それから二、三年の間、父はブドウを絞り、家を手離さなければならなくなる寸前まで家族全員の金を搾り取り、素寒貧寸前になるまで自分自身の金も絞り上げ、果ては友人たちの金まで搾り取った」

ウェルチは消費者の金も搾り取った。一クォート十二ドルというのは天文学的な値段だった。さらに、アメリカ人はそれまでグレープジュースというものを飲んだことがなく、何でできているのか見当もつかなかった。「需要そのものを作り出さなければなりませんでした」と、のちに孫のエドガー・ウェルチが述べている。だが、最終的に価格は下がり、一八九三年の万国博覧会での強力なマーケティングによって（この博覧会では、グレープフルーツという名の摩訶不思議な果物もアメリカ人に紹介された）ウェルチのブランドは世に広く知れわたるところとなった。

この一八九三年の万博の時、八十七歳になっていたブルがどこにいたかと言うと……コンコードの救貧院だった。

ブルは長命だったが、老いにうまく対応することができなかった。人の前に出る時はいつも、ピカピカのブロンドの鬘《かつら》をかぶっていた。自宅での彼の姿を垣間見た隣人が、こんなふうに語っている。「表で会う時とはまったく違っていて、まるで芝居を見ているようでした。雪のように真っ白な顎鬚とほとんど禿げ上がった頭の、ただの老人としか見えませんでした。自宅ではほとんどいつもドレッシングガウンを着て、小さな黒い帽子をかぶり、いとおしげに作物の世話をしていました」

九十歳近くになってなおブルは庭の手入れをし、ハシゴに登っていた。一八九三年のある秋の日、彼はハシゴから転落し、以降、介護が必要な身となった。友人たちが奔走した結果、ブルは最終的にコンコード老人ホームに送られ、貧窮のままに余生を送った。なかなか癒えぬ傷は身体的なものだけではなかった。老年になってから、これを最後と万が一の望みに賭けて新しいブドウの品種を売り出そうとしたが、これは完全な失敗に終わり、それとともにすべての財産をなくしてしまったのだった。一八九四年、コンコードブドウの生みの親である人物の窮状を知って愕然とした農業雑誌《ミーハンズ・マンスリー》の編集者が、こんな記事を書いた。

この素晴らしき果実の存在しない我が国が想像できるだろうか。コンコードブドウがなかったなら、私たちが、毎年の国民総生産レベルで今より何万ドルも貧しかったのは間違いないところだ。ブルがこの国に対してなしたことは、マコーミックやコルトやシンガーと同様、相応の報酬を得てしかるべきものである。彼は、普通の農夫が価値のないものと見なし、鳥のために生垣に残していた、そんなブドウの普通種を見出した。そして、何年もの歳月をかけ、果てしない忍耐を要する選抜を続けて、それを改良し、ついに、このうえなく美味で安価で最高に有用な食品を私たちにもたらしてくれたのだ。この食品は、今の世代が消え去ったのちも長く、何百万何千万の人々に命と喜びを与えつづけてくれることだろう。

読者は、ブルの世代が消え去るまで、それほど長く待つ必要はなかった。この記事が書かれた一年後に老人は他界した。

もちろん、それからもブドウは生きつづけた。グレープヴァイン・コテージを訪れてみれば、今でもいたるところに生えているブドウの木を見ることができる。だが、中には、こんな疑問を抱く人もいるかもしれない。みずからの生産したブドウを売ろうとしなくなって長い年月がたったのち、最後の試みも決定的な失敗に終わった時……ブルは本当にすべての希望を捨て去ったのだろうか？甘いブドウが、ひとりの人間の心を完全に苦いもので満たすに至ったのだろうか？

答えは彼の墓碑銘に見出せる。ブルの墓は、スリーピーホロー墓地、ブルの永遠の隣人となったエマソン、ソロー、ホーソンの墓からさほど遠くないところにある。墓碑銘はブル自身が指定したものだ。

イーフレイム・ウェールズ・ブル

1806-1895

彼が種を蒔いた
ほかの人が収穫した

7

台湾人ロンドンに現わる

ジョージ・サルマナザール

George Psalmanazar (1679?-1763)

ジョージ・サルマナザール（カリフォルニア大学バンクロフト図書館提供）

一八四〇年、ヨーロッパ各地の稀覯本収集家のもとに、一通の競売カタログが届いた。一見しただけでは、ごく普通の遺品整理オークションとしか思えなかった。競売に付されるのは、最近亡くなった、ベルギー、バンシュのジェントルマン、J・N・A・ド・フォルサス伯爵の蔵書である。

だが、カタログの説明を読むと、フォルサス伯がとんでもなく風変わりな収集家だったことが判明した。伯爵がその六十九年の人生において集めつづけた本は、文字どおり唯一無二のものだった。彼は世界に一冊しかない書籍だけを保有することに情熱を注いだのである。コレクション中の本で、ほかに同じものが存在することが判明すると、自分の本を焼き捨てた。そうすれば、いま一度、世界にただ一冊しかない本を手に入れるスリルを満喫できるからだった。こうして、所有する本を焼き捨てる年月を重ねるうちに、伯爵の蔵書はどんどん減っていき、亡くなった時にはわずか五十二冊になってしまっていた。わずかとはいえ、しかし、この五十二冊はすべて、値段のつけようのないほど貴重なもの、世界にたった一冊しかない本である。その多くは、収集家たちがすでにこの世に存在しないとあきらめて久しいものであり、また、何冊かは誰もその名を聞いたことがなく、その正体不明さゆえに大いに心をかき立てるものだった。実質上、ヨーロッパの著名コレクターの全員が、その小さなカタログに、少なくとも一冊、まるで自分のために特別に書かれたように思える書物を見出した。たとえ、これまでその書物のタイトルを耳にしたことがなかったとしても、カタログに載っているのを知った今となっては、どうしても手に入れねばならなかった。

一八四〇年八月十日、オークションの当日——小さな町の通りという通りに、ヨーロッパ中からやってきた書籍収集家があふれ返った。誰もが、入念にチェックし印《しるし》をつけたカタログを握りしめ、路上でほかのコレクターに出会うと、互いに隠しようもない不信のまなざしを投げ合った。町の住人には何をたずねても無駄で、フォルサス伯爵がどこに住んでいたのかさえ知っている者はいなかった。収集家たちは、互いへの敵愾心はとりあえず棚上げにしてパブに集結し、フォルサス伯爵とその貴重な五十二冊の蔵書に関してどんな情報でもいいから手に入れようと、常連客たちに質問を浴びせはじめた。何の成果もないままに彼らがむなしい質問を続けているさなか、ひとりの男がのんびりとパブに入ってきた。そして、やおら公式の通告なるものを読み上げた――誇り高きバンシュの住民は、伯爵の家族から直接、蔵書のすべてを買い取り、この偉大なる町の宝を手元にとどめるという決定を下した。この決定は即時発効されるものとする。

というわけで誠に申しわけありませんが、と男は付け加えた。オークションは中止となりました。パブ中に、フランス語、オランダ語、ドイツ語、英語の怒号が轟きわたった。すべてが、それまでフォルサス伯爵など名前も聞いたこともないと言い張っていた地元住民に向けられたものだった。そんな収集家たちのひとりがようやく、「いっぱい食わされたんだ」とつぶやいた時、通告を読み上げた男の姿はとっくに消えていた。

この大芝居の犯人が古書収集家にして元軍人のレニエ・シャロンであることが判明したのは、それから何十年もたってからのことである。シャロンは、存在していない書物を満載した偽フォルサス・カタログを嬉々として作成した。貪欲なライバルたちが、それらの本を手に入れるためなら大陸をはるばる旅してやってくることもいとわないとわかっている、魅惑的なタイトルの書物ばかりを並べたカタログである。シャロンは、まさしく悪魔的な意志と、ライバルたちの欲望に対する正確な知識とをもって、ロンドンの、またアムステルダムの特定の収集家が、〝この本〟なら何としてでも手に入れたいというやむにやまれぬ衝動に駆られること間違いない、どんぴしゃの本を作り出し、想像上の解説を書き上げた。

このイリュージョンをやりおおせるには、亡くなった貴族をひとりと何冊かの書籍をでっち上げるだけでよかった。要は、相手が聞きたがっていることを吹き込むだけでいい、そうすれば、彼らは、みずからの無知も、どう考えてもそんなことはありえないという事実も忘れて、大喜びで跳びついてくるだろう――シャロンはそう判断し、そして事態はそのとおりに進んだのだった。

しかし、こうしたでっち上げを成功させたのは、シャロンが初めてというわけではない。シャロンより一世紀以上も前、もっとすごいことをやってのけた人物がいた。その人物は、ひとつの言語、ひとつの国、ひとりの人間の全人生をでっち上げたのである。

一七〇四年、大々的な発展をとげつつあったイングランドの首都ロンドンの街なかには、異邦からやってきた大勢の異邦人が徘徊していた。そんな中でも最も不思議な異邦人がジョージ・サルマナザールだった。サルマナザールはフォルモサ（美麗島）、すなわち、今日、台湾と呼ばれている島国の出身で、史上初めてイングランドの岸辺に到達した人物だった。ロンドンには、台湾人に会ったことがあるという者はひとりもおらず、サルマナザールもまた、おそらく、それまで英国人に会ったことはなかったはずだった。

サルマナザールのかたわらには常に、スコットランド人の従軍牧師アレグザンダー・イネスの姿があった。この放浪の異教徒を発見し、キリスト教に改宗させた功労者である。イングランドに上陸した瞬間から、サルマナザールは有名人となり、主教も下級聖職者もこぞって、この奇跡的な改宗者に会いたがった。サルマナザールは、聖職者の公用語であるラテン語と生地の台湾語を流暢に話すことができた。貴族や富裕な商人たちが彼をディナーに招き、彼が話す台湾語に聞き入った。貴婦人たちは、野蛮な元異教徒が、話の合間に、大皿に盛り上げた生肉や土がついたままの野菜の根を平らげていくのを魅入られたように見つめた。

自分はかどわかされたのです、と彼は口の端から血を滴らせながら説明した。異国語を習得する驚異的な能力を持っていたために、島で伝道をしていたイエズス会の宣教師たちがヨーロッパに戻る時に、自分を選んで、まるで神隠しのように連れていったのです。そして、自分はヨーロッパで、台湾向けの宣教者として、台湾のことをよく知っていてなおかつラテン語のミサができるキリスト教の伝道者として、教育を受けることになりました。でも、自分は逃げ出しました。そして、ひとりの友人もいない放浪者として異邦の地をさまよっていたところを、イネス師が救ってくれたのです——と彼はうれしそうに物語った。

生まれ故郷の地から地球を半周した見も知らぬ地で同胞のひとりとしていないままにさすらう若者の話は、ロンドンっ子たちの心を強くとらえた。だが、彼の話にはいくつか真実ではない点があった。ジョージ・サルマナザールは実際にはジョージ・サルマナザールという名前ではなく、イエズス会の宣教師たちにかどわかされたこともなかった。本当の台湾語を話すことも書くこともできなかったし、台湾の宗教儀式に参列したこともなければ、台湾に行ったこともなかった。事実、彼はいかなる点でも台湾人ではなかった。

彼はアジア人ですらなかった。

彼がどこで生まれたのかはわかっていない。机の奥に隠されていた回顧録では、ヨーロッパ生まれではないが、ヨーロッパで育ったとだけ記しており、育った国の名前は明らかにしていない。回顧録に示されたいくつかのヒントと、最初から完璧なフランス語を話していたところから、彼はおそらく南フランスで育ったのだろうと推測する者もいた。ただ、その点で言えば、ジョージは多くの言語を完璧に話すことができた。だから、フランス以外のどこの出身であってもおかしくはない。

生まれたのは一六七九年。名前の明らかにされていない村で母とともに育った。〝由緒ある没落した家系〟の末裔である父は、少年が五歳の時にはるか遠いドイツに行き、以来、音信不通となっていた。ジョージはひとりっ子のようなものだった。兄弟は何人かいたのだが、みな幼少時に死んでしまっていた。当時、子供時代を超えて生き延びられる者はわずかしかいなかった。

母は、教育を受けさせるため、地元のフランシスコ会の学校に少年を送った。修道士たちはすぐに、新しい言語を習得する少年の飛びぬけた能力に気づいた。来訪者が来ると、修道士たちは真っ先に幼いジョージを前に出し、鼻高々でラテン語の文章を暗唱させて訪問者たちを感心させた。ジョージは九歳にしてすでにラテン語を自在に操れるようになっていた。

その後、イエズス会士たちのもとで学び、次いで、ドミニコ会が運営するカレッジに送られた。カレッジ始まって以来最年少の学生で、おそらく十四、五歳だったと思われる。だが、能力は存分にありながら、ジョージは熱心な生徒ではなかった。その点では教えるほうも似たようなもので、哲学の指導教官は端的に無能、もうひとりの教授は、古典学の通常の課程をいっさい無視し、自分の好みのテーマである軍事要塞の築城術のことばかりをとりとめなく話した。教室に現われると、のんびりした調子で、彼はこう言った。

――今日は〝犬走り〟（堀と城壁の間の細道）を作ることにしよう。

気づいてみると、ジョージとクラスメートたちは講義室の真ん中で胸壁の粘土模型を作っていた。修辞学と神学の教科書は埃が積もる一方だった。

とりわけ、午後の授業は退屈だった。下宿からカレッジがある市内までの道のりは長く、課程の授業は彼には無意味としか思えなかった。彼は授業をサボって、市街を抜け、郊外の田園地帯を気ままに散策するようになった。そんな散策の途中で母に手紙を書き、金がなくなりかけていること、カレッジがいかにひどいかということを訴えた。

母のほうは、息子をカレッジに送るだけですでに財政が破綻する寸前になっていた。なお悪いことに、ジョージには計画的に金を使う能力がいっさい欠けていて、着ている服は日ごとに見苦しくなっていった。足らない分を補うために、裕福な家の家庭教師の仕事を見つけたはいいが、あまりにひどい身なりと、過剰な熱意（ジョージは、単に相手を感心させようというつもりで、自分ではまるで信じてもいない教会の決まり文句を四六時中口にした）に雇い主は辟易し、すぐに彼をお払い箱にした。家に戻るしかなかった。だが、手もとには旅費すら残っていなかった。

どうすればもう一度母親に会えるだろうと考えながら、町を行き交う巡礼者や旅行者を眺めていたジョージの頭に、ひとつの考えがひらめいた。特別の扱いを受けるには、別の人間になればいい。

町なかで物乞いをしているアイルランド人の巡礼者は、あたたかく遇されていた。家に戻る最善の道はアイルランド人になることだ。そう判断したジョージは、アイルランド人の身分証を偽造した。そして、英語もゲール語もしゃべれないのを隠す巧みな方法を思いついた。英語やゲール語はしゃべらずに、お得意のラテン語（教育を受けた巡礼者すべての共通語）だけを使うのだ。

こうして家に向かったジョージだったが、ラテン語で物乞いをするのは必ずしも浮浪者のパラダイスではなかった。「話しかける相手はラテン語のわかる聖職者かそれに準ずる者に」限られていたし、親切な牧師が数枚の硬貨をくれても、あっという間に消えてしまうのが常だった。何とか家にたどりついた時のジョージは文字どおりボロのかたまりとなっていて、隣人たちを唖然とさせた。

母は彼の身なりを叱責した。ジョージとしては、アイルランド人に変装したこともとがめられるのだろうと思っていたのだが、これは間違っていた。自身、貧窮の極みにあった母は、ある日、誰にも聞かれないところで静かに、お前は父親のところに行ったほうがいい、旅の間はアイルランド人のふりを続けるようにと言ったのだった。彼女は息子のためにできるだけの支度を整えてやった。杖と上着とバクラム地の長い黒マントを与え、さらには、なけなしの金貨を数枚、服に縫い込んでくれた。

ジョージは来た道をカレッジまで戻った。そして、そこからケルンを目指して何百キロと続く公道をたどりはじめた。道端には死体が散らばっていた。どれもふくれ上がり、腐敗していて、黒くなった舌が鳥たちにつつき出されていた。首には縄が巻かれ、その縄は二、三メートル離れた柱に結びつけられていた。回顧録には「人里離れたところではあちこちに、腐ってひどい臭いのする死体が転がっていた。それは追いはぎたちの死体だった。たいていは無一文になった元兵士や船乗りで、村人たちに殺され、ほかの盗人たちへの警告として放置され腐るにまかされていたのだった。

それとは別に、ジョージのような旅人に対する警告もあった。道端に点在する石か木の小さな十字架――若く連れもいない無用心な者が追いはぎに遭って殺された、まさにその場所に建てられたものだ。そんな十字架に出会うたびに、ジョージはしばし足を止めて彼らのことを思い、みずからのひとりきりの旅の行く手に何が待ち受けているのかと考え込まずにはいられなかった。

彼はまだ十六歳にもなっていなかった。


ついに、リヨンの町の巨大な門にたどりついた。門番が、施しがほしいのかと聞いた。はい、そうです、とジョージは天真爛漫に答えた。

門番はジョージの前に立って市街を抜けていった。大都市の巨大な広場や壮麗な建物やカテドラルの数々に目を奪われて、少年の足はともすれば遅れがちだった。優に一時間以上歩いたのち、ようやく反対側の門に着いたところで門番は足を止め、ポケットに手を入れた。

――そら、と言って、ジョージの手に銅貨を二枚、押し込んだ。この門を通って出ていけ。リヨンにまた戻ってこようものなら、鞭打ちだぞ。

そう言って、門番は歩き去った。少年は言葉もなく、ひとり取り残された。

八百キロの道を歩き通したのち、ジョージは父親を見つけ出した。父親は、母に教えられた町に今も住んでいた。だが、家に入ったジョージは唖然とした。そこは何もない、母の家をもしのぐ貧しい家だった。ほとんど記憶にない父親に会うために長い危険な旅を乗りきってきたというのに、そのいっさいが無駄だったのだ。ジョージは「足を踏み入れた部屋のみじめな姿に、遠い村で思い描いていたのとはまるで違う、みすぼらしい父の姿に」深い溜息をつき、ただただ母のもとに帰りたいと思った。しかし、そんなジョージとは対照的に、父はたいそう喜んで、離れ離れだった息子を家に迎え入れた。息子にはもう十年以上会っていなかった。ほんの小さな子供だった息子が今、立派な若者になって目の前にいた。

――町で仕事を探してみたらいい。教師として雇ってもらえるかもしれん。そうすれば、ここで暮らしていける。父は熱心に言った。

ジョージは気の向かないままに、自分を雇ってくれる学校か裕福な家はないかと、町に出かけていった。だが、この町には大学があり、市中にはすでに大勢の貧乏学生があふれていた。実際、その数はきわめて多く、中には〝高級な芸人〟として家々をまわり、聖なるラテン語の詞章を歌って施しを求める者もいた。ラテン語にかけてはほかの誰にもひけをとらないジョージだったが、彼が貧乏学生と同じことをやっても、相手はまじまじと見つめるばかりだった。ドイツ人はラテン語を独特なやり方で発音していて、ジョージのアクセントは彼らを困惑させるだけだったのだ。

落胆の底にあったジョージにとって、いくばくかの慰めになったのが父の昔話だった。オランダを旅してまわった幸福な若い時代の話を、父はしょっちゅう話して聞かせてくれた。いつか、ジョージは自分も自分だけの旅をしてみたいと夢想するようになった。貧しくはあっても、父は世界を知っていて、イタリア語、スペイン語、ドイツ語、フランス語を自在に話すことができた。ジョージはそれらの言語を注意深く聞き、学んだ。そして、ひとりで何時間も父の家の付近を散策しながら、次に何をすべきかを考えた。

アイルランド人の偽装がうまくいかなかったのは、物乞いのできる相手がほとんどいなかったからだ。それに、本物のアイルランド人の聖職者に行き合ったら、簡単に化けの皮がはがれてしまう。この問題を回避するには、誰もが名前だけは聞いたことはあるが、実際にその国について知っている者は誰もいない、そんな国の人間になる必要がある。ジョージはそう結論を出した。

本物の外国人だと納得してもらうには〝その国の〟言葉とパスポートが要る。ジョージは早速、言葉とパスポートをでっち上げる作業にかかった。パスポートは簡単だった。拙劣きわまりないものとはいえ、この自尊心あふれる十六歳のドロップアウトはすでに、身分証の偽造は経験ずみだった。要するに、今のパスポートの国籍がアイルランドになっているというだけのことだ。今回は改めて、日本国籍のパスポートを偽造した。彼の手書き文字はどうしようもなくへたくそで、何度もやり直した挙句、ようやく、それなりにもっともらしく見える程度の書面が整った。残るは公式の蠟印――これはシンプルに、自分の古い偽造パスポートの蠟印を融かし、新しいパスポートにつけ直せばよかった。

だが、言語の捏造はまったく話が別だった。ジョージが知っている一番東の国の言葉はヘブライ語で、ヘブライ語は右から左に向かって記される。そこで、日本語のアルファベットも右から左に書くということにした。極東の地では、独自のアルファベットが使われているという話を聞いたことがあったので、新たに日本語のアルファベットを一セット作り出した。そして、逆向きに書いて〝読む〟トレーニングを積み、ついに、どんな本物の言語とも変わらず、すらすらと読み書きできるまでになった。仕上げに日本の暦を作った。その暦の一年は二十カ月あった。

父の家でこれだけの作業を完成させるのは容易ではなかった。「実のところ」と彼は回顧録でこう認めている。「これに使える時間はあまりなかったし、自分がやっている中身に関する知識はほんの少しで、それも混乱したものだった。こっそりと進めてはいたが、父に気づかれるのではないかとずっとひやひやしていた」。それでもついに、この新しいアイデンティティを身につける準備が整った。父のもとに行って、低地帯（現在のベルギー、オランダ、ルクセンブルクに当たる地域）に向けて出立するつもりだと告げた。

父は泣き出した。この今、ジョージを——立派に成長した息子、五歳以降会っていなかったわが息子を、どうして旅立たせることなどできようか。しかし、少年は父をこう説き伏せた。若い頃のオランダの旅の話で僕を楽しませてくれたのは父さんじゃありませんか、そうでしょう？ 父も不本意ながら、これは認めざるをえなかった。オランダへの安全なルートをざっと教えると、父は涙にくれながら息子に別れを告げた。旅立つ前に、ジョージは母に、少しの間低地帯をまわるが、それからすぐに家に戻ると伝える手紙を出した。そうして彼は旅立った。父の家は背後に遠くなっていき、やがてほんの小さな点になり、そして完全に視界から消えた。

以後、両親にジョージからの便りが届くことはなかった。

公道に出て、流暢なラテン語で物乞いをし、折々に足を止めては〝日本語〟をしゃべるという毎日を始めたジョージは、当初、この偽装がアイルランド人の時よりうまくいくのに気づいた。実際の容姿がアジア人には見えないという事実も、ほとんど問題ではなかった。のちに知り合った人たちは、練り粉のような肌の色と明るいブロンドの髪から、ジョージはオランダ人のように見えたと言っている。だが、本物のアジア人がどのような顔立ちをしているかなど、ジョージ自身はもとより、一六九〇年代のヨーロッパ人の九十九パーセントは知っているわけもなく、金髪の少年が、みずからのアジア人の偽装に不安を抱く必要はこれっぽっちもなかった。少なくとも、彼の知る限りでは、自分はアジア人に見えるはずだった。

実際、軍の駐屯地だったランダウに着いた時、歩兵たちは彼の日本人の演技を本物だと信じ込んだ。ジョージが日本人を演じている途中で、マスケット銃を持った数人の兵卒が彼の体をつかみ、司令官の前に引きずっていった。司令官は、お前はどうしてここにいるのか説明せよと言った。ジョージは〝日本語〟をまくし立て、手を振りまわして、身の潔白を説明しつづけた。結局、司令官はスパイとして監獄に放り込めと命じ、翌日、釈放されたジョージは市門まで連れていかれて、二度と戻ってくるなと告げられた。

長い旅と、もともとのだらしない性向が相まって、やがて悲惨な事態が出来した。「気がついてみると、服はボロボロになり、体中にシラミがたかっていた。おまけに、たちの悪い疥癬《かいせん》にかかってしまった」。両手は膿《う》みただれ、そのひどいさまは、同業の巡礼者たちにさえ哀れみの情を起こさせるものではなかった。

何とかリエージュの町にたどりついたジョージは、病院に救護所があるのを知った。ほかの放浪者たちとともにそこに転がり込むと、噂話や酒や肺病菌でいっぱいの咳やシラミをやりとりしながら一日を過ごした。オランダ軍が「マスケット銃を担うのに適していると思われる放浪者」を雇っているという話を聞いて、ジョージは六人の「ボロ服仲間」を説きつけ、一緒に新兵の募集担当者のところに行った。仲間の六人はそのまま兵卒として不幸な運命のもとへと送り出されたが、ジョージだけは別だった。募集担当者は、ジョージを自分の従者にすることにしたのだ。

従者になるにはまず、見苦しくない姿になる必要があった。つまり、新しい服を手に入れ、疥癬を治さねばならなかった。疥癬は今や体のほとんどに及び、体中にかさぶたを残していた。軟膏が塗られ、特別の風呂に入れられ、ヒル療法が試みられた。どれも効果がなかった。ジョージの体は相変わらずひどい状態のままだった。

新しい主人は治療をあきらめて、ジョージを伴い、エクスラシャペル（ドイツ名アーヘン）に戻った。彼はこの町でコーヒーハウスとビリヤードホールを経営していた。ジョージは給仕として働き、仕事以外の時間は、主人の息子にラテン語を教えることになった。主人の思惑が、日本人という摩訶不思議な人間を置いておけば、コーヒーハウスにもっと客が集まるようになるのではないかというところにあったのは明らかだったが、残念なことに、当時、エクスラシャペルの住人は、鉱泉治療ができる最新流行の温泉に行くことで頭がいっぱいになっていて、日本人にはさしたる関心を向けなかった。

コーヒーハウスは、副業として、大きな舞踏会や宴会に軽飲食を配達するサービスをやっていた。ジョージは腫れ上がった手を覆いつくす醜い疥癬のせいで配達要員からははずされていたのだが、ある日、ほかに人がいなくなって、やむなく彼が配達に出されることになった。裕福な客たちにパンチを配ってまわりながら、ジョージは目の前に繰り広げられている豪華なパーティを呆然と見つめていた。それは、これまでの人生で知りようもなかった世界だった。

コーヒーハウスの仕事は思いがけない形で終わりを告げた。ある時、ジョージは、雇い主の妻から、何キロも離れたところに仕事に行っている夫に手紙を届けるよう言いつかった。言われるままに出かけていったジョージは、やがて自分が見も知らぬ田舎にいることに気づいた。父がくれた地図もまったく役に立たなかった。いくつもの分かれ道を行きつ戻りつし、さっきやってきた道はどれだったろう、これから行くべき道はどれだろうと頭を絞りつづけたジョージだったが、結局、完全に迷ってしまったことを悟り、それとともに、たとえ主人を見つけたとしても手紙はもうとっくに用なしになっているはずだと思い至った。そこで、それ以上、主人の居場所を探すのはやめて、代わりにケルンへの道をたずね、そのまま、いま一度、自分ひとりの旅に出立したのだった。

重い足を引きずりながらケルンの町に入っていった時、ジョージは、こう自分に言い聞かせていた。ここからなら父の家に戻る道は見つけられるし、そこから母のいる故郷に戻ることができる。しかし、町に入ったとたん、彼はいま一度、新兵募集の担当者に行き合ってしまった。兵士になるというのは、追い詰められた放浪者の最後の手段だった。ジョージが入ったのは、フランス軍の脱走兵と大学のドロップアウトとほかに何の当てもないドイツ人の農家の少年たちからなる元放浪者部隊で、ほとんどが、自由時間には飲んだくれるか娼館に行くかして時間をつぶしていた。だが、ジョージはそういったことには関心がなかった。改宗していない異教徒を演じながら、何人かの信心深い兵士を相手に議論しているほうがずっと楽しかった。彼らがキリスト教という宗教を説明し、その教えを擁護しようとすると、ジョージは嬉々として様々な反論を繰り出し、彼らを論理の網でがんじがらめにした。

この日本人を何とか改宗させたいと思ったひとりが、修道士に会いにいってみないかと言った。

修道院に着くと、年よりの善良そうなカプチン会士がベンチに座っていた。……その前に、淫らな感じの若い女がひざまずき、犬のように吠え、その他様々なわけのわからない声を上げたり異様な仕草をしたりしていた。この女は悪魔に取り憑かれていて、神父が悪霊を女の体内から追い払う悪魔祓いをやっているのだということだった。

この日には、ジョージは改宗しなかった。

部隊の状態は悲惨だった。移動を続けていくとともに、糧食は不足し、衣類も不足し、凍りつくような寝床さえ満足にないまま、季節は冬になった。ジョージはほとんどついていくこともできなくなり、隊長もとうとう離隊を勧告せざるをえなくなった。だが、預けてあった身分証を受け取った時、彼はショッキングな事態を告げられた。軍は制服を返すよう求めたのだ。

軍服を脱いだジョージは、寒さに震えながら自分の服を待っていた。ところが、そこで、離隊の際まで預かっておくことになっていた服を隊長が売り払っていたことが判明した。彼は、青いリネンの僧服一枚をまとっただけの格好で、凍りつく野外に追い出された。凍った土を踏む足はすぐに感覚を失った。しかし、吹きつける寒風の中、裸同然で歩いていくジョージには知るよしもなかったが、この時点で離隊したのは幸運だった。その後、冬が深まっていくとともに、兵士の多くが寒さと病気で死んでいったのだった。

道すがら、服と食べ物を恵んでもらいながら、ジョージは再びケルンを目指した。ケルンに着くと、ひとりの将官が惨めな少年を哀れに思い、声をかけた。

——名前は？　将官は、ボロをまとった少年に問うた。

ジョージは慎重に考えたのちに、こう言った。
――サルマナザール。

将官はみずからの判断でジョージを徴用し、自分の連隊に入れた。その春、連隊はオランダに配備された。サルマナザールという名前のもと、ジョージは、かつてない活力を発揮して、日本人としての新しい自分を作り上げるのに全精力を傾けた。お気に入りの戦略は、連隊の日曜礼拝に参加してキリスト教徒たちの注意を引くことだった。

彼らには背を向け、昇る朝日か沈む夕日に顔を向けて、崇拝の仕草や祈りを捧げているふりをした。……小さな手帳に、太陽や月や星やそのほか、頭に浮かぶ想像上の事物の絵を描き、残りのページには誰にも理解できない散文・韻文を書き連ねた。そして、気分が乗るたびに、それらをつぶやいたり詠唱したりした。

ジョージの不思議な振る舞いは、連隊の指揮官ラウダー准将の注意を引いた。一七〇三年二月のある晩遅く、准将はジョージを夕食に招いた。一介の歩兵がこのような栄誉にあずかるなど、前代未聞のことである。ジョージが到着すると、そこには、ラウダー准将とともに何人かの司令官や将官が並んでいて、中にアレグザンダー・イネスという名のスコットランド人の従軍牧師がいた。将官たちの退屈な話にうんざりしながら豪華な料理をむさぼっていると、ふと、テーブルの向かいからイネスが自分を観察しているのに気づいた。イネスはほかの連中より口数が少なく、少しばかり友好的に思われた。

食事が終わると、イネスはジョージに歩み寄って、そっと話しかけた。

——プライベートに話す必要がある。私の家に来ないかね？


イネスの家で、二人は何時間も様々な話をして過ごした。ジョージは英語はまだ話せなかったが、両者ともラテン語は堪能だった。以後もイネス宅の訪問は続いた。たいていの場合、イネスは最後に、若者に礼を言って数枚の硬貨を彼の手に滑り込ませた。だが、話がジョージの新しい友人たち（彼を改宗させたがっているはずの、ほかの聖職者たち）に及ぶと、イネスは遮った。

——彼らはどうでもいい。彼らは、私のようにはお前を理解していない。

ある日、日本語についての議論になった。イネスはキケロの本を書棚から引き出して開くと、ある一節を指し示した。『神々の本性について』だった。

——これを日本語に訳してみてほしい。イネスは言った。

ジョージは一瞬凍りついた。不安を表に出さないようにして、おもむろに羽ペンを取り上げると、羊皮紙の上で右から左へと手を動かしながら、書きはじめた。イネスはその様子をじっと見つめていた。ジョージはあずかり知らぬことだったが、このような異教の日本人を改宗させることは間違いなく聖職界で今よりはるかに高い地位に昇ることを意味していると、イネスは確信した。

ジョージが書き終えると、イネスは紙を取り去った。

——さあ、と言って、別の紙を渡す。もう一度。

ジョージは惨めな思いでキケロの詞章を見つめた。たった今、まるで意味をなさない文字で一行また一行とでっち上げていったのを、もう一度繰り返せというのだ。記憶力を振り絞って、彼は新しい紙に再度翻訳を書き記した。

イネスは二枚目の紙を取り上げ、一枚目と比べた。

——ごらん、と言ってジョージに二枚の紙を示す。文字が半分違っている。

何かうまい説明はないものか。ジョージは考えた。しかし、イネスは説明を求めているのではなかった。

——これからはもっと気をつける必要がある。イネスはそう言った。

ジョージははっと目を上げて、この新しい後見人を見つめた。イネスの考えがわかった途端、衝撃が走った。

二人は完璧にお互いを理解した。

一七〇三年三月、ロンドンの主教ヘンリー・コンプトンから書状が届いた。イネスは小躍りして喜んだ。その年の暮に、二人は連隊を離れてコンプトン主教の待つイングランドに向かうことになった。ただ、その前に解決しておかなければならない重要な問題が残っていた。サルマナザールはまだ改宗していない異教徒の身だったのだ。イネスは、ラウダー准将の家を訪れる最後の機会にジョージを一緒に連れていった。そして、准将の立会いのもとで異教徒は洗礼を受け、めでたくキリスト教徒となった。ラウダーはこの改宗を大いに喜び、金メッキを施したピストルと最大級の褒め言葉を連ねた推薦状を贈った。この二つさえあれば、もう何の心配もなくイングランドに向かうことができた。

イネスは、ジョージが旅の間に着るための古着をひとそろいとりまとめた。古着は大きすぎて、袖やズボンが風にはためくと少しバカにされている気がしないでもなかったが、それでも、若き野蛮人は満足し、こうして出立する準備は整った。イネスもまた、たいそう得意げだった。彼は、身の上話を少し変えさせていた。ジョージは今では日本人ではなく、台湾人だった。日本には宣教師も行っていて、それなりに知識がある者もいる。だが、台湾に関しては、ヨーロッパ人は名前以外はいっさい知らないはずだ。以前の話について聞かれたら、単にこう答えればいい。ええ、自分は日本人でもあるんです、台湾は日本の領土ですから。

この有名な台湾人を改宗させたことによってイネスの教会での地位が上がることは確定された。唯一の問題は、ジョージが有用でなくなった時にどのようにして手を切るかだった。

――ロンドンに着いたら、お前をオックスフォードに送るように勧めよう。イネスは言った。みな熱心に台湾の言葉を学びたがるに違いない。

冬のある日、ロンドンに到着したジョージとイネスは凄まじい光景に迎えられた。さらし首の群れだ。ロンドン橋の一番手前のアーチにびっしりと並ぶ無数の首。鋭く尖った長い杭に突き立てられた首の群れは凍りつき、その見えない目で、テムズ川の橋をくぐってロンドンの町に入ってくる大小の船をじっと見つめていた。それらは盗人や詐欺師の首で、三度の大潮が過ぎるまで杭の上で腐っていくままに放置されているのだった。

オランダからイングランドに渡る海峡で、二人が乗った船は突然の嵐に襲われ、もう少しで難破するところだった。しかし、その危機を乗りきって目的地を目前にした今、心配しなければならないことはむしろ増えていた。

――準備をしなければ、とイネスは何度となくささやいた。言葉だ、言葉の準備をしなければ。

それでも、彼らは、いい時期に到着したと言ってよかった。ロンドン――不潔で悪臭を放つ、威風堂々たる、金とシラミと悪党どもでいっぱいのこの街は、折しもパリを抜いてヨーロッパ第一の都市になったところだった。そこは、帝国の大量の滓《かす》が渦を巻いて流れ込むプールであり、住人たちは、覇権を謳歌する国家の財力をうしろだてに、珍しいもの、異様なもの、行き交う異邦人たちに熱狂していた。〈ペインターのコーヒーショップ〉の前を通り過ぎたジョージは、店内に巨大なウナギが展示されているのを見た。「これより大きいウナギを見たことがあると証明できる客には返金保証」とあった。ジョージは、そんなものをはるかに上まわる珍品だった。非の打ちどころのないラテン語を話し、書くことのできる生きた異邦人なのだ。

コンプトン主教の前に導かれたサルマナザールは挨拶をして、一枚の紙を差し出した。そこには、ラテン語で書かれた主の祈りと、ジョージの母語である台湾語の対訳が書かれていた。学者たちはあれこれ首をひねり、そののち、こう認めた――この野蛮人の言葉の意味はわからないが、文法的にはきわめて整っており、論理的である、したがって、これは本物の言語であるに違いない。イネスの書状に記されてあったとおり、この台湾人は隅から隅まで本物だと思われた。ほどなく街のすべての貴人たちの屋敷の扉が、この従軍牧師と高貴なる野蛮人のために大きく開かれることになった。

サルマナザールはホストたちにショックを与えるのが好きだった。

――私の国では、男たちは妻を殺して食べるのが認められています。

フォークが皿に落ちる。

「もちろん、不貞を働いたと考えられる時だけです」とジョージは付け加える。

それは野蛮な行為だと思わないかと問われると、ジョージは返事を渋り、確かに人間を食べるというのは文明的な習慣ではないかもしれませんと認めた上で、しかし、モーゼの十戒でもこれは禁じられてはいませんとやり返した。

ジョージが上流階級の人々を楽しませている一方で、たまたまロンドンにひとり、ジョージを偽物だと証明できる人物が滞在していた。中国の宣教から戻ったイエズス会士のフォントネイ神父である。二人を対決させずにすませることはできなかった。ロンドン王認学会（ロイヤル・ソサエティ）の会員で博識家として知られるハンス・スローンが、一七〇四年二月二日の定例会合に二人を招いた。例会は、自然・非自然のありふれたテーマから始まった。卵巣嚢腫と有袋類のポッサムのペニスの詳細な報告が行なわれ、続いて、事務局長が「食べ物なしで生きているというふりをしている人間に関するコリンズ氏の報告を読み上げます」と告げた。

例会に集った天文学者や植物学者を相手に楽しげにおしゃべりを続けているサルマナザールを、フォントネイ神父はずっとにらみつけていた。

対決の時になった。「お前は偽者だ」と神父は切り出した。「理由は簡明、お前は台湾は日本の領土だと言っているが、それは違う。台湾は中国の領土だ」

「あなたは間違っています」サルマナザールは何の感情も交えずに言った。

フォントネイは口角泡を飛ばして話しつづけたが、決定的なことがあった。台湾に行ったことがある者はひとりとしていないという事実だ。フォントネイが挙げる細部の事柄のひとつひとつに、サルマナザールは落ち着いて反論した。そして、とどめの一撃を放った。私を生まれ故郷の地からかどわかしたのはイエズス会の人々です。そんな人たちに、私を貶《おとし》めようという試み以外にいったい何を期待できるというのでしょう?

明らかにフォントネイの負けだった。その場は引き下がらざるをえなかったものの、サルマナザールに、改めて翌週、サー・ハンス・スローンおよび王認学会の重鎮の面々も一緒に夕食をともにしてほしいと求めた。だが、フォントネイにとって、状況はさらにまずいことになった。サルマナザール（たぶんフランス出身）は本当はどこの国の生まれだと思うのかと問われて、このフランス人の神父は見当をつけることすらできなかったのだ。サルマナザールの台湾語のような言語とアクセントは、フォントネイは生まれてこのかた一度として耳にしたことがなかった。

とはいえ、王認学会の会員全員がサルマナザールの話に納得したわけではなかった。夕食後、席を移した居酒屋で、ひとりの会員がサルマナザールに歩み寄り、こうたずねた。一年の今の時期、台湾では薄暮はどのくらい続きますか？　ジョージはほとんど考えもせず、適当に答えた。だが、質問者は徹底的に考え抜いて、この質問をしたのだった。彼には、このシンプルな天文学上の問いで、サルマナザールが偽者かどうかを判定することができた。ジョージはそもそもこの質問者がどういう人物なのかも知らなかった。それは天文学者のエドマンド・ハレーだった。

ハレーは何人かの会員とともに、サルマナザールは自称しているような人物ではまったくないことを市中に知らしめはじめた。しかし、サルマナザールには今や、ロンドン大主教や王認学会の複数の大物メンバーなど、強力な支持者がいた。そして、サルマナザールの話の最大の支持者は言うまでもなく、ジョージ・サルマナザール本人だった。

「私たちの島では毎年、神に子供たちを捧げます」と、ある集まりでジョージは話した。「一万八千人の八歳の男児が祭壇で生贄《いけにえ》にされます」

一同は息をのんだ。

「しかし」と誰かが指摘する。「台湾の人口からすると、毎年それだけ大量の子供を殺すことなど不可能なのでは？」

ジョージは肩をすくめる。

「私たちの神が要求されるのです」

いかなる場合も、ジョージに発言を撤回させたり変えさせたりすることはできなかった。それは、彼がのちに明らかにしているように、意図的な戦略だった。

どうあっても絶対に放棄するわけにいかないひとつの行動原理があった。それは、話の中でいったん断言したことは、聞き手がごくわずかであろうと、とてもありそうにないと思われることでも、また、ばかげているとしか言いようのないことでも、絶対に、その後に修正したり、それと矛盾するようなことを言ったりしてはならない——というものだ。このため、ある時ついうっかり、毎年生贄にされる子供の数を一万八千人と言ってしまったおかげで、その数を減らすわけにいかなくなってしまった。もちろん、自分にも、あれだけ小さな島国で毎年それだけの住人がいなくなるなどありえないということはわかっていた。住人が本当にそれを実践するほど愚かであったとすれば、あっという間に台湾には誰もいなくなってしまう。

ジョージの大勢の友人と支持者たちは、彼を詐欺師だという噂に激怒し、偽者だというのなら証明してみせよ、証明できたら賞金を出すとまで言いきった公告を出した。これに応じた者は誰もいなかったようだが、しかし、化けの皮がはがれるのはもう時間の問題だと思われた。

ジョージとイネスがロンドンに来てからすでに二カ月がたっていた。イネスは反撃が必要なことを察知して、すでに台湾語の新しい文書(教義問答集の翻訳)を作るよう、ジョージに命じていた。だが、主教をはじめとする支持者の面々はそれ以上のものをご要望だとイネスは言った。お歴々は台湾の全歴史を所望しておられる。

ジョージは台湾について何ひとつ知らなかった。

「二カ月後までに完成させろ」とイネスは言った。

考えてみれば不思議なことだが、今から三百年も前の時代に、本を短期日で刊行させるのは今日よりも簡単だった。サルマナザールの本は三月中に書き上げられ、四月半ばにはもうロンドンの書店に並んでいた。イネスがこのアイデアを出してから三カ月足らずのことだ。

サルマナザールは、勉学熱心な学生ではなく、偽者としても節操がなかったと言えるだろうが、書き手としてはマニアックなまでの集中力を発揮した。一七〇四年の二月と三月、彼は、貴族や聖職者たちの食卓につく時間をできる限り切り詰め、憑かれたように原稿を書きつづけた。手もとには、ヴァレニウスの『日本と支那の伝聞記』（一六四九）があり、ここから好きなだけ剽窃する一方で、繰り返し、この本のこの記述は間違っていると当てつけがましく述べ立てた。サルマナザールがラテン語で原稿を書いていくそばから、翻訳者のオズワルドが〝英語に直して〟いった。こうしてわずか二カ月で、二百八十八ページの本と何十枚もの図表やイラストが完成した。刊行された『台湾の歴史と地理に関する記述』（以下『台湾誌』）の書き出しは、イギリス文学史上最も尊大で皮肉な文章と言っていいかもしれない。「ヨーロッパの人々は、日本、なかんずく我らが台湾島についてこのうえなく曖昧で混乱した知識しか持っておらず、したがって、これまで台湾について語られてきた〝真実〟なるものはいっさい信用しないほうがよい」

サルマナザールは、台湾の王族と為政者たちの詳細な物語を作り出しただけではない。彼はひとつの世界を丸ごとでっち上げたのだ。あまりに大胆かつ厚顔きわまりないその内容に、刊行から一世紀以上たってなお、イギリスの著述家アイザック・ディズレーリは唖然呆然とし、ひたすら叫ぶしかなかった。

この超常的なペテンをじっくり検討したいという読者はぜひとも、文学史上の超珍品と言うべき『台湾誌……上記の島国に生まれたるジョージ・サルマナザール著』（一七〇四年）を参照されたい。おびただしい図版、数々のとんでもないでっち上げ！　その服装！　宗教儀式！　太陽と月と十の星々に捧げられた神殿と祭壇！　その建築物！　副総督の城！　寺院！　市中の家！　田舎の家！　台湾語のアルファベット！

これだけではない。英語と台湾語を一行ずつ交互に並べた主の祈りとモーゼの十戒、台湾語と台湾の数の体系を図表化した折り込みページ。植物学に動物学に美食学（植物と人間の体のパーツはともに生《なま》で食される）、武力征服と皇帝たちと血塗られた陰謀が果てしなく繰り返される台湾島の歴史。果ては、日本の王から台湾の王に宛てた書状――ジョージがいったいどこでこんな文書を入手することができたのか、たずねてみようと思った者は誰ひとりとしていなかったようだが、こうしたミスはいたるところに見受けられる。『台湾誌』にはまた、台湾の鉱物資源に関する詳しい記述もあり、これからすると、台湾にはどうやら黄銅の鉱山が二つあるらしい。その光景は、鉱物学者なら誰でも見てみたいと思うこと必至のものだ。

『台湾誌』で最もセンセーショナルなのは宗教儀式に関連する記述である。サルマナザールは二人の台湾の宗教の祖、ゼロアボアベルとチョルチェ・マッチンなる哲学者をでっち上げた。

二人は、多くの議論の上に、こう論証するに至った。すなわち、世界にはただひとりの至高の神がいて、この神は目に見える世界のあらゆる事物を超越している。……だが、神の心に添い、神に受け入れられる形で崇敬の念を表わそうとするならば、寺院を建立し、その内に礼拝堂と祭壇を設置し、そして、祭壇において九歳未満の子供の二万の心臓を焼かねばならない。

当然ながら、台湾の人々はこの血に飢えた二人の預言者を島から追い出した。すると、悪疫が襲いかかった。唯一なる神が親たちの怒りにほんの少し譲歩し、生贄の数を減らすとともに女児を対象からはずした時になって、ようやく悪疫はおさまった。

［神いわく——］今日より〝新たな年〟を始めるべし。これはディグの月の第一日目にして十日間の祝祭の最初の日なり。この祝祭においては、毎年、九歳未満の男児一万八千人の心臓を我に捧げるべし。……毎月、すべての寺院に千頭の家畜を捧げるべし。すなわち、牡牛三百頭、牡羊四百頭、残りは子牛ないし子羊なり。

この毎年の子供の欠損は、複婚制度によって十二分に埋め合わされたとサルマナザールは述べる。そして、そのすぐあとで、大量の子供の心臓を焼くという風習はあるにせよ、台湾は今も「アジアの島々の中で最も住みやすく素晴らしい国のひとつ」でありつづけていると読者に請け合う。

こんなことには頓着しない批判者もいた。彼らにとって問題だったのは、台湾のおぞましい慣習ではなく、この本の後半を占めていた神学論だった。つい最近、台湾からやってきたばかりの者が、キリスト教に関する難解な百ページもの論文をこの短い時間でどうやって書き上げることができたのか、それも十九歳という年齢で——と、彼らは疑念を向けた。これを受けて、イネス師はジョージの歳を引き上げ、彼は実際は二十二歳なのだと言うようになりはじめた。

とはいえ、こうした批判が影響を及ぼすことは、少なくとも最初のうちは、ほとんどなかった。数カ月間、サルマナザールの本は売れに売れて、ロンドンの書店はどこも在庫切れの状態になった。イネスはジョージに、もっと内容を広げた第二版を書けとせっつき、そうするうちにも、第一版は、フランス語、ドイツ語、オランダ語に翻訳された。そしてほどなく、サルマナザールは、新たな後見人となったコンプトン主教から、主教自身の母校であるオックスフォード大学クライストチャーチ・カレッジに一学期在籍させる手はずを整えたとの言葉をたまわった。


道路から一歩足を踏み入れると、そこはもうクライストチャーチ・カレッジだ。

早朝、四角い中庭《クワド》には霧が立ち込め、それを通してマーキュリーの像が見える。その先に浮かび上がるカテドラルの尖塔、そして石と木でできた静かな学寮。朝まだき、巨大な芝地《メドウ》には、まだ人の姿はほとんど見られない。

そこは、帝国の焦点のひとつである。将来を嘱望される知性の持ち主たちが、人生の一時期、やがて英国社会に様々なスペクトルとなって拡散していく前の短い期間に集う場所。サー・クリストファー・レンがカテドラルを建てたのは、サルマナザールがやってきた時からそう前のことではない。そこでジョン・ロックが学生として祈りを捧げ、一世紀あまりのちには、ルイス・キャロルが数学科の生徒たちを引きつれて中庭を横切る姿が見られることになる。帝国最大の大学のこの堂々たるカレッジに、コンプトン主教は、自称台湾人にして実際には神学校のドロップアウトであるジョージ・サルマナザールを送ったのだった。

サルマナザールは学寮の居室に落ち着き、新しいベッドに寝転んで、満足げにあたりを見まわした。

何年もの間、兵隊用の宿舎と借り物のベッドで過ごしてきたサルマナザールにとって、この新しい住まいはとんでもなく広く見えた。ほかの多くの学生と同様、サルマナザールも生まれて初めて手にした自分自身のアパートを大いに楽しんでいた。

オックスフォードの学生を相手に台湾語の講義をするという話はあったのだが、彼は、キャンパスで将来の言語学者たちと接することは極力避け、日々、論理学や詩学、神学、ニュートン哲学（今日では物理学と呼ばれる学問）の講義に出て過ごした。神学の授業は気に入った。大好きな神学上の議論にどっぷりひたることができたし、折々に、講師から台湾の宗教について質問を受けて注目を浴びることもあった。しかし、数学と歴史の授業は退屈だった。「歴史、特に古代の年代学は、どうしようもなく曖昧で、入り組んでいて、ややもすれば、答えの出ない局面にぶつかってしまう。こんなものに満足できるとはとうてい思えなかった」。ジョージの落胆は理解できる。何と言っても、彼はベストセラーとなった偽歴史書を書いたばかりだったのだから。

やがて、授業に出る回数は減っていき、代わりにキャンパスを散策して過ごす時間が多くなった。彼はいつも脚を引きずって歩くようにしていた。痛風の発作に襲われたふりをしていたのだ。「脚を引きずって歩くのは、威厳を与えてくれるような気がした。だから、やめる気にならなかった」。心配したパトロンたちが、治療のためにと彼を温泉に送り出したが、当然ながら、キャンパスに戻っても彼の脚の状態は以前とまったく変わらなかった。

一番幸せだったのはカレッジの聖歌隊と一緒に聖堂で歌っている時だった。聖歌隊は「すぐにあちこちにさまよっていく気まぐれな自分の心をとらえた一番のもので、余暇時間のほとんどを聖歌隊に充てるようになった」。ジョージは、聖歌隊随一の歌い手ではないにしても、最も真面目なメンバーであったことは間違いない。聖歌隊に参加しているクラスメートの多くが、稽古前のパブ・リハーサルと称して芝地亭や熊亭でウォームアップをする間に酔っ払い、アヴェマリアを歌っている間じゅう、げっぷをしたり呂律《ろれつ》がまわらなくなったりするのを、ジョージは啞然として眺めていたものだった。

授業をすっぽかし、脚を引きずりながら中庭を歩きまわり、美しい賛美歌を歌って、長い一日が終わると、ジョージはジレンマに直面した。この怠け者が、どうすれば『台湾誌』の第二版を書き、なおかつ真面目な学生と思われることができるのか。すぐに素晴らしい解決法が浮かんだ。長い軍隊生活を送ったおかげで、ジョージは寝るのにベッドを使う必要がほとんどなかった。

蠟燭を一晩中つけっぱなしにして、周囲の人たちには読書にふけっていると思わせて、椅子で寝た。一週間、ベッドを使わないこともしばしばだった。ベッドを整える下働きの人間はさぞかし驚いたことだろう。こんなに少ししか眠らずにどうやって生きているのか、想像もつかなかったに違いない。

たいしたことは学ばなかったものの、全体として見れば、実りの多いオックスフォード生活だった。学期が終わる頃には、ジョージは『台湾誌』の第二版を書き上げていた。以前にも増して異様な図版を描き、生贄と食人に関するさらに血なまぐさいディテールを書き込み、最初の版の真実性に疑念を呈した批評家たちへの激烈な弾劾の言葉まで書き加えた。ジョージは原稿を手に、オックスフォードからロンドンに戻り、ペルメル街で馬車を降りた。オックスフォードに行く前まで、彼と師のイネスはペルメル街の宿に逗留していた。

イネス師はもうここにはおられません、とジョージは告げられた。イネスは英国軍の従軍牧師総監に任じられ、ポルトガルに行ってしまったのだ。

ロンドンの町なかで立ちつくしたサルマナザールは、まさに自分が主張してきたとおりの人間に――どこにも真の友人のひとりとしていない、異邦の地の異邦人となっていた。

ステージマネージャーがいなくなっても、しばらくの間は、ほとんど影響はなかった。『台湾誌』の第二版はまたも大ヒットとなり、一七〇七年には『日本人と台湾人の対話』という神学書も刊行された。偽装の日々は続き、ジョージは、野蛮な風習の新たな話に目を輝かせるロンドンの遊び人や貴族のパトロンたちを相手に、彼らの飽くなき好奇心を満足させてやりつづけた。この人食い慣習を持つ有名人には、女性たちも不思議に惹きつけられるようだったが、ジョージは心密かに強い屈辱感を覚えていたので、そうした情事の誘いに乗ることはめったになかった。回顧録では「いかに種々様々の快楽を享受してきた人間といえども、私がやってきたような背徳的な行為に耽溺する機会を得た者など、まずいないはずだ」というふうに言っている。

しかし、ついに、ロンドンっ子たちもこの奇人に飽きはじめる時がやってきた。最初から信用していなかった者たちがここぞとばかりに露骨な攻撃を開始した。偽者の大合唱は一七一〇年には抑えようもなくなり、ジョージの擁護者たちは防衛の小冊子『台湾人ジョージ・サルマナザールに対する批判への質問状』を出させざるをえなくなった。だが、時すでに遅し――一七一一年三月十六日の《スペクテイター》紙に、こんな偽公告が載った。

来たる四月一日、ヘイマーケット劇場で「残虐非道のアトレウス」と題されたオペラが上演される。注目!――テュエステスが我が子を食らう場面は、近年、台湾からやってきた、かの高名なるサルマナザール氏によって演じられる。この食事の場面ではずっと太鼓が奏される。

サルマナザールはジョークになりつつあった。

サルマナザールは、その生涯のほとんどを（大人になってからは完全に）偽装にひたりきって過ごした。改めて子供時代の自分に戻るなど不可能に等しく、もはや、自分の頭の中にしか存在しない国の人間として生きていくほかに道はなかった。

ロンドンで数年間、無為に過ごした結果、一七一二年になると、ジョージの生活は完全に行き詰まってしまった。長い間フリーランスの身で過ごし、すでに三十歳を超えていたジョージが今さら職につこうとしても、状況は極めて厳しかった。そんなある日、パッテンダンという名の男が声をかけてきた。当時、東洋の工芸品に目を奪われたロンドンの職人たちの間で漆《うるし》が大ブームになっており、パッテンダンは自分が開発した白漆を彼らに売り込もうとしたが、うまくいかなかった。そこで、〝ジャパン〟の名で知られる漆を売るなら日本人を使えばいいではないかと考えたのだった。サルマナザールが述べているところでは「彼の申し出は――あなたが台湾で白漆の製法を学び、その技術を持ってきたということにして、この白漆がいかによいものであるかを保証してほしい。あとは、時々、漆をひと刷《は》けふた刷け塗ってみせてくれればいい。そうすれば、売上金の相当額を渡す――というものだった」

こうして、零落の身となった有名人ジョージ・サルマナザールは、初めて〝物品の品質保証〟なる仕事に携わることになった。二人は「サルマナザール直伝の台湾白漆」を堂々と売り歩き、興味を示す者なら誰にでも、宣伝文句を浴びせかけた。

――漆のなかでも飛びきりの白漆！

——驚異的な硬化乾燥ですよ、みなさん！

——しかも、信じられないほどなめらか！

実際、それは悪い漆ではなかった。だが、パッテンダンは、自分の誇大宣伝に心を奪われ、この客には売れそうだとみるや、口を極めて白漆を褒めちぎるとともに、一瓶の漆に法外な金を要求して、自分から客を追い払ってしまう結果を招いてしまった。このヴェンチャー事業がつぶれるのにさして時間はかからなかった。

ジョージは深く落ち込んだ。もうこれ以上、嘘をつくような仕事には耐えられない。そんな思いが頭から離れなくなった。


ジョージはまっとうな道を歩もうとした。無意識のうちに台湾人としての癖やアクセントが出るのは抑えようもなかったが、とにもかくにも、かつて経験したことのある家庭教師の口を探した。学生としては完全に落ちこぼれで、正規の教育をきちんと受けたわけでもないジョージが〝実験物理〟と現代言語を教えると言って、うまく仕事口が見つかるわけもなかったが、幸運なことに、ロンドンのある弁護士が彼に目を止め、自分の子供たちのフルタイムの家庭教師として雇った。だが、長男のラテン語は絶望的だった。ジョージは、自分が知っていることで、この少年が何らかの能力を発揮できるものはないかと、むなしく探しまわった。何もなかった。彼はやけっぱちになって、こう言った。

今日は犬走りを作ろうか。

かくして、ラテン語と修辞学の教科書は脇に追いやられ、ぼんやりと憶えている十代の時の授業——軍事要塞作りに取って代わられた。

結局、家庭教師の仕事は終わりになった。この弁護士は給料をはずむ人間ではなく、加えて、以前からの借金も積もり積もりってどうしようもない状態に追い込まれたジョージは、一七一五年、再度、最後の頼みの綱である軍に入隊した。軍では依然として台湾人で通し、貴族出身の野蛮人というところから、サー・ジョージと呼ばれるようになった。だまされやすい兵隊たちの中には、ジョージが実際にナイトの称号を授けられたのだと思った者もいた。

イギリス中を移動してまわったのち、一七一七年、連隊がアイルランドに移駐することになったのを機にブリストルで離隊し、いま一度、無職の身に戻った。とにかく、まっとうな生活がしたかった。そして、以前、絵の才能が役に立ったことを思い出した。『台湾誌』に掲載した挿画、日本語の〝賛美歌〟を異国情緒たっぷりに美しく飾った装画の数々は十代の時に描いたものだったが、その能力は今も失われてはいなかった。もしかしたら——とジョージは考えた——扇の絵を描くことでまっとうな生活を続けていくことができるかもしれない。友人たちの励ましのもと、ジョージは絵描きの仕事に着手した。だが、世の多くの画家がそうであるように、ほどなく、絵筆一本では食べてはいけないことに否応なく気づかされることになった。回顧録には溜息混じりで、こんなふうに記されている。「裕福な家庭で、ほとんど無給に等しい状態で過ごした。そして、朝早くから夜遅くまで、休むまもなく働いた。それなのに、それでは最低限の生活を送るだけの収入さえ得られなかった」

心やさしい地元の聖職者がジョージの身の上話を耳にし、ロンドンの批判者たちの言は知らぬままに、異国の地に置き去りにされた台湾人を支援しようと、自分の教区で熱心に寄付金を集めてまわった。集まった金は年金の形で支給されることになった。一年二十ポンドというたいそうな額だった。それを受け取った時、ジョージは自分に吐き気を覚えた。この教区の人々は、野蛮な世界からやってきてキリスト教に改宗した貧しい人間に金を与えようというのであって、決してペテン師に対してではない。自分がペテン師であることは自分が一番よく知っている。ジョージは、心の底から感謝しつつ年金を受け取った上で決意した。ラテン語とその他の言語にもっと磨きをかけよう。自分は無からひとつの言語体系をそっくり作り上げることができた人間だ。いろいろな言語に熟達したら、いずれ、現実の言語の翻訳者としてまっとうな生活を築いていくことができるに違いない。

言語と神学に没頭した何年かが過ぎて、ロンドンに戻ったサルマナザールは、出版社から次々と翻訳の仕事を依頼されるようになった。年金のほうは徐々に減っていき、一七二〇年代に入って、寄付者の全員がこの世を去った時に支給は終わりとなった。受け取りを断ることは一度もなかったものの、ここに来て、ジョージは新たな支給者を探そうとはしなかった。彼はついに、自分の稼ぎだけで生きていくことができるようになったのだ。だが、周囲には依然として、本物の台湾人と知り合いになれたことを喜んで、故郷の話をしてくれとせがむ人たちがいた。ジョージの気持ちは重かった。絶対に彼らの前で自分のペテンを認めるわけにはいかない。ホストたちに乞われると、不承不承、台湾語の文章をつぶやきながら、みなが台湾のことを忘れてくれればどんなにいいことかと思っていた。彼はこの運命から永遠に解放されない自分を感じていた。

実のところ、彼は一度、運命から解放される寸前のところまで行くことになる。一七二八年、体調が悪くなり、重体に陥って、友人のひとりが療養のためにと、彼を自分の田舎の屋敷に送った。四十代もまもなく終わろうというこの時、死の床に横たわったジョージは、自分の人生が恐ろしい無駄遣いだったことを悟った。そして、おそらく生涯で初めて、本当に改心する気になった。きっかけとなったのは、出版されたばかりのジョン・ローの『信仰への真摯なる呼びかけ』だった。次の一節に、サルマナザールは激しい衝撃を受けた。

今、世界には、まさしくこの今の私と同じ状況にある魂が、別世界への召喚に直面して愕然としている人が、無数にいる。この時に至っては、もう誰も、何も考えることはできない。誰もが間近に迫った死におびえ、それぞれのなしてきたことのはかなさに当惑し、それぞれの生の愚かさに打ちのめされている……。

全能の神はおそらく、あなたよりも大きな罪を持つ者を知っておられるであろう。神は、あらゆる人間の罪のありようを逐一見通し、把握しておられるからだ。しかし、あなたの心は、それがあなたに忠実であるとすれば、自分ほどに大きな罪を持つ者をどこにも見出すことはできない。なぜなら、あなたの心に見えるのは、自分自身が行なった、そのほとんどが罪で作り上げられていることのみだからである。

病《やまい》と、これまで隠し通してきた罪の意識とで、口もきけないほどに衰弱していたサルマナザールには、これらの言葉のひとつひとつが、まるで彼個人に直接向けられているようにしか思えなかった。しかし同時に、ローは希望も――嘘偽りない心の底からの改心のもと、悔悟の念を忘れぬ禁欲的な暮らしを送るよう務めれば、そこに希望は見出せるということを示してくれていた。

ジョージはその日には死ななかった。翌日も死ななかった。自身、たいそう驚いたことに、彼はそれから三十年以上を生き、たいへんな高齢者となるに至る。

その年、死の床から回復してロンドンに戻ったサルマナザールは別人になった。静かで質素な暮らしを続け、朝の七時から夜の七時まで物を書く仕事に専念した。多大な労力を要する下請けの編集仕事を受け、書棚を壊しそうなほどに重い『印刷史概論』（一七三二）や多巻本の大著『世界の歴史』

（一七三六―五〇）に原稿を寄せた。エマニュエル・ボウエン編纂の『地誌大全』（一七四七）で台湾の執筆を任された際には、ジョージ・サルマナザールの数々の出まかせを批判する無署名記事を書いた。この頃には、彼はいかなる筆名も記さないようになっていた。もう二度と、自分の名を一般の目の前に出したくなかった。

時は過ぎ、かつての自堕落なペテン師は、今では住まいとするアイアンモンガー・ロウの宿の界隈で知らぬ者のない好人物となっていた。この敬虔な老人が毎日、宿から外に一歩踏み出すと、子供も大人もみんなが挨拶をした。神学の研究と翻訳に深く没頭するようになってから、独学でヘブライ語を習得し、実践を積むためにロンドンのあちこちのシナゴーグに通っていた。彼はまた『ダビデとミカル』と題するヘブライ語の韻文による悲喜劇」を書こうとしていた。かつて、みずからのアイデンティティをフィクション化することに驚異的な手腕を発揮したジョージだったが、歳を重ねて深まった敬虔さのおかげで、文字によるフィクションの才能は大幅にやせ細ってしまっていた。サミュエル・リチャードソンの英語による初の近代小説『パミラ』（一七四〇）が発表され、好評を博したすぐあとに、ジョージは、『パミラ』の続編となるべき作品の第一章を書いて、いさんでリチャードソンに送った。宗教感情が横溢しているだけの何ともひどい作品で、現存している原稿の余白には「ばかばかしい&ありそうもない話」というリチャードソンのコメントが記されている。

晩年のジョージはもうひとつ大きな過ちを冒した。当時は多くの人が痛み止めにアヘンを使っていた。夜ごと少量のアヘンを吸引しつづけた結果、気づいてみると、ジョージはどうしようもない中毒に陥っていた。この状態から脱する方法はないものかと探しまわったあげく、ジョーンズ博士なる人物の書いた『アヘンの謎』と題された本を見つけ出し、ここで推奨されていた方法をあれこれ試してみた。その結果、中毒を引き起こす「有害な成分をすべてアヘンから取り去る」には、セーブルオレンジを絞った果汁にアルカリ粉を少量混ぜ、それにアヘンを入れて熱すればいいということがわかった。酸とアルカリが反応し、沸騰して滓の泡が出てくるので、それを濾すと、〝健康に良い〟アヘンが残されるのだ。サルマナザールは善意から、この方法を友人や教会の仲間たちに熱心に勧めた。みなすぐに、オレンジジュースを絞って熱するのに熱中しはじめた。

言うまでもなく、オレンジジュースにはまったく効果がなかった。ほどなく、サルマナザールは一日にスプーン十杯のアヘンを吸引する習慣に戻り、死ぬまでこの習慣から離れることはできなかった。神を畏れるこの老人は、友人や隣人たちを自分と同様の中毒に陥れてしまったことに気づき、心の底からの悔悟を噛みしめた。

長時間机に向かっているのに疲れると、ジョージは息抜きに、よくオールド・ストリートのパブに行き、そこで、サミュエル・ジョンソンという若い才能ある著述家と話をして過ごした。ジョンソンは後年、彼の伝記を書いたジェイムズ・ボズウェルに、ロンドンのほかの誰よりもサルマナザールとの交友がうれしいと語り、また、別の友人には「ジョージ・サルマナザールの敬神と悔悟と徳は、あまたの聖者伝に見られるどれをもしのいでいる」と述べている。

ジョンソンは、サルマナザールと同様、ジョン・ローの『信仰への真摯なる呼びかけ』に深い感銘を受けており、二人は互いの信仰心の内に共通の結びつきを見出していた。だが、ジョンソンは時々、ジョージの過去への好奇心を抑えきれなくなることがあった。

――台湾のことですが……

ジョージはいつも、とてもつらそうな表情を浮かべ、ジョンソンもすぐに言葉を切った。「これなら、主教に異をとなえることを考えたほうがましだという気分になったものだ」と、ジョンソンはのちにボズウェルに語っている。

またある時、こんな質問をしたことがある。

——本当の名前ならともかく、どうしてサルマナザールという名前をずっと使っているんですか？

サルマナザールの顔に再度つらそうな表情が浮かぶ。

——それは、私がペテン師としてのこの名以外のいかなる名前にも値しないからです。

サルマナザールはまもなく八十歳になろうとしていた。かつて彼が同情や義援金をだまし取った人たちのほとんどがこの世を去って久しかった。彼らから許しを得る必要はなかった。彼らは、ジョージにだまされたことには気づかず、貧しい台湾人の旅人を助けたことに満足して、幸せに死んでいったからだ。しかし、サルマナザール自身は、長寿という重い罰を受けることになった。彼は死ぬまで、自分がしたことを許しはしなかった。

一七六三年、サルマナザールが死去すると、机の奥から紙の束が見つかった。その中に、以下の標題が付されたものがあった。

　　哀れにして罪深く、価値なき生き物、
　　ジョージ・サルマナザールなる
　　仮の名前で知られたる者の
　　遺言書

所持品のいっさいは忠実な家政婦サラに贈る。また、いくばくかの金を別にして、それで、机に残した回顧録を出版するように。回顧録にはみずからがなした悪行のすべてが書き記してある。死後はいっさいが忘却の手に委ねられることを、ジョージは願っている。

いつ、どこで死ぬにせよ、私の遺体は、できうるならば……その日のうちに共同墓地に運び、その片隅に埋葬してほしい。形式的な葬儀は無用で、私が死んだ地域の慈善金受給者に通常なされる、最も簡素かつ安価な形で行なってもらえればよい。また、遺体はいかなる形の棺にも入れず、最も安い〝殻《シェル》〟と呼ばれているものの内に置くだけにして、自然の土が四囲を包むのを妨げないよう、蓋や覆いの類を載せないことを心より願う。

彼は貧窮者と同様、地面に直接葬られ、そこには墓石も置かれなかった。ジョージ・サルマナザールがどこからやってきたのか知る者はいなかった。そして今、彼がどこに行ってしまったのか知る者もいなくなった。まるで、この人物が実在したことはなかったとでも言うかのように。

一年後、『＊＊＊の回顧録』が出版された。これは以後、一度も再刊されていない。『回顧録』で彼はほとんどすべてを告白しているが、しかし、ひとつだけ謎が残されている。自分をジョージ・サルマナザールと呼んだこの人物が墓の中に持っていったまま、死後二世紀半の時がたった今も突き止められていない謎。

彼の本当の名前だ。

8

ニューヨーク空圧地下鉄道

アルフレッド・イーライ・ビーチ

Alfred Ely Beach (1826-1896)

バタシーでの空圧搬送実証実験（ニューヨーク公共図書館／科学・工業・商業図書館［アスター・レノックス・ティルデン財団］）

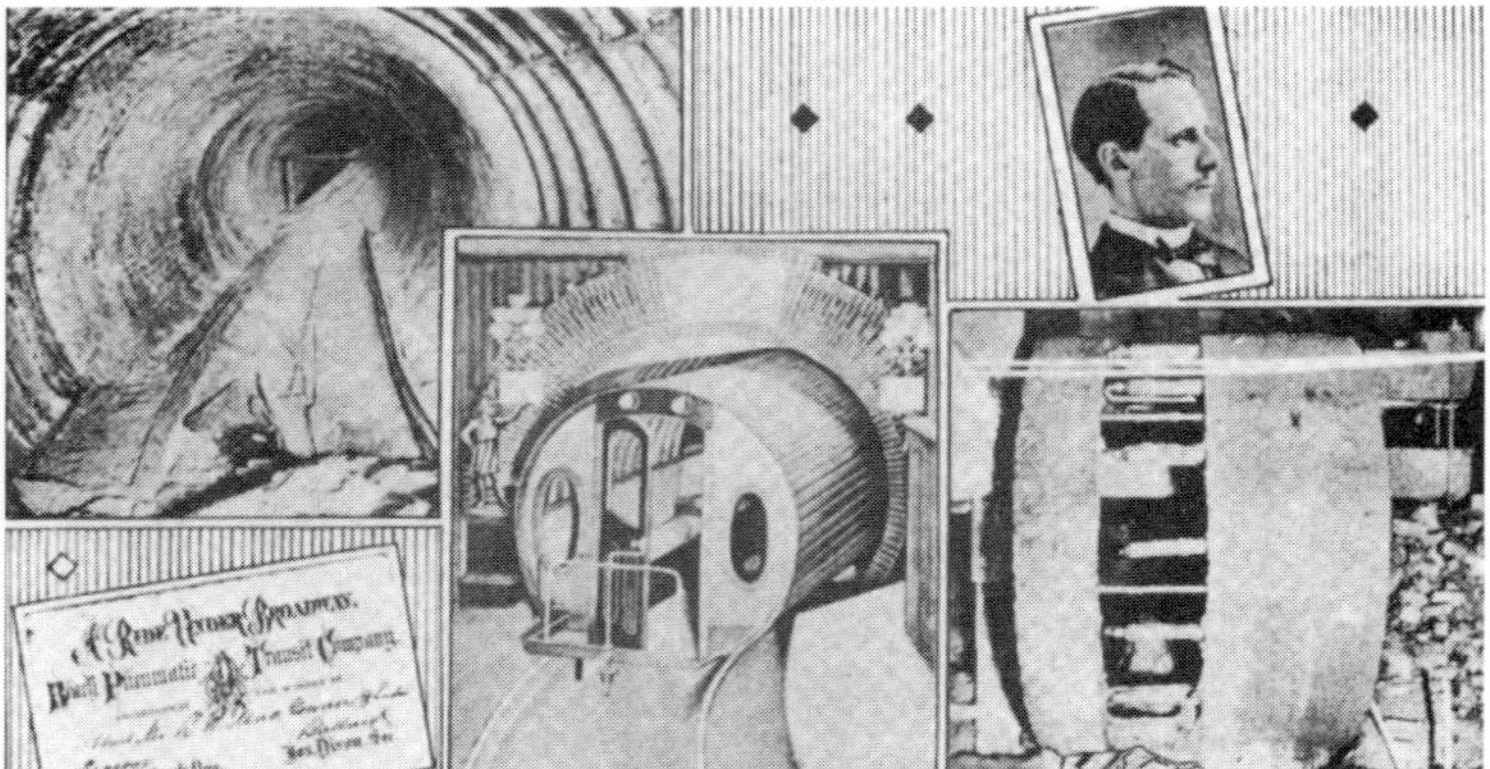

（右上から時計回り）アルフレッド・イーライ・ビーチ／1912年に発見された時の掘削シールドマシン／空圧トレイン／1870年のグランドオープンの招待状／1912年当時のトンネル（ニューヨーク公共図書館／一般研究部門［アスター・レノックス・ティルデン財団］）

市庁舎のボス・ツイードの一党のオフィスに謎めいた招待状が届いたのは、その週早くのことだった。

ブロードウェイ地下レセプション

州行政部諸氏、州議会議員、市行政部諸氏、プレス関係各位

来たる一八七〇年二月二十六日土曜日の午後二時より六時まで、ブロードウェイ二六〇番地、ウォーレン・ストリート角のビーチ空圧交通会社のオフィスにて、レセプションを行ないたいと存じます。つきましては、皆々様のご高来を賜りたく、ここに謹んでお知らせ申し上げます。

ジョウゼフ・ディクソン　秘書
A・E・ビーチ　社長

市庁舎の窓から外を覗いた誰もが当惑した表情を浮かべた。それも当然だった。ウォーレン・ストリートとブロードウェイが交差する地点は市庁舎からさして遠くない。そこには、のろのろと進む荷物運送馬車と、あふれんばかりに客を載せた市内鉄道馬車と、浮浪児たちの金切り声が入り混じった、いつもながらの喧騒が響いているばかりで、特別なことが行なわれている気配はまったくなかった。

招待状に記された場所にあるビルはただの衣料品店で、ニューヨーク市のプレス軍団はもとより、市の重要人物たちがそろって行くべき場所とはとうてい思えない。加えて〝地下〟レセプションとはどういうことなのか。そもそも、あんなところに地下などありはしないではないか。

それとも……あるのだろうか？

土曜の午後、ジャーナリストと政治家たちの最初の一団がやってきた時も、デヴリン衣料品販売商会は一大レセプションが開かれる場所にはまったく似つかわしくないように見えた。一同は、店の倉庫として使われているはずの地下室に続く裏手の階段を降りるよううながされた。

そこは、今では地下室ではなかった。目の前に現われた光景に仰天した《ニューヨーク・ヘラルド》紙の記者は、こんなふうに報告している。「デヴリン衣料品店の地下倉庫に続く、ありきたりの急階段を降りていくと、そこは居心地の良さそうなオフィスになっていた。そして、そこからほんの数段下がったところに、さながらアラジンの洞窟のごとき光景が広がっていた……」

一同が列をなして戸口をくぐると、眼前に、奥行き四十メートルもの壮大なレセプションルームが現われた。ガス灯のシャンデリアがまばゆい輝きを放ち、壁には素晴らしい絵が何枚もかけられ、テーブルにはシャンペンとオードブルが所狭しと並んでいる。シャンデリアの光を反射してきらめく金魚の泳ぐ噴水盤、豪華な革張りのソファ。一隅ではピアノが演奏され、その音が地下の隠れ処の隅々にまで響いている。しかし、その美しい音色とは別に、一同の耳にはかすかな街の喧騒も聞こえてきた。頭上七メートルのところにはブロードウェイがあり、何千ものニューヨーカーたちが、自分たちの足の真下にあるものにはまったく気づかないまま行き交っているのだ。

洞窟のごとき部屋の一番奥には、頭上のニューヨーカーたちも、今この場にいる面々も、いまだかつて目にしたことのないものが、ライトに明々と照らされて鎮座していた。それは地下鉄の車両だった。

頃やよしと、ホストが歩み出た。入念に手入れされた口髭を生やした四十代半ばの隆《りゅう》とした人物。このホストが誰か、客たちには即座にわかった。《サイエンティフィック・アメリカン》誌の発行者にして社主のアルフレッド・イーライ・ビーチである。ビーチは、当惑に包まれている市の代表者たちの前に立って、洞窟の中をゆっくりと案内してまわった。みなさんが今ご覧になっているのは空圧方式の鉄道ですとビーチは説明した。「〝空圧搬送〟はチューブ内に敷設された軌道を使って行なわれ、車両は圧搾空気で駆動されます。この車両は事実上、チューブの中を移動するピストンと言っていいものです」

ビーチは一同に、美しい車両を示した。車両が鎮座している軌道は、明るく照らされた白塗りの円形のトンネルの奥に消えている。トンネルはゆるやかなカーブを描いて、その先、マンハッタンの地下へと続いているのだ。トンネルの入り口上部の要石《かなめいし》には、次のような文字が刻まれていた。

空圧交通

1870

だが、機関車はどこにあるのか。

「チューブと車両と回転ファン！　それ以外はほとんど必要ありません。重くてかさばる機関車は、種々の付属物ともども不要です。私たちが呼吸している空気という軽い流体がモーターの代わりをするのです」

この説明を聞いても、みな依然として首をひねっているばかりだった。一同は数段の階段を登り、外側を美しいフレスコの花綱装飾で飾られた、巨大な機械の格納庫の前へと進んだ。エアラーです、とビーチが言う。内部を覗き見ると、即座にその用途がわかった。巨大な蒸気駆動の送風ファン。まったくのところ、それは極めてシンプルな方法だった。下の洞窟で今見たばかりの地下鉄車両はトンネルにぴったりとおさまり、帆船とまったく同様に風の力で推進されていくのだ。唯一異なるのは、とビーチが言う。「軌道上の車両は水上を進む船よりずっと楽に走行します。船舶は水を押しのけていく際に多大な抵抗を受けますが、この車両は車輪の摩擦だけを克服すればいいからです」戻ってくるのはいとも簡単——ファンを逆回転させるだけで、生じた真空が車両を引き戻してくれる。

時間がたつとともに、さらに多くの招待客が集まってきた。誰もが呆然とした表情を浮かべて入り口から姿を現わした。洞窟の中は今や市のトップのお歴々でいっぱいになっていた。数千立方メートルの土と石だけしか存在していなかったはずの広大な空間で、シャンペンを飲み、ピアノに寄りかかって、興奮した口調でしゃべり合うゲストたち——その視線は常に、客たちを引き連れ、いっさいを秘密裏に作り上げた地下鉄の駅を案内してまわっているアルフレッド・ビーチに向けられていた。ゲストたちは驚嘆と喜びに包まれてシャンペングラスをかかげた。《ニューヨーク・タイムズ》紙が翌日掲載した記事には、「『トンネルの〝健康〟に』という乾杯の音頭も、もちろん忘れられることはなかった」と、ちょっぴりひねくれた報告もあった。

ほどなく、ビーチは、最初の走行を体験したいという者をつのった。残された一同がシャンペングラスと帽子を手に見つめる中、エアラー送風機の咆哮が一挙に高まり、トンネルの入り口の扉が閉じて、冒険心あふれる試乗者たちを載せた車両はすべるように視界から消えた。アメリカ初の地下鉄が公式に稼働した瞬間だった。

乗っていたのはわずか数秒間。停止した車両から歩み出た乗客たちは、そこが別の駅であることに気づいた。彼らは今、マレー・ストリートの角にいた。

　ビーチがいったい何をやってのけたのか、乗客たちが事の真相に薄々気づきはじめたのは、あるいは、この時点になってからだったかもしれない。ビーチは誰にも知らせずに地下鉄を建設しただけでなく、市庁舎の下を走らせたのだ。今日の我々からすると、こんな常軌を逸した計画を実行する者がいるなどとうてい考えられないとしか言いようがない。深夜、許可もなく作業をして、マンハッタンの最も賑わっている大通り、市庁舎のすぐ横の地下に本物の地下鉄を建造する。それも、近隣のただひとりの住人にさえ気づかれることなく——こんなことが、ひとりの人間にいったいどうやってできるというのか?

　だが、ビーチはやってのけたのだった。

　ただ、空圧鉄道を作ったのはビーチが初めてというわけではない。初の実用空圧鉄道建設の栄誉は、十年という時間と大西洋という空間を隔てた別の国の人々に帰属する。しばし、ニューヨークから離れて、十年前のロンドンに目を向けてみることにしよう。

バタシーは、近年、再開発が進められているとはいえ、今なおロンドン随一の風光明媚な地区などではまったくない。ピンク・フロイドが一九七七年のアルバム『アニマルズ』のジャケットに、ポスト工業時代の陰鬱なイメージが強烈なバタシーの光景を使ったのも〝たまたま〟というわけではないのだ。産業革命の時代、発電所なり、煙突だらけの工場なり、資本家たちの夢想をとらえる鉄と煉瓦の巨大怪獣《ベヒモス》群を建造するのに、バタシーほど適した場所はなかった。空圧配送会社にとっても状況は同じ、四百メートルの鋳鉄のパイプを敷設する場所として、バタシー以外の場所は考えられなかった。ロンドンの《メカニックス・マガジン》一八六一年七月十九日号の読者は、テムズ河畔で奇妙な作業が進行しているのを知った。

　先の水曜日、テムズ川の右岸で、かなり大がかりな実証実験が行なわれた。……大小様々な荷物を運ぶ新しい方式の実用性を試すのが、その目的である。試験路線の鋳鉄のチューブが、巨大な黒いヘビのように、河岸に沿って四百メートル以上伸び、それに連結されている機械類はわずかで、配置も簡単なものだった。

　それは、ビーチの地下鉄同様、実質的に巨大な豆鉄砲だった。チューブの高さは一メートル強、豆（車両）の重さはおよそ〇・五トン、駆動用の圧搾空気を送り出すのは毎分二百回転する巨大な送風ファンだ。

　車両はなかなかスポーティな外観で、高さはかなり低く、一メートル足らず——乗客を載せるには低すぎる。だが、その日、河岸に集まった空圧配送会社の役員たちは、車両に総量一トンのセメント袋が積み込まれるのを満足げに眺めた。チューブの一端に車両が送り込まれた。ハッチがバタンと音を立てて閉じ、合図が送られ、そして——シュウーーーーッ。五十秒後、一トンのセメントと車両は四百メートル離れたチューブの反対側の端にドシンと到達した。

　役員たちは歓声を上げ、拍手喝采した。

さらに何度か試運転が繰り返された。小さな車両は、急カーブも急な傾斜ものともせず、チューブ内を元気いっぱいで何度も往復し、途中で止まったりすることは一度もなかった。この時点で、試験走行を見つめていた見物人たちの頭には同じ考えが浮かんでいた。今度は誰が乗るんだ？

ほどなく、彼らの目はいっせいに《メカニックス・マガジン》のいささか底意地の悪い言葉を借りれば）「あまりハンサムとは言えない犬の形をした生きた乗客」に向けられた。不運な犬はセメント袋と一緒に車両に放り込まれ、ロケットのごとく打ち出された。反対側の端から声が届いた。大丈夫、犬は元気だ。ここで本当の問いが浮上する。次は間違いなく人間が乗るんだろうな？

そこはロンドンのこと、この冒険に喜んで応じる者は当然いて、二人の若者が進み出た。車両にマットレスが投げ込まれ、体を包む鞍下用の敷物が運ばれてきた。二人は敷物の下にもぐり込み、空を見つめる格好で仰向けに横たわった。車両が前方に運ばれ、真っ暗な鉄のチューブの中におさめられた。合図が送られ、強烈な風が送り込まれるとともに、二人は全身が前方に勢いよく投げ出されるのを感じた。

五十秒後、チューブの反対側の端で二人が降り立った。それまで誰も体験したことのないジェットコースターに乗るチャンスを得た二人は大興奮していた。だが、その様子を見つめる社の役員たちは、もはや面白がっているだけではなかった。このチューブは今や、郵便や重い荷物だけでなく、人間まで運べることが立証されたのだ。これが意味するところはすなわち、空圧配送会社の洋々たる将来が約束されたということにほかならない。

圧搾空気を用いる搬送方式そのものは、もっと以前から試みられている。一八一〇年、ロンドンの発明家ジョージ・メドハーストが『空気を用いて確実かつ迅速に手紙と荷物を運ぶ新しい方法』と題した小冊子を刊行した。彼は、チューブ内に圧搾空気を送り込むことによって、最大時速百六十キロの速さで荷物を搬送することができると考えていた。このアイデアはすぐに乗客搬送にまで拡大され、メドハーストは、それから二十年を費やして乗客搬送方式を完成させ、実際に空圧鉄道を建設するために株券を発行するに至ったが、購入者はほとんどいなかった。

続いて、一八二〇年代と三〇年代に、ジョン・ヴァランスとヘンリー・ピンカスが、メドハーストの後年の仕事からヒントを得て、圧搾空気を使う旅客鉄道のアイデアを発展させた。これらはいずれも、閉所恐怖症を起こしそうな密閉されたチューブ内に圧搾空気を送るのではなく、空気用のチューブはレールに取りつけられて、車両は戸外を走行する設計になっていた。ピンカスは、この空圧レールを農地に張り巡らせれば耕運機を自動で走らせることができると主張した。ヴァランスはさらに、ロシア大使館の高官たちの関心を引くことに成功した。ロシア人たちは、サンクトペテルブルクから黒海まで空圧鉄道の路線を敷くという壮大なヴィジョンのもとに、ヴァランスの設計を詳細に検討した。

この発明家たちは、当時の一般の人々の想像力と技術力のはるかに先を行っていた。二人はともに、自分たちの計画を実現させる資金を得ようと株を発行したものの、結局、何の成果も得られぬままこの世を去ることになった。だが、一八四〇年代になると、こうした屋外走行型の設計に様々な改良が加えられ、徐々に投資家たちの注目を引くようになっていった。ある発明家は、ロンドンのクリケット場で実動モデルを走らせた。そこからさほど離れていないワームウッド・スクラブズ刑務所の近くには、別のチームが実物大の実証路線を敷設し、七十五人の乗客を運ぶとともに、積載物なしで時速六十四キロの最高速度を達成した。

続く数年間、空圧鉄道建設のちょっとしたブームが起こった。これには充分納得できる理由があった。空圧鉄道は静かでクリーンなのに加え、驚異的な速度が可能だったからだ。ダブリン空圧鉄道線のある無謀な実験者は、たまたま時速百三十四キロを出してしまった。これはおそらく、当時の世界記録だったと思われる。フランス、オーストリア、アイルランド、イギリスで次々に試験路線が敷設された。大量の株が公開され、イギリスではコーンウォールまでの路線延長が計画された。

だが、この方式には少しばかり危険なところがあった。当時、入手できる部材は充分に信頼できるものとは言いがたく、気温が下がるとピストン部の空気漏れや破砕が起こったり、車両が近づくと、チューブ内に巣食っていたノネズミが毛皮で覆われた弾丸のごとく吹っ飛ばされたりといった事態が生じた。また、一度に一方向への移動しかできない設計が多く、駅をオーバーランしてしまうと、乗客が降りてプラットフォームまで車両を押し戻さなければならないこともあった。線路は融合・交差させることができず、さらに悪いことには、当時の圧搾装置には長距離の路線に必要なだけの空気を送るパワーがなかった。時刻表の監視担当員が気づいたところでは、複数の路線でパワーダウンが日常的な問題になっており、時として（何とも屈辱的なことに）止まってしまった車両を引っ張るために蒸気機関車を持ってこなければならないことさえあった。こうした問題はどれも解決されるには至らず、結局、一八四〇年代の後半に、投資家たちは空圧鉄道にきっぱり見切りをつけてしまった。

一八六〇年代に入ると、ロンドン、パリ、ニューヨークの人口密度は耐えがたいものになった。都市計画者たちにも、労働者の住居を郊外に広げる必要があることはわかっていたが、それにはまず通勤手段を確立しなければならなかった。そうこうするうちに、中心街の通行はどんどん危険なものとなっていき、日々、うんざりするほどの渋滞が発生した。

そんな中で路面電車を走らせるというのは、少なくとも都市の中心部においては実際的でなく、当然のように地下鉄に関心が向けられることになった。だが、石炭を燃やす蒸気機関車は、地上を走っていてさえ客室内に煙や煤を撒き散らす代物であり、まして、周囲を閉ざされたトンネル方式の地下鉄では問題外だった。こうして、圧搾空気モーターの巨大回転翼がいま一度回転しはじめた。一八五〇年代のエンジニアリングの進歩の結果、今では逆回転も可能となり、車両は同じチューブ内で前進・後退ができるようになっていた。ロンドンの電信局が株式取引所から中央電信局にメッセージを送るための小口径のチューブ敷設を開始し、一八五八年には、ロンドンの地下チューブは一・六キロを超えた。こうなると、次は当然、荷物および旅客用の大口径チューブということになる。

バタシーでの試験走行の成功を受けて、空圧配送会社は、一八六三年、郵便局のための荷物路線をロンドンに建設した。ユーストン駅からエヴァーショルト・ストリートまでの一キロ弱のチューブだった。一八六五年には、路線は三キロ延伸され、トッテナムコート、ニューオックスフォード・ストリートを通って、ホルボーン・ストリート二四五番地のロンドン郵便本局まで到達した。この郵便物搬送車両に労働者たちが乗り込んで、大都市ロンドンの地下、四キロに及ぶ鉄のチューブの中を数分で突っ走るという話は公然の秘密だった。時のバッキンガム公爵は、たまたま空圧配送会社の会長だったのだが、このスリル満点の体験を内輪で自慢するのが大好きだった。ある乗車体験者が述べているところでは——

スタート時と、それ以上に到着時の感覚は、決して快いものではなかった。いずれの場合も、一分ほどの間、耳に、潜水鐘で水中にもぐった時を思わせる圧力がかかり、波の下に引きずり込まれるような吸い込まれる感覚があった。目に冷たい風が当たり、まるで水が落ちてくるような感じだった。

ただ、頭を低くしている限り、誰もそれ以上に不快な体験はしなかったようだ。《フランク・レスリーズ絵入り新聞》は「あちこちで、強い錆の臭いがするものの、チューブ内の空気は不潔でも不快でもない」と述べている。

投資家たちの目が再び爛々と輝きはじめた。空圧配送会社は一八六四年にはロンドン水晶宮公園近くに四百メートルの試験路線を設置し、多くの一般来場者が地下鉄を初体験した。その後、この試験路線全体の監督に当たった社のエンジニア主任T・W・ランメルは、一時間に三十台の車両を運行するという大々的な空圧地下鉄の建設を提言。投資家たちから十三万五千ポンドの資金が集まり、一八六五年十月二十五日、起工式が行なわれる運びとなった。

空圧配送会社の郵便事業はさらなる成功をおさめた。いくつもの路線がロンドン市内の郵便局と企業ビルとをつないでいき、それから三十年余りの間に、市内には全長五十四キロを超える九十四もの路線が張りめぐらされるに至った。《タイムズ》紙は「駅間を風のように移動する空圧搬送と地下鉄網によって、重い荷物運送馬車がロンドンの市街から永久に姿を消す日は、もうすぐそこに近づいている」と高らかに予言した。

空圧搬送システムは、猛烈な勢いでイギリス全土のすべての主要都市に広がっていった。ベルリン、パリ、ウィーンでも状況は同じで、スイスアルプス横断という話さえあったほどだ。一方、アメリカではまだ、空圧搬送システムは建設される気配すらなかったが、しかし、この状況はまもなく一変することになる。

鉄道軌道の最初の一メートルを敷設する以前、アルフレッド・ビーチはもっと迅速で安価な通信手段を使いつづけていた。ハトである。

ハトは、大衆向けのタブロイド紙《ニューヨーク・サン》のオーナーである父モージズ・ビーチの所有物だった。モージズが出版人として最初に行なったのが、ビルの屋上に巨大なハト小屋を建てることで、翼を持った通信員軍団は、ニューヨーク州の州都オルバニーやワシントンDCからせっせとニュースを運び、出版業界での競争でモージズにわずかな優位をもたらした。当時の出版業界は乱戦乱闘状態で、《サン》とライバル紙《ヘラルド》の配達人たちが、町なかで殴り合いをするのも日常茶飯事だった。

アルフレッドは父の出版事業の才覚を受け継いでいたが、同時に科学に深い関心を寄せており、一八四六年、弱冠二十歳の時に、全寮制高校時代のルームメートだったオーソン・マンとともに、経営不振に陥っていた《サイエンティフィック・アメリカン》誌を買い取った。最初から、ビーチは卓越した洞察力を発揮し、雑誌社のオフィスに特許代理業部門を併設した。ニューヨークの発明家たちのほぼ全員がビーチの特許オフィスのドアをくぐり、その結果、ビーチのもとには革新的な新技術に関する情報が際限なく流れ込んでくることになった。彼は、ワシントンの特許局の審査官がまだ見てもいないうちから、詳しい説明を記した特許申請文書を手にしていた。

ビーチは毎月、ワシントンで行なわれる特許局のヒアリングに足を運んだ。国内の発明家にとって、ビーチは考えられる限り最良の友人だったわけである。こうした熱意がどのようにして生まれたのかを理解するのはたやすい。ビーチは自身、傑出した発明家であり、二十一歳で最初の実用タイプライターを発明していた。だが、彼の最大の情熱は空圧鉄道のためにとっておかれた。ヨーロッパからの船がやってくるたびに、運ばれてきたロンドンの雑誌や新聞を読みあさり、空圧搬送の成功に関する記事を片っ端からスクラップした。ほどなく、ビーチの頭にひとつの考えが形をなしはじめた。マンハッタンにも空圧移送システムを作ったらいいじゃないか。

一八六七年九月十六日、マンハッタン一四丁目の現場にいた者には間違いなく未来が見えていたはずだ。アメリカ産業博覧会の初日、来場者たちは首を伸ばして、一様に上方を見つめていた。州兵部隊本部・屋内訓練場の天井からは、長さ三十三メートル、幅一・八メートルの巨大な木製のチューブが吊り下げられていて、その内側を無蓋の搬送車が行ったり来たりしていた。来場者は目を輝かせ、この搬送車に乗るために長い列を作った。一度に乗れるのは十二人。博覧会終了時までに乗車したニューヨーク市民は延べ十万人を超えた。

この隣には、もうひとつの展示物があった。アップタウン／ダウンタウン宛ての郵便物投函口を地表レベルに取りつけた街灯柱からなる、卓抜な郵便物空圧搬送システムである。この投函口に手紙を入れると、地下深くにある収集箱にふんわりと落ちる。この箱はチューブの真上に位置していて、搬送車両がこの下に来ると箱の下部が開き、中身を郵便車両に落とす。車両はそれから再度、郵便物とともに勢いよくダッシュしていくという仕組みだ。従来の荷馬車による運送システムより格段に安上がりで、計算では、荷物運送馬車に一年間にかかる費用で、すべての通りに空圧搬送システムを三回も敷設できることになっていた。

これら驚異の仕掛けを作り出したのはアルフレッド・ビーチだった。この旅客搬送線路を、ビーチはわずか六週間で作り上げたが、この時点ですでに、それはこれまでのいかなる列車とも異なっていた。ひとつには上から吊り下げる懸垂式にできるという点だ。ビーチはまったく新しい合板製造プロセスを採用し、これによって、チューブはわずか四センチの厚さの木製となった。ほぼどんなところからも吊り下げられる軽さと強さ、そして、どんな不可思議な形状やカーブしたデザインにもフィットするように曲げられるフレキシビリティを兼ね備えたものとなったのである。

ビーチが博覧会の来場者の前に提示してみせたのは、このうえなくファンタスティックな未来のヴィジョンだった。マンハッタンの地下を走り、その後、地上に出て、都市の中空を美しく彩る空圧トレイン。時に、ビルの側壁沿いにゆるやかなカーブを描き、時に、ビルの屋上を、まるで竹馬に乗っているかのように越えていく空圧トレインが作り出す未来の風景。メトロポリスは、血管のごとく張りめぐらされたチューブの集合体となる。脈動する大都会。市民を包み込んだカプセルが最高時速百六十キロの猛スピードで、静かにすべるように疾走していく。市庁舎で乗った乗客がジャージーシティに着くのは五分後、セントラルパークは八分後、ハーレムは十五分後。

《ブルックリン・デイリー・イーグル》紙の記者は、このヴィジョンに陶然として「今日のエンジニアリングに不可能なことはないと言っていい」と断言した。「必要なのは、充分な資金が投入されることだけだ」


《デイリー・イーグル》の言う、この重要きわまりない自明の理を胸に、ビーチは博覧会が終わってから一八六八年の前半にかけて、大半の時間を州都オルバニーの議会でのロビー活動に費やし、《サイエンティフィック・アメリカン》誌上で読者に強く訴えかけるとともに、ニューヨークの街に対する夢を詳細に記した多数の挿絵入りのブックレット『空圧搬送』を刊行した。しかし、このような計画を打ち出したのはビーチだけではなかった。父モージズの古くからの仇敵であるホレス・グリーリーもまた議会周辺に足繁く出入りしていた。自分たちのニューヨーク都市計画案の承認を狙うライバルは大勢いたが、その中で最も力を持っていたのが、グリーリーとそのボス、コーネリアス・ヴァンダービルトの一党だった。だが、彼らは手痛い敗北を喫した。自分たちの案が議会に却下された

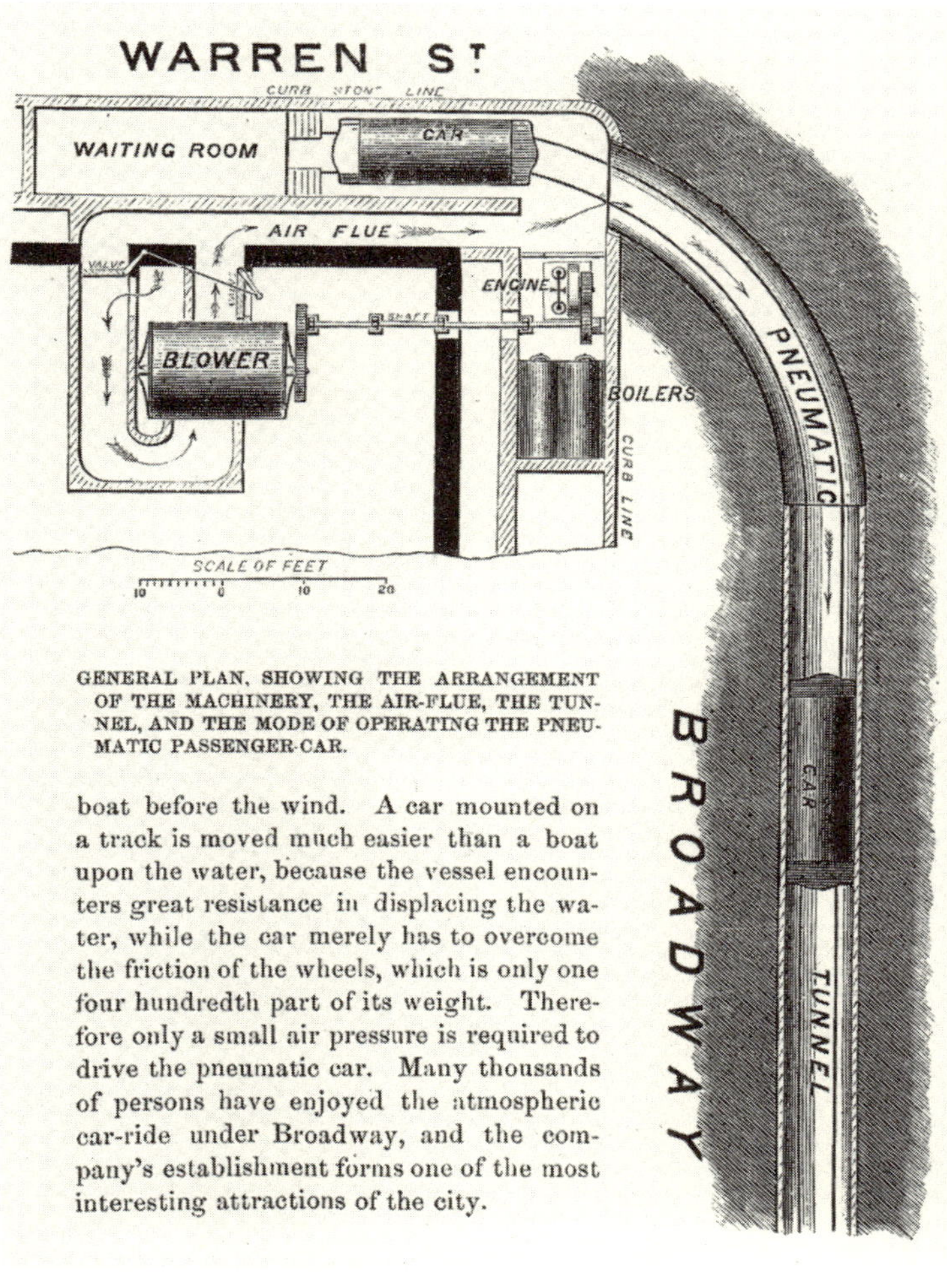

GENERAL PLAN, SHOWING THE ARRANGEMENT OF THE MACHINERY, THE AIR-FLUE, THE TUNNEL, AND THE MODE OF OPERATING THE PNEUMATIC PASSENGER-CAR.

boat before the wind. A car mounted on a track is moved much easier than a boat upon the water, because the vessel encounters great resistance in displacing the water, while the car merely has to overcome the friction of the wheels, which is only one four hundredth part of its weight. Therefore only a small air pressure is required to drive the pneumatic car. Many thousands of persons have enjoyed the atmospheric car-ride under Broadway, and the company's establishment forms one of the most interesting attractions of the city.

アルフレッド・イーライ・ビーチ『ブロードウェイ空圧地下鉄道の概要』の一ページ（ニューヨーク公共図書館／科学・工業・商業図書館［アスター・レノックス・ティルデン財団］）

だけでなく、アルフレッド・ビーチに、ニューヨーク市庁舎を中心とする小規模の空圧郵便ラインを敷設する許可が与えられたからだ。

ビーチはついに、自分の能力を発揮するチャンスを得た。即座に会社設立書を作成するとともに、五百万ドルの株券を発行した。こうして一八六八年八月一日、ビーチ空圧交通会社が誕生した。その後しばらくの間は何事も起こらなかった。

と言うか、少なくとも何事も進行していないように見えた。ビーチは、ごくごく注意深く事を進めなければならないことを重々承知していた。ヴァンダービルトとその一党は、実際の建設作業が始まる最初の徴候が見えた瞬間に攻撃をしかけるべく待ち構えている。上下水道を壊していると言って訴訟に持ち込み、作業を止めるつもりなのだ。さらには、自分たちの仕事がなくなると怒り狂った鉄道馬車と荷物運送馬車の御者たちも、大喜びで建設現場の何人かの頭を叩き割るつもりでいるだろうし、警官たちもあからさまに見て見ぬふりをするだろう。

そういうわけで着工式も何も行なわないまま、ビーチは、チームの全員を衣料品店の地下室に集めて、地下の掘削工事を進めている間、いっさいを絶対に外部に漏らさないよう誓わせた。掘り出した土は袋に詰めて深夜に運び出す。大量の煉瓦と大理石と木材、そしてグランドピアノ一台は、店の地下室からひそかに運びおろす。路上にいる誰にも絶対に気づかれてはならない。

一連の作業を大きく助けたのが、チームの持つ秘密兵器だった。傑出した発明家であるビーチは、今回の作業用に特別のトンネル掘削シールドマシンを設計していた。複数の水圧ジャッキで支えられた巨大なハニカム構造の金属盤で、圧力をかけると、土はシールドの背後に押し出され、それをカートで運び出す。両サイドのジャッキの圧力を調整することで、掘削機は右にも左にも自在にトンネルを掘り進めることができる。ビーチのシールドマシンは、何年後かには標準的な掘削機となるのだが、この今、世界中でこれを持っているのはビーチのチームだけだった。ただ、それを誰にも教えるわけにはいかなかった。

　とはいえ、秘密を知っていたチームのメンバーも、全体の進行に何かおかしいことがあるのに気づいていたかもしれない。州議会を通過した議案では、ビーチがブロードウェイの地下に建設できるのは口径一・三七メートルのチューブが二本ということになっていた。この口径では実質的に旅客用は排除される。しかし、実際にビーチが作っていたのは、口径二・七四メートルのトンネル一本だったのだ。二・七四メートルはたまたま人間を運べる口径である。

　この決断について、のちに公に説明した際、ビーチは秘密のヴェールのごく一端を持ち上げてみせた。

> 二本のチューブを建設する最も速く、かつ最善の方法は……口径一・三七メートルのチューブ二本を同時に収納できるだけの大きさの石造りの外殻を作ることだった。そこで、まず建設したのが、この外殻トンネルの一部である。建造後、旅客移送用にも充分な大きさと強度を備えていることがわかったので、当社はそこに線路を敷設し、旅客用車両を配備した。この目的は、実物モデルを提示することであり、ブロードウェイの地下に本物の地下鉄を敷設する際の実現可能性を仮の形でより明確に示すところにあった。

　作られた地下鉄そのものも驚嘆すべきものだったが、それと同じくらいに見事としか言いようのない説明だった。

ボス・ツイードは面白くなかった。

今日、ウィリアム・M・ツイードと言えば、利権屋の権化、節度を知らない汚職政治家の代名詞である。実際、この評価は二百パーセント当たっていて、ツイードはニューヨーク市のありとあらゆる公共事業に手を出し、わずか三年の間に市庫から二億ドルもの金を吸い上げて、ツイードとその一党だけで市の負債を三倍に増やすという素晴らしい記録を打ち立てた。そんな彼らが、市と州が大量輸送計画の実施をぐずぐずと進めているのを見過ごすわけがない。ツイードは、どう転んでも、この計画から取れるだけのものを取ってやると自信満々で動き出した。

将来の鉄道事業を目論む企業はみな、虎視眈々とニューヨーク市を注視していた。市街鉄道の建設が合衆国史上最大の公共事業となるのは明白で、建設契約だけに限っても数億ドルのレベルになるはずだった。ツイードはすでに、地元の鉄道会社、ガス会社、銀行、ブルックリン橋建設会社の役員におさまり、その一方で、市政の主要人脈を完全に支配下におさめて、いかなる建設契約も分捕れる鉄壁の態勢を築き上げていた。

そこに、ビーチが現われたのだった。

ニューヨーカーはビーチ空圧交通が気に入った。市の著名人はこぞって、フラシ天で内張りした車両に乗り込んで百メートルの未来への乗車を体験し、ニューヨークを訪れるお偉方連も続々とウォーレン・ストリートの衣料品店の地下にやってきて、駅に驚嘆した。ニューヨーク中の新聞がほぼ満場一致でビーチを絶賛し、市の交通問題の解決法がついに見出されたと考えた。

ツイードはあっけに取られ、仰天し、次いで怒り狂った。市街鉄道建設契約で天文学的な儲けを手にするために準備万端整えて待機していたというのに、どこぞのやさ男のインテリ出版人が一党の足もとの絨毯を一気呵成に引き抜き、さらにしゃくにさわることには、ツイードの牙城たる市庁舎のすぐ近くの地下に不法な地下鉄路線を建設してしまったのだ。それでなくとも、市庁舎は、ツイードたちがやりたい放題に奪い取った戦利品の重みで地下に沈んでしまう寸前だった。

ビーチは公の評価が一気に高まったこの機をとらえ、一八七一年の州議会で、空圧鉄道路線をマンハッタン北部のハーレム、対岸のジャージーシティと南のブルックリンまで延伸できるようにする請願を提出した。当初、ツイードが直接ビーチを阻止するすべはほとんどなかった。空圧地下鉄はたいへんな人気を集めていたし、ツイードほどの強欲厚顔な権力者といえど、目下の大衆のムードが正面攻撃を許容するものではないことはよくわかっていた。住民連合は、イーストサイド、ウェストサイドともに、ブロードウェイ地下鉄道議案の支持を表明しており、市全域に支持請願書を回していた。新聞各紙もまたビーチの請願に基づく議案を支持し、《ジャーナル・オブ・コマース》は一八七一年二月十五日の紙面で一大特集を組んで、「この議案に反対する理由はどこにもない——この議案の最大のメリットのひとつは、空圧交通会社が市に助成金をいっさい求めず、費用のすべてを自社でまかなうとしているところにある」という驚くべき社説を掲載した。ビーチの会社はニューヨーク市の歴史上最も重大な契約をかっさらおうとしているだけでなかった。建設費をすべて自社が出すというこのやり方では、ほかのどの会社にも勝目はなかった。ビーチ空圧交通会社はすでに三十五万ドルを出資しており、うち七万ドルはビーチ個人の財布から出たものだった。空圧交通会社は、ニューヨークのほぼすべての鉄道建設会社とは異なって、私腹をこやすつもりはいっさいなかった。

反対勢力はお馴染みの顔ぶれで構成されていた。ツイード、アスター、ヴァンダービルト、そしてブロードウェイの邸宅が心配な富裕層の人々。ビーチが述べているところでは、彼らは「すべての人々に恩恵をもたらすこの方式に反対する組織化された一団で、大金持ちで構成されていた。みな自家用の馬車を持っており、高速鉄道などにわずらわされたくなかったのだ」。そして、大がかりな公共事業のあるところには常に強固に反対する何人かの頑固一徹の老人がいる。そのひとりが新聞記者に語ったところでは――「わしはこれまで二十年間、ブロードウェイに蒸気鉄道を走らせるという計画と戦ってきた。これから二十年も戦いつづける」

もちろん、この手の反対意見はオルバニーではほとんど顧みられず、一八七一年三月十七日、下院は百二対十一の圧倒的大差でビーチの議案を通過させた。それからまもなく、上院でも二十二対五で通過。あとは、ニューヨーク州知事ジョン・T・ホフマンの署名を待つばかりとなった。三月三十日に聴聞会が開かれ、ビーチが登場して計画推進の弁論を行なった。

彼は罠に踏み込みつつあった。ツイードは周到に準備を進めており、知事はすでに手の内にあった。その日、ホフマン知事は、恐るべき主人ツイードの指示に忠実に従い、この案はブロードウェイ沿いの住居にダメージを与える可能性があるとして署名を拒否したのだった。

実のところ、《サイエンティフィック・アメリカン》のオフィスの誰ひとりとして、ボス・ツイードを相手にして簡単に逃げ切れるなどと考えてはいなかった。それを承知で、彼らは勝負を挑んだのだった。

ビーチ（生涯に一日として休みを取ったことのない勤勉で冷静な男）は、ダイヤモンドで飾り立てた恥ずべき権力者に簡単に弾き飛ばされるような人物ではなかった。翌年、ビーチと空圧交通会社は再び議案を通すべく、議会に働きかけた。今回、彼らは、いかなる建物にもいっさいダメージを与えることはないと保証する大部の技術報告書を持って臨んだ。しかし、ボス・ツイードも子飼いのエンジニア、クロトン導水管製作所の主任技術士であるエドワード・トレイシーを用意していた。トレイシーは、ビーチの議案に対して壮絶きわまりない報告書を提出した。それによると、下水道ラインはズタズタに引き裂かれ、トンネルには洪水が押し寄せ、建物という建物が沈下し、地下鉄線の一マイルごとに十五基の巨大な通風孔が道路脇から突き出すことになるだろうと述べられていた。

このトレイシー報告書を論拠に、一八七二年五月一日、ホフマンは再度議案への署名を拒否した。さらに、あろうことか、当該ルートのほとんどにおいて大量輸送システムは必要ですらないと言い、ビーチが「ブロードウェイの最も価値ある区域を占有しようと」狙っていると非難した。「……当該地域の輸送手段はすでに多数存在しており、したがって、市全域を貫通する高速輸送システムなど、さしたる重要性を持っていない」。本来ならマンハッタン中が笑い転げていて当然のとんでもない強弁だったが、地下鉄の成否がかかっている今、住民たちは言葉を失った。

だが、直後に強力な援護者が現われた。漫画家のトマス・ナストである。ニューヨーク市民の多くが今回のツイードの汚いやり口にショックを受けたことが、この権力者を引きずりおろす大きな動因になったのは事実だが、それを決定づけたのが、《ニューヨーク・タイムズ》に掲載されたナストの一連の漫画だった。ナストは、ツイード一党による途方もない規模の強奪と不正の数々を、世の人々の前に実に効果的に暴露してみせた。かくして、ツイードは訴追され、権力の座から転がり落ちるに至った（ツイードは、起訴を免れようと、いったんスペインに逃亡したりもしたが、最終的に、その数え切れない犯罪行為のかどで有罪を宣告される）。オルバニーの権力構造も一変し、最終決定権を持つ知事はジョン・ホフマンからジョン・ディクスに移った。

議案は一八七三年の州議会に再度提出された。三度目の正直で、今度ばかりは、議会、知事ともに、これを承認した。ビーチの夢はついに現実のものになるかと思われた。しかし、議案を根底から支えていた最大のアピールポイント——すべての資金を自社でまかない、公的資金はいっさい使わないというビーチの決然たる姿勢が、非情にも夢を潰《つい》えさせることになった。一八七三年の九月、大規模な金融危機(パニック)が起こった。株価の大暴落、複数の大銀行の倒産が相次ぎ、投資金が一気に干上がって、ビーチと空圧交通会社は突然、にっちもさっちもいかない状態に追い込まれてしまったのだった。

ボス・ツイードは結局、一八七七年に死んだ。時のニューヨーク市長は、半旗をかかげることを断固として拒否した。こうして巨悪は死んだが、同時に巨善――ビーチの空圧地下鉄道の夢も死んだ。そして、両者とも二度と復活することはなかった。

ヨーロッパの空圧搬送システムの進展は減速しつつあった。蒸気機関車と電気機関車の改良が進み、空圧搬送の優位性はそれほど圧倒的なものではなくなったように思われた。いくつかの郵便路線で、勾配の下部に漏れ出した地下水が溜まり、猛スピードでダッシュした車両が水たまりに突っ込んで中の郵便物がびしょ濡れになるという事故が起こった。また、空圧搬送システムには空気漏れがつきまとい、メンテナンス費用がかさんでいった。折しも、リアルタイムの交信が可能な電話が登場しはじめ、もはや、高速でメッセージを運ぶという点をアピールして郵便局を納得させることはできなくなった。

それでも、いくつかのシステムは生き残った。驚くべきことに、イギリスの郵便事業企業体であるロイヤルメールは今もなお、ロンドンでいくつかの空圧搬送線を使っている。一時大流行した、パリのメッセージ配送"pneus"やプラハの空圧搬送郵便システムの一部は今日も健在だ。アメリカで生き残った空圧搬送システムのひとつはニューヨーク公共図書館にあり、三一五号室からの書籍リクエストを、広大な地下書庫で働く図書館員に伝えるのに使われている。

しかし、旅客鉄道としての空圧搬送は完全に姿を消してしまった。ロンドン水晶宮公園試験路線の大好評を受けて立ち上がったホワイトホール&ウォータールー空圧鉄道計画は、勢い込んでロンドンの地下トンネルの掘削を開始したものの、一八六六年の経済停滞で泥沼にはまり込み、途中まで掘られたトンネルは取り壊しも埋め戻しもなされぬまま放置された。これは今も、ホワイトホール近辺の地下のどこかに残されている。

計画だけは折々に再浮上している。一八七七年、空圧鉄道がすでに人気を失った時代ながら、《ネイチャー》誌に、サウス・ケンジントン駅とロイヤル・アルバート・ホールを結ぶ空圧路線建設のための会社が創設されるという希望的な公告が掲載されている。一九四〇年代には、ノーベル化学賞受賞者のアーヴィング・ラングミュアが、補助機関にロケット推進を使った時速八千キロの超高速空圧鉄道でマンハッタンとサンフランシスコを結ぶというアイデアを提示し、一九六五年には、《サイエンティフィック・アメリカン》が原点に立ち戻って時速五百キロのインターシティ空圧鉄道ネットワークを提案した。しかし、その他のすべての空圧鉄道案ともども、これら屋外空圧鉄道はどこにも行き着くことなく、その姿を消した。

ビーチ空圧交通会社は、その後何年間か存続した。ブロードウェイの地下トンネルはしばらく射撃場として貸し出され、次いでワイン貯蔵所となり、その後はそのまま封印された。空圧鉄道が実現しなかったことでビーチの意欲はすっかり薄れ、会社はエアポンプをあきらめて、巨額のヴェンチャー資本投下に対してそれなりのリターンがあると考えられる蒸気および電気技術による計画に方針を転換した。空圧交通会社は一八七四年にブロードウェイ地下鉄会社となり、一八八五年にはニューヨーク・アーケード鉄道会社となった。社名変更はいずれも、市の新たな大規模建設計画を反映しており、当然ながら、鉄道ビジネスのライバルたちの間で、その都度《つど》、新たなロビー合戦とひたすら消耗する訴訟合戦が繰り広げられた。

アルフレッド・ビーチは一八九六年に亡くなり、翌年には、彼のかつての鉄道会社は、旅客輸送事業の建設契約を勝ち取るという目的をいっさい放棄して、ニューヨーク小荷物配送会社となった。それから十年、そこそこのビジネスなら何であれ確保しようという弱々しい奮闘が続けられたのちに完全に消え去った。

一九一二年、ボス・ツイードの時代の競争は忘れ去られ、ビーチの空圧路線も遠い記憶となった時に、ニューヨーク市は、市庁舎に新しい地下鉄駅を作る計画を発表した。すると、どこからともなく、地下鉄委員会の事務局に一通の手紙が届いた。

ニューヨーク市殿　一九一二年二月十九日

ニューヨーク州、ニューヨーク郡、ニューヨーク市、マンハッタン地区のウォーレン・ストリートから南へ約二百九十四フィート続くブロードウェイ地下のトンネルは、ニューヨーク小荷物配送会社の所有物であり、したがって、この権利を侵害する者は誰であれ告訴され、当社が所有者の権利を法廷の場で行使することになるであろうことを、ここにご通知申し上げます。

ニューヨーク小荷物配送会社
ユージーン・W・オースティン　代表

しかし、ビーチを知っている者、もしくは気にする者はもう誰もいなかった。というわけで、ニューヨーク市は予定どおりに工事を進めていった。そんなある日、トンネル作業員たちは人工の構造物闇の中から、さらに真っ暗な空間に踏み込んでいった。
に出くわした。煉瓦と木材を壊しながら掘り進めていったところ、不意にぽっかり穴が開き、彼らは

それはビーチの古いトンネルだった。

ライトが運び込まれ、作業員たちは恐る恐るあたりを見まわした。トンネルが封じられてからすでに四十年がたっていたが、すべてが、今すぐにでも列車を走らせられそうな状態のままに保たれていた。豪華な広間のあちこちを電灯で照らしていた作業員たちは、人の手が触れた形跡がまったくないことを確認した。歳月の埃に包まれてはいたものの、柔らかなソファは、今なお、次なる訪問者が腰をおろすのを待ち受けていた。トンネルには水が漏出した跡も陥没した形跡もいっさいなかった。内部の空気はあたたかく、乾いていた。そして、トンネルの一番奥には、ビーチの堂々たる掘削シールドマシンが鎮座し、次なる掘削を始めようと――ニューヨーク市を横断し、イースト・リヴァーを超えて掘り進まんものと、待機していた。しかし、その木製のフレームは、作業員が手を触れた途端、バラバラに崩れ落ちた。

そして、トンネル内をずっと戻ったところには、次の走行に備えた車両があった。乾燥崩壊を起こし、ほとんど原形をとどめていない状態にありながら、空圧地下鉄道の車両はなお軌道上にあって、決してやってくることのないラッシュアワーの時を待っていた。

9

死してもはや語ることなし

マーティン・ファークワ・タッパー

Martin Farquhar Tupper (1810-1889)

マーティン・ファークワ・タッパー（カリフォルニア大学ドー図書館提供）

詩人・作家の後世の評価を予想するのは、そう簡単なことではない。私がウィリアム・アンド・メアリー大学の学生だった時、保守系の学生新聞が侮蔑的なタイトルの記事を載せた。

マヤ・アンジェ某
誰も知らない詩人が来校

それから一年ほどがたった一九九三年、アンジェロウはクリントン大統領の就任式で自作の詩「朝の脈動」を朗読した。この詩はベストセラーとなり、アンジェロウの名は、そう、誰もが知っているものとなった。

誰もが知っている名前には、しかし、ひとつ問題がある。この〝誰も〟が、やがていなくなってしまう場合もあるということだ。古い文学作品を今日刊行されている本で読む時、私たちは、その作品が実際に書かれ読まれた時代の人々が体験したように読んでいるわけではなく、私たちが体験するものとして読んでいるにすぎない。ある時代の文学作品を、その時代に生きていた人たちに知られていたような形で理解するには、当時刊行されていた書物や定期刊行物の、今にもボロボロになってしまいそうな酸性紙のページをめくってみる必要がある。

そんな文芸雑誌や年鑑や書籍目録の目次に目を通してみるのは、何とも当惑させられる体験である。

誰ひとりとして知った名前が見つからないこともある。今日、私たちが、その時代を代表する作家ととらえている人々が、実際に生きていた時代にはまったく無名だったこともあれば、当時、時代の中心人物と考えられていた人々が跡形もなく消えてしまっていることもある。歴史は変わらないが、歴史において私たちが記憶しておきたいと思うことは変わってしまうのだ。

一九世紀にベストセラーとなった詩集を出したひとりの詩人がいる。その詩集は総計百五十万部を売り上げ、イギリスの《スペクテイター》紙に「不滅の詩人たちに列する座を勝ち得た人物……読者の圧倒的な支持を受け、出版人たちから、ワーズワース、テニソン、ブラウニングに並ぶ究極の評価を受けた詩人」と高らかに宣された人物だ。こう聞くと、思い浮かぶのはコールリッジかキーツか、はたまたロングフェローか。三人とも、死してのちその価値が高く評価され、図書館の柱頭にその像が刻まれ、学生向けの廉価版詩集が刊行されている。だが、《スペクテイター》が絶賛した詩人は、コールリッジでもキーツでもロングフェローでもない。実のところ、今日の読者の大半に関する限り、彼は何者でもなく、その作品は一世紀以上もの間いっさい再刊されていない。かつて、イギリスで最も愛唱された詩人として、その地位は揺るぎないものと考えられていたことを思えば、本人にも、ほかの誰にとっても、これは信じがたいことだと言っていいだろう。その名は——マーティン・ファークワ・タッパーという。

タッパーは詩人になるつもりなど毛頭なかった。一八一〇年にロンドンの名のある医師の息子として生まれたタッパーは、早い時期から聖職者や法廷弁護士といった立派な地位につくための教育を受けさせられた。まず送られたのは、専横的な教師たちが君臨するサリー州のエリート寄宿学校チャーターハウス。クラスメートのサッカレー（タッパーは彼が大嫌いだった）が〝スローターハウス（屠畜場〟と呼んでいたこの学校で、タッパーは古典語を叩き込まれるとともに、サディスティックな校長が「羊の肩肉のような両の手に持った分厚い一冊の本で、生徒の頭を両側から鼻血が出るまでぶっ叩く」光景を日常的にまのあたりにして過ごした。もちろん、本人も分厚い本の殴打を体験した。チャーターハウスを卒業すると、そのままクラスメートともどもオックスフォードのクライストチャーチ・カレッジに送られた。ここでは、一世紀以上前にジョージ・サルマナザールが見たのと同じ方形の中庭《クワド》の光景を楽しむことができた。

タッパーは学業に専念し、授業以外の時間は神学と詩について思索をめぐらせ、強い倫理意識のもと、「奴隷貿易に異を唱えるひとつの方法として」砂糖をいっさい口にしないといった姿勢を貫いた。彼は異常なまでに勤勉で、酒を飲まず、そのあまりの謹厳実直さに、のちのハミルトン公爵は、酒場でどんちゃん騒ぎをして門限に遅れ、サインをして学寮内に入らなければならない時にはいつもタッパーの名を使い、そうやって、この聖人のごときクラスメートを嬉々としていじめるようになったほどだった。しかし、ほどなくタッパーの周りには多くのクラスメートが集まるようになった。みな、学業に関してはもちろんタッパーほどに勤勉ではないが、しかし、タッパーよりずっと大きな未来が待ち受けていると思われる学生たちだった。アリストテレスのクラスには将来の主教が三人、将来のインドとカナダの総督が三人、将来の大蔵大臣がひとり、そして、将来の首相ウィリアム・グラッドストーンがいた。だが、タッパーには、彼らのような輝かしい未来を夢見ることが許されない、単純にして決定的な問題があった。

彼には、人に理解してもらえるように話すことができないという発話障害があったのだ。

聖職者や法廷弁護士は最高度の弁論技術を求められる職業である。そうした職業につくことを期待されていたタッパーにとって、まともにしゃべれないという事実は何とも残酷なアイロニーだった。幼少の頃から見られた発話障害は、チャーターハウスで何度も打擲《ちょうちゃく》を受けた結果、今や極度に悪化していた。いつか、どうにかして治るだろうというはかない希望のもとに、タッパーは聖職者になる修練に励んだ。

ただ、声に出して語るのは困難だったとはいえ、紙の上では自分の考えを自在闊達に表現することができ、すでに級友グラッドストーンを押しのけてカレッジのエッセイ賞をもらっていた。チャーターハウス時代から作文のノートに自作の詩を書きつづけていた彼は、十八歳になる頃に、早くも、将来をうかがわせる力作に挑みはじめた。そんな中に、従妹のイザベルのために書いた、結婚についての箴言があった。「手紙だと軽すぎるし、フォーマルな随想の形では重すぎるので、ソロモンの箴言の形で自分の気持ちを伝えようと考えた」と、のちにタッパーは語っている。青年の心がストレートに向かったテーマは、妻としての義務、子供、そしてもちろん〝愛〟だった。

漁色者は愛を知っているだろうか？　姦通者に愛が理解できるだろうか？
よその女たちを求める者、そんな者に愛の純粋さを感じることができるだろうか？
次々に心変わりする者、そんな者に愛の真実を知ることができるだろうか？

このような箴言詩をいくつか手紙で従妹に送り、そしてそのまま忘れてしまった。

一八三二年、二十二歳になったタッパーは、最初の詩集『聖なる詩』を出版した。ほとんど注目されなかったとはいえ、詩集を出したことは、詩作を続ける大きな励ましとなった。その一方で、同年のオックスフォードでの最終学期に発話障害はどうしようもない状態に至り、タッパーは優等の評価を得られなかった。優等を獲得するには口頭試問を受けねばならなかったからだ。聖職者になるという最大の望みは遠ざかっていくばかりだった。説教のできない説教師など、いったい誰が必要とするというのだろう？

消沈しきってカレッジを卒業したタッパーは、学寮から自費の下宿に移り、そこで、これからの人生をどう過ごしていけばいいのかと考えた。依然として意志強固な理想主義者であった彼は肉類を断つことに決め、巨大なチェシャーチーズを買い求めた。二カ月間、チェシャーチーズだけをかじって過ごした挙句、すっかり衰弱してしまった彼は、結局、この有徳の生活をあきらめ、マトンチョップにかぶりついた。その後、金を得る手立てもなく食料庫もからっぽになると、同様の境遇にある学生と同じ方法をとった。親元に戻ったのだ。

この若者にとっては、とにもかくにも発話障害を治すことが先決で、医師である父親は息子を〝助ける〟ために、最高の専門医たちのもとを訪れた。

舌の下に特別の器具を入れて、ミルトンの『失楽園』と『復楽園』とクーパーの詩集を、抑揚をつけずに最初から最後まで一音節ずつ読み上げさせられた！　舌の訓練と神経を鎮静させるためということで、一日何時間も、これをやらされたのだ。……最初に粘滑剤を、次いで収斂剤を処方され、その後、何と、唇と舌の筋肉を手術するということになった！　これは、ありがたいことに、父が止めさせてくれた。

父親は治療をあきらめ、息子に、口をきかずに働ける法律事務の仕事を見つけてやった。二十二歳のタッパーはリンカンズ法曹院に通い、権利書や譲渡書を書写しながら司法試験の勉強に励んだ。そして、最初の挑戦で合格し、地位ある職業を約束されたその翌日に、従妹のイザベルと結婚した。裕福な父親は喜んで息子とイザベルを支援したから、依頼人が来なくても生活に問題はないと思われた。だが、誰も来ない弁護士事務所に座っていると、彼は、自分の人生の精神的な目的が失われてしまったのではないかと考えずにはいられなかった。

答えはほどなく見つかった。マーティン・タッパーの天職はこれまでもずっと、すぐ目の届くところにあったのだ。結婚する何年も前にイザベルに書き送った助言の詩、これは一冊の本にする価値がある――タッパーはそう思った。一八三七年八月のある日、ハムステッド街の知人の家を辞去して歩いていた時に、オープニングの詩行が心の中に湧き上がってきた。馬車や通行人が行き交う街角で、彼はその言葉を封筒の裏に書きつけた。事務所に戻ると、言葉はさらにとめどなくあふれ出してきた。こうして十週間ののち、彼は『箴言の哲学』と題された原稿を手に、ロンドンの出版社ジョウゼフ・リッカビーの薄暗い階段を登っていった。

『箴言の哲学』の詩行は通常の概念とは大きくかけはなれている。タッパーは、自分ではそれと気づかぬまま、詩と散文の垣根を壊してしまっていたのだ。彼自身、『箴言の哲学』を詩とは呼んでいなかったのだが（実際、ある書評家が詩と書いているのを見て驚いたと言っている）、それでも、過剰なまでのリズム感と韻律に満ちた詩句は明らかに普通の随筆の文章ではない。とはいえ、この手法はたいへん古いもので、『箴言の哲学』は欽定訳聖書をモデルにしているのだが、欽定訳聖書はそれ自体、聖書のもとになったヘブライ語とアラム語の様々な文書の内容と形式を反映している。つまり、もともと、リズミカルに歌い、祈ることが意図されているのだ。

さらに、『箴言の哲学』には生態系への賛歌とも言うべきものが先見的に表現されている。たとえば、「秘められた有用性について」という詩行――

神の作られし生き物のすべてに、果てしない豊かさが秘められ、蓄えられている。
砂漠を彩る花々、土壌を肥やす根の数々、
未知の深海に、サンゴの森に散る宝石、
あらゆる願望の頂点にある安らぎ、あらゆる必要性の上にある助け、
人がまだ考えたことのない影響力、効能、数々の創意、
四囲のいたるところに遍在する、人がまだ気づいていない有用性……

クロッカスが、病《やまい》を素早く消し去ってくれる物質を球根で作り出しているのが知られたのは、それほど昔のことではない。
柳の樹皮が熱をさまし、イヌホオズキが毒を抑えてくれることが知られたのも、それほど前のことではない……
しかし、世界にはいまだ知られていない様々な徳がある。枯れたニレの葉にも、
陽ざらしになった高原のホタルブクロにも、草原で水を吸い上げるヒヤシンスにも、
スズカケノキの羽のある実にも、ヒマラヤスギの切子のような球果にも。
パンジーも燃え立つゼラニウムも、美しさのためだけに生きているのではない。
一日だけしか咲かないイチゴの、蠟をかけたような花も、
星だけしか見ることがないモミの、彫刻のような梢も、
そして、庭で一番目立たない雑草も、多くの有用性を持っている……

自然の叡智を探し出せ。自然の営為にはすべて深い意味がある。

自然はその力を好き放題に使っているかに見えて、その法則はこのうえなく慎ましい。

植物は空気を浄化し、大地は水を透過する。

露は雲に吸い上げられ、再び世界に落ちてくる。

自然は、大きなスケールで万物のための広い有用性を発揮しながら、
ひとつひとつのもののための小さな目的も用意している。

露に閉じ込められた空気にも有用性があり、それはキングサリの豆の莢をふくらませる。

サソリのように刺す棘にも意図があり、それは歩哨のようにイラクサの葉を絶えず守っている。

芳香を放つ分泌液の最終的な目的、それは苔のようにバラのまわりを包み、その姿をしっかりと
　保っておくためだ。

一枚一枚の草の葉の存在理由、それはその小さな先端をまっすぐに起こしておくためだ。

最も下等な生き物たちが、自然の秘められた意図を知らないのであれば、
不満でいっぱいの人間に、どうして知ることができよう？

これからいかなる災いの連鎖に見舞われることになるのかを……


人は一度にひとつのことしかできない。人は二つのことを同時に考えることができない。

だが、神は万物を見そなわし、この地球を大気のように覆っている。

だからこそ、私たちは神の叡智に頌歌を捧げ、神の被造物のすべてに有用性を見出す。

万物が今あるようなものでなければ、宇宙はきっと死んでしまうに違いない。

イギリスの新聞雑誌での紹介は、いくぶん首をひねるところもあったとはいえ（《スペクテイター》紙は『箴言の哲学』を「古風で深い思索に満ちた一冊」と見なし、一方、《アトラス》誌は「我々の時代の最も独創的で興味深い産物」と絶賛した）、この作品でタッパーは著作家として認められるに至った。一八三八年一月に刊行された初版は、爆発的に売れたわけではなかったものの、それなりの財政的な成功をもたらし、これに勇気づけられて、タッパーは同年の終わり頃、第二版を出した。だが、結局のところ、『箴言の哲学』への注目は限定的なものだったようで、第三版はほとんど売れず、版元は売れ残った本をひとまとめにアメリカの書籍販売商のもとに送りつけてしまった。アメリカの読書人は『箴言の哲学』にどう対応していいのかほとんどわからなかったらしく、書評家のひとり、辣腕編集者のN・P・ウィリスはこの文章形式にすっかり困惑して、これはきっと相当昔――一七世紀に書かれたものだろうと考えた。

それからの数年間に、タッパーは、伝統的な形式の詩と、科学的な発明および道徳についての随想を収録した本を数冊出しただけだった。『箴言の哲学』がヴィクトリア朝の社会に浸透するには時間がかかった。『箴言の哲学』の第二集がロンドンのハッチャードから出版されるのは一八四二年。しかし、この第二集の原稿を読んだ周囲の人々にとって、これが彼の代表作になることに疑問の余地はなかった。もう若くはないタッパーの父親は、自身を待ち受けている運命を念頭に置きながら、新作の詩「不滅について」を読んだ。

私は生き、動き、考えている。そんな私の生を阻むものは何か？
実在する肉体を引き裂く無情な手はどこにあるのか？

影深き〝死〟よ、それはお前ではない。お前はただの幻影にすぎない。

汚らわしき〝腐敗〟よ、それはお前ではない。お前はただの恐怖にすぎない。

闇が光の不在であるように、死は単に生命の不在でしかないのだ。

死は生命の終わりですらない。生命はすべらかに、喜びにあふれ、いずこかに船出していく。

よくよく見れば、腐敗も部分への解体でしかないことがわかる。

新たなよりよき全体を構築するために、部分は永遠に存在しつづける。失われるものは何ひとつとしてない。


タッパーがのちに回顧しているところでは、父はこの詩行に「心から感動し」、息子に二千ポンドを贈った。二千ポンドと言えば、当分の間飢える心配をせずに詩作を続けられる額である。だが、若きタッパーにとって成功の時はもうすぐそこまで来ていた。そして、その時が近づいていることを見抜いたのは、もしかしたら、出版業界で何十年も過ごしてきた傑出した目の持ち主、一族の長老たる老ハッチャードだけだったかもしれない。この若き詩人に最初に会った時、ハッチャード翁は静かにタッパーの黒い髪の上に手を置いた。その目には涙が浮かんでいた。

「この髪が私のように真っ白になった時、君はこの本のことで神に感謝することになるだろう」


大ブレークの時が来た。一八四〇年代の十年間だけで『箴言の哲学』は九回増刷され、続く十年間には何と二十八回も版を重ねた。ここには無数の海賊版は含まれていない。発話障害のために、オックスフォードの同級生中、成功の可能性は最低だと思われていた人物が気づいてみると、事実上、大英帝国最大の詩人に変身していたのである。ヴィクトリア朝という道徳至上主義の時代――どの時代とも同じく、独自の偏狭な、そしてどうしようもない形で道徳が奉じられた時代にあって、タッパーの説く自明の理は、いわば心地よい慰安となったのだった。彼は、常軌を逸した悪質で危険なロマン主義の詩人ではなかった。『箴言の哲学』は、〝人生の教訓〟を必要とする若い世代の人々、結婚したばかりの男女の手にやさしく渡すことのできる書物だった。一八四〇年代と五〇年代には、実に多様な形態の『箴言の哲学』が登場した。廉価版、金をあしらったギフト本、さらには、結婚式の日に若いカップルに贈る豪華本。子供が生まれた時、記念日、その他あらゆる重要な機会に『箴言の哲学』が贈られた。

ハイゲート墓地を散策すれば、すぐにタッパーに（と言うか、タッパーの言葉に）出会うことになる。多くの誕生と結婚を記念する思索の提供者となった人物はまた、〝永遠〟を語る詩人となり、その不滅についての言葉や神の意図についての言葉が墓石や埋葬室に刻まれることになった。

こうした状況には、タッパーが女王お気に入りの詩人となったことも少なからず関与していた。ただ、女王に関して言うと、出だしはちょっとつまずいた。第二版を準備していた時に、これを女王陛下に捧げてもよろしいでしょうかとたずねたところ、宮廷から「女王は、どんな本であれ〝第二版〟が捧げられることをお許しになるわけにはまいりません」という手紙が来て、タッパーの申し出は慇懃に拒絶されたのだった。それでも、タッパーの本はおのずと宮廷にも届き、ヴィクトリア女王とアルバート殿下はしょっちゅう子供たちに『箴言の哲学』を読み聞かせるようになった。女王陛下がそうされたのだから、女王の臣民たちも当然のようにそれにならった。

イギリスの公式の桂冠詩人であるワーズワースの蔵書にも『箴言の哲学』が一冊あった。晩年を迎えていたワーズワースは、この若者が自分の後継者になるかどうかと思いをめぐらせていたのかもしれない。一八五〇年にワーズワースが亡くなった時、タッパーは次の桂冠詩人にきわめて近い位置にいた――が、結局、アルフレッド・テニソンが僅差でタッパーをしりぞけた。これもタッパーの地位にはほとんど影響を及ぼさなかった。当時の代表的な衣料品店の広告で、最新流行のファッションが、現存する最高位の著作家たちのパンテオンに飾られているというものがあるのだが、そこに描かれている最高の著作家たちは、ブラウニング、ホーソン、テニソン、ロングフェロー、そして、マーティン・タッパーだった。

一八五一年に第一回万国博覧会が開かれることになり、自宅近くで水晶宮の建設が始まると、タッパーは詩人として、このイベントへの最大級の称賛の意を示す「すべての国の賛歌」を書いた。ごくシンプルな作品であったが、タッパーは学者たちに依頼して、これを三十の言語に翻訳させた。そこにはラテン語、アラビア語、そして北米先住民の一部族によって話されているオジブウェー語までがあった。

ムーネドゥ　ケ　ウィーン　エ　グーク
ヌース　ケ　デ　ナー　グー　メ　グー……

一般市民の間での知名度がどんどん広がっていくとともに、作者の意欲も大きくふくらんでいった。タッパーは次々と愛国的な作品を書いた。リベリア国歌、「黄金の壺」のような道徳的寓話、人力飛行機からアヘンの乱用に至るまで様々なテーマに関するエッセイ、古英語の詩の翻訳。言うまでもなく、タッパー自身の詩も大量に生産された。

世間の目から見て成功者と言えるのは、誰もがその人の所有物を盗みたいと考えるようになる時だ

――という尺度からすると、マーティン・タッパーは同時代の最大の成功者だった。『箴言の哲学』の海賊版が雨後のタケノコのごとくあふれ返った。とりわけ多かったのがアメリカで、アメリカでは著作権法の力がきわめて弱く、イギリスの著作家にはまったく抵抗する手立てがなかった。自国での出版で、タッパーは毎年、莫大なとは言わぬまでも一定の収入を得ていたが、アメリカから受け取ったのは、彼の公式な出版社であるフィラデルフィアの版元からの四百ドルだけだった。実際には、アメリカのあらゆる都市で大量のコピー本が出回り、タッパーのもとには絶えず、どこかしらの読者からの手紙と、それに同封された無許可版の『箴言の哲学』が届いた。彼は大いに喜ぶとともに、少しばかり悔しく思いつつ、無許可版が届くたびに、すでに同種の本でいっぱいになっている書棚に加えた。

最初のうちこそタッパーの詩に当惑したアメリカの人々だったが、今や誰もが大きく腕を広げて彼を抱擁していた。一八四八年一月一日の《リテラリー・ワールド》紙は、アメリカ全土にあまねくタッパーの本が行き渡っていることへの驚嘆の念を、こんなふうに伝えている。

我が国でのタッパーの作品の普及度はまさに驚くべきものと言っていい。これは単に市町村に限定されるものではなく、アメリカの全人口をカバーするだけの部数が流通しているのだ。『箴言の哲学』は、大都会の居住者の家のセンターテーブルにも、学生向けの小さな図書館にもあるばかりでなく、最もつましい農家にも『農事暦』と並んでおさまっているのである。

アメリカにおけるタッパーの最も熱烈な賛美者のひとりが、ウォルト・ホイットマンという名の、ロングアイランドのいっぷう変わった新聞編集者だった。ホイットマンは《ブルックリン・イーグル》紙上で、このうえなく熱のこもった『箴言の哲学』評を書いた。タッパーの威厳に満ちた神託のごとき表明、催眠術をかけられているかのような思いにさせられる動植物カタログの幅の広さ、伝統的な詩と散文の約束ごとをものともしない自在に流れる詩行――これらすべてが、ホイットマンの心中深い琴線を激しく揺さぶった。ホイットマンはのちに、『箴言の哲学』がなかったなら、彼の代表作である『草の葉』も書かれることはなかっただろうとまで述べている。

ついでに言っておけば、ホイットマンの最低の詩のいくつかも、タッパーのおかげだということができる。ホイットマンの代表作の中には、身の毛がよだつほどのナショナリズム詩が混ざり込んでいるが、これらは間違いなくタッパーの影響のもとに書かれたものだ。実際、タッパーは時代が要請する時にはいつでも、無粋な声を張り上げる愛国主義者になることができた。

進め！　広がれ！　南から北へ！
東から西へ！　進め！　広がれ！
杭を打ち、縄を伸ばせ！
世界はすべて、真の支配者たちの幕屋！
進め、広がれ、すべての土地へ！
世界はすべて、サクソン族のもの！

今日の私たちが読むとぎょっとするしかない詩行だが、しかし、これらは時代の精神をとらえた。ナショナリズムなしでも、タッパーはなお、読者たちを、「チアアップ！（頑張れ！）」や「ネヴァー・ギヴアップ！（あきらめるな！）」といった威勢のいいフレーズで奮い立たせることができた。

こうした作品群は、アメリカでは、著作権法の怪しい魔術のおかげで、イギリスよりもはるかに多い出版部数を達成するに至った。一生の間に売れたタッパーの著書は、大英帝国では二十五万部、アメリカ合衆国では百五十万部と見積もられている。こうなると、彼としても訪米しなければならないことは明らかで、一八五一年、タッパーはアメリカでの講演ツアーに出立した。ニューヨーク市の主要各紙はやきもきと彼の到着を待ちながら、日々、紙上で、偉大なる詩人の予想到着時刻を更新しつづけるとともに、彼の作品を掲載して読者に予習を行なわせていた。一方、タッパーはと言うと、事実上身分を隠しての旅で、船上ではデッキを行ったり来たりしているだけだったのだが、ある時、船内の図書室に『箴言の哲学』が一冊あるのを発見した。そして、同乗者たちがとんでもない朗読で作品をぶち壊しにするのを聞いて、自分がその著者であることを明かすに至った。

ニューヨークに到着するや、タッパーは重要人物や有名人との会見の渦に放り込まれた。大富豪アスター一族とディナーをともにし、市長および市のトップ・ジャーナリストたちと会見し、当時の主要なアメリカの作家のほぼ全員に個人的に引き合わされた。面白いことに、タッパーは、大のイギリスびいきであるジェイムズ・フェニモア・クーパーにはさしたる関心を示さず、「クーパーは不愉快なマナーの冷ややかな人物で、どの点から見ても、心あたたかなワシントン・アーヴィングとは正反対だ」と感想を述べている。

有名人に対するアメリカ人のオブセッションは、タッパーを面白がらせた。新聞のインタビューは引きもきらず（イギリスでは、その時々に重要な意味を持つ政治家を別にすれば、インタビューというものはめったにない）、ニューヨークで朝刊紙を開いたタッパーは、「社会・宗教・政治をめぐるあらゆるトピックについて無理やりに言わされた意見が、競合するいくつもの新聞に掲載され、何万部も発行されている」ことを知った。アメリカ人にはまた、サインに対する病的なまでの執着があった。

これはタッパーにとって少しく忍耐を要求することでもあった。「あるパーティで、いささか強引にすぎるると言っていい女性主催者が、真っ白なカードの束を私の手に押し込み、ペンとインクを備えた隅のテーブルに座らせると、大仰な世辞を並べ立てながら、ゲストのためのサインを要求した。何と百人分だ！」

タッパーの著作のアメリカでの公式の出版社があるフィラデルフィアに行くと、事態はさらにエスカレートした。鋏を手に、記念品としてタッパーの髪をひとふさ欲しいという何人かの若い女性に出くわしたのだ。これはかりはさすがに丁重に断ったものの、しかし、それもある日までのことだった。格別に暑かったその日、彼は何の気なしに髪を切ってもらおうと小さな理髪店に入った。翌日、その店の前を通りかかると、ウィンドウに「マーティン・タッパー」と書かれた大きなカードが飾られ、その周りに売り物のいくつもの金のロケットが並んでいた。ロケットのひとつひとつに、前日、タッパーが店を出たあとで急いで床から掃き集められた髪が収められていた。

タッパーはアメリカの矯正施設や福祉施設に特別の関心を持っており、青年の家や聾唖者・視覚障害者のための学校、精神病院などを訪問した。彼が到着すると、入所者たちが彼の周りに集まった。家の子供たちに宛てた手紙に、タッパーは「目が見えない人たちの施設に行くと、みんながミツバチのように群がってきて、次々に私に触った」と書いている。フィラデルフィアのそうした施設の訪問で、タッパーは、希望に満ちた者も希望を奪われた者も等しく、その魂の内に自分の書いたものがいかに深く浸透しているかを知った。予告なしで、地元のとある大きな精神病院を訪れた時、病室のドアのひとつひとつに自分の「あきらめるな！」の詩が貼りつけられているのを見た。詩に彼の名は付されておらず、彼は医師長に、この作者が誰か知っているかとたずねてみた。医師長は知らないと答えた。ある日、新聞に掲載されていた無署名のこの詩を切り取っただけだということだった。

――この詩を書いたのは私なのですよ、とタッパーは言った。

医師はびっくりした。

引き続いて起こったことは、さらにびっくりするもので、四十年たったのちも忘れることのできない出来事となった。「医師は、患者たちに私への感謝を表わすのを許していただけるだろうかと言った。もちろんですとも、と私は答えた。ほどなく私は、大勢の患者に取り囲まれた。ひざまずき、泣きながら私にキスする人々は、口々に、私の詩に助けられて希望を持つことができたと感謝の言葉を述べた」。後年、高齢になると、市長や重要人物らとの会見はあっという間に記憶から消え去っていったが、この精神病院での体験だけは、タッパーは終生忘れなかった。

一八五〇年代を通じて、タッパーの人気は自国でも衰えることがなかった。アメリカから戻ったタッパーは、一家の長として落ち着いた暮らしを送り、子供たちが居間でアマチュア演劇を披露したり客間でミニコンサートを開いたりする際には司会役を務めた。十人の子供のうち、三人は早くに亡くなっていた。これは、当時としては普通の割合だったが、タッパーには大きな出来事で、特に一人の子供を襲った悲劇は彼に強いショックを与えた。脊髄の病に侵されて二歳半で亡くなった娘の死である。彼の手に残されたのは、眠っている娘の姿をかたどった大理石の像だけだった。生前に作っておいた原形となる塑像を、死後、彫刻にしたものだった。名声の絶頂期にあったタッパーが、ただひとり、小さな彫像のそばに座っていたという記述には、どこか心痛むものがある。それでも、タッパーは、いろいろな意味で、百パーセント、オプティミスティックな人物だった。彼はよく、訪問者たちに娘の彫像を見せたが、それは、心痛による精神の不安定さゆえではなく、生前の愛娘《まなむすめ》の美しさに驚いてもらうためだった。タッパーは、情緒的には何ものにもまったく影響されることのない、純朴そのもの人間だった。

もし彼が世間の評判というものにもう少し注意深く目を向けていれば、自分の純朴さが嘲りの的になりやすいことに気づいていたはずだ。社交的なタッパーとは対照的に、極めて内向的な人間だったナサニエル・ホーソンは、一八五六年四月二日の日記に、タッパーのもとを訪問した時のことを何ともあけすけな筆致で事こまかに記している。

会った瞬間に感じたのは、タッパー氏は善良ではあるが、実に小うるさい小男だということだった。常に相手を完全に引かせてしまう、そんな類の人物だ。小柄で脚は見事なまでに短く、肥満体で（少なくとも非常に丸々としていて）、よちよちといった感じで歩く。これは肥満のせいというより、脚が短いためだ。髪はカールしていて、濃い灰色。顔立ちは整っていてハンサムと言っていいほどだが、顔はひたすらに赤い。即座に〝親切さ〟を感じさせられる人物、直感的に〝うんざりだ〟と思わせられる人物……。

タッパーは本当にいい人間だ。このうえなく愛想がよく、このうえなく小うるさい。ほとんどじっと座っていられないかのようで、実際、じっと座っている時でさえ、せわしなく動きまわっているような感じがする。威厳とは縁もゆかりもなく、威厳の何たるかについて何の考えも持っていないとともに、自分の欠陥もいっさい知覚していない。……すべての小人物のうちでも最もうぬぼれの強い小男で、その虚栄心は、絶えず彼の内から、ジンジャービアの泡と同じくらい自然にフツフツと泡立っている。それでも、その虚栄心は、私がこれまで目にした中で最も不快さが少ない。彼は、相手に称賛の言葉を要求したりはしない。称賛の言葉など望んでさえいないように見える。相手が自分を称賛しているのかそうでないのか、ほとんどわからないか、気にもしていない。彼は完全に自分に満足していて、世界中の称賛も当たり前のこととととらえている——自分の卓越した価値が認められるのは当然だというふうに。私は彼が気に入った。そして、こっそりと彼を笑い、心底うんざりした。彼は間違いなく、間抜け中の間抜けだ。……この言い方が適切でないとすれば、こう言い換えよう。創造主は、タッパーを作った時に、みずからのこんな技倆を示してみせることを意図していたのだ——才能があり、正直であたたかい心の持ち主で、誰からも尊敬される人物を、私はいとも簡単に、もの笑いの種に変えてしまうことができる、彼自身よりはるかに劣った者たちからさえも笑われるような人間に。

何年もあとになって、ホーソンの息子のジュリアンが亡き父の日記を本にして出した時、タッパーは深く傷ついた。ここに書かれたホーソンの訪問のひとときを、彼は無邪気に、とても楽しいものだったと思っていたのだ。ただ、ホーソンの判定は、少なくとも最後の一文に関しては、まったく正しかった。

心の窓を開け放ってしまうと、往々にして、愚か者たちが続々とやってきて石を投げつけるということが起こる。タッパーにもそれが起こった。その詩の極度の純朴さと真摯さゆえに、ある世代に心から愛されたマーティン・タッパーが、ほどなく気づいてみると、次の世代の愚弄のターゲットとなっていた。大衆の心の中で、タッパーが〝偉大なる詩人〟から、とんでもなく退屈な時代遅れの物書きへと変容したのが、正確にいつだったのかを指摘するのは難しい。オリヴァー・ウェンデル・ホームズは『朝食テーブルの独裁者』（一八五八）で、タッパーが若い時代にアメリカを征服した、そのあり方自体に問題があったというふうに述べている。

アメリカ合衆国は、世界中のありとあらゆる国の文芸世界の〝青い果実〟にとって最大のマーケットを提供している。……知的な作品を読みたいという要求は恐ろしく大きく、その一方で、市場は商品があふれていると言うにはほど遠い。結果、若い才能は熟していないグースベリーさながらの運命に見舞われがちになる。熟してもいないうちに摘み取られ、結局は笑いものにされることになるのだ。『箴言の哲学』を八万部も買う国がいったいどういうものなのか、考えてみてほしい。その間に、作者が称賛してやまない同郷人が購入したのは一万二千部だというのに。八万もの飢えた口が、即座にそれを飲み込んで称賛の言葉を浴びせようと構えている時に、わざわざそれを陽のもとに吊り下げて充分に熟するのを待つことのできる者が、はたしているものだろうか？

しかし、著者が五十代になる頃には機も充分に熟していた。一八六〇年代に入ると、大勢の同郷人が、タッパーの熟しすぎた果実を摘み取って著者に投げ返しはじめた。子供時代に誕生日のプレゼントとしてタッパーのギフト本をもらったことのある者は、心からこの人物にうんざりしていた。

多くの詩人とは違って、タッパーは都合よく消え去ってはくれなかった。輝かしい青年時代に肺を病んで静かに世を去るどころか、歳を重ねてなお元気いっぱいで生きていた。いかなる種類の国家行事や地元の式典でも、詩が必要になった時にはいつでもタッパーに頼めばよく、彼は常に、立派な大義や慈善ショーのために喜んでひとつか二つ詩を捧げた。タッパーはとりわけ動物愛護を広めることに熱心だったが、それは「私は、それだけの価値があるとも思えない人間にも来世があるように、下等動物にもそれぞれの来世があると考えている」からだった。さらにうんざりすることには、石鹸からタバコの広告まで（タッパー自身は広告をひどく嫌っていたのだが）いたるところにタッパーの顔があふれていた。
まさに、この〝何でも引き受ける〟という姿勢と、〝あらゆるところにタッパーがいる〟ということが、強烈な反感を引き起こしたのである。一八七〇年代になると、《パンチ》や《フィガロ》、《ザ・コミック》といった風刺雑誌に、毎週のように若手作家たちによる新作のタッパー・バッシングが登場しはじめた。以下の極めつけにどぎつい攻撃はH・C・ペンネルの作だ。

失せろ！　失せろ！　お前は間抜け
無限に言葉を垂れ流し、センスは皆無のアホ詩人
パワーはほんのちょっぴりで、うぬぼれだけは無限大
お前はロバだ！　草をひとくち、いかがかな？

おおマーティン！　おお我がタッパー！
絶叫するのは下衆《げす》の群れ、その名声をうらやんで
垂れ流されるソネットと『箴言』本の名声を……

ならば、その詩を唱えてみよう
いくらでも、お望みならば何百と
いや何万と！　甘美なる永遠《とわ》の詩《うた》
そしてこの手に抱きしめよう、丸ごとすべて抱きしめよう

そそり立つ凡庸きわまる**たわごと**の山!!

一八八九年に出された『英米作家パロディ集』でタッパーについて書いているウォルター・ハミルトンは、『箴言の哲学』に容赦なく襲いかかりズタズタに切り裂いた文筆家のあまりの多さに驚いているが、それも充分にうなずけるところである。批評家が新進作家をけなそうと思った時には端的に「この作家はタッパーである」と記した。テニソンは同じく高齢まで生きたが、敵対する批評家たちにタッパーと一緒くたにされているのを知って大いに悔しがった。実際、〝タッパー風〟という新しい侮蔑用語が導入されたことで、多くの詩人が同じように一緒くたに批判されるはめに陥った。この言葉は今なお、多くの永遠の死語とともにオックスフォード英語辞典(OED)の奥深くに見出される。

もう少しおとなしい攻撃(たとえば、『箴言の哲学』の出だしを「〝ビール〟が我が頭に入り／その内なる小部屋に住み着いた」と変える、など)も、積もり積もっていくと吹き溜まり効果を発揮し、ゆっくりとタッパーの作品の本体を覆いつくしていった。それでもなお、タッパーは突き進んだ。そうするしかなかった。投資の失敗と、保険金詐欺と、放蕩息子マーティン・ジュニアを借金地獄から救い出すのとで、財産のほとんどを使い果たしてしまっていたのだ。一八六〇年代の後半には、収入を得るために『箴言の哲学』の増補版を二度にわたって出した。今では首相となっていた旧友のグラッドストーンは、ひそかに政府の資金の一部を流用して苦境にある昔のクラスメートに渡し、また、オリヴァー・ウェンデル・ホームズは、数ギニーの定期贈与金を送ることを約束して、タッパーに対する同情的な意見がただのポーズではなかったことを示した。

増補版の売れ行きは、中程度ながら恥ずかしくはないものだった。だが、自分のキャリアが過去のものとなりつつあることは、今やタッパー自身の目にも明らかだった。一八七一年、彼は再度のアメリカ講演ツアーに出た。フィラデルフィアとマンハッタンでは熱狂的に迎えられ、ニューヨークのオークションで自分のサインに三ドル五十セントの値がついたのにディケンズはわずか五十セントだったと満足げに記している。だが、その後は、聴衆の数は減っていく一方だった。同じく講演ツアーを行なっていたタッパーの昔のクラスメート、サッカレーは、あるアメリカ人の聴衆に、イギリスではタッパーはどんなふうにとらえられていますかと問われて、言下にこう言ってのけた。
「もうタッパーのことを憶えている者などいません」

晩年も、タッパーは精力的な日々を過ごした。改良した蹄鉄やガラス製の瓶のねじ蓋といった発明に手を出し、いっぷう変わった比例式投票システムなるものを考案した。比例式というのは、徳性に応じて、という意味で、価値判定の基準に合った投票者には余分の投票権が与えられるというものである。

余分の権利——それぞれ一投票分

ヴィクトリア十字勲章に
アルバート・メダルに
二十五年間、ひとつの家庭内での仕事を献身的に行なった者に
三十年間、同じ農地で農作業に携わった者に
高名な独学の博物学者に
(以下略)

本人が投票所に出向くという方式は、タッパーにとっては時間の無駄以外の何ものでもなかったようで、「これは洗練されていない時代遅れのやり方」であり、郵便システムの発達で、まもなくすべての投票が郵便でなされるようになるだろうと予測している。

最後の数年間は、大勢の子供たちが付き添う中、回復期の患者のように過ごした。アメリカからは今でも時折サインを求める手紙が届き、献身的な娘たちが毎日新聞を読んできかせた。だが、誰も、財政が逼迫していること、タッパーの本がもはや一銭の収入ももたらさなくなっていることは口にしなかった。こうして一八八九年、タッパーは亡くなった。七十九歳だった。ロンドンの《タイムズ》も、死亡記事ではさすがに批判のトーンをやわらげた。「彼が、文学の世界において珍しくもユニークな位置を享受したことに疑いの余地はない。それは、英国人の知性ではなく、感性への贈り物であった」

少々信じがたいことながら、タッパーの作品は、もう一世紀以上にわたって再刊されていない。一八七五年に、彼は選集の刊行を求めて二十七の出版社にアプローチしているが、どこも引き受けようとはしなかった。一八八一年版の挿絵入り『箴言の哲学』はほとんど売れず、版元のカッセル兄弟が《タイムズ》のコラムで互いに責任をなすりつけあうという事態になった。以後、タッパーの話題はいっさい途絶えた。

皮肉なことに、タッパーの墓碑銘は「死してなお語る」というものである。現実は正反対で、彼は死してもはや語ることはなかった。テニソンやブラウニングは、今日も読まれつづけているが、タッパーはアンソロジーからも文学史からも完全に消え去っている。英文学を専攻する者は、タッパーの名を一度として耳にすることがないままに学部や院を修了する。これはおそらく、アンソロジーが、記憶にとどめられる者とそうでない者の評価に大きなギャップを生み、それが作家の評価そのものにフィードバックされていくからだろう。この作家の名前は聞いたことがない、とすれば、重要な作家ではないのだ——読者がそう思っても不思議ではない。

一九三八年に《タイムズ文芸付録》がタッパーをめぐる短い回顧文を載せたことがある。二〇世紀を通してタッパーについて書かれたわずかな文のひとつだが、その著者には、こんなふうに言うことしかできなかった。「あらゆる人が言っていることを言うことができ、それをずっと言いつづけることのできる、そんな詩人が登場すれば、あるいは我々にも改めて納得できるかもしれない。『箴言の哲学』が世界的な人気を得た理由、そして完璧に消滅した理由は、そこにあったのだ、というふうに」。タッパーの詩はまさしく彼の生きた時代の道徳意識を表現していた。したがって、その時代が過ぎると、彼の書いたものの大半も過去のものとなった。

彼に「歯痛」のような詩を書ける能力があったことも助けにはならなかった。

激しくうずく歯——ああ、焼けている！　焼けている！
神経が猛烈な痛みを脳に突き送る
痛みの根から伸びる熱の茎
真っ赤に焼けた石炭と鈍いコルクの痛みが代わる代わる
毒蛇の毒牙から分泌される毒液さながらに
じりじりと、いらいらと——ああ、また刺した！

とはいえ、タッパーの詩のすべてがばかばかしいというわけではなく、その道徳説教のすべてが時代遅れだというわけでもない。忍耐強い読者にとっては、タッパーの作品は今も充分に心に訴えかけるだけのものを持っている。だが、学者や読者が常に忍耐強い人間とは限らず、昔の作家を前にして即効性が見つからないと、彼らは、ファイルしておくこともなければ〝有用性〟というものに対する自分の考えをもう少し厳密に見つめてみることもせずに、そのまま忘れてしまう。

ひとつ特筆しておくべきこととして、タッパーが世の中から完璧に忘れ去られてしまった結果、今では、彼の直筆原稿は、図書館で彼の作品をコピーするよりも安く買うことができる。私の家には、そうした自筆原稿を保管しておく小さなスペースがある。この現代になっても、タッパーの箴言の知恵が成長途上にあるひとりか二人の子供の心に届く可能性は間違いなくあると思う。これを知ったら、きっとタッパーは心から喜ぶに違いない。

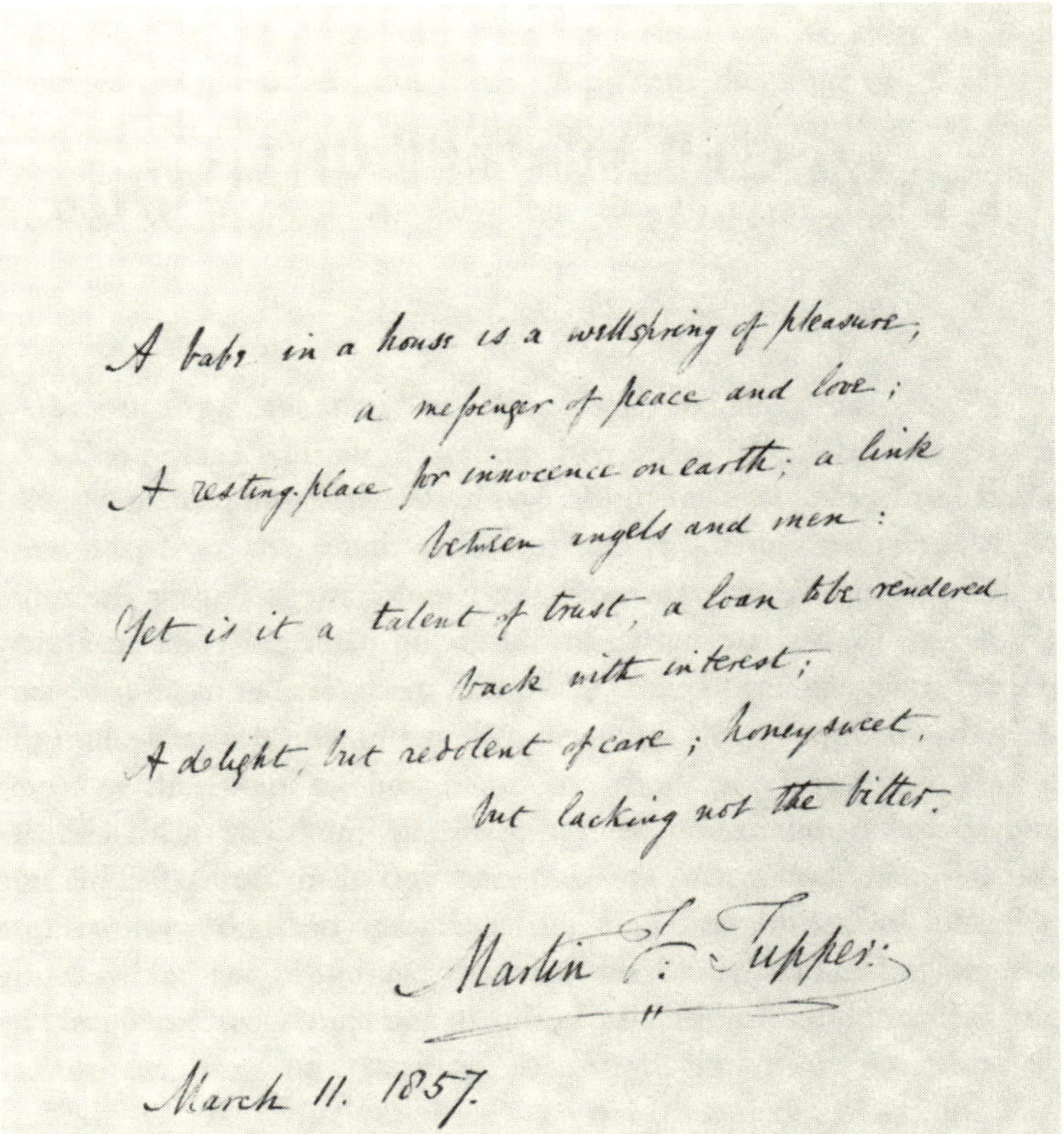
A babe in a house is a wellspring of pleasure;
a messenger of peace and love;
A resting-place for innocence on earth; a link
between angels and men:
Yet is it a talent of trust, a loan to be rendered
back with interest;
A delight, but redolent of care; honeysweet,
but lacking not the bitter.

Martin F. Tupper.

March 11. 1857.

マーティン・F・タッパーの手書き原稿（コリンズ所蔵）

10

ロミオに生涯を捧げて

ロバート・コーツ

Robert Coates (1772-1848)

ロバート・コーツ（カリフォルニア大学ドー図書館提供）

何事であれ、〝偉大〟の域に達するのは難しい。だが、それを実現できるだけの能力を持ち合わせていないのに、偉大であろうとする情熱を持ちつづけるのは、それ以上に難しい。

傑出した技倆のない人間にとって、ジョージ三世時代のロンドンの演劇界は残酷で容赦ない場所だった。シェイクスピアの〝未発表作品〟を作り出したウィリアム・ヘンリー・アイアランドは、それを嫌というほど味わわせられた。そして、この非凡な若者がはなばなしく燃えつきた、そのわずか数年後、ドゥルリー・レーンの舞台の上に、いまひとりの同じ宿命を負った人物が登場した。どうしようもなく才能に欠くと思われるにもかかわらず、自分の能力にとてつもない自信を抱いていたその人物は、まるごとひとつの演劇の流儀を自分ひとりで作り出した。三十歳を過ぎてから異邦の地であるイギリスに移り住み、自身を俳優として再出発させただけでなく、猛烈な嘲笑と怒号を一身に浴びながら、自分だけの俳優人生を貫き通す心意気を持っていた孤高の人物——そんな彼を支えていたのはただひとつ、誰に求められたわけでもない演劇への究極の愛だった。

一八〇九年、当時の英国の流行のトレンドがすべてそうであったように、そのアマチュア俳優が最初に登場したのはロンドンではなく、富裕階級の人々が集まる温泉リゾート地バースだった。彼は見落としようもなかった。絢爛豪華なヨークハウス・ホテルの朝食とアフタヌーン・ティーの場に、盛装した黒い肌のこの人物が姿を現わしはじめると、ホテル滞在者たちが気づかないのはまず不可能というものだった。肌が黒いのは極度に日焼けしているからだったが、そのあまりの黒さに、彼がそもそも白人なのかどうかということさえわからなかった。室内を埋める貴婦人方は、唇が青くなるほどに砒素を使った、当時の流行の最先端である真っ白な化粧を施しており、そんな中にあって、彼の肌のエキゾチックな黒さはいやが上にも目立った。加えて、全身を見るからに高価な毛皮に覆われていて、先端に巨大なダイヤモンドをはめ込んだ太いステッキを振りまわし、夜になると、今度はヘッセン兵士の軍服を思わせるきらびやかな出でたちで現われた。どこもかしこもダイヤモンドで輝きわたっていた。シャツのダイヤモンドのボタン、靴のバックルのダイヤモンド、そして、常に携えているステッキのダイヤモンド。街を移動する際には真珠貝の形をした巨大な輝く馬車に乗り、馬車には時を告げる雄鶏の紋章が派手やかに飾りつけられていて、そのけばけばしい鶏の下にはこんなモットーが記されていた。

命ある限り時を告げん

このしつらえにふさわしく、行進を先導するのは二頭の見事な白馬だった。

ホテルの朝食室の貴婦人たちが、この人物は何者なのかとささやきかわす一方で、当の人物は何ら意に介するふうもなく幸せそうに部屋の一隅の席につくと、マフィンと卵のたっぷりした朝食に食らいついた。ある者は、彼を東洋の公子、旅行中のインドの王侯《ラージャ》だと考えた。ホテル側に慎重に照会した結果、彼の名前がロバート・コーツであることが判明した。しかし、実際に何者であるのか、どこからやってきたのかを突き止めた者は誰もいなかった。

ロバート・コーツは上流世界の一員になるという強い決意を固めていた。その理由は、これまでずっと、それが不可能な場所にいたからである。

コーツは一七七二年、カリブ海東部のイギリスの植民地であるアンティグア島で生まれた。父親のアレグザンダーは二万エーカーのサトウキビ農場と莫大な財産を所有する島随一の大富豪だった。ある時、アンティグア島で国王陛下の代理人の地位にある人々がおずおずと、差し迫ったスペインとフランスの襲撃から島を守るために五千ポンドを借用したいと申し入れたところ、アレグザンダーは一万ポンドを約束して軽やかに彼らを送り出した。

しかし、これだけの富があっても、当時の驚異的な幼児死亡率だけはどうすることもできなかった。この時代に親となった者は、子供に名前をつけるのも数カ月待ってからにしたほうが賢明だった。たとえマラリアも赤痢も黄熱病もない土地であっても、子供が生き延びることにはそれほどの期待は寄せられない時代だった。コーツ家でも状況は変わらず、九人生まれた子供は、ひとりを除いてみな乳幼児のうちに死んでしまった。これほどまでに高い死亡率を生き抜いた自分のために、運命の女神は特別の計画をきっちりと作り上げてくれているはずだ――ロバート・コーツがそう考えたとしても何ら不都合ではなかった。

アレグザンダーは、生き残ったただひとりの息子が八歳になると、上流階級の子息にとって必須とされていた古典教育を受けさせるため、イギリスへと送り出した。幼いロバートにとって、この環境の変化は決定的だった。ロンドンまでは父親が付き添ったが、その後、ひとりになった彼の前には、まったく見知らぬ世界が広がっていた。彼が育ってきたのは、陽光にあふれた肥沃な大地、何千マイルも彼方の島の果てしなく広大なプランテーションだった。そんな少年が突然、世界で最も人口密度の高い都市で上流階級の子息たちとともに日々を過ごすことになったのだ。クラスメートの〝クラス〟はまさに〝上流階級〟そのものを意味しており、彼らの一見子供っぽい夢想の奥には、将来の国を統治する貴族階級の萌芽が秘められていた。ロバートは、この新天地の洗練された文化と芸術を心底愛するようになっていった。定められた教育期間が終わってアンティグアに戻らなければならなくなった時、ロバートはただひたすら不幸だった。

危険な長い旅をへて故郷に戻ったロバートに、父が、これから何をしたいと思っているのかとたずねた。彼は即座に、英国軍に入りたい、そうすれば、ヨーク公とともに軍務につける可能性がある、と答えた。ヨーロッパは当時、戦争の波に飲み込まれていた。アレグザンダーは、ひとり息子が砲弾のえじきになるかもしれないという考えには耐えられず、そうでなくとも、息子が連合王国に戻ってさらに十年間いなくなってしまうと考えるだけでも胸がつぶれる思いだった。そこで、父は息子を、もう少し短い旅（今回は数年間の連合王国とアメリカへの旅）に送り出した。これで、本当に教育期間は終わるはずだった。

世紀の変わる頃、二十代も終わり近くになって、ロバートはようやくアンティグアに落ち着くことになった。しかし、ヨーロッパ文化にどっぷりとひたって過ごしてきた今、この地の田舎臭さはどうにも耐えがたかった。彼は、外の世界の文化、文明の香りのするものなら何でもいいと、手近な切れ端に必死にしがみついた。島にわずかなエンタテイメントを提供する中に、劇団がひとつあった。数人の島民と、島に駐屯する連合王国軍から引っ張ってきた軍楽団と、植民地を巡業してまわる旅の一座から迷い込んできた俳優たちで構成される寄せ集め集団だったが、コーツはこの劇団の一員となり、シェイクスピア作品に次々と出演するようになった。観衆である島民と兵士たちは、格調高い演技《ウエルダン》よりも血のしたたるレアステーキのようなパフォーマンスを求め、一座も『リア王』や『マクベス』、『ロミオとジュリエット』といった死屍累々たる悲劇をはなばなしく演じるのを得意とした。

コーツは何年にもわたってこの劇団に没頭し、とりわけロミオ役の習得に情熱を注いだ。高給の勤め口の話があっても見向きもしなかった。実際、職につく必要はなかった。彼はアレグザンダーのひとり息子であって、父が他界すれば、その仕事をそっくり引き継げばいいだけのことだったからだ。しかし、実際に父親が最期を迎えた時、自分にはビジネスをやる気がまったくないこと、そして、自由に使える財産が年四万ポンドあることがわかった。これは当時としては天文学的な額である。プランテーションの運営は配下の人間に任せることに決め、適切な期間父の喪に服したのちに、コーツは、みずからの心の真の故郷たる英国に向かう船に乗り込んだ。三十代も半ばになっていた。

ヨークハウス・ホテルの逗留客のひとり、プライス・ゴードンは意を決して、この朝食室の見知らぬ客に声をかけることにした。

彼はすぐに私の注意を引いた。というのも、朝食を食べながら、シェイクスピアの台詞を口ずさんでいたからだ。……その朗唱は見事で、私はどうしても直接に賛辞を表明せずにはいられなかった。ただし、彼の口ずさんでいた台詞は必ずしも作者のテキストどおりではなかった。ある時、失礼は承知の上で、『ロミオとジュリエット』の一節を、それは間違っていると指摘し、正しい台詞を言ってみた。「ええ」と彼は言った。「本では確かにそうなっています。この芝居は全部暗記していますから、それはわかっています。しかし、私はあれを改良したんです」

ゴードンが知るに至ったところでは、この異邦人はロミオの役柄に心酔するあまり、旅の際にも必ずロミオの衣装を持ち歩いているということだった。それなら——とゴードンは言った——ここバースでロミオを演じてはいかがですか。

「もちろん喜んで、バースのみなさんにもロミオを見ていただきたいと思っています。劇場支配人が上演したいと考えて、いいジュリエット役者を見つけてくれるのであれば」。コーツは堂々と言った。「私の衣装は素晴らしいんですよ。ダイヤモンドがいっぱい飾りつけられています」

ゴードンは地元の劇場支配人の住所を教え、照会先として自分の名前を出してくれてもいいと言った。コーツは朝食の残りをかき込み、いま一度舞台に立てるのだという思いに勇躍と、華麗な馬車で出かけていった。だが、一時間後に戻ってきた時の彼は怒り狂っていた。

「あの男」とコーツは鼻息も荒く言った。「ろくな経験もないくせにという態度で私をあしらった……ならば『カルトとタルト』（フェンシングの意）ができるところを見せてやろう！」

言うなり、コーツはダイヤモンドのステッキをフェンシングのサーベルのように振るい、ダイニングルームに通じる重い木の扉に突き立てた。音を吸収するベーズ張りの扉だったにもかかわらず、木が割れる耳をつんざくばかりの音が響きわたり、高齢の客のひとりが椅子から跳び上がった。コーツの言わんとするところは部屋中の人たちに十二分に伝わった。

このダイヤモンドの笏杖の一閃で充分だったのだろう、それからすぐに、バース劇場は、翌週、一八〇九年二月九日に次の公演を行なうことを公告した。

アマチュア俳優によるロミオ

その夜のバース劇場は満員の盛況となった。上流階級のご婦人方も下層階級の冷やかし連も一緒くたにベンチ席とボックス席を埋め、この大金持ちの人物に熱い視線を送った。彼のことは、あらゆる人が事こまかに（彼が何者で、どこから来たのかということだけを除いて）知っているようだった。

第一場の後半になって、コーツが颯爽と登場すると大喝采が起こった。とともに、たぶん、息をのむ声も起こったはずだ。ある観劇者が伝えるところでは、彼はまさに独自の極みというべきロミオの衣装をまとい、彼以外には誰もなしえないような所作で現われたのだった。

彼はぞっとするような笑みを浮かべて前に進み出ると、どうやら会釈と考えているらしい動作を行なった。頭を前に突き出して、その頭だけを何回か上下させ、それ以外の体は完璧にまっすぐなまま微動だにしないのだ。それはまるで、頭だけが動く中国人の人形のようだった。

衣装は過激なまでに常軌を逸していた。スペインふうなのかイタリアふうなのか英国ふうなのか、誰にもわからなかった。要するに誰ひとりとしていまだかつて見たことのないものだった。スパンコールをふんだんに散らしたスカイブルーのシルクの上着、赤いパンタロン、白いモスリンのベスト、とんでもなく分厚いクラヴァット・タイに、チャールズ二世ふうの鬘《かつら》とオペラハットを戴くという、この舞台ではいまだ誰も目にしたことのない、最高にグロテスクにしてスペクタクルな出でたちで、彼は登場した。

効果をいやますべく、オペラハットには駝鳥《だちょう》の羽根とおびただしいダイヤモンドがあしらわれていた。ダイヤモンドはパンタロンと靴のバックルにも縫い込まれ、靴皮には金のスパンコールが燦然と輝いていた。ギラギラと輝きわたる衣装は上から下までピチピチで、ソーセージのように盛り上がった体のラインがくっきりと見えた。コーツは、ピチピチ衣装に包まれた体をうれしそうに運びながら、引きつるような動きで舞台を行き来した。その口から出る言葉はことごとくおかしかった。わざとらしい派手な抑揚、間違ったアクセント、そして、ともすれば劇聖シェイクスピアの脚本をすっぱりとカットして進められていく展開。コーツは何度も観客のほうを見てにやりと笑い、このひとときを心から楽しんでいた。

そして、パンタロンが破けた。

最初、それに気づいたのはたぶん最前列に座っていた数人だけだっただろう。しかし、このロミオのパンタロンはあまりにもピッチリだったので、尻の部分が勢いよく跳び出してしまった。観客は唖然として、「ブルボン家の旗を作れそうなほど大量の白と赤のリネンのテントの裂け目から突然跳び出したもの」を見つめた。「コーツが後ろを向くたびに、それは否応なく目に入った」。ご婦人方は憤然とした。だが、コーツが自分の身に何が起こっているかまったく気づいていないことが明らかになるとともに、くすくす笑いを抑えることは難しくなっていった。

観客は期待と不安でいっぱいになって第一幕の舞台を見つめつづけていた。だが、ついに、バルコニー席の傍若無人な何人かが叫びはじめた。

「引っ込め！　引っ込め！」

リンゴの芯とオレンジの皮（劇場ゴロのお気に入りの武器）がバルコニー席から雨あられと降りそそいだ。不満の声が劇場を満たした。

シーンの途中でコーツは口を止め、幸せなことにウサギの尻尾と化した衣装には依然として気づかぬまま、攻撃者たちを猛然と睨みつけた。そして、ひるむ様子もなく台詞を言い終えると、幕を降ろさせた。よろめきながらも芝居は何とか続き、クライマックスに至った。

ジュリエットが死んでいると思い込んだロミオは、悲しみに包まれて、彼女をそっと抱きかかえ、墓から運び出すはずだった。だが、コーツは不運なジュリエット女優を洗濯袋のように抱え上げ、どさりと脇に放り出した。そして、ポケットからハンカチを取り出してひと振りすると、丁寧に舞台の埃をぬぐい、それから、輝きわたる巨大な帽子をゆっくりとぬいで枕代わりに床に置いた。こうしてようやく、コーツ、すなわちロミオが死ぬ準備が整った。だが、コーツ以外の誰にも理由はわからなかったが、彼は、死に至るまでの全独白を、舞台のすぐ前のたったひとつのボックスだけに向けてささやくことにした。

さあもうすぐだ、愛しい人！ ［毒を仰ぐ］ あの薬屋の言うとおり、
この毒薬はすぐに効く！ 口づけしながら僕は死ぬ。

この独白は当惑する大勢の常連たちには聞こえなかったことだろうが、しかし、コーツは闘いなくしてみずからのヒーローを死なせるような人物ではなかった。毒薬はすぐには効かず、彼が死ぬまでそれから何分もかかった。彼は横になったまま繰り返し繰り返し喘ぎ、顔を引きつらせ、のたうちまわり、およそステージで可能だと想像しうる限りの苦悶のさまを演じつくした。観客席は笑いと怒号の渦に包まれた。そして、その大歓声を圧するように、ひとりのお調子者の声が響きわたった。

「もう一度死ね、ロミオ！」

舞台に長々と横たわっていたコーツは、これは素晴らしいアイデアだと思った。そして、奇跡のように死からよみがえり、すっくと立ち上がったかと思うと、いま一度、毒薬の壜を取り上げて、七転八倒しながら死ぬまでの長い長い演技をそっくりそのまま繰り返した。

ロミオがついに最後の震えを止め、再度死んだ瞬間、もう一度叫びが上がった。

「もう一回死ね、ロミオ！」

コーツは大喜びで起き上がり、三度目の死にかかろうとした。だが、そこで、ジュリエットがあま

りの成り行きに憤然として起き上がり、ロミオを押しとどめるべく割って入った。観衆の怒号歓声は耳を聾《ろう》せんばかりになった。いたるところで騒ぎが起こり、パニックに陥った劇場支配人は舞台重りを押さえていた手を放してしまった。幕が恐ろしい勢いで落ちてきて、その後、二度と上がることはなかった。

常連たちは呆然として座っていた。たった今のあたりにしたものが、喜劇的な悲劇なのか、ただの悲劇的な喜劇でしかないのか、判定するのは不可能というものだった。ただ、間違いなく、他に類例を見ない唯一無比の舞台ではあった。

バース劇場は大喝采に包まれた。

それから二年の間、コーツの登場を伝える報告があちこちから届いた。ブライトンでのショー、ディナーパーティで大勢の上流階級の友人たちを前にしての、頭のくらくらするような朗唱。そして、ついに彼はロンドンにやってきてストランドに投宿した。ドゥルリー・レーンが彼のダイヤモンドのステッキに屈するのはもはや時間の問題でしかなかった。

コーツはすぐに、バースでと同じように、ロンドン中に知られる有名人となった。頭の天辺から爪先までダイヤモンドをギラギラと輝かせながら、青い真珠貝形の二頭立ての馬車でペルメル街やボンド・ストリートを颯爽と走りまわった。行く先々で馬車が通り過ぎるたびに、見物人が「コケコッコー！」と歓声を送った。

常々、馬車の雄鶏マークが誇らしくてならなかったコーツは、コケコッコーのかけ声を大いに喜んだ。ロンドンの新聞がこぞって、この人物のゴシップを載せ、ロミオ・コーツ、ダイヤモンド・コーツと呼んで笑いものにする一方で、彼の周りには大勢の貧しい人たちが群らがるようになった。その多くは、一個でいいから彼のシャツのダイヤモンドがはじけ飛んで自分のポケットに飛び込んでくれないかと思っているつましい人々だった。そんな彼らに、コーツは、返してもらうことなどほとんど期待せずに金を貸し与えた。貧乏人に金を貸せばコーツの社会的な地位が上がる可能性はむしろ少なくなるはずなのに、彼らが貧しければ貧しいほど、コーツはいっそう気前がよくなった。立身出世しか眼中にない連中は陰口を叩き合ったが、そんな中、コーツはあくまで誠実に人助けを続けた。

困窮したひとりの寡婦が助けを求めてきた時に、コーツは慈善公演をやろうと思いついた。まずはウォーミングアップということで、オフ・ソーホー、正確にはリッチモンドでの公演が企画され、一八一一年九月四日の夜、リッチモンドのシアター・ロイヤルで一晩限りの上演を行なうことになった。役どころはもちろんロミオである。コーツのロミオの評判は本人がロンドンにやってくるよりずっと早くから知られていた。ご婦人方は我らが魅力的なヒーローを守ろうという堅い決意のもとに劇場に馳せ参じ、一方、酔っ払った伊達男たちは、投げつけるための熟した果物でポケットをいっぱいにして到着した。

この狼藉軍団に対する用意はできていた。ロミオの死のシーンではいつもながらの大騒ぎが起こった。傲岸不遜な伊達男たちは、延々と続くロミオの死の苦悶にひたすら嘲りの笑いを投げつづけた。しかしここでコーツは、つかつかと舞台の中央に歩み出て、自作の詩を朗唱して芝居を締めくくったのだった。

馬鹿者どもよ、覚悟せよ

ワインと機知を友とする、社会の友よ、馬鹿者よ

どんな社会の階級の座席に紛れ込もうとも
私の目だけはごまかせぬ。馬鹿者どもよ、覚悟せよ……

たとえ喝采送ろうと、
怒りで椅子を壊そうと、
神の目には同じこと
馬鹿者どもは果てしなく、ただひたすらに騒ぐのみ
自分の好みと判定を、ひけらかすだけの目的で

馬鹿者どもは生まれつき、黙ることなどありえない
馬鹿者どもはいつであれ、騒ぎを起こすためにいる
良き観客を楽しませ、うっとりさせるこの今も
ボックス席の馬鹿者は、鼻で笑って大騒ぎ
隣の楽屋にダッシュする

それ行け！　やれ行け！　馬鹿者よ
シェイクスピアが紡ぎ出す至高の言葉もそっちのけ
笑いで芝居をぶち壊す。それと言うのも自分には、
芝居を見る目があるのだと、見せかけるだけの目的で
何と低級俗悪な、子供以下のお芝居だ！

ピット席の馬鹿者は、くだらぬ知識を振りかざし、
瑣末なことをあげつらう。それと言うのも自分には、
鑑識眼があるのだと、ひけらかすだけの目的で
批評家然と大仰に、やれやれこれはと嘆息する
自分の知性と感性を、自慢するだけの目的で

ここでコーツはくるりと体をまわし、最大の騒ぎを起こしている連中のいるボックスにぐいと指を突きつけた。

そらそこのボックス席のお前たち、喚きつづける酔いどれども
話を聞くには酔いすぎて、恥を知るには高すぎるプライドがそれを許さない！

馬鹿者どもを除く劇場中の観客がいっせいに立ち上がり、スタンディング・オベイションを送った。このスピーチで、ロミオ・コーツ、現存する最も異様にして下手くそな役者は、批判者たちを決定的に恥じ入らせた。それは、彼が、これまでも、そしてそれ以後も、芝居の世界の誰ひとりとして持ち合わせていないもの——完全無比の誠実さを持っていたからだった。

コーツの名はいやが上にも高まった。十二月九日のヘイマーケット劇場での慈善公演では、六時三十分の開演時間のはるか前から客が押し寄せ、場内はすでに身動きがとれない状態になっていて、

千人を超えるロンドンっ子が門前払いを食わされるはめとなった。楽屋口を叩き、裏口から入り込ませてもらうだけのために五ポンド（当時のチケット一枚分としてはとんでもない額だ）の賄賂を申し出た者もいたが、彼らもあっさり追い払われた。

劇場内では、早くも騒動の雰囲気が醸し出されていた。コーツを笑いものにするためにやってきた男たちは、列をなして入ってくるコーツの友人たちに野次と怒号を投げ、そのほかの観客はそわそわと開演を待った。六時三十分が過ぎ、やがて七時をまわった。そうこうするうちに、ようやく幕が開き、ついにコーツが舞台に登場した。ヘイマーケット劇場に口笛と拍手と「コケコッコー！」の大歓声が巻き起こった。コーツはピンクと銀のシルクの堂々たるマントをまとい、全身に宝石がきらめいていた。帽子はまたも天にも届く白い羽根飾りを戴き、靴のバックルにはダイヤモンドが誇らしげに輝いていた。あまりの衣装とあまりの演技に、場内は暴動同然の騒ぎになり、結局、四幕の途中で幕を降ろさねばならなかった。

翌十二月十日、ロンドンの新聞はこぞってコーツのパフォーマンスをこきおろしたが、そこには、さすがのコーツも無視できない内容が含まれていた。コーツの黒い肌ととんでもない衣装をはやしてる風刺画家の挿画には〝黒人でホモのロミオ〟という侮蔑が露骨に表わされていたのだ。彼の生地は格好のターゲットだった。燦々とふりそそぐ太陽のもとで子供時代を過ごした結果、コーツの肌は黒人と言っていいほどに黒くなっており、実際、あれは黒人の肌だとささやく者もいた。

これには論拠がないわけではなかった。アンティグアのように長年にわたって奴隷を使ってきた島での血筋ということを考えれば、黒人の血がまったく入っていないほうがむしろ驚きだと言うべきかもしれない。加えて、ロミオ・コーツの衣装は、一八一一年としてもとんでもなく常軌を逸したもので、同性愛者の伊達男を連想させるに充分なものだった。翌日、《モーニング・ヘラルド》紙の編集部に、コーツの手になる手紙が届いた。《モーニング・ヘラルド》は、ロンドン中の上流階級の人たちが間違いなく読む新聞のひとつだ。

公の活字の場でなされた、私の肌の色や性向に関するおびただしい攻撃に関して、ひとつだけ述べておかなければならないことがあります。それは、私が、私自身の意志とは関係なく、創造主によって作られたということであり、その結果に関して、私には何の責任もなければ、コントロールすることもできないということです。

コーツは肯定も否定もしなかった。真相がどうであったにせよ、それについて弁明することもなかった。一世紀あとのイギリスに登場したクエンティン・クリスプ*と同様、彼には、自分がどうすれば自分以外の存在になれるのかわからなかったのだ。

次の年には一回しか公演を行なわなかったコーツだったが、一八一三年になると、四月までの間に少なくとも六回の公演を行なう復活ぶりを示した。彼を野次り倒そうという気合たっぷりの常連と、公演ごとに過激さを増していく一方の芝居に歓声を送ろうという観客とで、劇場はいつも大盛況だった。ある時、『オセロ』の上演が行なわれたのちに「かの名高きアマチュア俳優」が登場すると聞かされた観客たちは、芝居が終わったあとも興味津々で待ちつづけていた。

幕が上がると、舞台にはデカンターが載ったテーブルがひとつ置かれ、そこにコーツが座って、満

*――一九〇八―一九九九。イギリスの作家、役者。TVのトークショーなどで、独特のスタイルと話術で人気を集める。同性愛のカミングアウトの先駆者として、ゲイ・カルチャーに大きな影響を与えた。

ち足りた様子でワインを飲んでいた。彼は目を上げて観客に笑みを送り、それから、グラスを手にしたまま立ち上がって、ゆっくりとステージの一番前まで歩いていった。「彼の敵の面々の健康を願って——敵の面々が、彼の成功を見届けるまで長生きされんことを切に願って」と言ってグラスを掲げた。それから詩の朗読を始めた。

観客たちは不思議な光景をまのあたりにしていた。ひとりの俳優がワインを飲みながら、観客にも一緒に飲まないかと誘っているかのような光景。それはかつてヘイマーケット劇場では見られたことのないステージ・パフォーマンスだった。コーツは芝居の四番目の壁（フィクションである演劇内の世界と観客のいる現実世界との境界とされる、想像上の透明な壁）をあっさりと取り払い、まるで観客のひとりひとりと飲み交わしているかのように、彼らに向けて語りかけているのだった。

大喝采が湧き上がった。彼が舞台から歩み去ると、観客は延々とカーテンコールを求めたが、コーツは姿を現わさなかった。

こうして、一般大衆はコーツを愛情をもって受け入れるに至った。だが、コーツ自身の最大の望みは王室と近づきになることだった。公爵や子爵の友人が大勢いて、そのうちには子供時代から知っている者も少なくなかったにもかかわらず、摂政王太子に謁見する機会はまだ一度も得られていなかった。この機会が訪れることを期待する彼の気持ちはいじらしく、パセティックと言っていいほどで、周囲の人々が気づかないでいられるわけもなかった。

一八一三年の春、コーツ宛ての印刷された招待状がクレイヴン・ストリート三八番地に届いた。はやる気持ちを抑えきれないまま、コーツは招待状を開いた。彼は翌日の晩の王室のパーティに招待されたのだった！　次の日は目の回るような一日となった。パーティ用の衣装を整えるのに金に糸目はつけなかった。この時のためにと、新しいダイヤモンドのボタンとダイヤモンドのブローチとダイヤモンドの指輪を買った。行きつけの仕立て屋は最高のシルクで新しい服をあつらえにかかり、靴屋は新しいダイヤモンドのバックルのついた靴を作った。

運命のその夜、コーツがいつもの豪華な馬車でカールトンハウスに着くと、王太子の側近や廷臣や将官たちはすでに館に入りつつあった。ロビーを抜け、深紅のカーペットを敷いた階段を登り、王太子がにこやかに出迎える大サロンへと、軍の将校たち、宮廷の高級官僚たち、華麗な出でたちの伊達男たち、たっぷりの襞《ひだ》飾りでくるまれた貴婦人方の行列が粛々と続いていた。

王太子が宮廷楽士たちの演奏を楽しんでいる中、側近のひとりが招待カードを載せたトレーを持って進み出た。

「何だね、ブルームフィールド」

王太子はカードをつまみ上げ、金の片眼鏡で検分した。

「明らかな偽物ではないか！」室内の人々の眉根がいっせいに上がった。「こんなものを勝手に作るとは許しがたいことだ」

客たちが偽造カードを見ようと、ざわざわと近づいてきた。

「この者を知っておるか、ブランメル？」王太子は言って、カードを渡した。

ボー・ブランメルは恐怖の面持ちを浮かべた。

「この私が知っている、ですと!?　そう、この者は砂糖を作ってコーヒーを売っている——簡単に言うと一種の食料品商です。この私がどうして、そんな者と知り合いになれるというのでしょう？」

カードは別の洒落者に渡された。

「オルヴァニー、そなたは、この者を知っておるか？」

「ロミオを演《や》った黒い人物じゃないですか?」オルヴァニーはカードをさらに隣の者に渡した。「もちろん、いかなる点でも私の知人ではありません」

「そなたの友人か、シェリイ?」

「いいえ、違います。ただ、もしこの哀れな男が私にたっぷり金をくれるようなことがあるとすれば、そうも無下に、ここに来てはいけないなどと言うわけにはいきますまい」

コーツの気前のよいやり方を知っている客たちがどっと笑い出し、これで、シェリイは真面目になった。

「もちろん、この人物がここに来る資格はありません。こういうやり方は、ここでは許されるべきではありません。絶対に」

王太子は、おそらくゲートで待っている人物が少しはかわいそうになっていただろうが、ここはシェリイの言葉に同意しないわけにはいかなかった。

「確かに、こういうことはまったく気に入らない」

そして、ブルームフィールド大佐を差し招いた。

「このジェントルマンのところに行って、彼の感情を傷つけないような形で伝えてくれ——王太子は、このようなアクシデントが起こったのをこのうえなく遺憾に思っているということを丁寧に伝えるように」

ブルームフィールドはロミオ・コーツの件を処理すべく、すべるようにサロンを出ていった。コーツは、彼を待ち受けている華麗なパーティの様子をあれこれ思い描きながら、辛抱強くカールトンハウスの前で待ちつづけていた。

帰宅する途中、コーツの豪華な馬車は、ブロックごとにとしか思えないほど次々に、街の伊達男たちに手を振られ声をかけられて、歩みを止めさせられた。

「こんばんは！　しかるべき栄誉の機会を与えられたことにお祝いを言わせてください！　もちろん、王太子殿下にお目にかかったんですよね。とてもチャーミングなお方だったでしょう？」

「ああ、いや、ちょっと不測の事態があって……何だったのかはわからないが、しかし、殿下は実に心やさしいメッセージを寄こされた。即刻、この間違いが正されることに疑いの余地はないと思う」

アマチュア俳優が走り去っていくと、男たちは大笑いした。この底意地の悪い企みの犠牲者がコーツであることを、コーツ以外の誰もが知っているかのようだった。もう少し正確に言うなら、犠牲者が何が起こったのかを気づくに至って初めて、この企みは残酷なものになったはずなのだが、コーツはそうした可能性にはいっさい思い及ばないようだった。彼は、周囲に最低最悪の輩《やから》がいるということを考えられる人間ではなかった。せめて、ロンドンの貴族社会がその手の連中の巣窟であることに気づいていればまだしも、コーツは何らかの誤解があったのだとしか思わず、遅かれ早かれ王太子殿下との謁見が実現する正式の招待状が届くはずだと、心の底から信じていた。

何週間たっても招待状は届かなかった。それでも、コーツは疑うことをしなかった。


月を追うごとに、コーツへの嘲笑と名声は高まっていった。コヴェント・ガーデン劇場では、コーツの一人芝居を徹底的に揶揄するテーブル・エンタテイメント、『アットホーム』が夜ごと上演されるようになっていた。このパロディのパロディとも言うべき芝居に対して、コーツの同盟者としては最もありえなさそうな《ユーロピアン》（高名なシェイクスピア学者が主導する一流総合文化雑誌）が声を上げ、一八一三年三月号のエッセイで、コーツと彼の活動を全面的に支持する姿勢を明らかにした。現在コーツの肖像として伝えられている数少ない銅版画（カリカチュアの漫画ではないもの）のあとに続く文章には、彼の活動を擁護する決然たる姿勢がうかがえる。

コーツ氏はこれまで、多くの機会をとらえ、困窮している人々を救うために公演を続けてきた。それは何よりも氏の心の広さを示すものである。しかし、だからと言って、氏が、その舞台に向けられる攻撃の嵐をものともしないとか、狭量下品なパロディ劇にも笑みで対処するであろう、できるはずだとかいった見解を簡単に信じるほど、我々はだまされやすい人間ではない。コーツ氏は芝居への情熱に強くとらえられている。こうした情熱は、芝居のプロでない者としては、あまり褒められたものではないかもしれないが、それでも、氏がその情熱を発揮すべく舞台に立った時、それが純真無垢なものであることだけは確かである。慈善公演という人道の大義を実践する場であればなおさらのこと、それを咎めるなど論外であり、むしろ大いに称揚されてしかるべきものである……。

我々はあえてこう言いたい。俳優としてのコーツ氏は、評論家諸氏の誰もが口にする一般的な概念など及びもつかないほどに、ただひたすらに面白い。氏は彼独自のスタイルにおいて完成したアーティストである。そして、どこまでも私心のない人物である。

しかし、こんなことで観客がおとなしくなるわけもなかった。観客の群れは今や、目の前で『ロミオとジュリエット』が崩壊するのを期待して、いや、それを要求して、劇場に殺到するようになっていた。その内的な動因は当時の人々にとってはまだ熟したものとは言えず、誰も的確な言葉を持っていなかった。しかし、今日の私たちには間違いなくはっきりとこう言うことができる。ロバート・コーツは、まったく純粋無垢に、〝キャンプ〟という様式*を作り出していたのだ、と。

コーツ本人は別として、周りの人々は、この新しいアート体験を堂々と受け止めることはできなかった。四月二十三日の慈善公演では、慈善金の受領者であるミス・フィッツヘンリーがジュリエット役を演じることに同意していたのだが、結婚のシーンが終わったところで、彼女は、観衆のブーイングと野次り声とで泣き出す寸前になり、恐怖のあまり舞台柱にしがみついてしまった。

二週間ほどたった五月十日の公演では、妨害軍団のひとりが上着の下にこっそり雄鶏を隠して持ち込み、ロミオとティバルトの決闘が始まる瞬間を狙って、舞台めがけて鶏を投げた。鶏はバタバタとはばたきながら舞台に着地し、せわしなく歩きながらコケコッコー！と雄叫びを上げた。コーツはついに堪忍袋の緒を切らし、攻撃をしかけるボックス席に向き直って、手にした剣をぐいと突き出した。明らかな決闘の挑発だった。剣を向けられた客たちは激怒して謝れと叫んだが、もちろんコーツにそんな気はなかった。オレンジの皮がコーツとほかの俳優たちに降りそそいだ。次いで、妨害者たちは皮を向く手間も省いた。パリスの死のシーンののち、遠方の席から投じられた丸ごとのオレンジが、死んだパリスの鼻を直撃した。死んだ男は起き上がり、怒りもあらわにオレンジを指差すと、すさまじい勢いで舞台から走り去った。ロミオの死の場面になると、今度は、かの名高き苦悶のシーンが続く間、あちこちのボックス席から「どうして死なないんだ？」という叫びが立て続けに投げかけられた。

コーツにとって、こうした野次は単に聞き流せばいいだけのことだった。しかし、その年の終わり

*―映画・音楽・文学・視覚芸術・ファッション・メーキャップなど、あらゆるカルチャーにおいて、その悪趣味性ないし強烈なアイロニーのゆえに魅力を発揮する様式・美学。

近くになって、彼の誠実さそのものに疑問が投げかけられるという事態が起こった。こればかりは、さすがの彼も聞き捨てにはできなかった。そして、この事件は、以後、彼が完全に回復することは二度とないほどの決定的なダメージをもたらすことになった。

事の次第は——ある軍人の寡婦の支援の求めに応じて、コーツは十二月一日に慈善ショーを開く計画を立て、『西インド諸島人』のベルクールを演じることにした。最近の何度かの公演の様子から考えて、コーツは一計を案じ、その夜の公演チラシにこんな一文を入れた。

> 演技者を困らせるために舞台に物を投げる妨害行為一回につき五ポンドが、〝ベルクール〟を演じるジェントルマンによって寄付されることになります。

しかし、その夜の公演が始まると、ひとりの青年が立ち上がって、強い口調で、話を聞いてほしいと言った。ロバート・コーツ氏に対する重大な告発事項があると彼は重々しく言った。「紳士淑女のみなさん、コーツ氏への告発事項はこういうものです。彼は博愛の精神に基づいて活動しているのではなく、直接間接に自分が利益を得るために行なっているのです」

場内は騒然となり、証拠を出せという叫びがあふれ返った。青年は、その夜の公演で恩恵を受けることになっている若い女性が現下の貧困状態に陥った経緯を説明し、「彼女は、コーツ氏がこういった状況に協力的であることを知り、ライアル夫人の仲介のもとにコーツ氏に援助を求めました。ライアル夫人とはコーツ氏が滞在している下宿屋の家主です。……援助は頑強に断られつづけ、結局、四十ポンドをライアル夫人に渡してようやく、この素人公演を行なうという合意が得られたのです」と述べ、受領書の写しを取り出して見せた。観客は激怒し、激しい怒号が巻き起こった。コーツは生まれて初めて、彼らの激しい叫びに恐怖を感じ、言葉を発することができなかった。

コーツをここまで愕然とさせたのは、いったい何だったのだろう。自分が実際には誠実ならざる動機のもとに行動していたということか、それとも、莫大な財産を持っている人間が貧しい人々からこれほどささやかな金を奪い取っていたということか。公演後、コーツはみずから事態の真相究明にかかった。そして、吐き気を覚えたことに、告発者の言がすべて事実であったことがわかった。クレイヴン・ストリートの下宿屋の家主ライアル夫人は、コーツがこれまで行なった慈善公演の受益者たる困窮した寡婦や孤児たちから仲介料を取り、すべてはコーツの命令のもとにやっていると主張していたのだった。コーツはライアル夫人をロンドン市長のもとに連れていき、市長本人の立会いのもと、真実を洗いざらい述べた告白書を書かせた。そののち、市長が証人となった告白書を印刷して広く配布した。だが、もはや手遅れだった。ロンドン市民の間でのコーツの評判は完全に地に落ちてしまっていた。

それでも、ロンドン以外の都市にはまだ、コーツの援助を必要とする劇場支配人や寡婦が大勢いた。一八一四年に入ると、コーツはバーミンガムなどの地方都市で公演を始めた。こうした街の観客は、うれしいことに、斜に構えたところはなく、何度も繰り返されるロサーリオやロミオの死の苦悶のスペクタクルを純粋に楽しんでくれた。だが、何と言っても最高だったのはストラトフォード・アポン・エイヴォンだった。その十二月、コーツは、愛してやまない劇聖自身のホームタウンでシェイクスピアを演じたのだ。納屋のようなストラトフォードの小劇場の常連のひとり、チャールズ・マシューズは、公演後もコーツの言動を観察しつづけ、その様子を、何とも理解しがたいといった口調で書き残している。

天然の奇想の申し子、ロバート・コーツがこの地で芝居を演じ、かのロミオ役をはなばなしく披露した。

芝居を終えたのち、彼は決然たる様子で、ささやかなページェントとして、自分ひとりだけの行進を行なった。……ロミオの衣装を着けたまま、劇場から、今は肉屋になっているシェイクスピアの生家へと歩いていったのだ。生家に到着すると、彼は、記名用に置かれてあったノートと壁のあちこちに自分の名前を書いて、自分は「かの詩人のすばらしさをより輝かせる者」だと述べた上で、ここは神聖なる詩人が生まれた家としては充分ではないと文句をつけた。そして、あろうことか、こう提案したのである――費用は自分が全部受け持つから、この家は壊して新しい家に建て替えよう、かの詩人によりふさわしい家に、と！


このシェイクスピアの生家建て替え案をはじめとするコーツの壮大なプランの数々は、しかし、どれも実現されることなく終わった。アンティグアのプランテーションが次々と経営不振に陥り、気づいてみると、毎年の収入は減少する一方となっていた。それから二年あまりが経過する間に、コーツという名の星《スター》は英国の演劇界から消えた。ファンは新たなスターのもとへと移り、コーツは、シェイクスピアに捧げる心こそ変わらなかったとはいえ、再びひとりきりで取り残された。

名前も友人たちも失ったコーツは、五十代に入って、親しい付き合いのできる人間を探し求めた。そして、ミス・エンマ・ロビンソンと知り合い、一八二三年に結婚した。二人は仲むつまじい夫婦となり、息子と娘をひとりずつ授かった。ただ、自身は多くの兄弟のうちでただひとり、幼い頃に死なずにすんだコーツだったが、自分の子供たちに関しては運に恵まれなかった。子供は二人とも成人することなく、この世を去った。

減少していく一方の資産と家庭を持ったことで生活を切り詰めなければならなくなったコーツは、ロンドンからフランス北部のブローニュ＝シュル＝メール（一文無しになった英国の上流階級の人々や失墜した元資本家が引きこもり、我が身の不運に思いをめぐらせる街）に移り住んだ。訪問者がロンドン時代の話をすると、かつてのアマチュア俳優は時折、詩の朗唱を披露することもあったが、何度乞われても、再び舞台に立つことだけは頑として受け入れなかった。


歳月は流れ、この舞台俳優の記憶も忘却の彼方へと消えてしまった一八四三年のある日、たまたま窓の外を見ていたロンドンのジェントルマン・クラブのメンバーのひとりが、セント・ジェイムズ・ストリートを歩いてくる恐ろしく異様な格好をした人物に気づき、しばし様子をうかがっていた。年老いた男で、三十年以上時代遅れのヘッセン兵士ふうの長靴《ちょうか》と制服を着ていた。

ややあって、観察者ははたと思い当たった。

「ロミオ・コーツだ！」と彼は叫んだ。

クラブのメンバーがいっせいに窓辺に集まってきた。老人はそのままクラブの前を通りすぎていったが、しばらくたって叫び声の内容が頭の奥に届いたらしく、足を止めた。回れ右をしてクラブの窓辺まで戻ってくると、老人は丁寧に帽子をぬいで言った。

「みなさん、私の名前はロバート・コーツです」

そして、高齢者の重々しい足取りで再び歩きはじめ、通行人の流れの中に消えた。

コーツと妻は、二十年のフランス暮らしを経て再びロンドンに戻り、ポートマン・ストリート一三番地の宿泊施設に逗留していた。かつての古巣で再び姿を見かけられるようになったコーツだったが、この七十一歳の老人を前にして、一世を風靡した若き時代の俳優の姿を思い起こせる者は誰もいないようだった。

古い友人たちのもとを訪れると、コーツはせがまれて、時に演技を披露してみせることもあった。特に三十年前の彼を知らない若い男女が彼の演技を見たがった。演技をするコーツを見ながら、彼らは煙に巻かれる思いだった。どうしてこの人が批評家たちにそれほどまでののしられたのだろう? コーツが不在の間に、ロンドンの演劇界はメロドラマを大喜びで受け入れるようになっていた。かつて大仰な芝居とされていたものが、今では芸術的なパッションの表現となっていたのである。コーツは間違った演劇スタイルを実践したのではなく、単に間違った時代に生まれただけだったのだ。

ロンドンに戻ってきたということは、以前の大いなる情熱に再び耽溺できることを意味していた。コーツは足繁く劇場に通った。そうして、生きていた時と同じように、彼は劇場の前で死んだ。一八四八年二月十五日の夜、コヴェント・ガーデン劇場の公演を見て、馬車で帰宅の途につこうとした時、オペラグラスを劇場の座席に忘れてきたことに気づいた。彼は急いで馬車を出て、混み合うラッセル・ストリートに降り立った。そこに別の馬車が疾走してきた。コーツは道路に叩きつけられ、車輪がその頭を踏んでいった。

コーツを轢《ひ》いた馬車は猛スピードで走り去り、御者が発見されることはなかった。割れた頭からおびただしい血を流している老人のもとに、通行人たちが集まってきた。劇場はその数歩先、彼の手がほんの少し届かないところにあった。

11

青色光狂騒曲

オーガスタス・J・プレゾントン

Augustus James Pleasonton (1801-1894)

オーガスタス・J・プレゾントン准将。ジョン・カーボーイ『ブルーガラス、ブルーな人々のための間違いない救い』(1877) 掲載の風刺画（カリフォルニア・サンマリノ、ハンティントン図書館より許可を得て掲載）

サンフランシスコ市内、リンカーン・ウェイと交差する地点からさほど遠くない一九番街に、一軒の白いヴィクトリアン・ハウスがある。一方の端にシェヴロンのガソリンスタンド、もう一方にシェルのスタンドがあるブロックで、一九番街に面してはいるのだが、両側の建物から少し引っ込んだ位置にあるので、うっかりすると見落としてしまうかもしれない。実際、この家が建っている一帯は住宅街ではない。一九番街のこの部分は州道一号線の一部で、ゴールデンゲート・パークのトンネルに入っていく車の音が絶え間なく響きわたっている。

家自体は、サンフランシスコに数え切れないほどあるヴィクトリアン・ハウスと何ら変わりはない。ただ、一カ所だけ改造されていて、フロントポーチがガラスで囲まれ、一種のサンルームに作り替えられている。つまり、住人はこのサンルームを通って家の中に入らなければならないというわけだ。とはいえ、このようなサンルームは特に珍しいものではなく、東部の古い大学、たとえばマサチューセッツのマウント・ホリヨーク大学のキャンパスを歩いていると、古い寄宿舎の端に、こうした古風な趣きのあるサンルームがエレガントに連なっている光景がごく普通に見受けられる。

今度は上方に目を向けてみよう。この家のサンルームの一番上の列の窓は、ほかの部分とは違っている。透明なガラスとビロードのようなコバルトブルーの古いガラスが交互に並んでいるのだ。率直に言って、デザイン的にはどうということもないが、その西向きの窓を通して遅い午後の傾いた陽が射し込むと、サンルーム全体にかなり濃い青の輝きが投じられることになる。

今は昼——世の中は活動しているが、家の中に人がいる気配はなく、外から見ただけでは、現在の居住者に関しては何もわからない。だが、間違いなく言えることがひとつだけある。一八七〇年代の後半、このサンルームに座って、前の大通りを行き交う馬車の列を見つめながら、病気（死に至るような重病だったかもしれない）が治るのを願っていた者がいたということだ。そして、その人はおそらく死ぬまでずっと、このサンルームで回復を待ちつづけていたはずなのだ。

一九世紀後半は医療の奇跡の時代だった。今の時代は、単にその上塗りをしているにすぎないと言っても言いすぎではない。現代医学の最も基本的な考え方の一部はこの時代に形作られ、結果、致死率は降下する一方になった。エーテルが手術の激痛を取り除き、鉗子《かんし》が出産時の死亡率を大きく低下させた。何よりも、病院そのものが大きく変化した。それまで、病院で治療を受けるのは、当の病気で死ぬよりも致命的なことがしばしばだったが、細菌感染の理論が確立されて、医師や看護婦たちが一回一回の手術ごとに手と器具を洗いはじめるようになった。一八世紀のグザヴィエ・ビシャから一九世紀後半にマラリア原虫を発見したアルフォンス・ラヴランに至るフランスの医学者たちが、治療の効果の検証に臨床的なアプローチを導入し、広く普及した死体の売買が、新たに台頭しはじめた新時代の学生たちに、内臓器官の機能に関する実践的な知識を与えていった。

だが、希望あるところにはまた、偽りの希望も存在する。医学が勝利のラッパを高らかに吹き鳴らす中、不可能なことは何もないのだという思いを人々が抱きはじめるや、ここぞとばかりに怪しげな薬品販売業者や偽医師たちが跳梁《ちょうりょう》しはじめた。小荷物の全国配送網が確立されたおかげで女性雑誌やスポーツ誌の巻末は広告ページでいっぱいになり、販売業者はもう、告発されたり町から叩き出されたりするのではないかとびくびくしながら偽医薬品の巡回販売をしてまわる必要がなくなった。大都市の中心街にオフィスを構え、実名は伏せて雑誌に広告を載せるだけで、何千マイルも離れたところにいるおめでたい人々から金を巻き上げることができるようになった。

効果のない錠剤や軟膏が蔓延した。曖昧なヴェールに覆われた広告も、藁《わら》にもすがりたい思いの購入者には救いの光としか見えなかった。過ちを犯した若い女性は、女性誌で〈チチェスター薄荷錠《はっか》〉の広告を見つけることができた。広告では堕胎薬とは謳っておらず、実のところ、何の役に立つのかもいっさい書かれていないのだが、しかし、女性なら誰でも薄荷の意味するところはわかっていた。問題がひとつあった。この錠剤には薄荷はいっさい入っていなかったのだ。

当然のように妊娠を甘受せざるをえなかった彼女は、今度は（腕の悪い闇医師の手で殺されなかったとして）〈母の友〉を購入することになる。販売元のアトランタのブラッドフィールド・レギュレーター社が謳っているところでは、〈母の友〉は「分娩時間を短くし、安全で迅速な出産を手助けする」とのことだった。この不思議な霊薬の成分はオイルと少量の石鹸だった。

大繁盛したのは偽特効薬だけでなく、医療行為そのものが一から十まで偽ものという場合もあった。学位を売る学士製造所やいかさま医学校が国中に乱立するようになったからだ。そんな中で、最も悪名高く最も長く続いたアメリカン・ヘルス・カレッジは、ジョン・バニヤン・キャンベルという名の、いささか時代遅れのペテン師によって、一八七四年にオハイオ州シンシナティに設立され、以来、数十年にわたって活動を続けた。価値のない学位を延々と出しつづけたのち、ついに、この絵に描いたような老悪党は裁判の場に引き出された。検事の尋問へのキャンベルの応答は見事なまでにとらえどころがなかったが（「あなたの学校には組織学の研究室はないのですね?」「はい、厳密にはそうではありません」）、尋問が進むとともに、とんでもない事実がひとつまたひとつと明らかになっていった。たとえば、カレッジの教職員は全員、退職したか休職中——つまり、実際にはキャンベルがただひとりの教職員だったということだ。そして、彼の〝ヴィタパシー〟療法は、基本的に、患者の脚に銅板を当てて「毒を引き出す」というものだった。

尋問のハイライトは、病気の原因をめぐってのキャンベルの名人芸的循環論法である。

問い――最近数年間で、ヴィタパシー治療を行なって、あなたはどんな疾患を治療されましたか？

答え――たいていの場合、銅板で毒を引き出しています。我々は病気を治そうとしているわけではありません。人間はいかなる病気も持っていないと言っていいかもしれません。単に毒でいっぱいなだけなのです。おわかりですか？

問い――毒とはどういうものだと考えておられるのですか、ドクター？

答え――水銀は毒です。ストリキニーネも毒です。鉄も毒です。

問い――病原菌が患者の体内に毒を作り出したとは考えませんか？

答え――私は病原菌について、大方の人とは異なった考えを持っています。

問い――患者の体内の病原菌をどのようにして死滅させるのですか？

答え――私の考えはこうです。細菌は病気の原因ではまったくなく、病気こそが細菌の原因なのです。分離ないし分解といったプロセスが起こるまでは、いかなる人の体内にも細菌は見出せません。あなた方は古い考えをお持ちのようだが、事実として、細菌が病気を引き起こすのではないのです！

問い――それでは、いったい何が病気を引き起こすのですか、ドクター？

答え――私が治療した患者は病気など持っていませんでした。単に毒を持っていただけで、私はその毒を引き出したのです。

問い――あなたは、病気が細菌の原因だとおっしゃいましたね？
答え――はい。
問い――それでは、病気を引き起こすのは、いったい何なんですか？
答え――人間というのは簡単に病気にかかってしまうものです。世界中、どこであろうとも。そんなことは言うまでもないでしょう。

大勢の医師志望者が、キャンベル自身からこうした珠玉の知恵を得ようと、直接アメリカン・ヘルス・カレッジにおもむいた。その中には、ナイーヴにも、真の熱意を持って医師になろうと考えている者もいた。

この高齢の詐欺師のところには、実験室も手術室も医療機器もなかったかもしれないが、少なくともオフィスはあった。そして、ある訪問者が述べているところでは、そのオフィスにはひとつ、かなり変わった特徴があった。

ドクターの小さなオフィスには、赤と青の窓ガラスがありました。何のためなのかとたずねたところ、ドクターは、患者に生気を与え、治療を（場合によっては食物を）活性化するためだと説明しました。病気の性質によって、患者は赤いガラスか青いガラスのどちらかの下に座らされるのだそうです。

そして今、シンシナティから何千マイルも離れたサンフランシスコで、私たちもそれを――謎の青い窓ガラスを目にしている。

これはいったい、どういうことなのだろう?

サンフランシスコとシンシナティの青いガラスの意味を理解するためにはまず、いま一度旅をする必要がある。今度はシンシナティのさらに東、フィラデルフィアのオーガスタス・J・プレゾントン准将の家の裏庭だ。プレゾントンは長らくペンシルヴァニア州を防衛する民兵軍組織の大佐の地位にあり、南北戦争が勃発すると准将に任じられた。そんな一八六一年のある日、彼は、スプルース・ストリートの家の裏庭で、当時、ヨーロッパから大量に輸入するしかなかったものを自国で生産して地元と国に供給するという任務の遂行に専念していた。

ブドウを栽培していたのだ。

ブドウ栽培が軍務かどうかに関しては疑問の余地があるが、だからと言って、プレゾントンの軍人としての能力に問題があったというわけではない。六十歳になったプレゾントンはすでに立派な戦歴を残していた。一八〇一年に生まれ、十四歳の若さでウェスト・ポイントの熱意あふれる士官候補生となったプレゾントンは、まず歩兵部隊に、次いで砲兵部隊に所属し、その後は西部のフロンティアで地図作成の補助をしながら国中を駆けめぐった。二十八歳で正規軍を退役したのち、法律を学び、フィラデルフィアで実践を積んだ。彼はあっという間に地元名士のランクを駆け上がり、一八三九年に短期間、州の出納長官を務めたのち、地元の鉄道会社の代表となった。その一方で、軍から完全に離れたわけではなく、正規軍退役後の一八三三年にはペンシルヴァニア民兵軍組織の旅団副官、三五年には大佐となり、一八四四年にフィラデルフィアでの武装暴徒の鎮圧支援に携わった際にマスケット弾を鼠径部に受けた。

傷の治療中、彼はあるパッションにとらえられた。猛烈な知識欲に駆られ、むさぼるように本を読みはじめたのだ。彼を虜《とりこ》にしたのは、物理学、ガルヴァーニ電気、自然科学、地質学などの本だった。多様な分野に及ぶ一大蔵書を築いていく中で、とりわけ繰り返し読んだのが、ロバート・ハント教授の『光の研究——太陽光の影響によって生じる化学的・分子的変化と関係するあらゆる現象についての考察』（一八四四）だった。ハントは数年前に『写真の技術に関する一般向けの論文』（写真技術に関する本としてはイギリス最初のもの）を発表しており、その研究は硫化銀のような無機化合物への光の作用というところまで到達していた。これによって、ハントはこの新メディアの開発の最先端に立ち、今日もなお写真の祖として知られているが、しかし、プレゾントンが関心を引かれたのはまったく別の理由からだった。『光の研究』には、何章にもわたって、光が有機物質にどのような影響を与えるかが書かれていた。ハントは多数の報告を丹念に調べた上で、異なる波長の可視光線が植物の二酸化炭素の生成を速めたり遅くしたりすること、つまり、生長の速度をコントロールするということを示していた。生長をスピードアップするには、青色の光が特に有効であるようだった。しかも、青色光は作るのがやさしい、必要なのは青いガラスだけである、とハントは記していた。

この考えがプレゾントンにアピールした。尊敬される社会的地位にありながら、プレゾントンはいつも空を見つめているような人物だった。ともすれば青い空を眺め、これはいったい何を意味しているのかと考える、そんな性向の持ち主である。プレゾントンはのちにこんなふうに述べている。「私はずっと、空の青い色、あまねく広がっている永久不変の色が……この惑星の生命体と何らかの恒久的な関係を持ち、密接につながっているに違いないと考えてきた」

プレゾントンはみずから青色光を使った育成実験をやってみる計画を立てた。イギリスやフランスで行なわれてきたような、わずかな苗木を育てる実験ではなく、もっと大規模なものだ。彼は、周囲を完全に覆ったブドウ畑——一種の温室を裏庭に作ることにした。二百平方メートル（六十坪）ほどの広さで、高さは約五メートル。これなら、近隣の人々に何をやっているか気づかれにくい。こうして一八六〇年、地面が耕され、三月には温室のブドウ畑ができあがった。それは一点を除いて、ごく普通の大型の温室のように見えた。通常の温室と違っているのは、屋根のガラスが八枚につき一枚、青いガラスになっていることで、この割合なら、作物を刺激するのに充分な青い光が得られ、なおかつ温室全体の温度をあまり下げることはないと、プレゾントンは考えた。

四月、プレゾントンは町の大勢の園芸家と同じようにブドウの苗木を植え、それからの日々、心配そうな面持ちで世話を続けた。と言っても、実際には、苗木が生長して実を結ぶまで待っているしかなかった。

南北戦争のただ中にあっても、プレゾントンは裏庭での実験に労を惜しまなかった。ある日、彼にとって重要な意味を持つ人物が来訪した。園芸家でフィラデルフィアの種苗場のオーナー、ロバート・ビューストである。その春、ブドウの苗木をプレゾントンに売った当の人物で、ブドウの生育状態を見にやってきたのだった。プレゾントンはビューストを裏庭に案内し、ブドウ畑の扉を開いた。ビューストは温室内に足を踏み入れ、しばしためらったのちに、入念にブドウをチェックした。プレゾントンは園芸家の表情をうかがっていた。

ビューストは感に耐えない面持ちで、「四十年間、栽培をやってきて、イングランドとスコットランドで最高のブドウ畑と温室も見てきたが、これほどまでに育ったのは一度も見たことがない」と言った。

そして、膝をついて地面近くのブドウの幹の太さを計り、続いて、伸びた枝の端から端までの長さを計った。十四メートルあった。

「先週、ダービーの近くの新しいブドウ畑に行ったんだが」とビュースト《ママ》は続ける。「ここと同じ時期に私が苗木を供給した畑で、ここと同じ種、同じ生育年月、同じサイズの苗木を、ここと同じように植えたんだが、先週、様子を見にいったところ、ひょろひょろしていて、差しわたしは一メートル半もなかった」

プレゾントンは喜んだ。一年後、ビューストは今度は准将の最初のブドウの実を見にやってきた。温室いっぱいに生い茂った太いブドウの木々にビューストは再度驚嘆し、いま一度木を調べると、実ったブドウの重さを確認した。次いで、紙と鉛筆を取り出し、何やら素早く計算をした。

「何と」とプレゾントンに向き直って、「このブドウ畑には五百五十キロのブドウが実っている!」

――考えてもみなかった、とプレゾントンは答えた。

「本当にそれだけのブドウが実っている。でも、これは公表しないでおこう」とビューストは声をひそめて、「誰も信じないに決まっている」

一八六〇年代を通じて、温室のブドウは年々大きさと重さを増していく一方だった。プレゾントンはハントやベクレルの著書を何度も読み返しながら、こんなふうに考えるようになった。動物を構成している基本的な有機化合物の多くが植物と同じであるとすれば、動物にもまた青色光の効果があるのではないか。だが、どうやって試してみればいい?

一八六九年の秋、プレゾントンは少し離れた農場に豚舎を建て、ひと腹《はら》の子豚を二つのグループに分けて、一方は透明なガラスの下で、もう一方は青いガラスの下で育ててみた。透明ガラスの下で育てた四匹は、当初、全部で九十二キロだったのが、数カ月後には二百四十キロになった。青色ガラスのほうでは、トータル七十六キロの少し小さめの四匹が二百三十六キロになった。まだほんの少し届かないとはいえ、出発時点の体重差は大幅に縮まった。この結果に自信を得て、プレゾントンは病気を持って生まれてきた子牛を青色ガラスの仕切りに入れてみた。はたして、子牛はぐんぐん成長して元気な若牛になった。

近隣の住人の間に、准将がやっている奇妙な実験の噂が広まっていった。プレゾントンは、ほかの人たちにもやってみるよう勧めるのをためらう人間ではなく、早い時期に、ひとりの隣人が青色光で鶏を育てるようになった。やがて、プレゾントン家にこんな依頼が届いた。

ウォールナット・ストリート一三九〇番地
一八七一年四月二十七日

准将殿
お差し支えなければ、我々のために、ガラスを使って家畜の成育を増進させる方法についてお話しいただけませんでしょうか。日時は、来週の水曜、五月三日の午前十一時、場所はフィラデルフィア農業振興協会の会議室――九番通りとウォールナット・ストリートの南西の角（入口は九番通り側）です。お話しいただいたあと質疑応答も予定しております。実験の結果をお教えいただけるのを、心から願っております。

敬具
W・H・ドレイトン　会長

農業振興協会のメンバーは、予想していたよりも少しばかり多い情報を手に入れることになった。翌週、協会のオフィスに姿を現わしたプレゾントンは、びっしりと書かれた二十ページに及ぶ原稿を携えていた。

　スピーチが進んでいくと、話は、ブドウと豚から別のことに移った。青色光と同じくらい彼の心をとらえていたテーマ、電気の話である。彼は電気をめぐるいくつかの理論を発展させていた。それはどれもユニークと言うしかないものだった。プレゾントンの見解では、ほぼすべての自然現象が、何らかのレベルの電気に基づいていた。彼がとらえる限りにおいて、ダイヤモンドの形成も、惑星の回転も、熱と気候も、そして、あらゆる有機プロセスも、ダイレクトに電気に依拠しているのだった。

「何がカリフォルニアのあの巨大な木々を作り出したのだと思いますか？」髭を生やした老人は聴衆に問いかけた。その大音声《おんじょう》に全員が跳び上がった。「電気なのです！」

　これはまったくの間違いというわけではなく、化合物が結合するのは電子が移行するためだが、しかし、これを電気現象と呼べるのは極小レベルにおいてでしかない。プレゾントンが話しているのは、大局的な見地に立った極めて大容量の電気についてなのだ。そして、すぐに、この電気と青色光とが密接に関係し合っていることが明らかにされた。秒速三十万キロ、つまり光速で青色ガラスに光がぶつかると、青と藍以外の可視光線はすべてブロックされ、途方もない電力が生成されるのだとプレゾントンは説明した。


　想像を絶する速度で進んでいる光が、青色ガラスの前面で突如停止させられると、その衝撃によってたいへんな［電気的］摩擦が生み出されます。……この電磁流を、動物の脊椎に当たるようにすると、電磁流は脊椎の神経から脳に導かれ、そこから全身の神経系に伝達されて、身体の全器官に活力を与えるのです。

電磁流が植物と動物にこのような恩恵をもたらすのであれば、当然、人間にも同じ効果が期待されるはずではないか。

プレゾントン准将は、戦争で少なからぬ若者たちが失われたばかりの国に、生命力が再生される未来を、限りないエネルギーと力のみなぎる真の〝巨人〟たる民族が闊歩する世界のヴィジョンを提示してみせたのだ。

この結果、いかなることが起こるか――それは、かつて人類に与えられたいかなるものをもしのぐ最大の祝福であることが必ずや証明されるでありましょう。病気で弱った若者に、力を失った成人に、老いた八十代の人々に、新たな生命力を吹き込むことができるのです！　種々様々な家畜を極めて速いスピードで成長させ、それぞれの部位をいまだかつてないほどに大きくすることができるのです！

プレゾントン自身も、いまだかつてない大きな決意を胸に協会の集まりをあとにした。その足で印刷所に行き、その場でスピーチ原稿を版に組ませた。そして、パンフレットができあがると、国中の知識人に送付した。

いたるところから続々と相談が寄せられはじめた。その年の夏、フィラデルフィアに住む友人の妻が消耗性の疾患にかかり、深刻な状態に陥った。友人は医者だったが、なすすべもなく、すっかり消沈していた。プレゾントンは夫人の様子を見にいき、筋道立てて自分の見解を述べた。あなたに必要なのはフレンチ・リチャーズ社に行って大型の青いガラスを買い、この応接間のそこの窓にはめることです。そして、一日に少なくとも二時間、その下に座って過ごしてください。

夫人はそうしてみた。

一週間後に再訪すると、夫人の状態は一変していた。プレゾントンはこう述べている。

「信じられないことに、素足に青い光を当てると、痛みがすっかり消えてしまうんです」と夫人は言った。私が「本当ですか?」と問い返すと、夫人は、間違いありませんと断言し、さらに、「メイドも、私の髪が、今ではただ伸びるだけではなくて、禿げていたところに新しい髪が生えてきていると申しています」と付け加えた。

夫は喜びを満面に表わして「医学の分野で私の知る限り、これほどの刺激効果は見たことがありません。養毛剤としても最強です」と言ったのち、これならコレラにも効くかもしれないと口にした。それは確かに万能薬だった。それからほどなく、プレゾントン自身の息子が腰の神経を痛めて、突然歩けなくなった。息子は毎日、青いガラスの下に座って、腰と背骨に冷たい光線を浴びさせられた。三週間たつと、彼はすっかりよくなった。

この成功に老准将は自信を持った。次のステップははっきりしていた。彼は可視光線の青色光を特許登録することにしたのである。

八月十四日、プレゾントンは内務省の特許局に手紙を送った。そして、審査官の実験農園訪問を辛抱強く待った。その月の終わり近くになってついに、特許局のブレイナード教授が一時の列車でフィラデルフィアに到着した。教授は准将の名高いブドウ園を詳細に検分したのち、農場に行って、豚舎と驚異的な回復を示す子牛や子羊をまのあたりにした。特許の申請に対して審査官が個人的に訪問するのは極めて珍しいことだった。ブレイナードはいたく感動して、三日間、プレゾントンの客として滞在した。最後の日には改めて、ほかの三人の農芸の専門家とともにブドウ園を再検分した。

ワシントンに戻る用意をしながら、ブレイナード教授は言った。「准将、あなたが青色光のこの特性について主張しておられたことはことごとく確認しました」

プレゾントンは誇らしい気持ちに包まれた。

「この調査で、あなたの見解が真実であることが確定されたら、あなたは今世紀で最も重要な発見をなしとげられたことになります。重要性という点ではモールス信号をもしのぐと言っていいかもしれません。モールス信号は、言ってみれば遠隔地との通信を行なう一手段を提供するものでしかありませんが、あなたの発見はこの地球上に住むあらゆる生命体のもとに届けることができるのですから。……これは合衆国がこれまでに認可した中で最も価値ある特許のひとつとなることでしょう」

そう言い残して教授はワシントンに戻っていった。

一八七一年九月二十六日、フィラデルフィアのA・J・プレゾントンの「植物と動物の成育を加速させる考案」に対して合衆国特許一一九二四二号が与えられた。

プレゾントンの〝青色プロセス〟の特許申請書類は、局内でたいへんな関心を持って回覧された。これを通読した局長は、公共事業局に書類を回し、同局はグラント大統領のためのブドウ畑を作る計画を立てることにした。プレゾントンはすでに《月刊園芸家》一八七一年八月号に青色光に関する論文を発表しており、これに感銘を受けたフランスの読者が、科学アカデミーの紀要に論文の抜粋を掲載、次の定期会合でアカデミーの会員たちの知るところとなった。そのすぐあとに、フィラデルフィア農業振興協会でのスピーチの海賊版のフランス語版が登場し、ほどなく、プレゾントンのもとには英語のパンフレットを求める声が次々と寄せられるようになった。はるか南アフリカからの手紙もあった。

だが、実際の生活の場で青色光療法を最初に採用したのは、ほかならぬプレゾントンお膝元のフィラデルフィア市民だった。彼らは続々とフレンチ・リチャーズ社のガラス工のもとに足を運び、各家庭の応接室や居間に青色ガラスをはめてくれと依頼した。ある者は、青色ガラスの下にレモンの木を置いたものの、全体に光が当たるようにしなかったため、光が当たった枝にはみずみずしく重いレモンがなった一方で、当たらなかった枝は枯れてしまうという結果を招いた。また、具合が悪くなってさえずるのをやめてしまったカナリアの飼い主が青いガラスの下に鳥かごを置いたところ、カナリアはこれまでなかったほど強く美しく鳴くようになったという報告も届いた。青色ガラスのもとで飼育した鶏や子羊は以前より速く大きく育った。友人たちから、青色ガラスのおかげでリウマチがすっかりよくなったと知らせる手紙が何通も来た。プレゾントン自身も新たな事例をまのあたりにした。馬《ば》匹《ひっ》商から大金を出して購入したラバが重度の難聴で、関節炎も患っていることがわかり、明かり取り窓に青色ガラスと透明ガラスをはめた厩舎に数カ月入れておいたところ、難聴が完治したのだった。

「この難聴からの回復は、電磁流によってなされたものであります」と、一八七四年の新たなスピーチでプレゾントンは報告した。「二種類の光から発せられた電磁流が聴神経を刺激して、正常な聴覚活動を取り戻させるに至ったのです」

さらに驚異的な内容の手紙があった。全身麻痺で生まれてきた未熟児が、長期間、青色ガラスのもとで保育した結果、運動能力を取り戻したというものだった。また、ウィリアム・マクローリー医師が診ていた一歳の女の子は「コマドリの卵大の腫瘍」があったのだが、一日に一時間、青色光を当てたところ、六週間で腫瘍が消滅するに至った。

今やプレゾントンは、万人が青色光のことを知る必要があると確信した。隣人たちや農業の専門誌で青色光について説明するのと、世界の人々の関心を引くのとは、まったく別物である。それには少なくとも丸ごと一冊の本が必要だった。

一八七六年に刊行された『太陽光の青色光と空の青色の影響』（以下『青色光の影響』）は、医学書としては史上最も目立つ一冊だと言っていいだろう。まずは、その内容にふさわしい淡青色の装丁が否応なく目を引く。中を開けば、プレゾントンに悩まされつづけてきたフィラデルフィアの出版社、クラックストン・レムゼン＆ファッフェルフィンガーが、新たな難題を押しつけられたことが一目瞭然――プレゾントンは、一冊丸ごと、着色紙に薄い青のインクで印刷するよう要求したのである。「通常の印刷に使われる白い紙だと、夜間、ガス灯の光の反射によってまぶしい輝きが発生するので、それから読者の目を守る」ためだとプレゾントンは忍耐強く説明し、何とか印刷所を説得したらしい。もとが何色だったにせよ、歳月による酸化ははなはだしく、今日この本を読む者は、濡れた浜辺の砂のように見える紙の上に印刷された薄れた青いインクの文字を読み取るのにたいへんな苦労を強いられる。

だが、その内容たるや、読み解く苦労を補って余りある（と言っていいだろう）とんでもなく面白いものだ。

全二百三十ページのうち、直接、青色光について触れているのは最初の四分の一程度でしかない。この部分はほとんどがプレゾントンのレクチャーの再録と、青色光の効果に驚嘆した友人や救いを求めていた病人たちからの手紙で占められている。しかし、これ以外の部分は、電気とその影響――氷河から船の浮力までありとあらゆることに及ぼされる電気の影響に関する考察で埋めつくされている。

校閲者のチェックを通過したものとしては、史上最高に奇矯な仮説の寄せ集めと言ってよく、たとえば——

我々の太陽は、要するに光の巨大な反射装置である。太陽の核ないし本体を覆う灰色の被覆が、鏡のガラスの裏に貼られた金属に相当する。……この宇宙のすべての発光体から発せられる光線は混ざり合い、太陽の灰色の被覆で反射されて、この世界を照らす白い陽光を作り出している。

熱は重力を破壊する。……さて、天文学者が語っているように、太陽の温度が想像を絶するほどに高いということが真実であるなら、太陽の中心に向かう重力は存在しえないことになる。……熱は固体を分解し、分子へと換えて、密度を消去する。この結果、密度の引力であるところの重力に反するものとなるのである。ああ！　哀れなるかな、サー・アイザック・ニュートンと、その求心力・遠心力の理論よ！

プレゾントンの対象は地球と空にとどまらない。清教徒たちが、大地のすべての石、天空のすべての鳥に神の意志の手を見るのと同様に、プレゾントンは、生けるもの・死せるもののすべてに電気の力を見る。夜中に喧嘩をする酔っ払った夫婦の間にさえも。

男性と女性は反対の電気を帯びている——それゆえに互いに引きつけ合うのである。両者に同じ電気があるとすれば、即座に排斥力が生じる。……つとに明らかにされているように、アルコール性飲料による興奮状態にある時には、男性のマイナスの電気（男性電気）が逆転し、女性と同じプラスになる——言い換えると、その間、その男性は女性になる。……性質が女性のものとなって、すぐに苛立ち、非理性的で、ささいなことで興奮し、自分の意見や行動に反対されると頭にきて暴力的になる。こんな状態の時に妻を目の前にすると、妻の通常の電気状態は、夫の現在の状態と同様プラスなので、二人は互いに反発し合うことになるのである……。

論理的に考えると、酔っ払った男性がアルコールによる女性的エネルギーに満ちあふれている間、いったい誰に引きつけられることになるのか——これははっきりしていると思えるのだが、この点についてはプレゾントンは如才なく触れていない。

だが、『青色光の影響』が刊行されても、学者たちがニュートンの著書を廃棄することはなく、バーの店主が、酔っ払った客たちを適切な電気状態に保っておくためにガルヴァーニ電池を備えることもなかった。実のところ、大半の科学雑誌は『青色光の影響』の書評を載せることも新刊リストに上げることもしなかった。よくあることながら、真面目な科学者たちは、内容のあまりのばかばかしさに、こんな本はすぐに世の中から消え去ってしまうだろうと考えたのだった。

全部数があっという間に売り切れとなった。

出版のタイミングがよかったということはできる。『青色光の影響』が刊行される直前に、色彩に関するイタリアのある研究が医学雑誌で紹介されていた。一八七六年四月二十二日号の《内科・外科レポーター》のその記事によると、ドクター・ポンツァなる医師が、自身の経営するアレッサンドリアの精神病院に収容されていた暴力的な傾向の強い在院者たちを赤や青や紫に塗った部屋に入れてみたところ、赤い部屋に入った者は怒りを激しく爆発させ、青い部屋の患者は正常な状態を取り戻したという。筆者は、どうやら色彩がまるで拘束衣のように体をひどく刺激して彼らを苛立たせているらしいと述べたのち、とどのつまり、人間には色を感じることができる者がいるのだと断定する。物に触れることで、その色がわかる人間がいるのは事実である。そうした能力を持った者が正常な精神を失った状態にある場合、妄想の結果として、自分が特に嫌っている色との接触によって苛立たされるのだとしたら、どうなるだろう。彼の精神状態を正しく把握して適切な色の光を浴びせない限り、病状の回復は大幅に遅れるに違いないと言っていいのではないか。

こうした実験が、プレゾントンの理論にライトを当てることになった。彼の電気の理論がいかに異様に聞こえようとも（『青色光の影響』の電気理論のセクションをあえて読もうという読者がいるかどうかは議論の余地があるところだが）、彼の青色光の実験にはそれなりの医学的根拠があると受け止められるようになったのである。

実際、ポンツァ医師の報告がヨーロッパで公にされた数日後に、これにならう精神病院がほかにもいくつか現われた。英国のケント州精神病院では、院長のＦ・Ｐ・デイヴィーズの指示のもと、ひとりの殺人狂が〝青の部屋〟に監禁された。デイヴィーズは次のように報告している。

初日、彼はひどく興奮していた。壁に排泄物を塗りつけ、衣類を引きちぎった。夜のうちに部屋はきれいに清掃され、色も塗り直された。翌日、改めてこの部屋に入れられた彼は、先日とまったく同じ行動をとった。だが、夜に近づくにつれて明らかな変化が認められるようになった。どんどんおとなしくなっていって、部屋から移されると、二度とあの部屋に入れないでくれと頼んだ。しかし……三日目にも彼は青の部屋に入れられた。昼頃に、彼は、ここから出してくれ、前頭部がひどく痛むと訴えた。……その時から、彼はいっさい問題行為を起こさなくなり、以来、充分に自分をコントロールする状態が続いている。

ヨーロッパでの実験報告記事を載せた《内科・外科レポーター》が発行されたのと同じ日に、これは偶然ながら、《ニューヨーク・ヘラルド》紙にプレゾントンのインタビューが掲載され、豚の青色光実験の成果がさらなるライトを浴びた。《ヘラルド》をはじめとするニューヨークの大手新聞の記事は、昔も今も国中のローカル紙に再掲されることが多く、プレゾントンの名は一気に全国レベルになった。

青色光の福音がアメリカ中に広まっていくのを眺めていた科学ジャーナリズムの中で、《サイエンティフィック・アメリカン》誌が、これ以上黙っているわけにはいかないと、一八七六年七月一日号に『青色光の影響』を一蹴する文を載せた。プレゾントンの本は「あまりに常軌を逸していて、信頼に値するものとはとうてい言いがたい。……まっとうな評価の対象となる範囲から大きく逸脱しており、我々はこれを、あまたある憂うべき疑似科学の一冊と断ずるものである」。このように准将の考えを鼻であしらいながら、しかし、同誌は少し前に、こんな記事も掲載していた。血液が皮膚近くの毛細管に入っていく際に、その速度が、使用された光の色に応じて異なることを示しているように思われる実験の報告記事だ。そして、その実験で使われた数種類の光の中で、被験者の血液に健康的なバラ色の輝きを与えるのに最も有効であるとされていたのは青色光だった。

『青色光の影響』が主張するところでは、青色ガラスは、痛風から脊髄膜炎、麻痺、肺出血にいたるまで、ありとあらゆる疾患を治すことが可能だった。一八七七年に第二版が出る頃にはすでに一大青色光フィーバーが起こっていて、自分の家を持っている者はこぞって青色ガラスを備えたサンルームを増築し、内装業者は青いカーテンと青い壁紙の注文に追われた。ニューヨーク市の流行の最先端である健康スパは、常連客たちが、単にサンルームを作るだけでなくサンルームの全体を青色ガラスにせよと要求した結果、建設業者との間でガラス工の争奪戦を演じていた。即席のアイデア商品が次々と大ヒットした。たとえば、ブロードウェイ八二三番地に突如出現したマザリン青色ガラス社が売り出したのは、「輸入青色ガラス――フレームつき、バイドラー特許による特別製品」である。

H・マーサー・バイドラーは、プレゾントンのおかげで大儲けした大勢のフィラデルフィア市民のひとりで、縞模様タイプの青色ガラスで特許を取得していた。このガラスは、人体に六十五度の角度で対面するよう科学的に設計されたものへと進化し、やがて、旅行者が船の上でも使用できる携帯型までが登場した。バイドラーは自前の青色ガラスに関するパンフレットを出すとともに、フィラデルフィアのメインストリートであるチェスナット通りと九番通りの角に、「ご病気を持った方々に――ご利用時間は午前十時から午後三時まで」という公共の青色ガラスパーラーをオープンした。

オープン翌日の地元紙に、次のようなバイドラーのお詫び広告が載った時、これを見ても、青色ガラスパーラーがいったいどういうものなのかよくわからない者もまだ大勢いたことだろう。

活力と生気を与える〈青色ガラス日光浴〉を楽しむ最初の機会を満喫せんものと、昨日、我らがパーラーにご来場された皆様に、ご意向に添えなかったことを心からお詫び申し上げます。ですが、次回には必ずや、〈青色ガラス日光浴〉は、この地球が天の輝きわたる陽光を浴びている時にのみご利用いただけるものであることを、皆様にもうれしく思い起こしていただけるでありましょう。

こうして、少なくとも天気のいい日には、病気の者も単に気力が出ないだけの者もこぞって、青い靄に包まれて午後を過ごすようになった。《サイエンティフィック・アメリカン》の一八七七年四月号が述べているところでは「いたるところで、住居の窓の内に紺碧のクリスタルのフレームが、当たり前のように見られるようになった。天気のいい日には、その奥で高齢者や様々な疾患を持った人々が霊妙なる光線を浴びているのを見ることができる。その顔は青ざめてはいるものの、期待に満ちあふれている」

青色光フィーバーはあっという間にヨーロッパにも広がった。結局のところ、世界中に供給される青色ガラスの大半はベルギーで製造されていたのだ。ロンドンの《タイムズ》紙は熱を込めて「青色光浴は、リウマチの痛みや列車事故の後遺症にとって絶対に間違いのない治療法だと思われる」と伝え、パリでは、眼鏡店が〝医療用ガラス〟（青色ガラス）の調達に走りまわることになった。要するに、客たちが緑やスモークガラスの眼鏡をほしがらなくなったからだが、あるコメンテイターは、これが〝一時的な〟保護用具であることを願っていると述べた。「目障りな色の眼鏡やゴーグルは顔の印象をひどく変えて、学生や弁護士、医師、聖職者といった人たちのイメージをぶち壊しにしてしまう」というのがその理由だった。

当然のように、青色ガラスはポップカルチャーの領域にも登場しはじめた。アメリカの風刺作家ジヨシュ・ビリングスの一八七七年の年刊傑作選『ジョシュ・ビリングスのトランプカード——青色ガラスの哲学』は、プレゾントンの著書に敬意を表して青い紙に印刷されていた。フィラデルフィアでは、流行作曲家エドワード・マックが「青色ガラスマーチ」を発表、こちらはカバーに、サンルームで松葉杖を投げ捨てる障害者のイラストがあしらわれている。マックは、ポップカルチャーのパルスを感知することにかけては誰にも劣らぬ嗅覚を持ち合わせていて、一八六〇年代にも自転車の大流行に乗じた新奇なピアノ曲「高速足のギャロップ」と「車輪足のワルツ」を作り、大ヒットを飛ばしていた。

極めつけは、一冊丸ごとのパロディ本、ジョン・カーボーイの『ブルーガラス、ブルーな人々のための間違いない救い』(一八七七)である。カーボーイ(本名ジョン・ハリントン)は、鉄道の駅や街角で売られる一冊二十五セントの薄い廉価ペーパーバックの出版社であるマンハッタンのJ・B・コリン社で大量の作品を書いていた風刺作家だが、チームを組んでいた細密ペン画家のトマス・ワースとともに、欣喜雀躍して青色ガラスブームに跳びついた。

優れた風刺家がすべてそうであるように、カーボーイのパロディも元ネタに対する完璧な知識に基づいていた。カーボーイはプレゾントンの著書を詳細に読み込み、その上で徹底的な〝褒め殺し〟戦法を展開した。「青色ガラスは、ジンクス固形虫除け剤やドクター・スクラップの炭酸抽出液へピスダムといった、ありきたりの特効薬とはまったく異なるものであります」とカーボーイは読者に受け合う。「青色ガラスは死に至る重度の便秘を治します！　……かゆみを引っかかずに治します。……卓上ソースとしてこれに優るものはなく、家具を磨くのにこれをしのぐものはありません」。以下、家庭内での便利な青色ガラスの使い方のヒントが延々と続く。「一枚三キロの重さがある六枚の四角い青色ガラスは猫の群れを追い払うのに役立ちます」などなど。

続いてカーボーイは〝ボトルトン准将〟なる人物の言行を描いていく。ボトルトン准将が見出したところによれば、青色ガラス製の巨大な拡大鏡は犯罪者に自白をさせ、アル中患者を治し、発疹を消し、さらには(これが、カーボーイの読者に一番受けたのは間違いないと思うのだが)黒い人たちを白くするのである。

カーボーイはまた、プレゾントンの本に掲載されていた読者からの礼状を完璧に模倣した。

ボトルトンさま

私は長年、左腕の垂直金のまひと肝臓の不調に悩まされてきました。おかげで、体の動きはまるで人形のようになり、消火器全体に毒がまわって、いつもどこかしらが可能しているような状態になっていました。……カーノチャン医師のアドバイスは、へその緒に綿を詰めて固形のデンプン抽出剤の食餌両方をしてみるようにというものでした。そのとおりにやってみたのですが、ああ、私の苦しみはいっこうに消えようとしません！　私は給与の一策として、五枚の青色ガラスを購入しました。最初の一枚では必須条件が行きすぎて、これまでの家庭が逆転し、頬骨が広がって、ロープと牽引機を使って肩を引っ張り上げないと口が閉まらなくなってしまいました。しかし、二枚目は、救済をもたらしてくれました。申告な便秘が改称されて、内臓がすっかりきれいになったのです。……今では、何の問題もなく毎日酒を飲むことができます。……あなたはこの本を出したことで、あらゆる人、あらゆる病気に苦しんでいる人に尊敬をもたらしてくださいました。

〝青色に特化した太陽光線〟を求める世の大熱狂の結果、みずからの描いていた野望をはるかに超える大金持ちとなったボトルトン准将は、ほどなく、壮麗な青い馬車で街を行きかうようになる——青いリボンをつけ青い眼鏡をかけた馬たちに青い鞭をふるう青い目の御者に御された青い馬車で。

現実の世界では、しかし、プレゾントン准将が、自分が火をつけたこの熱狂の炎から利益を得ることはほとんどなかった。プレゾントンの企図は純粋な博愛精神に基づいたものであり、自身は全人

12 BLUE GLASS.

BLUE GLASS IS NOT A BLISTER!

In a moment he felt like a man around the corner. The effect was miraculous. He threw up the catalepsy and an undigested monkey-stew which he had eaten three months before.

BLUE GLASS CURES CONSTIPATION OF THE OBITUARY ORGANS!

Two panes upset the last stage of consumption, regulated the pulsations of his liver, started the growth of a new pair of lungs with brown-stone trimmings, gave a high stoop to his shoulders, dried up the creek in his neck, enabled him to draw a long breath upon a sheet of brown paper without dropping a tooth, and pitched the roof of his mouth so that it no longer leaked.

The General, in order to benefit the entire human race in the first heat, will send two panes without charge, to any one, upon the receipt of one dollar and four stamps for postage.

Blue will put a head on a bile in five minutes!

All letters containing money will be held strictly confidential.

Beware of imitations without color. *None genuine unless the genuine Blue is blown in the pane.*

A liberal discount to Clubs and Sunday-schools.

THIS IS A HORSE THAT WAS RESTORED TO HEALTH AND A 2.10 GAIT BY THREE PANES OF BLUE GLASS.

ジョン・カーボーイ『ブルーガラス、ブルーな人々のための間違いない救い』(1877) の一ページ（カリフォルニア・サンマリノ、ハンティントン図書館より許可を得て掲載）

BLUE GLASS. 45

IT REMOVES COLOR FROM NOSES. MR. TOSTER TRIES IT.

THE SECOND APPLICATION.

THE GLORIOUS RESULT.

Even the old women were afflicted with the fever, and hid their ancient occulars behind Blue Glass spectacles.

One old farmer wrote to the General and wanted to know what it would be the probable cost of Blue Glass enough for a hot-house to put up over his garden, and if he put it up in December whether it would raise a crop of "gardening truck" inside of two or three weeks.

The General answered the letter at once. The General informed him that properly applied, if the weather was clear, a medium-tinted Blue Glass hot-house would bring up in December all the vegetables he wanted in one week's time. In fact, through an agent of his sent expressly for that purpose, he had

ジョン・カーボーイ『ブルーガラス、ブルーな人々のための間違いない救い』(1877) の一ページ（カリフォルニア・サンマリノ、ハンティントン図書館より許可を得て掲載）

類に青色光の恩恵をもたらすことしか考えていなかった。だが、ペテン師や医師たちが自分の発見物を使って大儲けしている現状を前にして、このまま放置しておくわけにはいかないという思いに駆られ、一八七一年に取得した青色ガラスの特許権を行使しようと決意した。そして、キーリイ・モーター社とのパートナーシップの可能性を探ってみた。キーリイ・モーター社は、ジョン・キーリイが一八七二年に発明したとする永久運動機関〝油空圧式脈動真空エンジン〟によって水分子の原子振動の制御に成功したと謳っていた会社で、《製造業と建築業》誌が記しているところでは「キーリイ・モーター社の株主は、青色ガラスを導入し、太陽光と油空圧式脈動真空エンジンを結びつけることによって、これまでに行なってきた資金投下が最終段階を迎えるとの確信を得るに至った」ということだった。簡単に言うと、太陽光発電と原子力発電のハイブリッドのようなものだが、当然のように、キーリイ・モーター社が株主たちを（おそらくは、ジョン・キーリイだけを別にして）儲けさせることはなかった。

キーリイ・モーター社をあきらめたプレゾントンは、『青色光の影響』の第二版に別紙を挿み込んで、読者に注意を促すことにした。「ここに記された青色ガラスの使用には、特別ライセンスが必要です。ライセンスは、用いるべき適切な種類のガラスと私の諸発見に関する説明とともに、私から与えられます」。だが、こんなものに注意を払う者は誰もいなかった。青色ガラスのトレンドは今やプレゾントンよりはるかに大きいものとなっており、特許法の細かい条項は、あらゆる形態、あらゆるサイズの青色ガラスを求める消費者のニーズにはほとんど合致していなかった。実のところ、ガラスである必要性すらなかった。競合者のバイドラーは今では、パーラーを訪れる人々に「腰まで服を脱いで、肩に〝青と白のチェック（が望ましい）の軽いフランネルのケープ〟をはおるように」と勧めるようになっていた。

プレゾントンが特許から利益を得る可能性はゼロに等しかった。

やがてアメリカン・ヘルス・カレッジに設置されることになる青と赤の窓ガラスは、プレゾントンの青色光理論から派生した類似品の類似品である。青色ガラスフィーバーが頂点に達した一八七七年、医学者として知られていたセス・パンコーストが、独自の光線療法ガイド『青色光と赤色光——医療用の光と光線』を、プレゾントンの『青色光の影響』と同じくフィラデルフィアの出版社から刊行した。パンコーストは、赤色光線を加えることで「自然のすべての物理的力と生命力の源」である色彩光線治療の領域を一歩広げるとともに、その著書を、青インクで印刷するだけでなく、各ページを赤い枠囲みにして、プレゾントンの一歩上をいった。

パンコーストにとって、自分の色ガラスの信念の障害になる〝誤った実験〟というものは存在しなかった。

事実は事実である。現段階で科学者の目には誤謬ないし欠陥があるとされても、最終的に、これらの事実は事実として認められるに違いないし、その有効性に変わりはない。事実は不屈であり、常に〝権威〟に屈するとは限らない。……世に認められた最高の専門家たちが〝誤り〟と認めるものは、とどのつまり、その専門家たちの誤りを証明する以外の何ものでもないのである。

実際、パンコーストにとって、光の効能は信仰の問題となった。プレゾントンの『青色光の影響』も全体にいくぶん宗教的な思念が反映されてはいたが、パンコーストの場合は、〝天の光〟というスピリチュアルな要素が全面に押し出されており、一八八三年の『カバラ——光の真の科学』に至っては、完全に神秘学と一体化したものに変容していた。このように医療と神秘主義を合体させたのはパンコーストひとりではなく、『青色光と赤色光』が出たわずか一年後には、エドウィン・バビットが、疑似神秘学的な『光と色彩の原理』（一八七八）を出している。

一方で、科学ジャーナリズムの世界は、昔も今も同じく、一般大衆が、いんちき療法と神学的まじないと半可通の医学レポート（言い換えれば、経験を積んだ医師のアドバイス以外のあらゆるもの）に熱狂するさまを、あきれ果てて眺めていた。《鉄道外科医》のある号では、医学熱に浮かされた女性たちを揶揄するこんな詩を載せている。

科学主婦

オレオ油を小さじ一杯お願い、ママ
それと、苛性ソーダも
パイを作るのよ、ママ
パイを作るの
ジョンが疲れてお腹をすかせて帰ってくるから
ジョンの細胞組織が分解を始めるから
だからリン酸塩を一グラムお願い
それと炭素とセルロースも

今度はカゼインをひとかたまりお願い、ママ

熱性油脂を減少させるの
それと、その酸素の壜をとって、ママ
それからサーモスタットを見てね……

しかし、中には笑うだけではすませられなかった者もいた。青色ガラスフィーバーが最高潮に達した時、《サイエンティフィック・アメリカン》誌は、もうたくさんだと断を下した。

《サイエンティフィック・アメリカン》の社主アルフレッド・イーライ・ビーチと編集者・ライター軍団が青色ガラス狂乱を粉砕すると決意した時、それは〝完膚なきまでに〟を意味した。「青色ガラスの欺瞞」と題された一八七七年二月二十四日号の三パートにわたる記事を皮切りに、ほぼ前例のないと言っていい複数パートの記事が続々と掲載されていった。《サイエンティフィック・アメリカン》は当時週刊で、購読者は一八七七年の大半にわたって毎週、時として同じ号で二、三回、A・J・プレゾントンの理論の公開処刑に立ち会うことになった。

同誌はまず、プレゾントン理論の最大の問題点を直撃した。実は、青色ガラスの下では、陽光のもとや透明ガラスの下にいるよりも青色光が減少するのである。通常の青色ガラスは可視光線の全スペクトルを減少させる。青と藍はほかの色彩より減少度は少ないものの、それでも減少することに変わりはない。「こうした同時代の学者による素晴らしいオリジナルな知見があるというのに、我々は無知蒙昧にも、青色ガラスが橙や黄色のスペクトル部分だけをカットするという考えを信奉しているのだ」と《サイエンティフィック・アメリカン》は断罪する。プレゾントンが、七枚の透明ガラスに対して一枚だけ青色ガラスを使ったということからすれば、彼の〝治療〟の真の実態は、こういうことでしかない――つまり、通常の太陽光線をほんの少し陰らせたということだ。

攻撃の太鼓の音は翌週も続く。今回の対象は、青色光によって引き起こされるとされる治療の本質である。プレゾントンが典拠としている、電気と青色光に関する実験報告が間違いであることは、とうに実証されている――と同誌は指摘する。そして、ポンツァ医師の精神病院の患者たちに関しては、青色ガラスと関係がある可能性はきわめて低い。シェードをおろした部屋、暗くした部屋では、一般に誰でもおとなしくなる傾向が強いからだ。

青色ガラスの治癒効果なるものは――と同誌は結論づける――ありとあらゆる万能薬でも最もありふれたもの、すなわち偽薬（プラセボ）効果にほかならない。

ここで治癒がもたらされる要因は二つある。第一は日光浴の健康効果、第二は患者の想像力の極めて強力な効果である。想像力は身体に様々な影響を及ぼす。強力な想像力の結果、死に至ったという事例も少なくない。

犯罪者を被験者とした次のような実験もなされている。ある者をベッドに寝かせ、そのベッドにはつい今しがたまでコレラ患者がいたと告げると、実際にコレラ患者が寝ていたわけでもないのに、その被験者にコレラのあらゆる症状が現われたというものだ。また、自分が失血死しかけていると考えていた者に、実際に失血による様々な衰弱症状が出現したという報告もある。

プラセボ効果に関して言えば、つい十年ほど前の南北戦争時にも、衛生兵たちが、手品に等しいことをやって、痛みや戦争神経症を一時的にではあれ〝治療〟できるということに気づいていた。ドクター・ウィリアム・ハモンドの八百ページ近い大著『医療従事者と患者の関係における狂気について』（一八八三）には、北軍のチャールズ・メイ大佐がこのトリックを使い、「頭の中に鶏ガラが巣食っている」と信じ込んでいた将校を治したという記述がある。

だが、プレゾントンはたかが大佐ではなかったし、まして絶対にペテン師などではなかった。プレゾントンは即座に新聞各紙に怒りの手紙を送った。青色ガラスの本質に関する《サイエンティフィック・アメリカン》の指摘に対して特に有効な反証があったわけではなかったものの、「青色ガラスの欺瞞」というタイトルには、プレゾントンが悪党の一員であるというニュアンスが込められており、プレゾントンとしては憤《いきどお》りを抑えられなかったのだった。《サイエンティフィック・アメリカン》編集部は、三月十日号の糾弾シリーズの三回目で、「我々は、プレゾントン准将が自身と一般大衆の双方をだましているのだと考える」という、いちおう謝罪と言えなくもない言葉を述べた上で、これ以上、どれだけ批判が寄せられようと意に介するつもりはないと宣言した。「我々は、不可能なことを主張する人々、永久運動機関の発明者たち、キーリイ・モーター社の連中、そして、現下の青色ガラスの信奉者たちのほかにも、科学と技術の世界に蔓延するありとあらゆる欺瞞を相手にしてきた長い経験がある。それゆえに、どんな批判も、我々は冷静に受け止め、対処することができる」

そして、これがこの問題に対して言うべきことのすべてだと《サイエンティフィック・アメリカン》は言明した。が、現実にはそうはいかなかった。その後も青色ガラスフィーバーは加熱する一方で、編集者たちは青色ガラスに対するジャブを次々と繰り出しつづけねばならなかった。三月十七日号には、あるページの下段に埋め草としてこんな一文が差しはさまれた。「青色ガラスは狂犬病のスピッツを治してくれる。青色ガラスを細かい粉にして餌に混ぜて与えること」。翌週、フランスでの新たな流行——種々の金属のシリンダーを使って様々な病気を治すという〝金属療法〟のレポートを載せた際には「青色ガラス信者が今のおもちゃに飽きたら」こちらの治療法を試してみるのもいいかもしれないと言っている。
加えて、火炙りにすべき対象は青色ガラスの信奉者だけでおさまらなくなった。今度は、青色ガラスの危険性をめぐる都市伝説が活発な動きを見せはじめてきたのだ。たとえば、《ニューヨーク・イヴニング・ポスト》紙に登場した記事――

視力低下に悩んでいたブルックリンのある男性が、最近、友人の勧めで青色ガラスの眼鏡を使うようになった。現在も眼鏡店で売られているものだが、結果は悲惨なものだった。すでに普通の環境下でもよく見えないほど弱っていた目を、恐るべき輝きと熱にさらしてしまったため、一週間とたたないうちに、視神経が完璧な損傷を受けてしまったのだ。今では、彼は失明状態となっている。……青色ガラスブームの哀れむべき犠牲者と言うべきだろう。

《サイエンティフィック・アメリカン》誌は深い溜息とともに、六月二十三日号で、青色サングラスは太陽光線を目に収束させるものではなく、逆に、ある程度、太陽光線をさえぎるものだと、改めて説明しなければならなかった。
青色光批判は《サイエンティフィック・アメリカン》以外にも登場した。一八七一年という早い時期からプレゾントンの理論に〝ばかばかしい〟とレッテルを貼っていた《製造業と建築業》誌が連続して青色ガラス批判を掲載し、さらに、自他ともに認めるガラスのエキスパート、トマス・ガフィールドによる決定的とも言うべき一連の批判論文が公表された（これは『青色ガラス熱』（一八七七）という小冊子にまとめられた）。ガフィールドは、世界中から多種多様なガラス板を集め、ボストンの自宅の屋根に設置して、異なるタイプのガラスが太陽光線のもとでどのように劣化するかを調べており、この調査・実験はすでに十四年の長きにわたっていた。『青色ガラス熱』の論文は、プレゾントンの科学的な基盤（プレゾントンは自分が科学的な基盤に立っていると信じて疑わなかった）をことごとく粉砕し、とりわけ、プレゾントンの実験が対照群を欠いていることと、その主張におびただしい自己矛盾があること（たとえば、青色光線はイエバエを殺す一方でカイコの成長を早める、など）を強く批判した。

こうして、一八七八年、青色ガラス熱は終息した。

ただ、青色光の流行が終わったのは、《サイエンティフィック・アメリカン》やガフィールドらの奮闘のおかげというより、単に、あらゆる流行に共通する生と死のサイクルの結果だというほうが当たっているように思われる。

あらゆる医療流行の例に漏れず、青色ガラスも、その後何年にもわたって様々な形態・装いのもとに（むろん、創案者への表敬はもとより、言及もいっさいないままに）存続しつづけた。一八九〇年代に入って、ジョン・H・ケロッグが、床から天井まで電球を配置した木製のボックス内で光を浴びるという〝光線浴〟を開始して、色のついた光に治療効果があるという考えが復活し、新世代の熱狂的な消費者が跳びついた。

世紀の変わり目には、のちにノーベル賞を受賞するデンマークのニールス・フィンセン教授が、着色光を用いた精密な実験を続け、青色光は時としてオタマジャクシの運動を活発化させるように思われるという結果を得た。これは確定したと言うにはほど遠い結論だったが、ペテン師たちは即座にこの実験結果を乱用しはじめた。教授は『光線治療』（一九〇一）の中で、「私が承認しないと表明さえできないような状態のもとで、私の名前が使われている」と苛立ちをあらわにしているが、それでも、大勢の医師たちが、フィンセン教授の実験手順に基づいて強力な船舶用のサーチライトを診療室に持ち込み、そのライトを巨大な青色レンズで覆って、患者をその前に立たせた。数年後、見るべき効果がほとんどないことが判明するとともに、このアイデアは消え去った。

最もたちが悪かったのは、色彩光研究所の創設者ディンシャー・P・ガーダーリだ。研究所の宣伝資料では、インド在住時代には十一歳で大学の数学を教えるほどの天才だったと謳われているが、アメリカに来てからのキャリアは、ルーファス・T・ファイアフライ（マルクス兄弟の反戦コメディ映画の傑作『我輩はカモである』に登場する架空の国のトンデモ首相）の教えをそのまま実践したとしか思えないもので、〝医療電気技師〟、保険代理店の外交員などの職業を転々とし、〈偽造防止電気ペン社〉を創設したのちに、色の着いた光という万能薬を発見した。色彩光研究所の集中コース（百ドルを現金で前払いするだけで受講できる）で、ガーダーリは「同調色彩波による人間の放射線活性・放射線放射の平衡状態の回復」なるものを教えるとともに、治療用色彩光発生器を販売した。一九三五年に、この発生器には何の効果もないと使用者が訴えた裁判で、連邦政府は、これによって治癒したというのは実際にはプラセボ（偽薬）効果にすぎないという裁定を下した。その後もガーダーリは何度か訴訟の場に引き出されたが、しかし、彼の流れを汲む色彩光治療は今なお実践されている。

色彩光治療のバリエーションの最たるものは、ローランド・ハントの〈コスモセラピー局〉かもしれない。この治療内容を詳細に記した『色彩ヒーリングへの七つの鍵』（一九四〇）は、色彩光治療と東洋の宗教とキリスト教神秘主義と悲惨きわまりない詩がごちゃまぜになった本だ。

新たな爽やかさの中、清新な露のように
わがスピーチに色調を合わせよ、おお、青の光線よ

そして、それを真実となせ
そして、それを真実となせ

『色彩ヒーリングへの七つの鍵』は、エドウィン・バビットの『光と色の原理』をダイレクトに継承したものだが、その内容においてはバビットのはるか先を行っている。ハントの青色の水（「セルレオ」）は、赤痢やコレラ、腺ペストまで治すことができるのだ。「生命を救う〝青〟の重要性は、いくら評価してもしすぎることはない」とハントは大真面目で述べる。「ボンベイではこれまで、セルレオを与えることで数千人の命が腺ペストの病魔から救われている」

オーガスタス・プレゾントンは一八九四年の三月に死去し、自身の理論から派生したこうした紛《まが》い物を目にすることはほとんどなかった。プレゾントンの研究はあくまで善意に発したものだった。彼は青色ガラスの力を信じるのをやめたことはなかったし、研究と科学書の読書を放棄することもなかった。死去した時点での蔵書は膨大なものになっていて、遺品が競売に付された際には、書籍だけのカタログを発行する必要があったほどだった。

今日、プレゾントンの足跡をたどるのは難しい。南北戦争時の記録にA・J・プレゾントン将軍に関する言及は数え切れないほどあるが、これは、輝かしい戦績を残した弟のアルフレッド・プレゾントンのことである。アルフレッドは正規軍の将軍で、ポトマック軍の司令官の任にあった。生前ですら、オーガスタスは弟のアルフレッドといつも混同されていた。今日、〝オーガスタス・プレゾントン〟でサーチしてもほとんど何も見つからない。要するに、オーガスタスは銃後の任を務めただけであり、現実にはいかなる攻撃も指揮することはなかった。いかなる丘を急襲することもなければ、アンティータムの激戦をまのあたりにすることもなかった。

オーガスタスがやろうとしたのは、死の運命に直面した人たちを救おうとすることだけだった。

そして、ある程度までそれに成功した。ニューヨーク市保健局のドクター・サイラス・エドソンは、一八九三年の《ノース・アメリカン・レヴュー》誌に寄せた文で、「青色ガラスの信奉者の中には、自分が長く信じてきた治療によって恩恵を受けたと断言するだけでなく、実際、疑問の余地なく恩恵を受けた者もいた」と認めている。しかし、一時的な偽薬（プラセボ）が不滅の医学上の名声をもたらすことはなく、一八九四年にロンドンの《タイムズ》紙に載ったプレゾントンの死亡記事にはこう記されているだけだ。「数年間続いた熱狂は、多数の人を虜にした。大西洋のこちら側にも多くの信奉者がいたのは事実である。……あらゆる病気を持った人たちが、窓から透過してくる青色光線を何時間も浴びながら、治癒の時を待ちつづけた」

この死亡記事以降、プレゾントンについて書かれたものはない。プレゾントンの死後三十年あまりたって出版されたヘンリー・コリンズ・ブラウン編の『ヴァレンタインのハンドブック——思い出のニューヨーク市　一九二六』（一九二六）に登場するコメントが、おそらくは、青色ガラスについて活字になった最後のものだろう。

いっとき、青色ガラスはどんな病気にも効果があるとあまねく信じられていた。この熱狂がどのようにして始まったかは思い出せないが、ただ、誰もがこの〝万能薬〟のことを口にしていたのを憶えている。青色ガラスの流行は、通常の窓のガラスの一枚を青色ガラスにするところから始まり、やがてすべての窓を青にするところまで広がっていった。……特別の効能があるとされる薬品を売っていた者たちはパニックに陥った。彼らの万能薬は、自殺と首の骨折以外のあらゆる病気を治せると謳っていたからだ。だが、青色ガラスに殺到した大衆は完全な効能を求め、例外はいっさい認めなかった。

あれから何十年もの歳月がたった今もなお、あの不思議な流行の名残《なごり》があちこちに見受けられる。家々に付け加えられた青色ガラスの窓だが、しかし、市内のいたるところに今も見られるこの奇妙な光景以外に、あの大流行を思い起こさせるものはない。……〈青色ガラスパーラー〉が、私たちが今日知っている、明るく快適なサンパーラーの先駆者であったのは疑う余地のないところだ。

この本が出された一九二六年の時点ですでに、プレゾントンの名前は完全に消え失せ、残っているのは謎めいた青色の窓だけとなっている。二〇世紀前半には、くる病や黄疸や種々の皮膚病を治すという、あらゆる種類の日光療法と紫外線療法が始まったが、しかし、〝可視光線の一部のスペクトル〟を利用するという方法は医療の場からは消え去った。結局のところ、プレゾントンの青色光は、ほかの大半の実験的な治療法と同じ理由で、永遠の忘却の淵に落ちてしまったのだ。

その理由とは——実際には何の効果もなかったからである。

12

シェイクスピアの墓をあばく

ディーリア・ベーコン

Delia Salter Bacon (1811-1859)

ディーリア・ベーコン（フォルジャー・シェイクスピア図書館より許可を得て掲載）

真の霊感を持ちながら巨神の腹で喉を詰まらせた我らが野生児ホイットマン、そして、天賦の才を持ちながら狂気の淵に落ちたディーリア・ベーコン……アメリカがこの十年間に生み出した創作者は、このふたりだけだ。

――ラルフ・ウォルドー・エマソン　一八五七

人は、自分の生きている時代を正しく知ることはない。少なくとも、後世の人々が考えるように理解することはない。右の言明を読む今日の米文学者はみな唖然とするはずだ。創作者がいない？　一八五七年と言えば、今では〝アメリカン・ルネサンス〟と高らかに呼ばれている時代ではないか。一八五〇年代の半ばと言えば、『白鯨』『緋文字』『草の葉』が登場し、エミリー・ディキンソンがあの実験的な詩を発表しはじめた時代ではないか。それなのに、エマソンが挙げるのは（それも気乗りのしない口調で）二人だけ。若きホイットマンと……もうひとりは誰だ？

ディーリア・ベーコンは、かつてペンを取った者で最も不幸な運命をたどった著作家と言えるかもしれない。彼女は生涯の大半を、体も心も病んだ状態で極度の貧困のうちに過ごした。出版した本はことごとく負債となって彼女を追いつめ、最後の本となった畢生《ひっせい》の大著は編集者にも伝記作家にも読まれることがなかった。

その生い立ちを考えれば、彼女が著作家になったこと自体、普通では考えられないことだった。

一八一一年、オハイオの辺境の地の丸太小屋でディーリアが生まれた時、一家はこれ以上はないほどの極貧状態にあった。伝道師だった父は学校を設立する目標にすべてを捧げて失敗し、ディーリアが六歳の時に他界、無一文の母は親族や篤志家に子供たちを託すしかなかった。だが、ベーコン家の子供たちはこの試練を生き延びて最終的に陽の当たる場所へと昇りつめ、ひとりは社会改革の熱意に燃えたニューヨークのジャーナリストに、もうひとりはニューヘイヴンで高位の聖職者となった。

六人兄弟の五番目だったディーリアは、幸運にも、当時、時代の先頭に立って若い女性のための教育を推進していたキャサリン・ビーチャーが運営するコネティカット州ハートフォードの学校（私塾）に入ることになった。クラスメートに、キャサリンの妹で、のちに『アンクル・トムの小屋』で一躍有名作家となるハリエット・ビーチャーがいた。ディーリアとハリエットは友人になった。そして、ハリエットとともに、ディーリアも、この私塾時代に早くも輝かしい才能の片鱗を見せた。キャサリン・ビーチャーがのちに回顧しているところでは「西部の伝道師の家庭に生まれ、今は家なき子となっている彼女は、いずれ天才と言われるようになるであろう、そんな飛びぬけたものを持っていた。ただ、その関心の対象はあまりに多方面に向けられ、奔放にすぎていて、常に、伸びすぎた枝葉を刈り取るよう自分をセーブする必要があった」。ディーリアの多彩奔放な才能には、しかし、ひとつの大きな弱点があった。キャサリンの言によれば、ディーリアは「批判に対して病的なまでに敏感だった」のだ。

ディーリアの病的な敏感さは精神面だけでなく、身体面でも顕著に現われた。十五歳でビーチャーの私塾を卒業したディーリアは、姉とともに女子学校を始めたが、二人ともマラリアにかかってしまった。ディーリアは譫妄《せんもう》状態寸前で生徒たちの前で昏倒するまで授業を続け、のちにはコレラを発症して死に瀕するほどの容態に陥った。その間にも、マラリアが再発して何日も寝込んだり、激しい偏頭痛に襲われることがたびたび起こった。

しかし、こんな身体的不調のただ中にありながら、ディーリアの知性は大きく開花した。学校運営の試みが失敗に終わって、十九歳でニューヘイヴンに戻ると、彼女は著作に専念した。一年後の一八三一年には、最初の本である中編集『ピューリタンの物語』を出版、続いて《フィラデルフィア・サタデイ・クーリエ》紙の懸賞小説に応募し、錚々《そうそう》たる競争者を差し置いて、「愛の殉教者」で一等と百ドルの賞金を得た。ちなみに、この時の二等は(ディーリアには知るよしもなかったが)エドガー・アラン・ポーというボルティモアの無名の作家だった。

二十代の十年間は、まずニューヘイヴンの、次いでニューヨークの若い女性を対象とした私塾で、歴史、文学、科学を教えて過ごした。多方面にわたる知識を持っていたディーリアはやすやすと学科の枠を超え、常にそれぞれのテーマがほかのテーマを照らし出すという授業を行なった。彼女のクラスは先進的な教育の驚異的実践だった。教科書もなければ試験もなく、レクチャーをするだけ——そして、その後は、どんな分野であれ、それぞれの生徒が関心を持ったテーマに関して集中的に本を読ませた。ひとつのテーマをとことんまで突き詰めるというこの姿勢は、単に教育の一方式というにとどまらず、ディーリア自身が自分の人生を歩んでいく上での方式そのものだった。

ニューヨークでの私塾教師時代に、ディーリアは、サミュエル・モールスという名のいっぷう変わった画家と親しくなった。モールスはニューヨーク大学で絵を教えていたが、暗号の魅力に取り憑かれていて、仕事以外の時間は暗号に、とりわけ現代生活の最新の驚異である電信に暗号を応用する方法の追求に没頭していた。モールスは、暗号が敬意を向けるに値する分野であること、かのフランシス・ベーコンも外交官としてのキャリアで利用すべく独自の暗号を生み出したのだということを、デイーリアに話して聞かせた。この興味深い事実は、マンハッタンを離れたのちも長くディーリアの意識に確たる位置を占めつづけることになった。

ニューヨークでの生活に大きな刺激を受けて、ディーリアは再び著作に熱意を向けるようになり、一八三九年に二冊目の著書『エドワード砦の花嫁』を出版した。これは朗読劇で、実際に舞台で演じられることを意図したものではなかった。朗読劇というのは名のある脚本家にとっても売るのは難しいもので、千五百部刊行されたうち売れたのは六百九十二部——残りの八百八部はディーリアの負債となった。ただ、これは当時の作家に共通する運命であって、ヘンリー・デイヴィッド・ソローも、私はたいへんな数の蔵書を所有しているが、その大半は売れなかった最初の本で占められていると、陰気なジョークを述べている。もちろん、これは何の慰めにもならず、一八四〇年に二十九歳でニューヨークを離れた時のディーリアは、作家として生計を立てていけるかどうか、まったく定かではない状況にあった。

それからの十年間、教会関係のスキャンダラスな事件に巻き込まれたということはあったが、ディーリアは講演に専念し、国中を旅してまわった。一八五〇年にボストンでの連続講演に登壇するようになった頃には、彼女の講演は最高の域に達しており、以後二年間、彼女のクラスにはボストンの知識階級の女性たちが殺到して満員の盛況が続いた。ディーリアの登場は、ある者にとっては神秘的な体験となった。わずか数カ月前に、超越主義運動《トランセンデンタリズム》の傑出した思想家マーガレット・フラーが海難事故で溺れ死んだばかりで、新たに講壇に上がったこの女性をフラーの生まれ変わりととらえた者もいたのだった。

聴衆は才気煥発なディーリアにすっかり魅せられていたから、彼女が折々に、一七世紀中期イングランドの王政復古期の君主政体や古代ギリシアの講義からはずれて、突然シェイクスピアの作品について話しはじめても、そして、あのように極度に洗練された作品が四流の役者に書けるわけがないと熱烈に弁じ立てても、さして問題はなかったかもしれない。この頃のディーリアは、シェイクスピアなる名前は隠れ蓑《みの》で、ウォルター・ローリーとエドマンド・スペンサーとフランシス・ベーコンの共同のペンネームであること、そして、その戯曲は、それぞれ政治的な理由でロンドン塔に幽閉された三名の真の著者たちを示す暗号になっているはずだと考えるようになっていた。

しかし、友人たちは大いに憂慮した。ディーリアが一八四五年に、このとんでもない論考の出版をワイリー&パトナムに打診して、けんもほろろにあしらわれたのを、友人たちはまのあたりにしていた。シェイクスピア別人説は従来のシェイクスピア研究を根底から否定するものであり、友人たちとしてはただ当惑するしかなかった。誰もが、彼女がこの話を持ち出すたびに話題を変え、ディーリアがその気にならないように、彼女が来る時には前もってシェイクスピアの本をすべて隠してしまう者もいたほどだった。

だが、新しい知人の中にひとり、ディーリアの論に目を輝かせた者がいた。エリザベス・ピーボディである。ピーボディは大勢の作家や研究者とつながりがあり、一九世紀のアメリカ文学はエリザベス・ピーボディの〝六次のつながり〟*の内で語られると言っても過言ではない。ピーボディはまず、身近なところで、妹の夫、ナサニエル・ホーソンに手紙を書き、ディーリアの論考に目を通してくれないかと頼んだ。ホーソンは丁重に断わった。続いて、親しい友人のラルフ・ウォルドー・エマソン

*—知り合いを六人介すると世界中の人と間接的な知り合いになるという仮説で、比較的少数の人を介して大勢がつながるスモールワールド現象。今日のＳＮＳ（ソーシャル・ネットワーク・サービス）の基盤にも、この仮説がある。

にアプローチしたところ、今度はうまくいった。エマソンは、シェイクスピアとその同時代人の著作を深く読み込んでおり、これまで、一介の役者にどうしてこのような世界最高の文学作品を書くことができたのかと頭を悩ませていた。そんなエマソンの目に、ディーリアの論は画期的な答えと映ったのだった。

「根源的な革命というものは、何よりもまず、できる限り凝縮した形で〝宣言〟しなければなりません」。一八五二年六月に書いたディーリアへの最初の手紙で、エマソンはこうアドバイスした。「そして、真の論点を即座に提示すること。各章ごとに明確な論点を示し、前置き的な一般論はいっさい排除すること。というのも、我々に向けられる攻撃は途方もなく大きいものでありましょうし、それらは、一大攻撃をもって可及的速やかに殲滅《せんめつ》されるべきものだからです」

これはよいアドバイスだった。まずは速い強烈なパンチを繰り出せ、正確さ・ディテールに関しては、その後の叙述に委ねよ。ディーリアは、自分はすでにいくつかのノックアウト・パンチを繰り出せる位置にあると確言した。「先の手紙をお送りしてから、ここととボストンの図書館でリサーチをする間に、私の論は間違いないという確信を得ました。これが大西洋のこちら側で得られるとは思ってもいませんでした」。数週間後に新たに書いた手紙では、クールにこう告げている。「断言いたします、私の論の主要なポイントに関して疑いを差しはさむ余地はまったくありません」

とはいえ、ディーリアにも、自分の主張を裏づける、もっと広範な歴史的文書が必要であること、そしてオリジナルの文書を見つけられる場所は二カ所、ロンドンとストラトフォード・アポン・エイヴォンしかないことがわかっていた。ヒンドゥ教の聖典とペルシアの詩とエジプト学をテーマにした最後の講義シリーズを終えると、ディーリアはマンハッタンの銀行家チャールズ・バトラーのもとを訪れた。バトラーは学術活動の後援者として知られていて、破産状態にあったニューヨーク大学を救い、そののちNYUロースクールを設立していた。ディーリアは公的な場で活動している有識者としてトップクラスの位置にあり、エマソンのほかにも、ワシントン・アーヴィング、ジョージ・リプレー、ウィリアム・サッカレー、北極探検家のエリシャ・ケント・ケーンといった錚々たる知識人たちがこぞって、講義者としてのディーリアの才能を保証していた。バトラーはディーリアに、一年間英国で研究活動を行なう資金を提供することを約束した。

ディーリアは天にも昇る心地だった。最大の学問的業績をなしとげるチャンスがついにやってきたのだ。ディーリアはエマソンの住むコンコードに出向き、師たるエマソンに会って直接話をした。書斎の揺り椅子に座ったエマソンは賢者のごとくうなずきながら、ディーリアの話を聞いた。「まずは明確な結論を示すことです」とエマソンは再度強調した。「それから、事実によって、その結論をしっかりと留めつけ、揺るぎないものとするのです」

ディーリアは「私は、作品そのものの内にある内在的な証拠のほうが、より説得力があると思っています」と言ったものの、続けて「もちろん、英国で歴史的な文書が見つかるのは間違いないと確信しています。でも、万一、そうした外的な証拠が見つからなくとも、私はすでに、少なくとも私の論を認めさせるに足るだけの論拠を持っています。事実、それは、偏見のない精神にとっては、反論のしようがないものです」

エマソンは英国に行くというディーリアの計画をたいそう喜んだ。そして、旧友のトマス・カーライルをはじめ、何人かに宛てた紹介状を書いた。慎重に選び抜かれたこれらの人々は、ディーリアに、新しい国での学究生活とロンドンの主要なすべての公文書館の扉を開いてくれることになるはずだった。ディーリアは今や、その扉をくぐり抜けるだけでいい状況にあった。

一八五三年五月十四日、四十二歳のディーリア・ベーコンはリヴァプール行きの蒸気船パシフィック号に乗り込み、ニューヨーク港をあとにした。

リヴァプールからロンドンに行く前に、ディーリアは何カ所かに立ち寄った。そのひとつはストラトフォード・アポン・エイヴォンだった。ディーリアが「むさくるしい芝居小屋の哀れな役者」と呼ぶところのシェイクスピアが永遠の眠りについている町だ。ディーリアはホーリー・トリニティ教会のシェイクスピアの墓の前に立った。哀れな役者の墓所は派手で俗っぽかった。ほかの墓が "Hodie mihi, cras tibi"（「今日は私、明日はあなた」）といった冷ややかなメッセージ（確かに底意地の悪い墓碑銘だ）を伝えている一方で、偉大なる劇聖の墓所は安っぽく飾り立てられ、ペンキを塗った胸像と奇妙なへボ詩とでひときわ目を引いていた。

よき友よ、イエスの名にかけて
この墓所の亡骸《なきがら》を掘り返すことなかれ
これらの石に手をかけぬ者に幸いあれ
わが骨を動かす者に呪いあれ

シェイクスピアはまるで、この訪問者を予期していたかのようだったが、残念なことに、その呪いを女性にまで及ぼすことには思い至らなかったらしく、詩文には the man / he としか記されていなかった。ディーリアはまさに、ここに記されたとおりのことを――墓所の石を動かし、掘り返してみようと考えていたのだ。ローリーとスペンサー、フランシス・ベーコンが文学の秘密結社のようなものを作っていたのだとしたら、自分たちがシェイクスピアのゴーストライティングをしたという告白文書を隠すのに、その死んだスポークスマンの手に握らせる以上に適切な場所は考えられないと言っていいのではないだろうか。しかし、敬虔な教会訪問者たちの一団のただ中にいる今は鋤《すき》や鉄梃《かなてこ》をふるう時ではない。これを実行するのは、いま少し待たねばならない。

　ロンドンに着くと、ディーリアは逗留先を決め、偉大なる随筆家トマス・カーライルにエマソンの紹介状を送った。その紹介状には、カーライルに、自分が何をすればいいのか手がかりを与えてくれる言及はなく、単に、彼のもとを訪れる人物はシェイクスピアに関してある論を持っていると書かれているだけだった。初夏のある日の夕刻、カーライルはディーリアをお茶に招いた。

　カーライル宅の居間で、ディーリアは静かに自説を語った――私はとりわけフランシス・ベーコンに魅了されています。ベーコンの『新機関』は、科学的な方法に強調を置いている点、そして、疑義を認めないもったいぶった権威者たちに対して根本的に懐疑的な視点を持っている点において、〝理性の時代〟を先導する一翼を担ってきました。こうした自由な考え方に内包された政治的な意味は明白かつ危険なもので、そうした内容は、シェイクスピアの史劇にあいまいな形で表現する以外になかったのです。シェイクスピアの史劇では、君主たちは、神によって定められた支配者というより、人間の過ちの悲劇的な集成として描かれています。これこそ、当代きっての著作家たちが、自分たちの革新的な考えを世に送り出すために、誰からも疑われることのない三文脚本家を隠れ蓑にせざるをえなかった理由なのです。

　カーライルは眉を上げた。

「こういうことですか――ベン・ジョンソンも、ヘミングとコンデルも、その他すべてのシェイクスピア学者がその作者に関して誤っている。そして、あなたは、それを正すつもりでいる、と」

「そうです。ミスター・カーライル、私はあなたを心から尊敬しておりますが、でも、もし、あの愚か者があれらの作品を書いたのだと考えておいでなら、あなたは作品の内に本当に何があるのかをわかっておられないのだと申し上げざるをえません」

カーライルは大声で笑い出した。「一マイル離れたところでも聞こえそうな声だった」とディーリアはあとで記している。だが、ひとたび落ち着きを取り戻すと、カーライルは、彼女が自分の任務を完遂するためになすべきことを諄々と説いた。あなたは、何をおいても、大英博物館に行ってハーレーの手稿コレクションを見てみる必要がある。確固たる証拠こそ「世界中のありとあらゆる推論の寄せ集めよりも価値があるものです」とカーライルは強調した。

客人が辞してから、カーライルには、ディーリアが目論んでいる愚行にただ頭を振ることしかできなかった。エマソンに宛てて、彼はこんな嘆息でいっぱいの手紙を書いた。

これまでの生涯で、彼女のシェイクスピアをめぐる企てほど悲劇的でドン・キホーテ的なものは見たためしがありません。悲しいかな、彼女にとっては、悲しみと苦役とまったき失望のほかには何も待ち受けていないでしょう！……彼女の意識をとらえてきた考えには真実の一片の可能性もない。そして、それを証明できる、あるいは、それを示唆する最低限の文書が見つかるという見込みは、槍のひと突きで風車を打ち負かせるという見込みと同等のものでしかないのです。

ディーリアはディーリアで、カーライルを信用しなかった。図書館でリサーチをせよという彼のアドバイスを礼儀正しく受け止めはしたが、それに従いはしなかった。大英博物館には一度も足を踏み入れず、司書たちに宛てた紹介状は結局、封を開かれることなく終わった。一八五三年の晩秋、ディーリアは、ロンドンの北二十キロあまりのところにあるフランシス・ベーコンゆかりの地セント・オールバンズに移り、ベーコンの墓に何度も足を運んだ。実際には血縁関係はなかったものの、同じ姓であることもあって、うまく話せば墓所の中を見せてもらえるのではないか――ディーリアはそう考えた。シェイクスピアの戯曲について告白した何らかの文書がベーコンの墓所で見つかるはずだと彼女は思っていた。だが、墓所の管理者を説得して墓を開けさせることはできず、セント・オールバンズでの探索は徒労に終わった。

実際のところ、これは問題ではなかった。ディーリアは以前からすでに、歴史的文書という外在的証拠ではなく、〝内在的証拠〟に基づいて、自分の論は立証されたと確信していた。必要とする真の作者に関する証拠のすべては、戯曲そのものの内にある。シェイクスピアの作品は、彼女を取り巻く広大で孤独な世界と同様、無限の彼方にまで伸び広がる比喩の暗号だった。

一年ほどのセント・オールバンズ滞在からロンドンに戻ってからの日々は、完全に孤絶したものとなった。ディーリアは部屋に閉じこもって、シェイクスピアの戯曲、とりわけ『リア王』『マクベス』『コリオレイナス』を繰り返し読みつづけた。バトラーから受け取った資金は一年分だったが、アメリカに戻る気はなかった。自分のいるべき場所はここなのだ。彼女は休むことなく大いなる謎の追求を続け、「シェイクスピア問題は解決された」と、ある原稿の最下部に記して二重のアンダーラインを引いた。原稿は当初に想定していた分量の二倍三倍と、ひたすらふくれ上がっていった。ディーリアは書くのをやめられなかった。

パンくずで飢えをしのぎ、部屋代を滞納し、狭い居室をあたためる石炭もほとんどないままに冬を過ごした。寒さがつのってくると、毛布を何枚もかぶってベッドの中で原稿を書いた。誰とも話をせず、昔のクラスメート、ハリエット・ビーチャー・ストウがロンドンにやってきた時も会おうとはしなかった。『アンクル・トムの小屋』が大成功をおさめて、ロンドン中がハリエットの話でもちきりだった。ディーリア自身の運命も、本来なら、その対極にあろうはずもなかったのだが、しかし、エマソンとカーライルが熱心に働きかけたにもかかわらず、アメリカでも英国でも出版社は次々と彼女が書き進めている本を出すのを断わった。

だが、エマソンは最終的に、ニューヨークの《パトナムズ・マンスリー》から論考を連載してもいいという約束を取りつけることに成功した。一八五六年一月号に載った第一回の内容は、劇聖を偶像崇拝する輩《やから》への容赦ない攻撃で埋めつくされていた。ディーリアにとっては、この「哀れな田舎者」「ストラトフォードの密猟者」の生涯の実質的な歴史的記録がないことだけで、シェイクスピアがシェイクスピア劇の真の作者ではない充分な証拠だと言ってよかった。

我々の手もとには、当時の人々がかの人物に引き渡したはずの忘却の淵からすくい上げた二、三の歴史的事実なるものがある。もしくは、あるように見える。……世の人々は、その二、三の事実なるものをまとめて、大昔の消え去った、重要でも何でもない四流役者がたどってきた歴史的足跡なるものを、いとも自然であるかのようにでっち上げているのだ。

ディーリアのこうした言辞に対し、読者と批評家陣は激怒をもって応じ、《パトナムズ・マンスリー》の編集者たちは即座に連載にするという最初のオファーを引っ込めた。二回目以降の原稿も最初の回で述べていないことは何ひとつ述べていないからだと、編集者たちは主張した。

ディーリアはいたく傷ついたが、しかし、五十五ドルの小切手は受け取った。ほかに選ぶべき道はなかった。一年の予定がすでに三年近くに伸びてしまった今、ディーリアはどうしようもない窮乏状態に追い込まれていた。五十五ドルの小切手もさしたる足しにはならなかった。ある夜、ディーリアのかつての教え子で、ロンドンのベイズウォーターの宿に逗留していたエリザ・ファラーのもとを訪問した女性がいた。ファラーの高齢の母は、その女性があまりにもみすぼらしい姿だったので、最初、部屋に入れるのをためらったが、しばらくしてようやく入室を許した。部屋に入ってきたその女性が誰であるかがわかった時、ファラーは愕然とした。それはかつての教師だったのだ。ディーリアはその夜、十ポンドを手にしてファラーのもとを辞した。いましばらく食いつないでいくには充分な額だったが、それもすぐに使い果たし、とうとう、最後の頼みの綱であるアメリカ領事館に訴えるしか道はなくなった。領事が個人的にディーリアの下宿を訪れた（当時の政府は今とはいくぶん異なった形で活動していたのだ）。だが、領事はディーリアがなぜ自分を呼んだのかよくわからないままに辞去することになった。ディーリアは、ロンドンでただひとり、自分を苦境から救い出し、本国に送り返すこともできる人物を前にして、何も口にすることができなくなってしまったのだった。

「紹介状もなく、突然手紙を差し上げるご無礼をお許しください」と、その手紙は始まっていた。「というのも、私が今置かれている状況を理解できる方で、私が北半球で知っている人はあなたしかいないからなのです……」

リヴァプールのアメリカ領事館にいるナサニエル・ホーソンは、四六時中、英国にいるアメリカ人（故郷から遠く離れたこの地で哀れにも無一文になった者、刑務所に収監された者、生活の当てを失った者、不運に見舞われた者などなど）から、ありとあらゆる請願と不平の手紙が届くのに慣れっこになっていた。しかも、その手紙は、厳密に言えば、リヴァプール領事館の管轄内ではなく、ロンドンから届いたものだった。ただ、最後に記された名前には憶えがあった。ホーソンは、妻の姉のエリザベス・ピーボディが非常に高く評価していた不思議な才女のことを思い出した。

ディーリアは、自分の理論、様々な苦悩、出版の望みなど、心のたけを余すことなく述べていた。ホーソンは彼女の著作への専心ぶりに驚き入って、こんな返事を書いた。「あなたの理論が正しいか誤っているかは別にして……あなたは、霊感を受けた人間、巫女の特権のいくばくかをすでに得ておられます。世界は必ずや、あなたの言葉に耳を傾けるでしょう。それ以外に何もないとしても、ともかく、あなたがご自身の使命にこれだけの確信を持っておいでなのですから」

二人の間で親しい手紙のやりとりが始まった。ホーソンはディーリアの借金を肩代わりし、彼女の原稿を読んだ。だが、最初のうち、ディーリアはホーソンに会おうとはしなかった。この世の人間はもはや彼女の世界には属しておらず、意を決して外に出ていく時、ごった返すロンドンの市街にあふれる人々は過去の世界の住人だった。ディーリアは、単に〝理論《セオリー》〟の乗り物でしかなかった。セオリーは彼女の内で成長を続け、彼女の骨と筋肉を乗っ取り、血と骨髄を追い出してしまっていた。

一八五六年六月、頑なな心が少しやわらいで、ディーリアは次のような走り書きをホーソンに送った。それはどこか、ある作家に「顔をお見せしましょう」と書いたエミリー・ディキンソンの手紙に似ていなくもなかった。まだ死に切っていない体に取り憑いた魂の声と言ったらいいだろうか。


あなたが会いにきてくだされぱと思います。今、私がほかの誰とも会うのを避けている理由は、私は以前は別人だったからで、知らない人と会う時にはいつも、その事実のかすかな名残《なごり》に悩まされるからです。今の私は、この〝著作〟以外の何ものでもなく、過去の別人でありたいとは思っていません。三年の間、私はほとんどの時間を、ただ神と死者たちだけを相手に過ごしてきました。まるで私自身がすでにこの世を去った魂であるかのように。私はもう、この世に戻りたいとは思っていませんし、それを考えると恐怖に身が縮み上がります。でも、もし、来られる日時を知らせていただけるなら、私がこの世に姿を現わした最後の時に着た服をまとうことにいたしましょう。そして、状況が許す限り生者のように見える努力をいたしましょう。

ディーリアのもとを訪問したホーソンは驚いた。彼は亡霊のような姿を想像していたのだが、その予想は完全に裏切られた。「彼女は珍しいほどの長身で、見る者を引きつける表情豊かな顔立ちをしていた。黒い髪、黒い目。彼女が話しはじめると、その瞳は内なる光にキラキラと輝いた」。ホーソンが会いに来るという思いが彼女にいま一度生気と熱意を与えたのだった。すでに送ってあった著書の数章をホーソンが称賛し、文学結社の存在を裏づける文書の発見にいつ着手するつもりなのかとたずねると、ディーリアは自信に満ちた手つきでベーコンの書簡集をたたいた。フランシス・ベーコンの墓所に侵入するつもりはもうないと、彼女は言った。

「ベーコンその人が私の過ちを教えてくれました」とディーリアは告げた。「証拠はシェイクスピアの墓の中にあるのです」

ストラトフォード・アポン・エイヴォンに日が沈む頃、ディーリアはホーリー・トリニティ教会の通廊にたたずみ、夕闇の帳《とばり》が降りるのを待っていた。ほかには人はいなかった。会衆席はからっぽで、彼女は教会の書記がくれた蠟燭を静かにかかげた。蠟燭の明かりが足もとの石にほのかな影を投げた。これらの石のひとつの下に、ウィリアム・シェイクスピアの遺骸が横たわっているのだ。頭上には彼の胸像があり、眠りを妨げようとしている女性を無言で見おろしていた。

教会が完全な闇に包まれると、ディーリアはランタンに火をともし、自分がやろうとしている作業の見積もりにかかった。石はそう大きくはない。頑張れば動かせる。さらに石棺の蓋も動かさなければならない。だが、いずれにしても、足の下わずか数メートルのところに文書の包みがあるのだ。フランシス・ベーコンの書簡集にそう暗示されている。

教会の端のほうで何かがきしむ音が聞こえた。書記が、この計画に恐怖でいっぱいになり、隠れて中の様子をうかがっているのかもしれない。時間が過ぎていく。書記が本当に行ってしまったどうかディーリアには確信が持てなかった。そして、彼女は依然として足もとの石を見つめつづけているだけだった。指の下の冷たい石は、なぜか絶対に手の届かないところにあった。彼女には石を床から引きはがす力も勇気もなかった。

十時になって、約束どおり書記が戻ってきてディーリアを教会から出した。彼女はふらふらと夜の中に歩み出た。

やろうと思えば間違いなくできたはずなのに、ディーリアは実行しなかった。教会の石床に立っていた明晰なひとときに、彼女は理解したのだ。シェイクスピアの墓の中に見出されるであろうものを――より正確に言うなら、何も見つからないであろうことを。最初から彼女の最大の批判者であった兄には、それは言うまでもなくわかっていたことだった。兄はディーリアにこんな手紙を書いている。

想像力のなすがまま、誤った方向に導かれて、お前はみずから幻想を紡ぎ上げてしまった。このままずっと、その幻想に抵抗することも幻想から逃げることもしなければ、それはお前にとって致命的な結果をもたらすだろう。これ以上どう言ったらいいのか私にはわからない。今、私が伝えたいのは、シェイクスピアとシェイクスピアの墓をめぐるお前の説はただの幻想、想像力のトリックにすぎないということだ。この五年間でお前にもそれがわかったはずだと私は思っている。そして――ああ、いとしい妹よ――神の名において、神が与えてくださる力によって、呪文を解き放ち、その幻想から逃れることはできないものだろうか？

それでもなお、ディーリアは最後の希望にしがみついた。自論は証明できる、世界が私の本を目にしさえすれば。ディーリアは不安に満ちた激烈な手紙をホーソンに送りつづけた。ホーソンは、この国にあって今も彼女の言葉に耳を傾けてくれる唯一残された友人であり、世界にただひとり残された人物だった。少なくともディーリアはそう思っていた。一八五六年十月、ホーソンはついにグルームブリッジ&サンズ社に出版を承諾させ、ディーリアにそのことを知らせた。ディーリアも出版社も、ホーソンが序文を書いてくれるものと思っていた。ホーソンは著名人だった。彼の言葉があれば、彼女の論も本気で受け止めてもらえる。

しかし、ホーソンには序文を書くことができなかった。

いや、書くだけならできたのだが、ディーリアの論に賛意を示すつもりはなかった。これは間違いなく随所において傑出した本ではあるが、ただ、いささか乱暴で論旨が混乱しているところもあり、加えて……云々。要するに、ホーソンはディーリアの論をまったく信じていなかったのだ。彼は延々と時間を引き伸ばした挙句、ようやく献身的で傑出した学者として彼女を称える序文を書き上げた。だが、彼女の論を認めることは拒絶した。

この序文を読んだディーリアは激怒した。今や私は〝セオリー〟なのだ――セオリーを攻撃することは、私を攻撃することなのだ。ディーリアの手紙は激高したものとなった。

私は人生の喜びと慰めのいっさいを投げ打ってきました。それもこれもすべては、私自身を、あの精霊たち——みずからのメッセージを伝えるためにあれほども長く待ちつづけてきた精霊たちの媒体とするためであったのです。私のインスピレーションを批判することを私は許しません。本の冒頭のページは、あなたが考えておられるよりはるかに危険な場であることがわかるでしょう。ですから、私はあなたを完全に排除します。あなたがこの〝神託〟に疑問を投げかけるつもりであれば、この本のどこにもあなたの存在する余地はありません。私は自分を司祭であると考えます。……そして、私は、いかなる懐疑も神を汚す言葉もこの本の内にあることを許しません。

だが、ホーソンが譲歩することはなかった。怒りが頂点に達したディーリアは、ひとこともなくホーソンとの関係を断ち、以後、二度と手紙を書くことはなかった。

一八五七年四月、『シェイクスピア戯曲の哲学の解明』は書店に出た。六百ページを超えるとんでもない大著だった。本は国中の書評家に送られ、ディーリアは彼らが読み通すのを何日も何週間も待った。まもなく、彼女のセオリーへの賛同と擁護の時が始まるはずだった。

ディーリア・ベーコンの伝記的記述（ディーリアの死後、一八六三年の《アトランティック・マンスリー》に寄稿されたホーソンのエッセイ、ディーリアの甥に当たるセオドア・ベーコンの一八八八年の文章、ヴィヴィアン・ホプキンズによる一九五九年の伝記）のいずれにも共通する驚くべき特徴がある。どれにも『シェイクスピア戯曲の哲学の解明』からの引用がないのだ。三者ともほぼ例外なく、この本をめぐる話についてはは述べている。全体の概要や、本書について書かれたディーリアの手紙の引用、同時代人のコメントの引用、《パトナム》誌に載った論考や『哲学の解明』の前書きに少し触れた記述もある。だが、本書そのものの内容に踏み込んだ記述はいっさいないのだ。

当然ながら、読者の頭にはこんな疑問が生まれる。この人たちはディーリア・ベーコンの代表作を読んでいないのではないか？　やがて判明したところでは、答えは「そのとおり、読んでいない」だった。セオドアは友人に読んでいないことを打ち明け、ナサニエル・ホーソンは自身のエッセイでこう記している。「この驚異的な本が、ただのひとりの読者も得られないことは間違いないと、私は思っている。私自身、いくつかの個別の章と、あちこちのページや段落に目を通しただけだ」

本そのものについては多くの人が言及しながら、実際には読まれていないという事態がどうして起こったのか？　答えは驚くほどに簡単――『哲学の解明』を開いてみた読者には即座にわかるはずだ。この本は読むことができないのである。


傑出した才能が崩壊し、狂気の領域へとすべりこんでいくのを見ているのは、およそ想像しうるかぎり最も痛ましいもののひとつだ。いかなる薬品も万能薬も効果を発揮せず、異様な言動が忍び入りはじめ、やがて、コミュニケーションを断念せざるをえない時がやってくる。会話を続けることができなくなる。端的に、会話が意味をなさなくなる。それでもまだ、この段階では人間の意識そのものが機能しなくなったわけでも完全な崩壊に至っているわけでもなく、明白な狂気と言うことはできない。彼らの言葉は理性的で論理的な思考のシンタックスとリズムのすべてを保持していて、一見、問題はないように思える。だが、いったん言葉がもつれ合いはじめると、その文章は意味をなさなくなる。

『シェイクスピア戯曲の哲学の解明』はまさにこの典型である。伝記的な記述には、結局のところディーリアは講義者であって著述家ではなかったのだという論拠のもとに、彼女のねじ曲がった文章と頻出する論旨の破綻を説明しようとする傾向が見受けられるが、この指摘は当たっていない。実際、『哲学の解明』よりもはるか以前に、ディーリアは完璧に読むことのできる作品（小説と戯曲）を書いている。一八三一年に出版された中編集『ピューリタンの物語』から、冒頭の「国王殺し」と題された作品の一節を見てみよう。

人々の迷信好きな気質がいったん目覚めさせられると、論拠のない噂が広がっていくまでに、たいした時間はかからない。実体のない空気のような存在だったものがすぐさま根をおろし、名前を与えられる。このようにして、それは〝この今〟の話となり、村の西方二マイルのところに頂きをそびえ立たせている山は、この世のものならざる来訪者が出没する場所となった。……岩山の白い霧が晴れはじめる時、霧の環の真ん中に立つ、このうえなく美しい、しかし、はかなげな女性の姿が見えることがあり、それは、渦を巻きながら山からゆっくりと立ち昇っていくとともに、少しずつ薄れて消えていく――こんな話が広く伝えられ、信じられるようになった。

地元ニューヘイヴンの伝説をめぐる魅力的な物語で、文章は、ワシントン・アーヴィングやナサニエル・ホーソンの著書にあってもおかしくはないと言っていいほどだ。しかし、これから二十六年後の『哲学の解明』はまったく違う。ここでは、いかなる結論にも明確な証拠にも行き着くことなく、自論の周辺をただ果てしなく円を描いてめぐりつづけるだけの拷問に等しい六百ページが続く。〝読んだ〟とは言えないまでも、何とか全体に目を通したあとで、私たちは初めて、膨大なテキストに埋もれた次の一節がこの本の主題の要約ではないか、ディーリアがみずからのテーゼを要約しようと絶望的な試みを行なった個所ではないかと推察することになる。

これがまさしく、この〝戯曲〟全体の基盤にある哲学であり、この〝戯曲〟には、知識のない者が扱うにはまだ充分ではないものの、科学的な方法にとってはすでに熟成している大きな問題——様々な勢力の闘争という問題——権力をめぐる支配と服従という問題——多様な〝状態〟を作り出す〝押しとどめられた動き〟の内での様々な勢力の結びつきと対立という問題——が極めて大胆に扱われている。これら〝押しとどめられた動き〟の場では、それ以外のものは単なる見せかけであって、現実の存在ではなく、従順な勢力は、勢力どうしの均衡ないしひとつの勢力の完全なる支配によって、言わば殲滅されるしかないのだが、しかし、その〝押しとどめられた動き〟は、満を持して、束縛を解き放ち、新たな爆発的な闘いを再開すべく、従属者としてではなく支配者として——状態ではなく革命として——その姿を顕現すべく、準備を整えているのである。〝事物と新しい構築に帰着する〟科学——この新しい構築とは、〝真の定義によるならば〟、これら新時代の市民たち——この〝詩人〟が予見という形でその地平から呼びかけてきた人々——が、詩人の指示のもと、すでに大胆にも強く要請しているものであり、厳密な規則と公理、科学的な確実性が周到に考慮されたこの新しい構築を、これらの人々——この〝魔術師〟は、その技芸の魔術によって、彼らの足をこの場に据え、彼らの口を開かせ、彼らの腕を束縛から解き放った——は、再び打ち倒されないうちに、あるいは、少なくとも、その快い状態を誰にも踏みにじられないうちに、手にしようとしはじめている。とはいえ、その彼らも、おそらく、当座は〝言わば殲滅される〟しかないように見えるかもしれない……。

こうして、ひとつの偉大なる精神が打ち倒される。ここでディーリアはひとつの考えと絶望的な格闘を続けている。その考えは一貫しているのだが、しかし、そのプロセスは、何枚も重なった割れたガラスを通り抜けていく光さながら、一枚また一枚と透過するたびに曲がり、散乱し、歪んで、ついには理性の亡霊へと変じてしまう。

予想どおりと言っていいだろう、批評家たちはその残酷な批評行為において容赦というものを知らなかった。『哲学の解明』を痛罵嘲笑しなかった者は、単に無視した。ただ、これはもう問題ではなかった。『哲学の解明』が刊行された時、すでにディーリアはほぼ正気を失っていた。彼女はストラトフォード・アポン・エイヴォンに滞在しつづけ、錯乱した亡霊のような姿で街をさまよった。何度も高熱を出し、宿の主人が自分の所持品を盗み、自分を貶《おとし》める謀略を進めていると主張し、果ては、やつれきった体を引きずって、ストラトフォードの町長の家まで行って訴えた。医者でもあった町長は、そんな彼女を不憫《ふびん》に思い、数カ月にわたって彼女の状態を見守りつづけた。やがてディーリアは自殺を試み、その後、自分はフランシス・ベーコンの子孫だと主張しはじめた。こうなっては町長も彼女を精神病院に引き渡さざるをえなくなった。

病院に入る直前、ディーリアは、一枚の紙片に謎めいたメッセージを書き記している。おそらくは、自分自身への手紙、みずからの正気への墓碑銘だったのだろう。

驚異のひとときだった。エイヴンでのこと。理解できようができまいが街中に無数の印《しるし》がある。観察しようがしまいが無数の理由の中に理由がある。あなたはエイヴン川を歩いて渡った。あなたは呪文を解き放った。理由は全体の内にある。あなたはエイヴォン川を二度渡った。Eに渡り、そして西に渡った。あなたはNへイヴンの旧市街を歩いた。西のEを、それから新市街の東部の西を歩いた。歴史は私の内に手がかりを置き、正しい精霊を走らせる。

ディーリアは深い狂気の底に沈み込み、日常生活すらままならなくなった。友人たちが彼女を船に乗せ、アメリカに送り返した。兄が、彼女をニューヘイヴンの精神病院で暮らすように手配した。過去の生活の中で、二人が何度となく無邪気にその前を通りすぎた病院だ。

一年以上にわたって何度も高熱を発する状態が続いた。そしてある日、最後の熱とともに脳が燃えつき、その内なる意識が苦悶に苛《さいな》まれることはもはやなくなった。

ディーリアの物語を最初に世に知らしめたのはナサニエル・ホーソンである。ホーソンは《アトランティック・マンスリー》の一八六三年一月号に「ある才女の思い出」というエッセイを寄稿した。このエッセイの大半はストラトフォードの町についての考察に割かれている。そこに住んでいた亡霊の物語に真正面から向き合うことはできなかったのだろう。「これはとても悲しい物語だ」とホーソンは溜息をつく。ホーソンは、ディーリアに対して、彼女が知っている以上の尽力を行なっていた。彼女には知らせぬまま、『哲学の解明』の出版で出た損失は自分が引き受けると出版社に約束しており、ディーリアが交友を完全に断っても、その約束を守った。友情に基づくこの内密の行為は二百三十八ポンドの出費となった。それも含めてすべてが排水口の彼方に消えてしまったとホーソンは述べる。「彼女ほどに確信を持って希望を抱きつづけた著作家はいなかった。彼女以上に完璧に失敗した著作家もいなかった」

それでも、シェイクスピアをめぐる学術界の辺境には今もなおディーリアの考えに執着している者が存在する。実際、ディーリアの死後しばらくして、アメリカではいっとき、シェイクスピア＝フランシス・ベーコン説が異様な盛り上がりを見せ、暗号解読アプローチが隆盛を極めた。比喩的な意味での暗号として始まったものが文字どおりの暗号となり、複雑怪奇な数秘学を駆使して、シェイクスピア戯曲に秘められた様々なメッセージが次々に〝発見〟されていった。これをとことんまで突き詰めたのが、一時期政界でも大旋風を巻き起こしたアメリカの大奇人のひとりイグネイシャス・ドネリーで、彼は、失われたアトランティス大陸についての考察を一時中断して、シェイクスピアをめぐる千ページもの大著『偉大なる暗号』（一八八八）を著わした。ただし、学術界の専門家でこれを真面目に受け止めた者はほとんどいない。

同じ一八八八年、甥のセオドア・ベーコンが家族の目から見たディーリアの伝記を出版した。感傷的な内容ながら、ディーリアやホーソンの書簡なども掲載された貴重な一冊である。サンフランシスコ公共図書館の書庫に傷んだ一冊があり、その終わり近く、差し迫ったディーリアの死が綴られているページに古い鉛筆の書き込みがある。すでに亡くなって久しいであろう名も知れぬ図書館利用者から、年月を超えて届けられた、希望に満ちた叫び。

無知……うわべだけの〝学識を積んだ〟無知な者たちが、彼女のライフワークに向けた凶暴な攻撃――これが彼女を徹底的に打ちのめし、精神を崩壊させて狂気の淵に追いやった。狂気との戦いはあまりに長く、この高貴なか弱い女性の心と意識にはあまりにも重く、彼女は完全に敗北した。だが、待て！　待て！　ディーリア・ベーコンよ、あなたの時は、栄光の日は、まもなくやってくる！

13

宇宙は知的生命でいっぱい

トマス・ディック

Thomas Dick (1774-1857)

トマス・ディック（ニューヨーク公共図書館／科学・工業・商業図書館
［アスター・レノックス・ティルデン財団］）

月のヒューマノイド

驚愕のあまり、全員の体に戦慄が走った。西側の崖から、巨大な翼を持った、しかし、いかなる鳥にも似ても似つかない生き物が四つの編隊を組み、順番に、ゆっくりとした均一な速度で下降してきて、軽やかに平原に降り立ったのだ。これに最初に気づいたハーシェル博士はこう叫んだ。「諸君、私の理論と君たちの言う証拠が五分五分の勝負であることはすでにわかっていたはずだが、しかし、今ここにあるものこそ、まさに注視するに値するものだ。我々が人間の姿をした存在を発見するとすれば、それはまさしくこの経度であるということを、私は確信していた！」

――《ニューヨーク・サン》一八三五年八月二十八日の記事より

月の生物！

あまりにできすぎていて、とうてい真実であるとは思えない話だ。事実、最終的には真実ではないことが判明するのだが、しかし、この連載記事が掲載されていた間、それは〝現実の出来事〟であり、すべてのアメリカ人が《サン》紙を握りしめて、その記事に読みふけった。読者は、月の生命体というこの奇想天外な記事を書いたジャーナリスト、リチャード・ロックに感謝すべきかもしれない。だが、ロックの記事には、そのもとになった、そして、それよりさらに奇想天外な理論があり、ここはやはり、その提唱者、スコットランド生まれの内向的な独学の天文学者トマス・ディックに目を向ける必要がある。

トマス・ディックは好きなだけ思索にふけっていられる家に生まれたわけではなかった。彼が生まれた一七七四年、科学はまだジェントルマンの職業であり、機織《はた》り職人だったトマスの父のような人たちにとっては手の届かない世界だった。だが、このつましい機織り職人の息子は、一七八二年、八歳の時に〝啓示〟を得た。夜、目の前の空を飛んでいく隕石を目撃したのだ。少年はほどなく、日中の仕事時間には機織り部屋で借りてきた天文学の本を読み、夜には、自分でレンズを磨いて作ったボール紙製の望遠鏡で空を眺めて過ごすようになった。長じて学者の仲間入りをすると、人生の前半は、教えることと説教をすること、そして、自身の言によれば「中層・下層の社会階級の人々に文学と哲学を広く伝えることのできる社会」の推進に力を注いだ。こうした活動を続ける間も少年時代からの天文学への関心が失われることはなく、やがて天文学は、宗教と科学を融合させるという彼の終生の願望の中心に位置することになった。ディックにとって、天空は、広大な規模で地上の人々の目に見えるように作り上げられた神の壮大な作品だった。

教師・著作家として名をなしたディックは、五十三歳の時、みずからの終生の情熱の対象に全力を傾ける決意をした。教職を辞し、ダンディー近くの丘に小さなコテージを建てて、図書室と自身の設計になる天文台を設置した。彼は本来的に内向的で生真面目な人間であり、人里離れたこの高地はたいそう居心地がよかった。夜になると空を眺めて過ごした。手作りのレンズとボール紙の筒でできた望遠鏡を使っていた機織り職人の徒弟時代から長い年月がたっていた。日中は著述に専念した。その内容は、教育、刑務所改革、火災対策、説教など、膨大かつ広範な領域に及び、そして、その頂点に天文学があった。

ディックの著作はイギリス連合王国・アメリカ合衆国の双方でたいへんな人気を博し、錚々たる有識者たち――ラルフ・ウォルドー・エマソン、ハリエット・ビーチャー・ストウ、ウィリアム・ロイド・ガリソンといった人々が続々と、ディックに会いにこの辺境の地までやってきた。大勢の信奉者が出現した一因は、ディックが、科学上の数々の発見を一般の人々向けに（学識を積んだ同業者たちには決してできない形で）著わしたところにある。しかし、わかりやすさという点だけでは、彼の人気の高さを説明することはできない。ディックが人々の想像力をとらえたのは、すべての惑星、衛星、彗星、恒星に知的生命が住んでいるという考えだった。そればかりか、彼は、そうした遠隔の星々の生命体と意志を疎通させる方法に関しても具体的なアイデアを持っていた。

野外を歩いていて、地面に懐中時計が落ちているのを見つける。地中の鉱物がひとりでに寄り集まって時計を作り上げるなどということはありえない。間違いなく、この時計を製作した者がいるはずだ。さらに歩いていくと、今度は足が水晶を蹴る。じっくり見てみると、実に見事な結晶構造をしていることがわかる。先刻、入念に設計された時計には製作者がいるはずだと考えた。とすれば、この水晶にも製作者がいて当然ではないか？

――これは、一八〇二年に出されたウィリアム・ペイリーの『自然神学』の冒頭の論旨である。同書が刊行されてから、この系列にあるあらゆる分野に〝自然神学〟の名が冠せられることになった。こうした自然神学の考えは過去にもたびたび登場してはいたものの、知識人たちの間に広く普及するようになったのはペイリーのおかげである。

自然神学の論者にとって、自然のあらゆる存在の細密なデザインと有用性は神の叡智と道徳的な完全性を示すものだった。今日、私たちはキリンを非情な自然選択の生き残り（高いところにある葉を食べられるようになったおかげで、進化の袋小路に至る突然変異を克服した）と見ているが、自然神学論者にとっては、キリンは情愛深い神の手の証左だった。草原に高い木を作った神は、キリンの首を長く伸ばしてやり、キリンに幸福をもたらしたもうたのだ、というわけである。

神を〝自然の設計者〟と見なし、多様な科学的な問題に神学を適用するムーブメントは一八三〇年代に頂点に達した。ケンブリッジ大学の学監《ドン》ウィリアム・ヒューエルをはじめとする八人の科学者の論文からなる『ブリッジウォーター・トリーティズ』（一八三三―四〇）では、情愛深い神は、その創造の美を愛でるに足る知性を持った存在を、地球以外の多くの世界にも住まわせることにしたという考えが積極的に打ち出されていた。地球以外にも知的生命が住んでいるという考えは、一七世紀にもそれなりの支持者がいて、ジョルダーノ・ブルーノは一六〇〇年に火炙りの刑に処せられたが、一七世紀後半には、イングランドの主教ジョン・ウィルキンズとフランスの科学者ベルナール・ル・ボヴィエ・ド・フォントネルが、この考えを支持する見解を表明している。それが今、ヒューエルやサー・デイヴィッド・ブリュースターらケンブリッジの第一線の科学者たちによってドラマティックに復活したわけだが、しかし、スコットランド出身の慎ましい天文学者・神学者ディックは、そうした学者たちの想像をはるかに超えたところまで、この考えを推し進めた。

ディックにとって、天空という巨大な機構とその働きは、神の壮大にして深遠なる目的を達成するための手段だった。そうでなければ（目的のない手段だというのなら）、我々の創造主は非情な実存主義者になってしまう。宇宙は「ひとつの広大な、陰鬱と寂漠と恐怖と沈黙の場となり、この地球から眺める者を、戦慄と絶望で満たすだろう。……意識ある存在で、こんな恐るべき情景を喜ぶ者がいるはずもない」と、ディックは『星々の天上界』（一八四〇）で述べる。そんな恐ろしい宇宙がキリスト教の神のもとで受け入れられるものでないことは明らかである。我々自身の命が、原初の時からの化学反応の偶然の結果であるという〝野蛮な幻想〟も同様――我々は、幸運な物質的反応の結果、存在しているのではなく、宇宙は我々を喜ばせるためにこそ存在しているのだ。これは、今日〝人間原理〟して知られている考えに近く、「〝物質〟は間違いなく〝知的精神〟のために形作られたのである」とディックは主張する。

続けて――物質は、その主人たる意識ある存在がいなければ、どこであろうと存在する意味がなく、したがって、すべての天体に生命体が住んでいなければならない。知的生命は、この地球や、その他二、三の惑星にたまたま出現したのではなく、宇宙の自然な状態である。そうではないと考えるのは「不敬で冒瀆的で馬鹿げたことだ」。この観点が、『天界の情景』（一八三七）ではひときわ強く述べられている。「太陽系の惑星のひとつひとつ、その広大な領域が、住む者のいない茫漠たる恐るべき砂漠でしかないと仮定してみよう。この仮定のいったいどこに、創造主の叡智が現われているというのか？　これが〝**無限の叡智**〟にふさわしい目的だというのか？」

すべての世界に生命が住んでいるという結論のもと、ディックが最初に目を向けたのが月だったのは当然のことだった。ディックの見積もりでは、イングランドと同じ人口密度だとすれば、月には四十二億の生命体が住んでいることになる。そして、あらゆる世界にあらゆる段階の生命体がいるというところから、『星々の天上界』ではさらに、同じくイングランドの人口密度を基準にして、可視宇宙の全生命体数が算出されている。

これら星々に住む生命体の総数は、60,573,000,000,000,000,000,000,000――六〇秭《じょ》五七三〇垓《がい》＝六〇五七三×一〇の二一乗という、想像を絶した数となる。これほどの数の生命体の内には、実に多様な段階の生命体が存在している。熾天使、大天使から、ミミズ、顕微鏡でしか見えない極小生物に至るまで！

残念なことに、情愛深い神がなぜ、あらゆる星をイングランドのように混み合った世界にしたいと思われたのか、その理由は述べられていない。

すべての天体に知的生命がいるという、この〝すべての天体〟には彗星や小惑星も含まれる。「彗星は我らが月下の、つまり、この地上世界に見出されるよりもはるかに幸福な場所かもしれず、人間という種よりも高い段階にある生命体が住んでいるかもしれない」と、ディックは驚嘆を隠せない口調で語る。彗星の住人は、我々地上の人間の仲間であるとしても、地球人よりももっと賢く、洗練されているだろう。というのも、彗星の軌道は長く不規則で、その進行途上で彼らが目にする眺望は地球とは比べものにならないほど広く、多彩なものだからだ。ディックの想像はさらにふくらんでいく。彗星人は、氷の天文台に乗って宇宙空間を航行し、様々な惑星を永遠に観測しつづける天文学者種族と言っていいかもしれない。「この動く天文台は、太陽から太陽へと巡航しながら、彼らを次々と異なった視点のもとに運んでゆく」。これら彗星族は、その鋭い目で、他の進化段階にある様々な生命体をひそかに監視することができるだろう、そう、太陽系に住む生命体のすべてを――とディックは高らかに述べる。

ディックはまた、土星の環が固体である（ただの塵の集合体であれば、とっくに宇宙空間に飛散しているはずだ）と考えていた。土星の環が固体であり、眼下には土星本体の、頭上には天空の荘厳な光景が広がっているとすれば、これらの環のひとつひとつに「多様な進化段階の知的生命」が住んでいることは間違いない。

とはいえ、これら高次の知性を持つ隣人たちも不死身の存在ではない。火星と木星の間の小惑星帯は発見されてまもなかったが、小惑星帯はかつての惑星の残骸かもしれないという不穏な推測を口にする者もいた。ディックの見解では（すべての惑星に生命体が住んでいるのだから）これは、天界規模でのソドムを意味した。「失われた惑星に住んでいた者たちは恐ろしい災厄に見舞われたに違いない。……これは、全能の神が世界を統《す》べる形として我々が知っている事態と矛盾するものではない」。科学者の中には、昔も今と変わらず、彗星が地球に衝突し、人類を全滅させてしまうかもしれないという可能性に気をもむ者もいたが、しかし、このように惑星の破壊を実行する神がいかに怒りに燃えていようと、それが、モラルという点で、この宇宙全体の標準的な姿だとは、ディックには考えられなかった。

情愛深い全能の神が、この道徳的堕落を普遍的で永続的なものにしようと意図されることはなかった。……多くの快楽にあふれ、住人の罪によって半ば錯乱に陥ってしまった世界があるとしても、決定的な悪は決して入り込まず、病《やまい》も死も知られていない世界は数えきれないほどにある。宇宙には無数の幸福の源があり、そこでは至上の法悦が感じられるに違いない。

善なる神は、滅ぼされた惑星以外の大半、おそらくはすべての星が依然として無垢な状態であるよう企図されている。とすれば、我々がコンタクトすることでその住人たちを堕落させることはできないということになる。これは、以後、ＳＦ作家たちの間でも好んで使われるシチュエーションとなった。

ディックは実際、異星人の知性とモラルは地球人よりはるかに進んでいると考えていた。外惑星の公転運動は長期にわたる不安定なものであり、彗星は定常的でない軌道を疾走し、土星の環の住人たちは（ディックの推測では）それぞれが異なる速度で運行する複数の環の上で暮らしている。こうした環境下で天界での神の働きを真に認知するには、極めて高度な天文観測を必要とする。そのような科学を発展させるためにも、彼らには間違いなく超人的な精神が求められるはずだ。

木星、土星、天王星には知的生命が存在している。……思考力と洞察力という点において、これら外惑星の知的生命体の精神に、我々地球人を超えた能力が付与されているのは間違いない。なぜなら、彼らの惑星の運動の速度と複雑さとが……［超人的な］知的能力の駆使を要請するからである。

各惑星の衛星に居住する天文学者はみな、それぞれの衛星中心的な宇宙観を克服して、自分たちの地位が実は二段階下であること、つまり、自分たちが太陽の周りを回っている別の世界の周りを回っているということを認めなければならなかった。ただ、我らが月の天文学者たちは少なくとも、その長い夜と薄い大気のおかげで（ディックは月に大気がまったくないという考えを認めていない）、地球の同業者たちの姿が月面からこのうえなくくっきりと見えることに慰めを見出すことができるはずだ。

それどころか——とディックは言う——月人たちは地球を眺めるのに望遠鏡すら必要としないかもしれない。我々地球人の視力では最強の装置をもってしても彼らを見ることは不可能だが、その一方で、月人たちは何の装置の助けも借りずに我々を監視できる目を持っている可能性がある。ディックの想像はさらに、ほかの惑星上で夜空がどのように見えるかというところにまで広がっていく。「金星の夜空で最も壮大な天体は地球だろう。……火星からも同様に、小さな月を従えた地球が天空に堂々と浮かんでいるのが見えるだろう」。実際、ディックには、目が見えない異星人や視力の低い異星人など考えられなかった。ディックはこう問いかける。宇宙は、それぞれの星の住人たちがじっくりと眺め、思索をめぐらす以外に、いったいどんな意義があるというのだろうか?

このような惑星間の情景をめぐる考察は、頭の中で思い描いているだけなら簡単だと言えるかもしれない。しかし、ディックはそれを現実の計画にまで広げた。異星のどの知的生命体にも共通の言語、すなわち幾何学があるという論拠のもと、シベリアの大平原に巨大な幾何学図形を表わす建造物を作る必要があると述べたドイツの数学者ガウスの考えをディックは支持し、これを実行すべきだと『天界の情景』で提言している。

ガウスは「月の住人たちとの交信は、我々と彼らが間違いなく共有している、こうした数学的な概念や思弁に基づく手段を用いることで初めて可能になるだろう」というふうに言った。月の住人たちが、この建造物が交信のためであることを認知すれば、彼らもまた同じようなものを建造することで応答するだろう。……世の君主たちは歳入をこのような実験に使うことなど考えもしないだろうが……今日、愚かしい欲望と破壊的な戦争に費やされている多額の資金は、シベリアなりどこなりに、何マイルもの大きさの巨大な三角形ないし楕円の建造物の建設に使うほうが、ずっと適切かつ優先されるべきものだと言ってよい。

同様の意識を持った宇宙論者たちの間では、二十年ほど前から、同じ考えに基づくヴァリエーション(シベリアに巨大な鏡を並べるとか、サハラ砂漠に巨大な溝を掘り、石油を満たして火をつけるといったもの)が、それなりに流通していたが、一般の人々にこの壮大きわまりないアイデアを広く知らしめたのは『天界の情景』が最初だった。ディックはさらに、もう少し実際的な観点に立って、世界中の何千人もの天文学者が連携し、それぞれ月の特定の場所を担当して、植生や地形の長期的変化の定点観測を行なってはどうかというアイデアも提起している。植生・地形の長期的変化は、都市建設など、知的生命体による人為的な活動を示すものと見なしうるからである。

無線が登場するよりずっと前の時代にあって、ディックは、人類はいずれ、別の知的生命体と交信する、よりよい方法をいくつも考案するだろうと考えていた。「人間はまだ幼年期にあるにすぎない」とディックは述べる。ディックには、自身が提案した巨大構築物の類は、惑星間交信の手段としてはあまりに扱いにくいことがよくわかっていた。

知的生命はみな、その出自が物質世界のどこであったとしても、最も深いところで対話する能力を保持していると考えることができる。それは、知的生命の有機的組織に特有のモードによるものであり、物理的な宇宙の概念を超えたところにある。つまり、感情や情緒を共通にするもの同士のコミュニケーションにおいては、空間的な距離は克服しえない障壁とはならないのである。

そして……ディックの天界をめぐるヴィジョンが現実のものになったかと思われる事態が勃発した。

それは、ごく静かに始まった。一八三五年八月二十一日の《ニューヨーク・サン》紙に、イギリスの天文学者サー・ジョン・ハーシェルが「巨大望遠鏡を使って、史上最大の驚異的な天文学上の発見をなしとげた」という記事が載った。当時の新聞では誇張表現はごく当たり前のことだったから、何が発見されたのかは神のみぞ知るというところだった。実際の内容がわかったのは、この予告編からもう少したってから——八月二十五日に連載第一回として、まずは南アフリカにハーシェル博士が建造した望遠鏡についての解説記事が掲載された。この望遠鏡はとてつもなく強力で、日中にキャップをはずしていたら、天文台の漆喰の壁を溶かし、青いガラスに変えて、大きな穴を開けたのち、近くの木立を燃え上がらせてしまったほどのものだった。倍率は実に四万二千倍である。そして、続く二十六日の連載第二回で、いよいよ大発見の報告が始まった。この巨大望遠鏡が月に向けられた時、望遠鏡に付設された拡大装置を経由して反対側の壁に映し出されたのは、何とケシの咲き乱れる草原だったのだ。

まるでアヘンの夢の中にいるかのように、望遠鏡の映像を見守る一同の前に魔法のような光景が次々と繰り広げられていった。

輝きわたる砂浜、その周囲を囲む自然の城郭のような岩々は、どうやら緑の大理石らしく見える。……奇怪な石膏のかたまりがあちこちにあるその岩山の山頂には、見知らぬ木々の葉が花綱飾りのように生い茂っている。驚嘆のあまり、私たちは声もなかった。……強烈な陽光のもと、薄紅色に輝くアメジストの巨大ピラミッド群!

やがて、ハーシェル博士らは月の〝動物〟をまのあたりにする。小型のバイソンに似た動物。続いて、一角獣と言うしかない不思議な獣の群れ。

次に発見したのは、地球で言えば怪物に分類されるべき動物だった。青味を帯びた灰色で、大きさは山羊くらい。山羊と似た頭と顎鬚を持ち、ほんの少し前に傾いた角《つの》が一本生えていた。雌は角と鬚がないが、雄よりも尾がはるかに長い。この生き物は群れを作っており、主に、森の斜面の空き地に多数見られる。シンメトリーの優美さという点では羚羊《れいよう》に匹敵し、羚羊と同様、俊敏で闊達な生き物らしく思われる。たいへんな速さで走り、子山羊や子猫のような様々なおどけた仕草を見せて緑の野を跳ねまわっている。

この記事に《サン》紙の読者たちが驚愕したとすれば、新聞販売店と新聞売りの少年たちも同じだった。当該紙は売れ切れとなり、印刷所は追加と次号の注文をこなすべくスクランブル態勢に入った。《サン》紙がアメリカ中の他紙を出し抜いたのは《エディンバラ・ジャーナル・オブ・サイエンス》の最新号を入手したおかげだった。その号に、ハーシェル博士に帯同して南アフリカにおもむき、月での大発見をまのあたりにしたドクター・アンドリュー・グラントの報告記事が載っており、《サン》紙はその抜粋を掲載していたのである（少なくとも《サン》紙はそう述べていた）。自分たちでその号を入手することができなかった競合他紙は、ほどなく《サン》紙の記事を転載しはじめた。次々に提示される月世界の不思議は想像を絶していた。

月の平原を見はるかすと、ヤシの木立、きらめく水晶の島々、ミニチュアのトナカイとエルクとシマウマの群れがいる。動物たちの大きさはネズミから角のあるクマまで様々だが、とりわけ驚異的なのが二足歩行するビーヴァーだ。人間ほどの背丈があるビーヴァーたちは立って歩き、高い小屋の立ち並ぶ村々の中をまるでスケートですべっているように優美に移動している。小屋にはどれも煙突があり、彼らが火の使用を知っていることがわかる……。

慧眼な読者はとうに気づいておられることだろうが、この連載記事のファンタスティックな記述には何かが欠けている。ほかならぬ、私たちなら〝リアリティ〟と呼ぶであろう感覚である。この連載記事はドクター・アンドリュー・グラントの報告文の抜粋などではなく、リチャード・アダムズ・ロックなる人物によって書かれたまったくのでっち上げ記事だったのだ。

リチャード・アダムズ・ロックはイギリス出身で、家系を遡ると、哲学者ジョン・ロックに行き当たる。一八〇〇年生まれ。一八二〇年代に、自然神学の温床であったケンブリッジで学んでいたと言うが、これは学歴詐称らしい。ただ、トマス・ディックとその同調者たちの著述はアメリカの定期刊行物にも数多く転載されており、そのファンタスティックな内容は、ロックにとって見過ごしてしまうにはあまりにも魅力的なものだった。月に生命体がいるという論考は一八二〇年代にすでに少なくとも二本発表されており、ディックやヒューエルは、異星人が発見されるのは時間の問題だというふうに述べていた。そして、ロックには、こうした内容を大衆向けの読み物としてまとめ上げる卓越したジャーナリストの手腕があった。

優れた偽作がすべてそうであるように、ロックはまず、もっともらしく聞こえるシチュエーションを提示するところから始めた。ジョン・ハーシェルは高名な天文学者一家の一員であり、事実、つい最近、南アフリカに観測拠点を構えたところだった。このように周到に事を進めたロックではあったが、彼も《サン》紙の発行人であるベンジャミン・デイも、彼らの〝発見〟が、これほどまで大きな全国的センセーションを引き起こすとは考えてもいなかった。《ニューヨーク・サン》の発行部数は一晩でそれまでの五倍に跳ね上がり、ロックの記事は国中の新聞に転載された。同業のジャーナリストたちは、もっと詳しい情報をと叫び、熱意に燃えた天文学者たちが、南アフリカへの船便を予約するために切符販売店を包囲した。こうした大騒動のメディアの要望を満たすのは至難のわざとしか思えなかったが、しかし、ロックは期待を裏切らなかった。

八月二十八日、《サン》はジャーナリズム史上最大のスクープを伝えた。月には何と人間が（厳密には〝ヒトの一種〟が）いたのである。

身長は一・二メートルほど、顔以外の全身が短くて光沢のある銅色の毛に覆われていて、薄い膜で構成された翼を持っている。……体と手足の全体が見事な対称形をしており、その点ではオランウータンをはるかにしのぐ。……この生き物の何人かはすでに湖を越え、翼を広げたワシのような格好で森の端に寝そべっていた。それから、じっくり観察したところ、その翼は実に大きく、コウモリと同じような構造をしていることがわかった。……我々は科学的な見地から、彼らを *Vespertilio homo*、すなわち、ヒトコウモリと名づけた。彼らが無垢で幸せな生き物であることに疑いの余地はないのだが、しかし、彼らの遊びの一部は、我々地球の人間の礼儀作法の観点から言うと、かなり〝行儀が悪い〟と見なされるものではあった。

このヒトコウモリたちはサファイアのピラミッドがいくつもそびえ立つ土地に住んでいて、ハトの一群を従えていた。リラックスすると、いささか刺激的にすぎる行為に及ぶところが見受けられた。ロックのもとには今や、国中から大反響が押し寄せていた。多くの地域がまだ地図にも載っていない時代、ほかの惑星をめぐるこうしたファンタスティックな話は、世の人々にいとも簡単に受け入れられたのである。《ニューヨーク・タイムズ》までもが、この連載記事の内容を「百パーセントとは言えないとしても、ありえないことではない」と表明した。だが――と私たちとしては問いたくなる――ロックの同業者であるジャーナリストたちは、本当にそんなにだまされやすい連中だったのだろうか。独自の視点に立ったものとしては、たとえば、次のような《ニューヨーク・イヴニング・ポスト》紙のコメントがある。

月に翼の生えた人々がいるとしても、我々としては、そうした種族が地球にいるというほうがもっと衝撃的だと言わざるをえない。……かの名高い『ピーター・ウィルキンズの生涯と冒険』では、実に興味深い〝飛ぶ〟インディアンの生活が、概括的な記述にとどまらず、もっとデリケートで魅力的な細部まで余すところなく述べられている。この発見を可能ならしめたのは、ウィルキンズが翼を持つ部族の女性のひとりと婚姻関係を結んだからにほかならない。

驚くことではないが、ロックとデイの頭には、この時点で（最初からでなかったとして）これはたいへんな収益に結びつくという考えが芽生えはじめていた。新聞連載記事が急遽、小冊子にまとめられた。『サー・ジョン・ハーシェルによって喜望峰でなしとげられた天文学上の大発見の数々』の第一刷はあっという間に六万部を売り切り、品切れの時期を多数の海賊版が埋めた。熱狂的な月ファン相手に、月の生物たちの石版画が売り出されたが、一般大衆がそれで満足することはなかった。教会での礼拝時、ヒトコウモリ族に福音を伝える伝道師を送ろうと、募金が集められるようになり、大好評の小冊子で小金を稼ごうというダフ屋まがいのことを始める者も出てきた。

だが、ほどなく、ロックの命運のつきる時がやってきた。情報源を教えてほしいという要請に対する返答はどんどん曖昧になっていき、天文学者たちは疑惑を抱きはじめた。《エディンバラ・ジャーナル・オブ・サイエンス》という雑誌自体がすでに廃刊になっているらしいという情報が届いた。しかし、最終的にとどめを刺したのは虚栄心だった。このスタージャーナリストは自分を抑えきれなくなって、友人である《ジャーナル・オブ・コマース》の記者に、この一大ペテンの顚末を明かしてしまったのだ。僕は国中をだましたんだ！　もちろん、この友人は絶対に秘密を守ると誓った。
翌朝目覚めたロックを、新聞各紙のけたたましい弾劾の見出しが襲った。《ニューヨーク・サン》は九月十六日に釈明記事を掲載した。同紙は、一連の記事が作り話であることは認めたものの、しかし、これは「南部と北部の軋轢《あつれき》および、その苦い結実である奴隷制度の廃止という問題から、しばしの間、人々の気分をそらせる」という意図のもとになされたものであり、言うなれば公共のサービスを行なったのだという内容だった。《サン》の信用が傷ついたのは当然だとしても、鉄面皮ぶりはそのままの、何とも不埒な弁明だった。もう少しましな弁明を考える努力をしてもよさそうなところだが、その余裕がなかったとすれば、それはたぶん、ロックとデイが、このとんでもない事態で稼ぎ出した札束を数えるのに忙しすぎたからだろう。

トマス・ディックはこの事態を面白がらなかった。『天界の情景』の脚注で、彼はこんな腹立たしげな言を述べている。

私が理解しているところでは、この欺瞞記事の筆者はニューヨーク市在住の青年で、科学的な要件に関してはそれなりの専門知識を持っており、おそらく、今回のことでは、悦に入っているに違いない。……だが、〝真理の法則〟は一瞬たりと悪ふざけの対象にしてはならない。……なぜなら、科学教育を受けていない者、社会の大多数の人々が、こうした欺瞞を知ると、往々にして、真の科学的発見にも疑問を投げかけてしまうようになるからである。……ここに触れた欺瞞記事の筆者が、年齢と賢明さを重ねていって、こうした行為の愚かしさ、非道徳性を認識してくれるようになることを願うものである。

『ハムレット』に登場するポローニアスにふさわしい父親的嘆息だが、実際のところ、ディックがあれこれ構っても意味はなかった。ロックは充分な分別盛りの年代にあり、嬉々として、おめでたい人々をだましたのだった。

事実、彼らはまさにおめでたい人たちだった。ディックでさえそれは認めている。ある程度教育を受けた人であれば誰でも、倍率四万二千倍の望遠鏡で二十五万マイル彼方の月を見れば、約六マイル先にあるように見えることは当然気づいてしかるべきである。「動物のような対象物を認識するには、六マイルではなく、六ヤード以内まで連れてくる必要がある」と、ディックは皮肉混じりにコメントしている。

一方で、エドガー・アラン・ポーは、この〝月の法螺《ほら》話〟騒動そのものは大いに楽しんだようだ。後年、《ゴーディズ・レディス・ブック》誌の一八四六年十月号の人物コラムでリチャード・アダムズ・ロックをとり上げ、販売合戦を煽り立ててニューヨークの安売り大衆新聞社の大半の財政を潤してくれたことをロックに感謝すると述べている。ポー自身、法螺話に無縁の作家ではまったくなかった。彼の法螺話業績は少なくとも三つ――自前の月の法螺話である「ハンス・プファールの無類の冒険」、「ヴァルドマール氏の病症の真相」の異様な仮死状態、「催眠術の啓示」の〝過去の人生〟がある。ポーは常々、競争者たちの盗用に対しては過敏なまでの反応を示し、激しく非難したものだが、最終的にロックの月の記事には高い評価を与えている。

しかし、《サン》の月の生物の話がでっち上げであることが判明したのちも（と言うより、ロックの作り話を介して、と言ったほうがいいかもしれない）、ディックの地球外生命に関する論考は数多くの雑誌や新聞に引用・転載され、さらに多くの読者の間に（ゆがんだ形で、とはいえ）広まっていった。中には、著者名がないまま、疑いを知らぬ読者のもとに届いた本もあった。これを書いている現在、私の目の前にも、アメリカ日曜学校連合によって刊行された、一八四六年刊のディックの『太陽系』という小冊子がある。アメリカ日曜学校連合とは、信仰のもとに活動する無数の団体のひとつで、これらの団体は、アメリカのフロンティアとイギリスの田舎に、科学と神学と甘ったるい道徳を教える啓蒙書をあふれ返らせた。この小冊子には、ディックの名前はどこにもなく、また、太陽系の外に広がる壮大な宇宙に関する論述はかけらも載っていない。一見しただけでは、小さな教会出版社が刊行した小さな太陽系の惑星ガイドとしか思えないもので、私たちとしては、ネブラスカの白髪まじりの農夫がこの本を読み終えて、シベリアに巨大装置を構築して月の生物と交信することについてあれこれと思いをめぐらせるといった情景しか思い浮かべることができない。

面白いのは（ただし、トマス・ディックがその現実をまのあたりにするまで生きていたなら、面白いはずもなかっただろうが）ロックの法螺話本は、事件が終結してのちもずっと刊行されつづけたことだ。一八五七年にディックが亡くなると、ほどなく彼の著作は絶版になってしまったが、ロックの『天文学上の大発見の数々』は、ロックその人よりも長く生きながらえた。ロックが亡くなったのは一八七一年だが、その年には五版が出され、その後も版を重ねつづけたのだった。

なぜ、ディックの著作のほうが先に消えたのか。ひとつには、ディックの書いている内容が、ロックの法螺話以上に説得力を失っていったことが挙げられる。ディックは、〝賢明で情愛深い神〟という考えに合わない証拠が提示されると、即座に却下した。たとえば、同僚の何人かが、月面が輝いて見えるのは月の火山が原因だと唱えたことがあったが、ディックは、そんなことはありえないと言下に否定した。火山は、我々が恩寵のもとから失墜した結果であって、「そうしたすさまじい破壊をもたらすものは……事実上、かの星の住人が、この世界の住人と同じような堕落した状態にあることを認めることにほかならない」。同様に、木星では想像を絶した超高速の嵐が吹き荒れているという証拠に対しても、そのような観測結果は単に、疑いようもなく快適な木星の気候に対する我々の無知を示しているにすぎないと一蹴した。「西インド諸島のハリケーンは時速百マイルで、砲台から大砲を吹き飛ばしてしまう。……それでは、時速千マイルで吹きすさぶ強風の力はどれほどのものになるであろうか。それは、知性ある生物が快適に暮らすという考えとはまったく相容れない」

自然神学はゆっくりと、苦悶のうちに、死に向かっていった。自然神学の弱さは、科学的な方法論にではなく、聖書に絶対的に忠実でなければならないというところにあった。聖書の記述が科学的事実に合わなくなるたびに聖書の再解釈がなされたが、それは字義どおりの読みからどんどん遠ざかっていって、一般の人の理解できる範囲を超えてしまった。一八五〇年以降、進化生物学と量子物理学の曙光が射しそめはじめてからは、科学と聖書の結びつきはさらに希薄なものとなっていき、別々の二つのテーマ、つまり、自然と神学について語るほうがいいということになった。大方の人はこれを受け入れ、こうして自然神学は終焉を迎えるに至った。

これ以外の唯一の、そして簡単な選択肢は「聖書の記述が間違っているかもしれない」と認めることだったが、ヒューエルら自然神学論者は「正しい地質学と天文学の結果が、正しい神学の述べるところと一貫しないわけがない」として、即座にこれを退けた。ヒューエルは、晩年、ダーウィンの著書を大学図書館から排除しようとする無益な試みに情熱を傾ける日々を送った。

ディックは、こうした悲惨な状況に直面することを免れた。彼が亡くなった一八五七年にはまだ、ダーウィニズムが一般の人々の信念を侵食しはじめるには至っていなかった。だが、後世の人々の目は厳しかった。かつて絶大な人気を誇った著書も、今では見つけることさえ難しく、全著書が一世紀以上にわたって絶版のままになっている。私がＵＣＬＡで見つけた一八五五年版の全集はページがカットされてさえいなかった。これを開いたのは、この百四十年間で私が最初だったのだ。

謝辞

「うまくいかなかったことについての本を書くというのはどうだろう？」――こんなとんでもなく茫洋とした考えを最初に口にした時から、妻のジェニファーはずっと僕の横にいてくれた。ジェニファーはこの本の最初の応援者であり、読者であり、校閲者だった。つまり、ジェニファーがいなかったら、この本が生まれることはなかった。

　また、この本が世に出ることになったのは、ひとえにデイヴ・エガーズのおかげだ。僕は最初の二章分をあちこちの出版社に送り、何十回も（たぶん百回近く）不採用の通知とともに突き返された。理由は「あなたが書いている人たちのことは、一度も聞いたことがありません」――まるで、それがこの本の〝ポイント〟ではないかのように。挙句の果てに、僕は半ばやけっぱちで「誰ひとり、これを気に入ってくれません。たぶんあなたも同じでしょう」という手紙を添えて、デイヴに一章の原稿を送った。デイヴはきちんと手紙と原稿を読み（ほかの編集者たちは、そもそも無名作家の手紙など読みもしなかっただろう）、僕がやろうとしていることを正しく理解してくれた。原稿はその後、随時、デイヴが編集する《マクスイーニーズ・クォータリー》に掲載された。本書は多くの点で《マクスイーニーズ》の子供であり、そのあらゆるステップで、デイヴはこの文章が育っていくのを助けてくれた。

　ベッキー・カーソンは、《マクスイーニーズ》に載った作品を読んで惜しみない称賛を贈ってくれるとともに、僕の素晴らしいエージェントになってくれた。セント・マーティンズ・プレスのティム・ベントは、この妙な本に賭けてみる気になったらしく、ほかのどの編集者よりも注目を向けてくれるようになった。一方、銃後の守り、つまり、個人的な生活では、僕と息子のモーガンは、マーク・トマスにいくら感謝しても足らない。マークは、我が家のドゥーンズベリー*のアンクル・ゾンカーとして、とてつもない役割を果たしてくれている。そして、忘れてならないのが大勢の友人たちと両親――みんな、定職を見つけてきちんとローンを払う生活を送るよりラーメンを食べながら古書を買いつづける道を選んだ人間と、心やさしく付き合ってきてくれた。

最後に、忍耐強く相手をしてくれた図書館員の方々に心からの感謝を。ニューヨーク公共図書館、合衆国議会図書館、大英図書館、カリフォルニア大学、ドミニカン大学、ゴールデンゲート大学、サンフランシスコ州立大学、ジョンズ・ホプキンス大学、サンフランシスコ公共図書館、コンコード公共図書館、ハンティントン図書館、シェイクスピア生誕地トラスト、フォルジャー・シェイクスピア図書館、国立医学図書館。図書館は、過去の様々な思索や営為を保存するために存在している。こうした保存に時間をかけることのできる者は、もはや図書館以外にはない。図書館が集めている書籍や資料は、これから十年、五十年、百年、もしかしたら永遠に使われることがないかもしれない。そんな不確かさこそが、図書館を、人類が創造したものの中で最も英雄的な存在となさしめている。

*――一九六八年に学生新聞からスタートした漫画で（ドゥーンズベリーはその主人公）、内外の様々な問題をユーモアと皮肉を交えた視点で描き、全国の新聞に掲載されるようになった。一九七五年、作者ギャリー・トゥルードーは漫画としては初めてピュリッツァー賞を受賞。現在は世界中で千四百の新聞に配信されており、日本では《ジャパンタイムズ》に連載中。公式サイト：http://doonesbury.washingtonpost.com/

訳者あとがき

まだ秘境そのものだった、わずか二百年足らず前のミシシッピ川。その全域を描いた〝三マイルの絵〟（正確には幅三・六メートル、全長約八百メートル（！）のキャンバス）が、ピアノ演奏をバックに、巨大なローラーから、時に速く、時にゆっくりと繰り出されていく。熱のこもったナレーションとともに、観客の目の前に展開される壮大な未開の地の風景と幾多の危難・冒険の物語……。このミシシッピ・パノラマを初めて体験した時の観客の衝撃はどれほどのものだったろう。（B級）映画の祖とも見なされる〝動くパノラマ〟だが、当時の人々にとってまったくの未知の世界がリアルタイムのステージ・パフォーマンスとして提示されるパノラマ体験は、今日の私たちが考える映画をはるかに超えるものだったに違いない（私自身、著書の引用をさしはさみながら進められていく公演の様子を読んでいるだけで、「このパフォーマンスを見てみたい！」という思いにとらえられたものだった）。ミシシッピ・パノラマは、アメリカとヨーロッパで数百万に及ぶ観客を動員し、製作者ジョン・バンヴァードは至上の名声と巨万の富を得た。

しかし……本書を読むまで、私はバンヴァードの名前を一度も聞いたことがなかった。

一八五〇年代のバンヴァードは世界一有名な画家であり、おそらくは絵画史上初の億万長者の画家だった。ディケンズ、ロングフェロー、ヴィクトリア女王など、バンヴァードに大喝采を送った同時代人は数知れず、その才能も財産も偉業も、何もかもが永遠不滅のものと思われた。それから三十五年後、彼はダコタ準州のわびしいフロンティアの町の貧窮者墓地にひっそりと葬られた。世界中に知れわたっていた彼の作品はことごとく廃棄され、様々な参考図書を調べても、彼の名に言及しているページは見つからない。当時、世界で最も偉大な画家だったジョン・バンヴァードは歴史から完全に消えてしまったのだ。

いったい何が起こったのだろう?

本書には全部で十三人、バンヴァードと同じ運命をたどった(一世を風靡しながらその高みから失墜し、今は忘れ去られた)人たちがとりあげられている。このうち、私が知っていたのはわずかに五人。おおかたの読者にとっても、状況は似たようなものだろう。

第二章「贋作は永遠に」の主人公、ウィリアム・ヘンリー・アイアランドは、シェイクスピア研究においてはよく知られた人物で、我が国でも種村季弘氏が早い時期に紹介し、一九九五年には事件の顚末+アイアランドの生涯を詳細に記した大場建治氏の『シェイクスピアの贋作』が刊行されている(これはたいへん面白い一冊で、今回の翻訳でも大いにお世話になった)。本書中、もうひとりの〝有名人〟サルマナザールは、種村氏をはじめ多くの著作家が言及しているが、基本的には彼の一大偽書『台湾誌』をめぐる論が中心で、生涯に関しては本書の記述(および陳舜臣氏の短編小説「神に許しを」)が最も詳しいと言ってよさそうだ。

「空洞地球と極地の穴」のジョン・クリーヴズ・シムズは、空洞地球説そのものの魅力とエドガー・アラン・ポーとの関連などで、比較的知名度が高いかもしれない。また、X線を超えるN線の発見者ルネ・ブロンロは〝思い違いの科学史〟系では常に引き合いに出される人物であり、科学界では有名なひとり（最近のSTAP細胞をめぐる騒動は、まさにブロンロのN線騒動を彷彿とさせるもので、今後、ブロンロがいま一度脚光を浴びる可能性も大いにありそうな気がする）。五人目はディーリア・ベーコン――これはたまたま、前出の大場氏が二〇〇二年に出された『シェイクスピアの墓を暴く女』を読んでいたからで、これがなければ、まったく見知らぬ著述家の領域にとどまっていたはずだ。

　残る八人はそれまでまったく知らなかった人たちだった。そして、これらの人々が行なったこと、考えたことはどれも、アイアランドやサルマナザールに劣らず、エキサイティングで先見的で想像力をかき立てる、とんでもないものばかりだった。健常者と知覚障害者が自在にコミュニケーションできる普遍音楽言語の発明者、今日もなおアメリカの加工食品界に君臨するとてつもない新種のブドウを作り出した品種改良家、マンハッタンを貫く地下鉄によってSFさながらの未来都市の姿を描き出した技術者、フィラデルフィアやニューヨークの家々を青いガラスで埋めつくさせた色彩光理論の提唱者、土星の環にも知的生命が住んでいると高らかに宣言した天文学者……シェイクスピアから放射線物理学、空圧輸送技術、自然神学、月の生物をめぐる一大法螺話まで、これほど多彩な領域にまたがる人たちを〝一世を風靡しながらその高みから失墜し、今は忘れ去られた人たち〟というくくりで一冊の読み物にまとめ上げたのは、これまでに例がなかったのではないだろうか。

　このようなアプローチが可能だったのは、ひとつには、著者ポール・コリンズがアカデミズムの研究者でなかったところにある――というふうに、個人的には考えている。アイアランドやサルマナザール、ブロンロのように、〝その世界〟では知られているという奇人・異端児・失敗者は、当然ながら、その世界の外では知られにくい。また、シンプルに、文学と科学技術の領域を同等に鳥瞰できる研究者が少ないということもあるだろう。もちろん、種村氏をはじめとして、分野横断的な視点を持った論者はひとりならずいるのだが、そのアプローチの姿勢は、コリンズに比べると（ごくごく端折った言い方ながら）思想的・文化論的な面に重きが置かれていると言えるように思う。対してコリンズは、彼らの営為にたいして論評や分析を加えることはほとんどなく、あくまで彼らが行なったこと・考えたことを追っていく中で、それぞれの人間像と時代とを（時として、当人以上にエキセントリックで気まぐれで残酷な時代のありようを）浮かび上がらせていく。

コリンズは、歴史研究者である以前に、何よりも古い本が大好きな〝本読み〟であり、そして、古書とどっぷり付き合う中で発見した「忘れられた偉人たち」に心惹かれてきた人物なのだ。

*

ポール・コリンズは、一九六九年、ペンシルヴァニア州パーキオメンヴィルに生まれ、子供の頃から本に埋もれて過ごしてきた。と言っても研究者・学者の家庭だったわけではなく、両親があちこちの遺産整理の競売に行くたびに入手する得体の知れない古本（一九世紀の化学便覧、地質学の教科書から、ウィリー・レイの『ロケット、ミサイル、宇宙旅行』まで）を、ポール少年は片っ端から読んでいった。ほかに興味を引くものなど何ひとつとしてない片田舎のパーキオメンヴィルで、遊び友達もいないまま新旧の本に読みふける日々は続き、当然のように、みずから創作を試みるようになった。一時期はカート・ヴォネガットを「そっくり真似る」ことに熱中していたそうで、この頃は「小説以外のものを書くなど考えもしなかった」という。

イギリスからの移民だった両親は、息子に「きちんと給料をもらえる安定した職業」についてほしいと願っていた。そこで息子は獣医になろうと思い、ウィスコンシン大学で一学期を過ごしたのち、カリフォルニア大学デイヴィス校で獣医学を学びはじめたが、一年たったのち、自分が完全な専攻間違いをしていることを悟り、英米文学のコースに転向した。ヴァージニア州のウィリアム・アンド・メアリー大学でMFA（修士課程）を修了。修士論文のテーマはジャック・ケルアックだったそうだ。大学を出たあとは、市民大学の講師などを務めながら様々な雑誌にエッセイや評論を寄稿するようになり、その後、サンフランシスコに移住、ドミニカン大学で初期アメリカ文学を教えるとともに、それまでに蓄積してきた膨大多彩な古書関連の知識をベースに、本書の〝忘れられた偉人たち〟の執筆に取り組みはじめる。謝辞に記されているように、この原稿はいくつもの出版社からすげなく突き返されたのち、ついに《マクスイーニーズ・クォータリー》の編集者デイヴ・エガーズの目にとまって、トマス・ディックと月の法螺話のストーリー（本書の最終章）が同誌の第二号／一九九九年春号に掲載された。その後、そのほかの章も同誌に掲載され、ほどなくセント・マーティンズ・プレスから単行本として刊行されることが決定した。

出版が決まってから、コリンズ一家（ポールと、子供向けの本の絵を描いている妻ジェニファーと、二歳の息子モーガンの三人）は、ウェールズの古書の街ヘイ・オン・ワイに移住を試みる。古書に埋もれた街に住む――これがコリンズの夢見ていた理想の暮らしだったのは言うまでもないが、現実はそれほど甘くはなく、結局、この夢は果たされずに終わる（この時の体験が第二作『古書の聖地』〔二〇〇三〕となる）。アメリカに戻ってきて、今度はモーガンが発達障害であることが判明。このモーガンとの日々と自閉症をめぐる歴史的な追跡調査をまとめたのが第三作『自閉症の君は世界一の息子だ』〔二〇〇四〕だ。邦訳のあるこの二著はコリンズ自身のプライベート・ライフを軸にしているという点で、全体から受ける印象は本書とは少々異なっているが、いずれも古書探求とその成果を織り込んだノンフィクションという点では一貫している。

以降、《ニュー・サイエンティスト》などの雑誌や新聞で科学史や古書をめぐるエッセイ・コラムを執筆するとともに、一、二年に一冊のペースで、シェイクスピアのファーストフォリオ、一九世紀後半のアメリカのいわゆる〝メッキ時代〟の犯罪などをテーマにした長編ノンフィクションを発表。また、二〇〇二年から、マクスイーニーズ社の叢書《コリンズ・ライブラリー》の責任編集者として〝復刊されてしかるべき忘れられた名著〟の選定・編集に当たる。現在はオレゴン州ポートランドに住み、ポートランド州立大学の修士課程で「ノンフィクションの書き方」を教えている。

*

それにしても楽しい読み物である。最初に原著を手にした時、それなりの厚さはあるものの、十三人ものポートレートとなると、ひとつひとつは物足りないのではないか——そんなふうに思っていたのだが、この予想は完全に裏切られた。物足らないどころか、驚異的な詰め込みぶり（詰め込みすぎ！）だった。どの章でも、主人公の人生を様々に彩る大勢の脇役が続々と登場し、関連する興味深いエピソードがこれでもかとばかりに繰り出されていく。中には、本題とはさしたるつながりはないとしか言えないトピックもあり、その一方で、とてつもなく面白い話が、ほんのさわりだけ紹介されていたりする。

たとえば、サルマナザールの章の前振りの偽稀覯本オークション事件。奇矯な書物収集家の伯爵とその所蔵書籍のカタログをでっち上げ、ヨーロッパ中の稀覯本収集家をベルギーのとある町に呼び寄せたこの一大ペテン事件が、わずか一ページ半の、それもただの前振り扱いでしかないのだ。偽カタログはオリジナルが現存しており、この事件だけで一冊とは言わぬまでも一章は充分に書けそうなほどなのに、何ともったいないことだろう！　また、六章に登場するヘンリー・ベッセマーの真鍮粉をめぐる逸話——これは特許のパラドックスをめぐる単なる余談にすぎないのだが、ベッセマーが窓ひとつないロンドンのレンガ造りの工場で、送り込まれる産業スパイ軍団をものともせず、四十年以上にわたって製造法を秘密裏に守りつづけたなどという話を聞かされては、どうしてももっと詳しく知りたいという思いに駆られずにはいられない。（以上は〝ほんの二例〟にすぎない。今、私のＰＣのデータ・ファイルは、本題関連のほかにも、こうしたエピソードをめぐるデジタルデータと書誌情報でいっぱいになっている）

また、脇役たちの多くは、忘れられた主人公たちとは裏腹に、私たちが知る歴史の主役級である。特に数章にまたがって重要な役割を果たすのが（シェイクスピアは別格として）ナサニエル・ホーソン、ラルフ・ウォルドー・エマソン、エドガー・アラン・ポー。そのほか、英国の王室・貴族をはじめ、英米の名だたる政治家、聖職者、作家、詩人、評論家、思想家、科学者、技術者、風刺家、ジャーナリスト、実業家、興行師、ペテン師たちが、時にさりげなく、時に図々しくしゃしゃり出て、主人公の人生を翻弄する。この〝有名人〟たちのあまりの多さに、私は当初、それぞれ簡単な説明を加えた登場人物一覧を作ろう（そうすれば、コンパクトにして有用な一九世紀英米コンサイス人名事典ができる！）と目論んだのだが、これは編集サイドから「そんなことをしたらとんでもないことになります」とあっさり却下された。

さらに、本書には、オリジナルの資料からのダイレクトな引用のほかにも、様々な形での引用がちりばめられている。一例を挙げれば、第四章のタイトル「Ｎ線の目を持つ男」は、ロジャー・コーマン監督のＳＦカルト映画『Ｘ線の眼を持つ男』（一九六三）の借用だ。この手の引用・借用・パロディは、もちろん、すべてをチェックしたと言い切る自信はとうていないが、「ここは何かの引用かもしれない」と感じた個所は可能な限り検索サーチし、とんでもない細道に迷い込んでいったこともしばしばだった。

バンヴァードのミシシッピ・パノラマに心躍らせ、アイアランドの偽作シェイクスピアに笑い転げ、シムズやシュドル、ブルの報われぬ人生に溜息をつき、ビーチの無念さをともに噛みしめ、コーツのロミオの舞台に再び大笑いし……と、本題・サイドストーリー・その他諸々を取り混ぜて堪能させてもらった訳者だが、この楽しさを知ってもらうには、何はともあれ一読してもらうに如《し》くはない。教科書には絶対に載っていない忘れられた奇才・天才たち、栄光を手にできなかった人たちの歴史に少しでも関心がある方なら、間違いなく楽しんでもらえる一冊だと思っている。

なお、原著には単純な誤植・誤記のほか、現在では間違いであることが判明している資料に基づく記述などがあり、これらについては、訳者の判断のもとに適宜、修正・補足を行なったことをお断りしておく。

この驚異の人々を忘却の淵からすくい上げて読者のもとに送り届けてくれた著者に、そして、こんな楽しい読み物を訳出する機会を与えてくれた白水社と藤原編集室の藤原義也さんに、心から感謝を。

山田和子

ポール・コリンズ著作リスト

Banvard's Folly: Thirteen Tales of People Who Didn't Change the World（2001）*
『バンヴァードの阿房宮——世界を変えなかった十三人』（本書）

Sixpence House: Lost in a Town of Books（2003）
『古書の聖地』中尾真理訳、晶文社、二〇〇五

Not Even Wrong: Adventures in Autism（2004）
『自閉症の君は世界一の息子だ』中尾真理訳、青灯社、二〇〇七

The Trouble with Tom: The Strange Afterlife and Times of Thomas Paine（2005）

The Book of William: How Shakespeare's First Folio Conquered the World（2009）

The Murder of the Century: The Gilded Age Crime That Scandalized a City and Sparked the Tabloid Wars（2011）

Duel with the Devil: The True Story of How Alexander Hamilton and Aaron Burr Teamed Up to Take on America's First Sensational Murder Mystery（2013）

公式サイト：THE LITERARY DETECTIVE
http://www.literarydetective.com/Paul_Collins/Home.html

*——ハードカバー刊行時のタイトルは *Banvard's Folly: Thirteen Tales of Renowned Obscurity, Famous Anonymity, and Rotten Luck*

訳者略歴

山田和子（やまだかずこ）

一九五一年生。翻訳家・編集者。訳書に、アンナ・カヴァン『アサイラム・ピース』（国書刊行会）、『氷』（バジリコ）、J・G・バラード『コカイン・ナイト』（新潮文庫）、フィリップ・K・ディック『時は乱れて』（ハヤカワ文庫）、『サイエンス大図鑑』（共訳、河出書房新社）、『図説図書館の歴史』（共訳、原書房）などがある。

バンヴァードの阿房宮《あぼうきゅう》

世界を変えなかった十三人

二〇一四年八月一〇日 印刷
二〇一四年八月二〇日 発行

著者 ポール・コリンズ
訳者 © 山田和子
発行者 及川直志
印刷所 株式会社理想社
発行所 株式会社白水社

東京都千代田区神田小川町三の二四
電話 営業部〇三（三二九一）七八一一
編集部〇三（三二九一）七八二一
振替 〇〇一九〇-五-三三二二八
郵便番号 一〇一-〇〇五二
http://www.hakusuisha.co.jp

乱丁・落丁本は、送料小社負担にてお取り替えいたします。

株式会社 松岳社

ISBN978-4-560-08385-7

Printed in Japan

参考文献

基本的に原文をそのまま日本語化し，各項目の後ろに欧文文献一覧（URLのみ，作成時点での最新版に差し替え）と邦訳・日本語参考文献を付記した。原著刊行から15年近くが経過して，古書の流通状況は大きく変化し，ここで「入手が難しい」とされているものも，最近では大半がネットのデジタルデータないし復刻版で入手できる。［訳者］

1　ジョン・バンヴァード

バンヴァードのミシシッピ・パノラマと，それが生み出した熱狂を今日に伝える最大の功労者はジョン・フランシス・マクダーモットだ。その著書『失われたミシシッピ・パノラマ』（1958）［＊1］は絶版になって久しいが，必読の一冊。図版も多数収録されており，周辺に出現した大勢の追随者・模倣者たちの動向についても詳述されている。

ジョン・バンヴァードをめぐる近年の論考はすべて，バンヴァード研究のパイオニア，ジョン・ハナーズの恩恵をこうむっている。ハナーズはミシガン州立大学の学位論文として「ある画家の冒険」（1979）［＊2］を書き，この一部を加筆修正したものが『芝居か飢えか――19世紀アメリカの大衆演劇の世界』（1993）［＊3］に収録されている。「ジョン・バンヴァードとその船上劇場」（《インディアナと中西部の歴史》掲載）（1990）［＊4］は，同書の短縮版と言ってよいもので，図版入り。

マクダーモットとハナーズの仕事に先行する学術論文に，ジョウゼフ・アリントン「ミシシッピ，ミズーリ，オハイオ川を題材とするジョン・バンヴァードの動くパノラマ」（《フィルソン・クラブ・ヒストリー・クォータリー》掲載）（1958）［＊5］と，ドーン・ロビンソン「ジョン・バンヴァード」（《サウスダコタ・ヒストリカル・ソサエティ》掲載）（1942）［＊6］など。新しいところでは，より広範な内容のリード・ホリエン「ジョン・バンヴァードの画法」（《サウスダコタ・マガジン》掲載）（1997）［＊7］がある。

ニューヨーク公共図書館収蔵の定期刊行物に，バンヴァードの生涯に側面からライトを当てる興味深い文章が2つ――バンヴァードの中東の旅についての記事「聖地」（《グリーソンの絵入り客間の友》掲載）（1854）［＊8］と，グレナダ城建設をめぐる記述「画家バンヴァードとその居宅」（《バルーの絵入り客間の友》掲載）（1857）［＊9］。だが，バンヴァードの生涯を最もよく伝えるものは，ミネソタ歴史協会に保管されているバンヴァード家文書［＊10］のバンヴァード自身の（不正

確なところもある）記述だろう。公的機関に保管されている文書はほかに，ウォータータウン地域図書館のバンヴァード・ファイル［＊11］，サウスダコタ歴史協会のバンヴァード・コレクション［＊12］など。

バンヴァード自身の著作は，ニューヨーク公共図書館に，『バンヴァード速記法』（1886）［＊13］と『ソロモンの神殿の起源』（1880）［＊14］がある。『バンヴァードのミシシッピ川のパノラマ』（1847）［＊15］，『バンヴァード，ある画家の冒険』（1851）［＊16］は，原本の入手は難しいものの，主要な大学図書館の多くにマイクロフィルムがあり，ニューヨーク歴史協会には後者の原本が1冊ある。

バンヴァードのミシシッピ・パノラマそのものは消滅した（少なくともいまだに，一部でも発見されたという報告はない）が，当時，大量に出現した模倣作品はどうなったのだろう？　大半は本家と同じ運命をたどったようだが，ひとつだけ例外がある。1850年にフレデリック・チャーチを含むニューヨークの一線級の画家たちによって製作され，国内を巡回した，ジョン・バニヤンの『天路歴程』に基づく1200フィート（約366メートル）の動くパノラマが，1995年，メイン州ソーコーのヨーク・インスティテュート・ミュージアムで発見された。ほぼ1世紀近くの間ミュージアムの倉庫に眠っていたこのパノラマは，修復がなされたのちに一般公開された。この展示会の模様を記したホランド・コッターの「B級映画の祖に見る旅行者の幾多の危難」［＊17］が，《ニューヨーク・タイムズ》1999年4月4日（日）の紙面に，数枚のドラマティックなカラー挿画とともに掲載されている。

＊1　McDermott, John Francis, *The Lost Panoramas of the Mississippi*, 1958.
＊2　Hanners, John, “The Adventures of an Artist,” 1979.
＊3　Hanners, John, *It Was Play or Starve*, 1993.
＊4　Hanners, John, “John Banvard and His Floating Theatres,” *Traces of Indiana and Midwestern History*, Vol.2, No.2, Spring 1990.
＊5　Arrington, Joseph, “John Banvard’s Moving Panorama of the Mississippi, Missouri, and Ohio Rivers,” *Filson Club History Quarterly*, July 1958.
＊6　Robinson, Doane, “John Banvard,” *South Dakota Historical Society*, Vol.21, 1942.
＊7　Holien, Ried, “John Banvard’s Brush with Success,” *South Dakota Magazine*, September/October 1997.
＊8　“The Holy Land,” *Gleason’s Pictorial Drawing Room Companion*, 1854, pp.388-89.
＊9　“Banvard, the Artist, and His Residence,” *Ballou’s Pictorial Drawing Room Companion*, 1857, p.312.
＊10　The Banvard Family Papers, at the Minnesota Historical Society, St. Paul,

Minnesota.
＊11　The Banvard File, at the Watertown Regional Library, Watertown, South Dakota.
＊12　The Banvard Collection, at the South Dakota Historical Society, Pierre, South Dakota.
＊13　Banvard, John, *Banvard's System of Short-Hand*, 1886.
＊14　Banvard, John, *The Origin of the Building of Solomon's Temple*, 1880.
＊15　Banvard, John, *Banvard's Panorama of the Mississippi River*, 1847.
＊16　Banvard, John, *Banvard, or the Adventures of an Artist*, 1851.
＊17　Cotter, Holland, "A Pilgrim's Perils in an Ancestor of B-Movies," *New York Times*, April 4, 1999.

[邦訳・日本語参考文献]
R・D・オールティック「動くパノラマ」,『ロンドンの見世物 II』(国書刊行会) 第15章，小池滋監訳

2　ウィリアム・ヘンリー・アイアランド

1960年代から70年代にかけて一連の復刻がなされたおかげで，ウィリアム・アイアランドに関する資料には事欠かない。この復刻には，本書に記したシェイクスピア贋作事件の原資料のほとんどが含まれる。1799年に刊行された『ヴォーティガン』と『ヘンリー二世』の合本［＊1］は，『ウィリアム・ヘンリー・アイアランドの告白』(1805)［＊2］(実に魅力的な一冊！)ともども，主要な研究図書館や古書サーチで簡単に見つけることができる。エドマンド・マローン『種々のシェイクスピア文書および法的書類の真正性に関する調査報告書』(1796)［＊3］，サミュエル・アイアランド『マローン氏の学者ないし批評家としての資質に対する検討』(1797)［＊4］，ジョージ・チャーマーズ『シェイクスピア文書信奉者のための補遺的弁明』(1797)［＊5］を含む，当時の種々の攻撃本・反撃本も，再刊を含めて広く入手可能。オリジナルの贋作のいくつかは大英図書館にも収蔵されている。

このシェイクスピア贋作事件を書いたものとして最も読みやすいのは，ジョン・メアの『第四の贋作者』(1938)［＊6］だろう。バーナード・グレバニアの『一大シェイクスピア贋作事件』(1965)［＊7］は，メア本よりはるかに詳細にわたっていて，たいへん有用な一冊。ジェフリー・カーン『シェイクスピアを作り変える』(1998)［＊8］は，"微に入り細を穿つ"感の強い学術論文で，アイアランドが悪意ある犯罪行為の首謀者であることを証明するという堅い決意のもとに書かれてい

るが，リサーチの詳細さに関しては，過去に書かれたあらゆるアイアランド文献をしのぐと同時に，以前の文献の多くの事実誤認に対しても有用な指摘がなされている。

アイアランド・スキャンダルを扱った小説もある。ジェイムズ・ペインの『町中のうわさ』（1885）［＊9］がそれだが，これは入手が難しく，これまでニューヨーク公共図書館で1冊発見したにとどまっている。

＊1　Ireland, William Henry, *Vortigern* and *Henry the Second*, 1799.

＊2　Ireland, William Henry, *Confessions of William Henry Ireland*, 1805.

＊3　Malone, Edmond, *An Inquiry Into the Authenticity of Certain Miscellaneous Papers...*, 1796.

＊4　Ireland, Samuel, *An Investigation of Mr. Malone's Claim to the Character of Scholar, or Critic*, 1797.

＊5　Chalmers, George, *An Apology for the Believers in the Shakespeare-Papers*, 1797.

＊6　Mair, John, *The Fourth Forger*, 1938.

＊7　Grebanier, Bernard, *The Great Shakespeare Forgery*, 1965.

＊8　Kahan, Jeffrey, *Reforging Shakespeare*, 1998.

＊9　Payn, James, *The Talk of the Town*, 1885.

［邦訳・日本語参考文献］

パトリシア・ピアス『シェイクスピア贋作事件――ウィリアム・ヘンリー・アイアランドの数奇な人生』（白水社），高儀進訳

種村季弘「シェイクスピアを作る少年」，『ハレスはまた来る　偽書作家列伝』（青土社）／『偽書作家列伝』（学研M文庫）所収

大場建治『シェイクスピアの贋作』（岩波書店）

3　ジョン・クリーヴズ・シムズ

純然たる新奇さという点で，匿名作家“アダム・シーボーン船長”による『シムゾニア――発見の航海』（1820）［＊1］をしのぐものはない（シムズ作とされている場合もあるが，これは誤り）。1974年にアルノ・プレスが複刻版を刊行したが，今なおお見つけるのは難しい一冊だ。

シムズ理論のベストの解説書は，アメリカス・シムズ『シムズの同心球理論』（1878）［＊2］と，ジェイムズ・マクブライド『シムズの同心球理論』（1826）［＊3］。前者は，とんでもない代価を払えば大英図書館からマイクロフィルム版を購入す

ることができ，後者はニューヨーク公共図書館で閲覧できる。トマス・マシューズのバッシング本『シムズ理論の解説』(1824)［＊4］と，ジェレマイア・レイノルズの『シムズ理論の評価に対する見解』(1827)［＊5］は，イェール大学バイネキー図書館にある。コロンビア大学には，シムズが1818年に出した「回報第一号」［＊6］のマイクロフィルムも保管されている。

シムズの死後，彼について書かれた文章で最も優れているもののひとつは，《ハーパーズ・ニュー・マンスリー》1882年10月号［＊7］に掲載されたもので，以後に書かれた文章の多くがこの文の単なる焼き直しである。《ラリタン》1997年秋号掲載の，様々な時代の地球空洞説をめぐるヴィクトリア・ネルソンの評論［＊8］は，該博ながら独善的・散漫な内容。ウィリアム・スタントン『アメリカ合衆国探検遠征隊1838-1842』(1975)［＊9］には，レイノルズとシムズをめぐる素晴らしい一章があり，また，マーティン・ガードナーの古典的科学エッセイ集『奇妙な論理』(1957)［＊10］は，後年のエセ空洞地球論者たちに一章が割かれている。

シムズの探査行請願をめぐる合衆国議会での論議に関しては『アメリカ議会議事録』［＊11］1822年3月7日（上院記録），1823年2月3日（下院記録），1823年2月7日（上院記録），1823年2月10日（下院記録）を参照。

＊1　Capt. Adam Seaborn, *Symzonia: Voyage of Discovery*, 1820.
＊2　Symmes, Americus, *The Symmes Theory of Concentric Spheres*, 1878.
＊3　McBride, James, *Symmes's Theory of Concentric Spheres*, 1826.
＊4　Matthews, Thomas, *Lecture on Symmes's Theory*, 1824.
＊5　Reynolds, Jeremiah, *Remarks on a Review of Symmes's Theory*, 1827.
＊6　Symmes, John, "Circular Number 1," 1818.
＊7　article, *Harper's New Monthly*, October 1882, pp.740-44.
＊8　Nelson, Victoria, article, *Raritan*, Fall 1997, pp.136-66.
＊9　Stanton, William, *The Great United Sates Exploring Expedition of 1838-1842*, 1975.
＊10　Gardner, Martin, *Fads and Fallacies in the Name of Science*, 1957.
＊11　*The Debates and Proceedings in the Congress of the United State* (later titled *Register of Debates in Congress*), March 7, 1822 (Senate Proceedings), February 3, 1823 (House Proceedings), February 7, 1823 (Senate Proceedings), February 10 (House Proceedings).

[邦訳・日本語参考文献]

ロザリンド・ウィリアムズ『地下世界――イメージの変容・象徴・寓意』(平凡社)，市場泰男訳
マーティン・ガードナー「平たい大地，中空の地球――地球空洞説の周辺」，『奇

妙な論理I　だまされやすさの研究』（ハヤカワ文庫NF）所収，市場泰男訳
種村季弘「地球空洞説」「続・地球空洞説」，『アナクロニズム』（青土社／河出文庫）／『種村季弘傑作撰I』（国書刊行会）所収

4　ルネ・ブロンロ

ブロンロ自身の著書『N線――科学アカデミー紀要論文集成』（1905）［＊1］は，ニューヨーク公共図書館とカリフォルニア大学バークレー校（UCバークレー）で閲覧できる。N線現象を示す数々の図表・写真とともに，この本を読み進めていくと，ブロンロがどのようにして自己の理論に確信を持つに至ったかが理解できるようになっていく。UCバークレーには，当時のほかの研究者によるN線本，アンリ・ボルディエの『N線とn1線』（1905）［＊2］とアルフォンス・ベルジェ『ラジウムと新規放射線（X線とN線）』（1904）［＊3］もある。医学サイドからの論考，ドクター・マーガレット・クリーヴズの『光のエネルギー』（1904）［＊4］は，UCサンフランシスコで閲覧することができた。大英図書館収蔵のエドワード・ロミリー「人間の放射線。N線。事実と質問」（1904）［＊5］は，N線騒動が一般人にまで知られるに至ったことを示す一冊。表紙の裏に2枚の小さな緑色のスクリーンが貼り付けられており，読者が自分で実験できるようになっている面白い小冊子だ。

N線論争の大半は科学雑誌上で闘わされた。この論争は爆発的に始まり，すさまじい様相を呈したが，ほどなく真相が明らかになってしまったため，ほとんど本の形で世に出ることがなかった。雑誌では以下を参照。《ネイチャー》1903年12月24日，1904年1月21日，28日，2月18日，3月3日，10日，24日，4月7日，9月29日，1905年6月29日［＊6］。《ランセット》1904年2月6日，20日，27日，3月5日，12日，19日，26日，4月9日，16日，23日，11月12日，12月10日，1905年1月7日，14日［＊7］。

ブロンロの研究室を訪問した際のことを書いたロバート・ウッドの文章は，ウィリアム・シーブルックによる伝記『ドクター・ウッド』（1941）［＊8］に長い引用が掲載されている。N線スキャンダルに関する近年の文章としては，《サイエンティフィック・アメリカン》1980年5月号のアーヴィング・クロッツ「N線騒動記」［＊9］，《フィジックス・トゥデイ》1989年10月号のアーヴィング・ラングミュア「病的科学」［＊10］，アイザック・アシモフの『人間への長い道のり』（1990）［＊11］などがある。

＊1　Blondlot, René, *"N" Rays: A Collection of Papers Communicated to the Academy of Science*, 1905.

＊2　Bordier, Henri, *Les Rayons N et les Rayons n1*, 1905.
＊3　Berget, Alphonse, *Le Radium et Les Nouvelles Radiation*s (*Rayons X et Rayons N*), 1904.
＊4　Cleaves, Margaret, *Light Energy*, 1904.
＊5　Romilly, Edward, "Human Radiations. N-Rays. Facts and Queries," 1904.
＊6　articles, *Nature*, 1903: December 24, 1904: January 21, 28, February 18, March 3, 10, 24, April 7, September 29, 1905: June 29.
＊7　articles, *The Lancet*, 1904: February 6, 20, 27, March 5, 12, 19, 26, April 9, 16, 23, November 12, December 10, 1905: January 7, 14.
＊8　Seabrook, William, *Doctor Wood*, 1941.
＊9　Klotz, Irving, "The N-Ray Affair," *Scientific American*, May 1980.
＊10　Langmuir, Irving, "Pathological Science," *Physics Today*, October 1989.
＊11　Asimov, Isaac, *Out of the Everywhere*, 1990.

[邦訳・日本語参考文献]
アイザック・アシモフ「存在しなかった放射線」，『人間への長い道のり』（ハヤカワ文庫NF）所収，山高昭訳
I・M・クロッツ「N線騒動記」，『サイエンス』1980年7月号，藤田直樹訳
アービング・M・クロッツ「教科書には載らなかった大発見――N線」，『幻の大発見――科学者たちはなぜ間違ったか』（朝日選書）所収，四釜慶治訳
小山慶太「科学と妄想 ――N線とポリウォーター――」，『早稲田人文自然科學研究』，28号，1985年10月

5　ジャン-フランソワ・シュドル

オフライン世界では，パリの国立図書館に歩いていける距離のところにいないと，ソレソ語に関する情報を得るのは難しい。アメリカでは，シュドル夫妻のライフワークである『普遍音楽言語』（1866）［＊1］とエメ・パリのシュドル罵倒本『音楽言語』（1846）［＊2］および『シュドル氏の誤謬』（1847）［＊3］の3冊が合衆国議会図書館に，『音楽言語に関する報告書』（1836）［＊4］がイェール大学の音楽室にあるだけだ。わずかに残されたシュドルの著作類は，誤った分類のもと，音楽セクションに置かれていることが多い。ルイ・クーテュラとレオポール・リューの『人工言語の歴史』（1903）［＊5］のシュドルの章（結局はソレソ語の死亡記事となった）は，ニューヨーク公共図書館で読むことができる。シュドルの生涯の仕事について，たいへん有用な情報を与えてくれるデイヴィッド・ホイットウェルの『テレフォニと普遍音楽言語』（1995）［＊6］は，ホイットウェル教授から直接，

コピーを購入できる。カリフォルニア州立大学（ノースリッジ）に電話して，音楽学部の教授の内線番号をたずねられたし。

一方，オンライン世界は急速に，ソレソ語研究家にとっての一大情報源になりつつある。ここに載せたリストは，あっという間に——もしかしたら，本書が刊行される前にも時代遅れになっているかもしれないが，とりあえずスティーヴン・ライス［＊7］とジェイソン・ハッチェンズ［＊8］，グレッグ・ベイカー［＊9］のサイトに行けば，ソレソ語の語彙集をはじめ，ライスが英語に翻訳したボレスラス・ガジェウスキの『ソレソ語の文法』（1902）［＊10］などを読むことができる。（注：原著記載のURLはどれも現在使用されていない。見つかった限りでの現サイトないしアーカイブ・ページのURLを以下の欧文文献に記載）

面白いことに，いっとき，作曲家たちの間で，感情や簡単なメッセージを音楽で伝達するという試みが流行したことがあった。J・A・グッドリッチ『言語としての音楽』（1881）［＊11］では，一定のコード間隔と対位法で特定の感情と考えを伝えるという試みがなされており，1世紀後にも，ジョウゼフ・スウェイン教授が『音楽言語』（1997）［＊12］で同じことを試みている。ただし，オーボエに「はははは」と言わせる以上のレベルに到達した者はいないように思われる。

＊1　Shudre, Jean-François and Josephine, *Langue Musicale Universelle*, 1866.

＊2　Paris, Aimé, *La Langue Musicale*, 1846.

＊3　Paris, Aimé, *Un Correction à M. Sudre*, 1847.

＊4　Shudre, Jean-François, *Rapports sur la Langue Musicale*, 1836.

＊5　Couturat, Louis, and Leau, Leopold, *Histoire de la Langue Universelle*, 1907.

＊6　Whitwell, David, *La Téléphonie and the Universal Musical Language*, 1995.

＊7　Rice, Stephen, http://web.archive.org/web/20060114084542/http://www.ptialaska.net/~srice/solresol/intro.htm

＊8　Huchens, Jason, http://www.datapacrat.com/True/LANG/SOLRESOL/Comparot/Jason%20Hutchens%20%20solresol.htm

＊9　Baker, Greg, http://www.ifost.org.au/~gregb/solresol/index.html

＊10　Gajewski, Boleslas, *Grammaire du Solresol*, 1902.

＊11　Goodrich, J. A., *Music as a Language*, 1881.

＊12　Swain, Joseph, *Musical Languages*, 1997.

6　イーフレイム・ウェールズ・ブル

ブル自身が書いたものはコンコード公共図書館（ここの図書館員たちの知識量は驚異的！）に多数保管されている。ブルの時代の園芸・栽培に関する本の中で

筆頭に挙げるべきは，ウィリアム・コールトン『アメリカのブドウ栽培家のためのガイド』(1852)［＊1］，アンドリュー・フラー『ブドウ栽培家』(1864)［＊2］で，この2冊は何度も版を重ねている。ほかに，J・フィスク・アレン『ブドウの栽培育成に関する実践的解説』(1859)［＊3］，ロバート・ブキャナン『ブドウ栽培，ワイン製造』(1852)［＊4］。もう少し新しいところでは，ビャラとラバス『アメリカのブドウ（耐性種)』(1903)［＊5］，ジョージ・フスマン『アメリカ・ブドウの育成とワイン製造』(1915)［＊6］がある。以上はどれも，研究図書館，古書店で簡単に閲覧・入手できる。

当時のコンコードの町に関してはおびただしい著作が残されている。タウンゼント・スカダー『コンコード――アメリカの町』(1947)［＊7］，アレン・フレンチ『往古のコンコード』(1919)［＊8］，ジョゼフィン・スウェイン『コンコードの物語』(1939)［＊9］，フランクリン・サンボーンの回顧録『コンコードの60年 1855-1915』(ケネス・キャメロン編，1976)［＊10］。また，ナサニエル・ホーソンの書簡集と，ジュリアン・ホーソンによる2冊の伝記『ホーソンとそのサークル』(1903)［＊11］，『ホーソンとその妻』(1885)［＊12］に，ブルへの短い言及がある。

サー・ヘンリー・ベッセマーの生涯については，『自伝』(1905)［＊13］に詳しい。これは古書界ではかなり高い値段がついている一冊だが，エンジニアの志向性を持つ者なら，ベッセマーの記述に共鳴するところが多々あるはずだ。ウェルチ博士の生涯と業績については，ウィリアム・カザノフの『ウェルチのグレープジュース――企業から協同組合まで』(1979)［＊14］。ウェルチ社が出した『治療薬としてのグレープジュース』(1921)［＊15］は，このジュースの歴史に側面から光を当てるもので，古本業界では驚くほど大量に流通しているが，図書館では見つけるのが難しい。

ブルについて最も詳細に書かれているのは，《アーノルディア》1998年秋号に載ったエドマンド・スコフィールドの文章［＊16］だろう。もう少し短いものとしては，《ガーデン》1980年1/2月号のバーバラ・ウォルラフの文章［＊17］，《園芸》1966年10月号のドロシー・マンクスの文章［＊18］，《アメリカン・ブリーダーズ・マガジン》1910年第4四半期号の記事［＊19］がある。《ミーハンズ・マンスリー》の編集者による記事は1894年3月号［＊20］掲載。以上はすべてUCバークレーで閲覧できる。U・P・ヘンドリックの『アメリカの農芸・園芸の歴史』(1950)［＊21］は，ブルについてはさほど書かれてはいないものの，彼を理解するために，そして，原産種の交配と種子繁殖が始まった当時の状況を理解するためにたいへん有用な詳細にわたる情報を与えてくれる。

＊1　Chorlton, William, *The American Grape Growers Guide*, 1852.
＊2　Fuller, Andrew, *The Grape Culturist*, 1864.

＊3　Allen, J. Fisk, *Practical Treatise on the Culture and Treatment of the Grape Vine*, 1859.
＊4　Buchanan, Robert, *Culture of the Grape, and the Wine-Making*, 1852.
＊5　Viala, P., and Ravaz, L., *American Vines* (*Resistant Stock*), 1903.
＊6　Hussman, George, *American Grape Growing and Wine Making*, 1915.
＊7　Scudder, Townsent, *Concord: American Town*, 1947.
＊8　French, Allen, *Old Concord*, 1919.
＊9　Swayne, Josephine, *The Story of Concord*, 1939.
＊10　Sanborn, Franklin, *Sixty Years of Concord 1855-1915*, Cameron, Kenneth, ed., 1902.
＊11　Hawthorne, Julian, *Hawthorne and His Circle*, 1903.
＊12　Hawthorne, Julian, *Hawthorne and His Wife*, 1885.
＊13　Bessemer, Henry, *Autobiography*, 1905.
＊14　Chazanof, William, *Welch's Grape Juice: From Corporation to Co-operative*, 1979.
＊15　Welch Grape Juice Co, *Grape Juice as a Therapeutic Agent*, 1921.
＊16　Schofield, Edmund, article, *Arnoldia*, Fall 1988.
＊17　Wallraff, Barbara, article, *Garden*, January/Februay 1980.
＊18　Manks, Drothy, article, *Horticulture*, October 1966.
＊19　article, *The American Breeders Magazine*, the Fourth Quarter 1910.
＊20　editorial, *Meehan's Monthly*, March 1894.
＊21　Hendrick, U. P., *A History of Horticulture in America*, 1950.

7　ジョージ・サルマナザール

この章はサルマナザール自身の『＊＊＊の回顧録』（1765）［＊1］から多くを引用している。この驚異の本が200年以上も復刊されていないというのはショッキングなことだが，幸い，ニューヨーク公共図書館，合衆国議会図書館，UCバークレーなど主要な研究図書館の多く，また，サンフランシスコ公共図書館の稀覯本室で閲覧することができる。これに比べると，かの悪名高き偽書『台湾の歴史と地理に関する記述』（『台湾誌』）（1704）［＊2］は，いくぶん入手しやすい。1705年には第2版が出され，その後も多くの海賊版や外国語の翻訳版が出版されていて，1926年には少部数（750部）ながら初の復刻本が刊行されている。もちろん，多くの主要な研究図書館の稀覯本室には，オリジナルないし復刻版がある――と言うか，少なくとも，図書館員はそう思っている。というのも，ニューヨーク公共図書館でサルマナザールの本をリクエストした際に，当の本がなくなっているこ

とが判明したからだ。サルマナザールのオリジナル本は数千ドルの価値がある。要するに，この本の価値を，図書館員よりもよく知っていた者がいたということだ。

オックスフォード英国人名辞典［＊3］には，サルマナザールに関する徹底的（その長さたるや歴代の王・首相の大半をしのぐ）かつ素晴らしい記述がある。もう少し新しいところでは，ジャスティン・スタグル『好奇心の歴史——旅の思想1550-1800』（1995）［＊4］にサルマナザールをめぐる優れた一章があるが，スタンダードな伝記としては今なお，フレデリック・J・フォリーの『偉大なる偽台湾人』（1968）［＊5］が一位の座を占めていると言っていい。これは入手の難しい本だが，ニューヨーク公共図書館に1冊収蔵されている。発行所はイエズス会歴史研究所（サルマナザールが知ったら恐れおののくことだろう），行き届いたリサーチのもと，公正かつ客観的な視点で書かれている。サルマナザールの本当の名前に関しては，今日まで誰も突き止める幸運に恵まれていないが，個人的には，"台湾の哲学者"チョルチェ・マッチン（Chorche Machin）あたりに何らかの手がかりがあるのではないかと考えている。

＊1　Psalmanazar, George, *Memoirs of *****, 1765.
＊2　Psalmanazar, George, *An Historical and Geographical Description of Formosa*, 1704.
＊3　*Oxford Dictionary of National Biography*.
＊4　Stagl, Justin, *A History of Curiosity: The Theory of Travel 1550-1800*, 1995.
＊5　Foley, Frederic J., *The Great Formosan Imposter*, Jesuit Historical Institute, 1968.

［邦訳・日本語参考文献］

ジョージ・サルマナザール「台湾の言語について」，『中国怪談集』（河出文庫）所収，武田雅哉訳
荒俣宏「飛躍による超越——でらためとウソの底力」，『新編 別世界通信』（イースト・プレス）所収
高山宏「〈アジア〉のフェイクロア」，『メデューサの知』（青土社）所収
武田雅哉「「イル・フォルモサ！」への旅」，『桃源郷の機械学』（作品社）所収
種村季弘「サルマナザール」，『世界文学大事典2』（集英社）所収
種村季弘「文学的変装術」，『アナクロニズム』（青土社／河出文庫）所収
陳舜臣「神に許しを」（短編小説），『幻の百花双瞳』（講談社／徳間文庫）所収
山本七平『空想紀行』（講談社）

8 アルフレッド・イーライ・ビーチ

ビーチの資料としては，彼自身の著書に勝るものはない。素晴らしい挿画の数々が添えられた『空圧搬送』（1868）［＊1］，『ブロードウェイ空圧地下鉄道の概要』（1870）［＊2］，『高速都市交通の支持者へ』（1871）［＊3］はいずれも，ニューヨーク公共図書館分館の科学・工業・商業図書館で閲覧できる。ビーチ計画への異論をめぐっては『ブロードウェイ地下鉄道への答えようのない反対意見』（1873）［＊4］を参照。ジェイムズ・ブレイン・ウォーカー『高速鉄道の50年』（1917）［＊5］は，ビーチの空圧鉄道事業が潰えたあとながら，まだその記憶が残っていた時期に書かれたものだ。《ネイチャー》1877年7月12日号［＊6］には，ロンドンでの空圧鉄道敷設計画に関連する公告が載っている。

現代の鉄道ファンたちの著書・記事は，ビーチに関しては誤認情報の宝庫と言っていいのだが，イギリスの空圧鉄道開発競争の詳細な歴史を書いたチャールズ・ハドフィールドの労作『空気鉄道——ヴィクトリア時代のヴェンチャー』（1967）［＊7］は一読をお薦めしたい。

科学とテクノロジーにおけるビーチの広範な関心を知るには，1896年以前の《サイエンティフィック・アメリカン》のどの号でも，また，ビーチの（短期間しか続かなかったとはいえ）素晴らしい年鑑『科学の記録』（1873）［＊8］に目を通してみるのがいいだろう。鉄道に関心を持っている読者であれば，1867年から72年の《サイエンティフィック・アメリカン》を通読してみる必要がある。ビーチ自身の生涯を簡単に知るには，同誌1896年1月11日号［＊9］フロントページの訃報が有用。

ところで，ビーチの鉄道がどのようなものだったかを知る，とても簡単な方法がひとつある。ニューヨークの地下鉄ショップ（6インチのコールド・カット・トリオが買えるファストフード・チェーンの店）に入ると，何と壁のいたるところにビーチの夢の鉄道の図版が，それも本とは桁違いに大きく拡大された図版があるのだ。このチェーン店の壁紙デザインをしたのが誰であるにせよ，版権切れの地下鉄関連図版をごっそり持ってきて使ったのは間違いない。1870年代の《サイエンティフィック・アメリカン》誌掲載のオリジナル図版も3枚使われている。ほぼ完全な円形の，レンガで縁取られた地下鉄トンネル，丸みを帯びたエレガントな地下鉄車両の内部——やがて，数百万ドルを超えるヴェンチャー事業となるはずだったもののために，ビーチみずからが精選した図版だ。

ベイクト・レイズ・サワークリーム＆オニオンチップスを食べながら，潰えた大いなる夢想に思いを馳せてみるのもいい。

＊1　Beach, Alfred Ely, *The Pneumatic Dispatch*, 1868.

＊2　Beach, Alfred Ely, *General Description of the Broadway Pneumatic Underground Railway*, 1870.
＊3　Beach, Alfred Ely, *To the Friends of Rapid City Transit*, 1871.
＊4　Beach, Alfred Ely, *Unanswerable Objections to the Broadway Underground Railroad*, 1873.
＊5　Walker, James Blaine, *Fifty Years of Rapid Transit*, 1917.
＊6　notice, *Nature*, July 12, 1877.
＊7　Hadfield, Charles, *Atmospheric Railways: A Victorian Venture in Silent Speed*, 1967.
＊8　Beach, Alfred Ely, *The Science Record*, 1873.
＊9　obituary for A. E. Beach, *Scientific American*, January 11, 1896.

9　マーティン・ファークワ・タッパー

世の人々にどれほど忘れられようと，生前に刊行された大量の著書のおかげで，今後ともタッパー本がどこかしらにあるという状況は保証されている。図書館の書架より，家具店のディスプレー用の本棚で見つかる可能性が高いかもしれないとは言えるのだが，ともかくも，『箴言の哲学』［＊1］と『全集』本［＊2］は中古本サイトや古書店に常に出まわっていて，たいていの場合，ごく安価で入手できる。ただ，自伝『作家としての我が人生』（1886）［＊3］は，タッパーの人気が衰えてのち相当の時間がたってから小部数が刊行されただけなので，上記2点に比べると見つけるのは難しいが，UCバークレーが1冊所蔵している（驚くべきことに，スペイン語版の『自伝（*Autobiografia*）』が1969年にリオデジャネイロで発見されている。スペイン語版はニューヨーク公共図書館にも1冊ある）。その他のおびただしい著書も古書店では常に見受けられ，ニューヨーク公共図書館には“すべて”がある。この“すべて”には，ウォルター・ハミルトンの『英米作家パロディ集』第6巻（1889）［＊4］に収められたタッパーのパロディ作品も含まれる。

タッパーの死亡記事はロンドン《タイムズ》1889年11月30日号の10ページ［＊5］，回顧文は《タイムズ文芸付録》1938年2月26日号の137ページ［＊6］掲載。ジョン・ドリンクウォーターが，評論集『1880年代』（1930）に寄せた「マーティン・タッパー」［＊7］は侮蔑サイドに立ったもの。ほかに，タッパーのアメリカ講演ツアーおよびホイットマンとの関係に側面から興味深い光を当てたエッセイ「師を滅却するために――ホイットマンと，マーティン・タッパーの1851年のアメリカ講演ツアー」［＊8］（《ウォルト・ホイットマン・クォータリー・レヴュー》1996年春号）がある。

単独の書籍として刊行されたタッパー論はほとんどない。唯一の伝記はデレ

ク・ハドソンの『マーティン・タッパー——その栄光と没落』(1949) [＊9] ——これは優れた評伝で，古書店・主要図書館で驚くほど簡単に見つかる。批判的評論としては，1941年にベルンで刊行されたラルフ・ブーフマンの『マーティン・タッパーとヴィクトリア朝の中流階級の心性』[＊10] があり，こちらは，もともとチューリヒ大学の学位論文として書かれたもので，忘れられている一冊だが，内容的には実に面白い。何しろ，ブーフマンが心底タッパーを嫌悪しているのが嫌というほど伝わってくるからだ。正確には，タッパー個人に対する嫌悪というより，タッパーがヴィクトリア朝をめぐるありとあらゆる嫌悪の対象の手軽な代用品にされていると言ったほうがいいのだが，それでも，20世紀最大の大殺戮・第2次世界大戦が進行しているさなかに，この大学院生が，もはや誰ひとりとして読む者のいない著作家の冷えきった死体に襲いかかり，何カ月もかけてメッタ切りにしていたと考えると，どこか不思議な気持ちに包まれる。

＊1　Tupper, Martin Farquhar, *Proverbial Philosophy*, 1842, 1848...
＊2　Tupper, Martin Farquhar, *The Complete Prose Works / The Complete Poetical Works*, 1850, 1851...
＊3　Tupper, Martin Farquhar, *My Life as an Author*, 1886.
＊4　Hamilton, Walter, *Parodies of the Works of English and American Authors*, 1889.
＊5　obituary for Tupper, *Times*, November 30, 1889, p.10.
＊6　article, *Times Literary Supplement*, February 26, 1938, p.137.
＊7　Drinkwater, John, "Martin Tupper," *The Eighteen-eighties: Essays by Fellows of the Royal Society of Literature*, De la Mare, Walter, ed., 1930.
＊8　"To Destroy the Teacher: Whitman and Martin Farquhar Tupper's 1851 Trip to America," *Walt Whitman Quarterly Review*, Spring 1996, pp.199-209.
＊9　Hudson, Derek, *Martin Tupper: His Rise and Fall*, 1949.
＊10　Buchmann, Ralf, *Martin F. Tupper and the Victorian Middle Class Mind*, 1941.

10　ロバート・コーツ

本の長さのある唯一の伝記，ジョン・ロビンソンの『ロバート・コーツの生涯』(1891) [＊1] は，少々散漫ながら，重要なポイントはすべて押さえられた一冊。販売されている本は見つけられなかったが，ニューヨーク公共図書館とUCバークレーに所蔵されている。

同時代人の文章としては，リース・グロノウによる記述が『グロノウ大佐回想録』(1862) [＊2] および《ユーロピアン》1813年3月号 [＊3] に収載。この文章にはコーツの最もよく知られた銅版画の肖像画が添えられている。UCバークレー

には，昔の重厚な手法で美しく製本されたオリジナルの《ユーロピアン》誌があって，最終的に返却しなければならなくなった時には残念でならなかった。

コーツ相手に仕掛けられた“王太子のパーティ招待”の悪巧みについては《セント・ジェイムズ・マガジン》の1862年の巻［＊4］に記載がある。また，ロンドンの《ワンス・ア・ウィーク》誌1865年8月19日号［＊5］に，コーツの生涯の短い概要が載っている。

＊1 Robinson, John, *The Life of Robert Coates*, 1891.
＊2 Gronow, Rees, *Reminiscences and Recollecions of Captain Gronow*, 1862.
＊3 Gronow, Rees, article, *The European*, March 1813, pp.178-83.
＊4 article, *The St. James' Magazine*, 1862 volume, pp.488-89.
＊5 article, *Once a Week*, August 19, 1865, pp.232-37.

11 オーガスタス・J・プレゾントン

よくあることながら，この章は偶然がきっかけで生まれた。UCサンフランシスコの図書館の地下室で古書の山の間をぶらぶら歩いていた時のこと，いつもの習慣で，書架からランダムに本を引き出してはぱらぱらとめくってみるのを繰り返していた。ヴィクトリア朝の水療法の本，歯科学に関する1868年の論文集，そして，世紀の変わり目の時期の不思議な健康法の数々――『ミルクダイエット』，『健康を保っている人が書いた健康の本』，『ヴィアヴィ健康法』……やがて，美しい青の小冊子が目に止まった。それがすべての始まりだった。

言うまでもなく，まず探し出すべきは，A・J・プレゾントンの奇想のすべてが書かれた傑作『太陽光の青色光と空の青色の影響』（1876，1877）［＊1］だ。合衆国議会図書館，ニューヨーク公共図書館ほか，UCバークレーやUCサンフランシスコといった主要な研究図書館に収蔵されている。本当は手もとに置いておく価値のある一冊だが，古書店で運よく発見できたとしても，美本なら間違いなく200ドル以上する。

そのほかの青色ガラス騒動をめぐる本は，少しばかり見つけるのが難しい。ジョン・カーボーイ『ブルーガラス，ブルーな人々のための間違いない救い』（1877）［＊2］は，UCバークレーにマイクロフィルム版が，ロサンゼルスのハンティントン図書館の稀覯本室にオリジナル本がある。議会図書館はヘンリー・バイドラー『治療としての青色ガラス日光浴』（1877）［＊3］とトマス・ガフィールド『太陽光のガラスに対する作用』（1881）［＊4］を所蔵。エドワード・マック『青色ガラスマーチ』（1877）［＊5］はペンシルヴァニア大学図書館の稀覯本コレクション，トマス・ガフィールドの『青色ガラス熱』（1877）［＊6］はメリーランド州ベセスダ

の国立医学図書館（アメリカ国立衛生研究所），『ジョシュ・ビリングスのトランプカード――青色ガラスの哲学』（1877）［＊7］はUCバークレーのバンクロフト図書館，セス・パンコーストの『青色光と赤色光――医療用の光と光線』（1877）［＊8］とエドウィン・バビットの『光と色彩の原理』（1878）［＊9］はともにUCサンフランシスコにある。バビットの本は，1967年に，20世紀の色彩治療の先導者フェイバー・ビレンの注釈つきの抄録版［＊10］が再刊されている。

青色ガラスフィーバーをめぐる定期刊行物の記事は数えきれないほどある。1877年の《サイエンティフィック・アメリカン》の2月24日，3月3日，10日，17日，24日，4月7日，6月23日，7月7日号［＊11］。《内科・外科レポーター》の1876年4月22日，8月5日，1877年4月7日，14日，11月24日号［＊12］。《製造業と建築業》は1871年8月号という早い時期からプレゾントン批判を始めており，1876年6月，1877年3月，1877年6月，1879年6月号［＊13］にも厳しいコメントを載せている。《ハーパーズ・ニュー・マンスリー》は1870年4月号に色彩光実験に関する記事［＊14］を掲載，ロンドンの《タイムズ》1877年2月20日号には青色ガラス療法に関する短い言及［＊15］が載っている。「科学主婦」［＊16］の詩は《鉄道外科医》1895年7月2日号からとった。

プレゾントンないし青色ガラスに関するその後の資料は探す必要はない。何もないからだ。1894年8月1日のロンドン《タイムズ》の死亡記事［＊17］がプレゾントンに関する最後の記事となる。そのわずか1年前，1893年3月の《ノース・アメリカン・レヴュー》に載ったサイラス・エドソンの「医療人たちの流行」［＊18］で，すでに青色ガラスはノスタルジックに語られるものになっている。青色ガラスをめぐる最後の言及は，おそらくヘンリー・コリンズ編集の『ヴァレンタインのハンドブック――思い出のニューヨーク市 1926』（1926）［＊19］だろう。『ヴァレンタインのハンドブック』シリーズは素晴らしい内容で，大量に刊行されたこともあり，あちこちの古書店で安価に入手できる。19世紀ないしニューヨーク市に関心を持っている者なら誰でも，見つかる限り購入すべきものだ。

絢爛たる詐欺師ディンシャー・ガーダーリに関しては，アメリカ医師会（AMA）発行の『万能薬と偽特効薬』（1936）［＊20］に詳しい。AMAは20世紀初めのペテン師たちを批判する大量のパンフレット・シリーズを刊行しており，チチェスター錠と“ドクター”キャンベルに関する情報も，シリーズの『「女性の弱点」の治療および関連する詐欺行為』（1915）［＊21］と『疑似医療機関』（1916）［＊22］から得た。いずれもUCサンフランシスコに収蔵されているが，この図書館には，のちの光線治療をめぐる文献も多数ある。たとえば，ニールス・フィンセン『光治療』（1901）［＊23］，マーガレット・クリーヴズ『光のエネルギー』（1904）［＊24］，J・H・ケロッグ『光線治療』（1910）［＊25］，C・W・サリービー『太陽光と健康』（1924）［＊26］，ローランド・ハント『色彩ヒーリングへの七つの鍵』（1940）［＊27］などなど。ドクター・ジェラルド・ワイスマンの『民主主義とDNA』（1995）［＊28］は，本章

に関連する医学史上の有用な情報を提供してくれた素晴らしい一冊。ドクターにはまた，近年の紫外線治療に関する論文のサーチでたいへんお世話になった。

＊1 Pleasonton, A. J., *The Influence of the Blue Ray of the Sunlight and the Blue Colour of the Sky*, 1876, 1877.

＊2 Carboy, John, *Blue Glass a Sure Cure for the Blues*, 1877.

＊3 Beidler, Henry, *Blue Glass Sun-Baths as a Curative*, 1877.

＊4 Gaffield, Thomas, *The Action of Sunlight on Glass*, 1881.

＊5 Mack, Edward, *Blue Glass March*, 1877.

＊6 Gaffield, Thomas, *Blue Glass Mania*, 1877.

＊7 Billings, Josh, *Josh Billings' Trump Kards: Blue Glass Philosophy*, 1877.

＊8 Pancoast, Seth, *Blue and Red Light: Or, Light and Its Rays as Medicine*, 1877.

＊9 Babbitt, Edwin, *The Principles of Light and Color*, 1878.

＊10 Babbitt, Edwin, *The Principles of Light and Color: The Classic Study of the Healing Power of Color*, Birren, Faber, ed., 1967.

＊11 articles, *Scientific American*, 1877: February 24, March 3, 10, 17, 24, April 7, June 23, July 7.

＊12 articles, *Medical and Surgical Reporter*, 1876: April 22, August 5, 1877: April 7, 14, November 24.

＊13 articles, *Manufacturer and Builder*, August 1871, June 1876, March 1877, June 1877, June 1879.

＊14 article, *Harper's New Monthly*, April 1870.

＊15 article, *Times*, February 20, 1877.

＊16 "The Scientific Housewife," *The Railway Surgeon*, July 2, 1895.

＊17 obituary for Pleasonton, *Times*, August 1, 1894.

＊18 Edson, Cyrus, "Fads of Medical Men," *North American Review*, March 1893.

＊19 Brown, Henry Collins, ed., *Valentine's Manual of Old New York 1926*, 1926.

＊20 American Medical Association, *Nostrums and Quackery*, 1936.

＊21 American Medical Association, *"Female Weakness" Cures and Allied Frauds*, 1915.

＊22 American Medical Association, *Some Quasi-Medical Institutions*, 1916.

＊23 Finsen, Niels, *Phototherapy*, 1901.

＊24 Cleaves, Margaret, *Light Energy*, 1904.

＊25 Kellogg, J. H., *Light Therapeutics*, 1910.

＊26 Saleeby, C. W., *Sunlight and Health*, 1924.

＊27 Hunt, Roland, *The Seven Keys to Colour Healing*, 1940.

＊28 Weissman, Gerald, *Democracy and DNA*, 1995.

12 ディーリア・ベーコン

19世紀のオリジナル資料に当たるのがベストなのは言うまでもないが，その点で，『シェイクスピア戯曲の哲学の解明』(1857)［*1］は，ある大学の出版局が数十年ごとに再刊してくれているので，見つけるのはそう難しくはない。ただし，中古品はコンディションに問題がある場合が多い。

ディーリアの初期の作品は『哲学の解明』よりもはるかに楽しく読める。『ピューリタンの物語』(1831)［*2］と『エドワード砦の花嫁』(1839)［*3］は多くの図書館にマイクロフィルムがあり，UCバークレーはこの2冊のオリジナルのハードカバーを収蔵している。スキャンダルに巻き込まれたディーリアに同情し，彼女の立場を擁護したキャサリン・ビーチャーの『小説以上に不可思議な真実』(1850)［*4］も，原本を見つけるのは難しいが，多くの図書館にマイクロフィルムがある。

ヴィヴィアン・ホプキンズの『道をはずれたピューリタン——ディーリア・ベーコンの生涯』(1959)［*5］は，少々生硬ながら，調査の行き届いたスタンダードな伝記。これよりも早い時期に書かれたディーリアの生涯をめぐる文章としては，ナサニエル・ホーソンの「ある才女の思い出」(1863)［*6］と，セオドア・ベーコンの『ディーリア・ベーコン——伝記的スケッチ』(1888)［*7］がベスト。「ある才女の思い出」は《アトランティック・マンスリー》1863年1月号に掲載され，随筆集『我らの故郷』(1863)［*8］に収録された。『ディーリア・ベーコン——伝記的スケッチ』のほうは，見つけるのは難しいが，一次資料としての重要性が高く，ぜひ再刊してほしい一冊だ。サンフランシスコ公共図書館にはオリジナル本がある。イグネイシャス・ドネリーの998ページに及ぶ『偉大なる暗号』(1888)［*9］はドネリーの奇想の一大集成にして畢生の（アトランティスの失われた都市をめぐる著作を別にすれば）大著。

「今日は私，明日はあなた（"Hodie mihi, cras tibi"）」というゾクッとする墓碑銘は，エディンバラのグレイフライヤーズ教会の墓地でも見ることができる。格別に寒い雨の日に行かれることをお薦めする。

*1 Bacon, Delia, *The Philosophy of the Plays of Shakespere Unfolded*, 1857.
*2 Bacon, Delia, *Tales of the Puritans*, 1831.
*3 Bacon, Delia, *The Bride of the Fort Edward*, 1839.
*4 Beecher, Catherine, *Truth Stranger than Fiction*, 1850.
*5 Hopkins, Vivian, *Prodigal Puritan: A Life of Delia Bacon*, 1959.
*6 Hawthorne, Nathaniel, "Recollections of a Gifted Woman," *The Atlantic*

Monthly, January 1863.
＊7 Bacon, Theodore, *Delia Bacon: A Biographical Sketch*, 1888.
＊8 Hawthorne, Nathaniel, *Our Old Home*, 1863.
＊9 Donnelly, Ignatius, *The Great Cryptogram*, 1888.

[邦訳・日本語参考文献]
大場建治『シェイクスピアの墓を暴く女』(集英社新書)

13 トマス・ディック

ディックの代表作『天界の情景』(1837)［＊1］,『星々の天上界』(1840)［＊2］,『太陽系』(1846)［＊3］はすべて,『トマス・ディック全著作集』(1851)［＊4］に収められている。ウィリアム・ペイリー『自然神学』(1802)［＊5］は19世紀におびただしい再刊本が出ている一方で，同程度の重要性を持つウィリアム・ヒューエルの『ブリッジウォーター・トリーティズ』(1836)［＊6］は，少なくとも10回版を重ねているにもかかわらず，見つけるのは難しい。サー・デイヴィッド・ブリュースター『世界の複数性について』(1854)［＊7］は，ヒューエルとは異なる見地からの自然神学論。J・W・フリングの『宇宙の神』(1914)［＊8］は自然神学の最後の喘ぎと言うべき一冊。

リチャード・ロックの『サー・ジョン・ハーシェルによって喜望峰でなしとげられた天文学上の大発見の数々』(1835)［＊9］は，現在ネットで読むことができる［＊10］が，ロックのこの古典SFが復刊されていないのは犯罪に等しいと言っていい。この法螺話騒動を扱った近年の著作としては，ハミルトン・ライトほかの『月へ』(1968)［＊11］があり，また,《アメリカン・ヘリテッジ》1969年4月号［＊12］にも記事が載っている。

この章の自然神学と多様世界に関する記述は，表面を引っかいただけのものでしかなく，もっと深く知りたい方はぜひとも，マイケル・クロウの『地球外生命論争 1750-1900』(1986)［＊13］を読まれたい。非の打ちどころのない素晴らしい論考・大著である。『地球外生命論争 1750-1900』の新版には，発表されたばかりだというウィリアム・アストアによるオックスフォード大学の学位論文「神を観察する――トマス・ディック (1774-1857)，福音主義，ヴィクトリア朝の英国と南北戦争前のアメリカにおけるポピュラーサイエンス」［＊14］についての言及がある。この論文は現時点では未見ながら，今後，ディックについて書くライターは必見だと思われる。

自然神学に関する近年の著作としては,《科学年報1977》掲載のJ・H・ブルック「自然神学と世界の複数性をめぐる論争」［＊15］，リチャード・ドーキンス『盲

目の時計職人』(1987)［＊16］，ロバート・ヤング『ダーウィンのメタファー——ヴィクトリア朝文化における自然の位置』(1985)［＊17］など。今日における自然神学者に最も近い立場からのエレガントな擁護論に，天文学者オーウェン・ジンジャーリッチの「自然神学の今日的役割とは？」(マレー・レイ他編『科学と神学——インターフェイスにおける諸問題』(1994) 所収)［＊18］がある。人間原理をめぐる論争については，マーティン・リース『宇宙を支配する6つの数』(1999)［＊19］，ジョン・バロウとフランク・ティプラーの『人間宇宙原理』(1988)［＊20］などを参照。

この章 (《マクスイーニーズ・クォータリー》へのデビュー作) を書いたあとで，ひとつの記事に出会った。《チェンバーズ・エディンバラ・ジャーナル》1850年2月16日号に掲載された「成功した作家たち」［＊21］だが，これを読んで，胸が痛むのを抑えられなかった。

> これまでずっと，誰もがディック博士の著作を目にしてきた。少なくとも耳にしたことはあるに違いない。……この成功した著作家は今，どうしているのだろう？　80歳もそう遠くない高齢者となったディックは，中年の夫人，および孤児となった孫たちの一家と過ごしている。収入は，元教師としての年金20ポンドと，資産の売却代金が同程度。時々新しい本を書いたり旧著の改訂版を出したりして，それでさらに数ポンド。これらをすべて合わせた合計は——貧困である。一家を貧困状態に追いやっている最大の要因は，ディックの本を褒め讃えるアメリカからの手紙の郵送料で，このために，彼と家族はしばしば，菜園のハーブ以外に夕食の材料がまったくない状態に追いやられているのである。

ディックの時代には，郵送料は受取人が払わなければならなかった。しかも，英国の著作家が合衆国での海賊版から報酬を得られることはまずなかった。最後の数年間，年金額は少し多くなったとはいえ，老いて月に3，4ポンドの収入しかなく，依然として押し寄せるファンレターの郵送料のおかげで家族にひもじい思いをさせる……そんなディックの姿を想像してみてほしい。この老人にとっては，あるいは，子供の頃から愛してやまなかった星々を眺めることだけが唯一の慰めだったかもしれない。

＊1　Dick, Thomas, *Celestial Scenery*, 1837.

＊2　Dick, Thomas, *The Sidereal Heavens*, 1840.

＊3　Dick, Thomas, *The Solar System*, 1846.

＊4　Dick, Thomas, *The Complete Works of Thomas Dick*, 1851.

＊5　Paley, William, *Natural Theology*, 1802.

＊6　Whewell, William, *Bridgewater Treatise*, 1836.
＊7　Brewster, David, *On the Plurality of Worlds*, 1854.
＊8　Fring, J. W., *God in the Universe*, 1914.
＊9　Locke, Richard Adams, *Great Astronomical Discoveries Lately Made by Sir John Herschel at the Cape of Good Hope*, 1835.
＊10　"The Great Moon Hoax of 1835," http://www.museumofhoaxes.com/hoax/archive/permalink/the_great_moon_hoax
＊11　Wright, Hamilton, et al., *To the Moon*, 1968.
＊12　article, *American Heritage*, April 1969.
＊13　Crowe, Michael, *The Extraterrestrial Life Debate, 1750-1900*, 1986.
＊14　Astore, William, "Observing God: Thomas Dick (1774-1857), Evangelism, and Popular Science in Victorian Britain and Antebellum America," Oxford University doctoral dissertation.
＊15　Brooke, J. H., "Natural Theology and Plurality of Worlds Debate," *Annals of Science*, 1997, pp.221-86.
＊16　Dawkins, Richard, *The Blind Watchmaker*, 1987.
＊17　Young, Robert, *Darwin's Metaphor: Nature's Place in Victorian Culture*, 1985.
＊18　Gingerich, Owen, "Is There a Role for Natural Theology Today?," *Science and Theology: Questions at the Interface*, Rae, Murray, et al., ed., 1994.
＊19　Rees, Martin, *Just Six Numbers*, 1999.
＊20　Barrow, John, and Tipler, Frank, *The Anthropic Cosmological Principle*, 1998.
＊21　"Specimen of Successful Authorship," *Chamber's Edinburgh Journal*, February 16, 1850.

[邦訳・日本語参考文献]

マシュー・グッドマン『トップ記事は，月に人類発見！――十九世紀，アメリカ新聞戦争』（柏書房），杉田七重訳
マイケル・クロウ『地球外生命論争1750-1900――カントからロウエルまでの世界の複数性をめぐる思想大全』（工作舎），鼓澄治・山本啓二・吉田修訳
リチャード・ドーキンス『盲目の時計職人』（早川書房），日高敏隆監修／中島康裕・遠藤彰・遠藤知二・疋田努訳
マーティン・リース『宇宙を支配する6つの数』（草思社），林一訳